안평대군의 이상향, 그 탄생과 유랑

사라진
몽유도원도를
찾아서

사라진 몽유도원도를 찾아서
- 안평대군의 이상향, 그 탄생과 유랑

지은이	김경임
펴낸이	윤양미
펴낸곳	도서출판 산처럼

등 록 2002년 1월 10일 제1-2979
주 소 서울시 종로구 내수동 72번지 경희궁의 아침 3단지 오피스텔 412호
전 화 725-7414
팩 스 725-7404
E-mail sanbooks@hanmail.net
홈페이지 www.sanbooks.com

제1판 제1쇄 2013년 10월 20일

값 22,000원

ISBN 978-89-90062-50-5 03910

* 잘못된 책은 바꾸어 드립니다.

이 책은 한국출판문화산업진흥원의 출판지원사업 선정작입니다.

안평대군의 이상향, 그 탄생과 유랑

사라진 몽유도원도를 찾아서

김경임 지음

산처럼

| 일러두기 |

　이 책에서는 「몽유도원도」라는 이름으로 안견의 그림과 23편의 찬문 전체를 지칭하고자 한다. 처음부터 이 서화 작품은 안평대군이 쓴 제첨 아래 그림과 찬문 모두를 포함했을 것으로 보아, 안평대군 당시 「몽유도원도」는 안견의 그림뿐 아니라 이 서화 작품 전체를 가리켰을 것이다. 이 책은 이 같은 당시의 예를 따를 것이며, 아울러 오늘날의 관례와 편의도 고려할 것이다.[1]

　정확하게 말한다면 「몽유도원도」라는 이름은 안견의 그림만을 가리키고, 그림과 찬문 전체를 일컫는 경우에는 「몽유도원도권」이라는 다소 복잡한 명칭을 써야 하지만, 편의상 그리고 관례상 「몽유도원도」를 안견의 그림뿐 아니라 작품 전체를 가리키는 명칭으로 사용하는 것이 일반적이다.[2]

　이 책에서는 작품 전체를 「몽유도원도」라 하고, 안견의 그림만을 지칭할 때는 안견의 「도원도」, 안견의 그림, 경우에 따라서는 안견의 「몽유도원도」라고 할 것이며, 안평대군의 기문은 「몽유도원기」, 「도원기」 또는 「기문」으로 칭하며, 기타 시문은 저자의 이름을 명시하고 찬시 또는 찬문이라 할 것이다.

| 프롤로그 |

「몽유도원도」! 그 이름만으로도 아름다움과 신비감을 불러일으키며 우리 모두를 사로잡는다. 필자 역시 오래전부터 「몽유도원도」에 매료되어 이에 관한 글을 써보려고 준비해왔다. 그러던 중 2009년 9월 국립중앙박물관에서 열린 '한국박물관 100주년 기념 특별전'에 이 서화가 전시됐을 때, 길게 줄을 서서 몇 시간씩 기다린 사람들에게 30초가 허용됐던 일은 아직도 기억에 생생하다. 그때 느꼈던 비애와 분노는 필자만의 감정이 아니었을 것이다.

필자는 이때부터 「몽유도원도」가 일본으로 넘어가 덴리天理 대학에 소장된 경위와 과정을 본격적으로 조사하기 시작했다. 그렇지만 얼마간 추적을 하다 중단했다. 자료 부족도 하나의 원인이었지만, 필자 스스로 「몽유도원도」 자체에 관해 잘 모르면서 일을 진행하고 있음을 깨달았기 때문이다. '안평대군은 왜 그의 꿈을 그림과 글로써 남기려고 했는가?' '왜 이 서화에 그토록 큰 의미를 부여했는가?' '이 서화에 찬문을 부친 사람들은 어떠한 생각을 전하려고 했는가?' 장대한 이 서화 작품에 담긴 내용과 의미를 진지하게 고민해보지 않고서 단지 그 유전流轉 경위만을 캐는 것은 도리가 아니라고 느낀 것이다.

　필자는 다시 원점으로 돌아와서 안평대군의 생애와 꿈의 해석, 찬문의 이해에 집중했다. 과연 꿈과 예술, 정치와 역사가 씨줄, 날줄로 얽혀 있는 이 서화는 단순히 풍류운사風流韻事의 결과로 태어난 그림과 시문이 아니었다. 절실한 스토리와 분명한 메시지를 전하고 있었다. 그것은 조선의 수성이라는 대업에 참여한 왕자가 자신의 천명天命을 보았던 한 편의 꿈을 기록한 그림과 문서였다.

　그의 꿈은 현실 정치의 와중에서 좌절됐고, 그는 비극적인 최후를 맞았다. 「몽유도원도」 역시 자취를 감추었다. 그러다 150년 후 임진왜란 때 이 서화 작품은 약탈당했고 일본으로 건너가서 300여 년의 세월 동안 비장되어오던 끝에 메이지 유신明治維新이라는 역사의 물결에 떠밀려 세상에 다시 나타났다. 이후 「몽유도원도」는 일본의 시대적 상황과 얽히면서 소유자가 바뀌어가던 끝에 현재의 소장처인 덴리 대학에 이른 것이다.

　1893년 「몽유도원도」가 일본에 처음 등장하여 1950년 덴리 대학에 소장된 후로도 60여 년이 지났다. 그때까지 이 서화의 유전에 관여했던 사람들은 모두 세상을 떠났고, 이제는 일본에서 「몽유도원도」가 걸어온 길을 말해줄 살아 있는 증인은 아무도 없다. 오직 덴리 대학의 스즈키 오사무鈴木治 교수가 1977년에 2번에 걸쳐 덴리 대학 도서관보인 『비부리아』에 「몽유도원도」가 덴리 대학에 소장되기까지의 간략한 경위를 소개하고 있을 뿐이다. 또한 이 기록에는 몇 가지 오류와 모호한 점이 발견되고 있다. 늦었지만 「몽유도원도」에 관한 일본 측 기록을 점

검해서 오류를 바로잡아 조금이라도 사실에 근접한 기록을 남겨야 한다는 의무감을 또한 염두에 두고 필자는 이 책을 썼다.

「몽유도원도」와 조우했던 많은 사람들이 느꼈던 것처럼 필자 역시 이 서화를 연구하게 된 일을 행운이며 영광으로 생각한다. 무엇보다도 역사 속에서 「몽유도원도」의 존재를 확인하게 된 것은 큰 보람이었다. 필자의 이러한 생각에 적극 호응하며 출판을 맡아준 산처럼 출판사의 윤양미 사장에게 감사드리며, 집안의 이야기를 들려주고 귀중한 사진을 허락한 시마즈 가문의 후손 시마즈 하루히사島津晴久 씨와 그의 모친 시마즈 요코島津洋子 여사에게 감사드린다. 또한 유난히 무더웠던 금년 여름 안평대군의 발자취를 함께 찾아다니며 사진을 찍어준 동문 이두원 씨에게도 감사드린다.

2013년 9월 5일
김경임

사라진
몽유도원도를
찾아서
───────
차례

프롤로그 5

제1부 「몽유도원도」, 일본 땅에 나타나다
　　　처음으로 그 존재가 알려지다 …… 13
　　　우에노 공원에서 공개되다 …… 19

제2부 조선의 황금기가 절정을 넘어가다
　　　조선의 르네상스 꽃피다 …… 27
　　　세종의 치세가 저물다 …… 29

제3부 무릉도원 꿈의 주인 안평대군
　　　세종의 아들 안평대군 …… 37
　　　안평대군의 예술과 풍류 …… 46
　　　풍류 왕자의 진면목 …… 78
　　　너의 당호를 '비해'라고 하라 …… 85
　　　수양대군의 길 …… 95

제4부 안평대군, 꿈속에서 도원에 노닐다

정묘년 초에 일어난 일들 …… 107
꿈속에서 본 무릉도원 …… 113
도잠의 이상향 도화원 …… 117
세종 시대 꿈의 해석 …… 123
안평대군의 해몽 …… 136

제5부 「몽유도원도」 탄생하다

안견이 안평대군의 꿈을 그리다 …… 149
22명의 명사가 찬문을 쓰다 …… 162
한 편의 연판장이 탄생하다 …… 179
「몽유도원도」의 산실 비해당 …… 201

제6부 지상에서 무릉도원을 찾아내다

꿈에 본 무릉도원의 계곡 …… 215
무계에서 꿈을 확인하다 …… 222
무계정사의 진실 …… 234

제7부 계유정난으로 사라지고 흩어지다

교동도에서의 최후 …… 249
남겨진 그들의 운명 …… 259
안견은 어떻게 됐는가? …… 264
「몽유도원도」는 어디에? …… 269

제8부 기억과 역사 속에 떠오르다
수성궁 폐허에서 꿈꾸다 …… 279
역적에서 제일의 충신으로 …… 284
메이지 유신의 와중에 나타나다 …… 291

제9부 임진왜란 때 약탈당하다
사쓰마 영주의 조선 출병 …… 309
조선 왕실의 원찰 대자암 …… 320
시마즈 요시히로의 손에 들어가다 …… 329
「몽유도원도」의 소장자 …… 336

제10부 「몽유도원도」, 아직도 유랑 중인가?
시마즈 가문을 떠나다 …… 349
거쳐간 소장자들 …… 354
6·25전쟁 무렵 한국에 나타난 「몽유도원도」 …… 369
이제는 덴리 대학에 …… 372

에필로그 383

미주 387
참고문헌 407
찾아보기 412

제1부

「몽유도원도」,
일본 땅에 나타나다

작자 미상, 「선암원도(仙巖園圖)」(사쓰마 시마즈 가문의 별장 그림), 슈세이칸(集成館) 박물관 소장.

이 세상 어느 곳을 도원으로 꿈꾸었나?
산관야복 은자의 옷차림새 아직도 눈에 선하거늘
그림으로 그려놓고 보니 참으로 좋은 일이려니
여러 천 년을 이대로 전해지기를 헤아려보는구나

삼 년 뒤 정월 어느 날 밤
치지정致知亭에서 이를 다시 펼쳐보고 짓노라
— 안평대군, 「몽유도원도」에 부친 칠언절구 주서朱書

처음으로 그 존재가
알려지다

1928~29년 무렵, 오사카大阪와 교토京都 일대의 고미술상에 진귀한 조선의 고서화 한 묶음을 가진 사람이 나타났다. 그는 가고시마鹿兒島 출신의 소노다 사이지園田才治라는 50대 중반의 사업가였는데, 오사카에 있는 전화소독기 제조회사 '나니와 쇼카이浪花商會'의 대표이사였다.

고미술상들의 조언에 따라 고서화의 감정과 평가를 받아볼 요량이었는지, 그는 1929년 여름 무렵 서닝한 중국학자이자 동양고미술의 권위자로 정평이 난 교토 대학의 중국사 교수 나이토 고난内藤湖南을 찾아갔다. 1926년 교토 대학에서 정년퇴임한 후 제국학사원 회원으로 선임됐고, 또한 조선총독부 조선사편수회 고문으로 위촉된 나이토 고난은 당시 교토의 미카노하라瓶原村 자택에 칩거하며 독서와 저술로 시간을 보내고 있었다.

소노다 사이지 사장이 가져온 고서화는 수묵화 한 점에 울긋불긋한 채색지에 쓴 빛바랜 고서예 수십 편이 잇대어진 대형 두루마리였다. 나

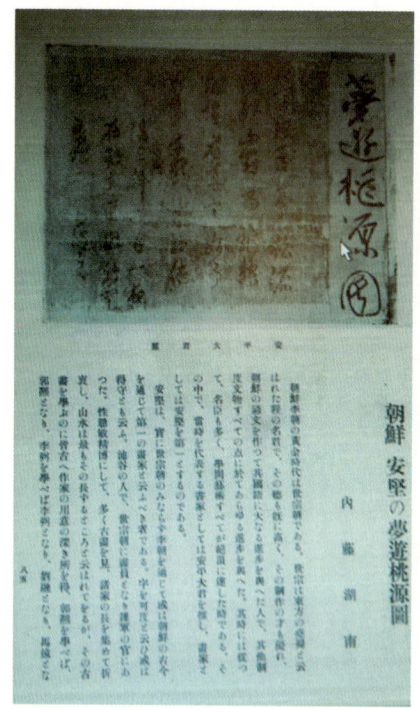 

1929년 9월 『동양미술』에 처음 소개된 「몽유도원도」. 그 옆은 저자 나이토 고난 교수로 1934년 4월 교토 미카노하라 자택 정원에서 찍은 사진이다. 『동양미술』 21집, 1935년 4월호 수록.

이토 고난은 첫눈에 그림의 화가를 알아보았다. 그림의 오른쪽 하단에는 '지곡 가도작池谷可度作'이라는 붓글씨 서명이 있었고, 그 아래에는 '가도可度(안견의 자字)'라는 붉은 도장이 선명했다. 이 그림은 세종 대 최고의 화가일 뿐 아니라 조선 고금을 통틀어 대표적 화가인 안견安堅의 진본 대형 걸작이었다.

안견은 일본 수묵화의 융성기였던 무로마치室町 시대(1336~1573) 일본화에 다대한 영향을 주었던 조선화의 종주라는 점에서 일본 미술사에서도 중요한 인물이었다. 1850년대에 편찬된 일본 미술 연구서 『고화비고古畫備考』 「고려·조선서화전高麗·朝鮮書畫傳」에도 안견의 작품 「경작도耕作圖」가 소개되어 있는데, 일본 최대의 화가 가문 가노가狩野家의 소장품 중에서도 가장 중요한 작품만 모아놓은 슈친聚珍에 간직되어 있는 보물이라는 설명과 함께 안견의 도장 2매가 게재되어 있었다.

말년 조선총독부 조선사편수회 고문을 맡기 전부터 나이토 고난은 일본 식민 정책의 자문역을 맡아 종종 중국과 조선을 여행했다.[1] 한번은 서울에서 오세창(독립 운동가이자 서예가)을 방문하여 그의 컬렉션 가운데 안견 의 산수화 소품을 직접 보고 크게 감탄한 일도 있었고, 1928년에 발간된 오세창의 『근역서화징槿域書畵徵』에서 도 안견의 그림에 관해 여러 설명을 익히 읽은 적이 있 었다. 그렇지만 「몽유도원도夢遊桃源圖」라는 이 서화 작 품에 관해서는 어떠한 이야기도 들어본 적이 없었다. 오 랫동안 비전秘傳되어왔음에 틀림없는 그림이었다.

그림과 짝을 이루는 23편의 필사본 시문을 쓴 작자 들의 면면은 놀라웠다. 안평대군安平大君, 김종서金宗瑞, 박연朴堧, 정인지鄭麟趾, 성삼문成三問, 신숙주申叔舟, 박팽 년朴彭年 등등. 조선 역사상 가장 찬란했던 세종조의 조 정을 그대로 옮겨놓은 것이었다. 한 시대를 대표하는 대형 걸작이 이렇게 온전한 모습으로 홀연히 나이토 고 난의 눈앞에 나타난 것이다. 전혀 알려지지 않았던 비보 의 출현이었다.

소노다 사이지의 방문이 있은 지 얼마 후에 나이토 고난은 「조선 안 견의 몽유도원도」라는 5쪽짜리 논문을 썼다. 안견의 「도원도」와 안평

위 사진은 '지곡 가도작池 谷可度作'이라고 쓴 안견의 서명과 '가도可度'라고 새 긴 도장, 「몽유도원도」 맨 오른편 하단에 찍혀 있다. 그 아래 사진은 『고화비 고』에 소개된 안견의 도장 2매.

처음으로 그 존재가 알려지다 15

대군의 「도원기」, 칠언절구 시와 제첨題簽, 박팽년의 글을 흑백사진으로 넣은 이 짧지만 중요한 글은 일본 월간지 『동양미술東洋美術』(1929년 9월호)에 발표됐다. 이 글은 「몽유도원도」가 존재한다는 것을 세상에 알린 최초의 글이었다. 계유정난癸酉靖難(1453)으로 안평대군이 사사되면서 사라진 것으로 여겨졌던 이 서화가 세상에 다시 나타난 것은 계유정난이 일어난 지 정확하게 466년 만이다. 나이토 고난의 논문 일부를 발췌, 요약하여 여기에 옮겨본다.

동방의 요순이라고 전해지는 성군 세종의 치하, 조선의 황금시대로서 한글이 창제되고 문물과 예술이 절정에 달했으며, 수많은 명신이 활약하던 시대였다. 당대를 대표할 뿐 아니라 조선 고금을 통틀어 제일의 화가 안견과 서가書家 안평대군 그리고 조선 제일의 문사, 충신, 명신, 명인이 모두 등장하는 이 대작에 이름을 올린 자들은 머지않아 두 파로 나뉘어 운명이 갈리지만, 이 작품은 곧 닥칠 화란의 징후를 모르는 채 전성시대를 구가하고 있다. (……)

수묵산수를 주로 하면서도 복사꽃에는 채색을 쓴 것이 북종화北宗畵(화원 화풍)의 뼈대를 보여주지만, 필획 하나라도 남종화南宗畵(문인화)에 조금도 뒤지지 않는다. 이 정도의 대걸작이라면 안견의 작품 중에서도 가장 뛰어난 작품일 것이며, 일본 화가로서 셋슈雪舟(일본 수묵화의 대성자)라면 역량을 겨루어보겠지만, 품격에는 안견에 한발 양보해야 할 것이리라.

이 놀라운 걸작이 일본에 오게 된 연유는 다분히 문록·경장의 역文祿慶長の役(임진왜란과 정유재란)의 획득물이었기 때문일 것이다. 오랜 기간

셋슈雪舟(1420~1506)의 「아마노 하시다테天橋立圖」. 지본수묵담채, 16세기. 89.4×168.5cm, 국보. 교토 국립박물관 소장.

사쓰마에 전해진 것으로 보아서 그러한데, 지금은 가고시마의 소노다 사이지 씨가 소장하고 있다. ……우연히도 이 같은 안견의 대작이 일본에 오게 됐으니, 이는 일본 예술계의 경사가 아닐 수 없다.[2]

「몽유도원도」의 높은 예술성을 평가하면서 나이토 고난은 안견과 안평대군, 찬문撰文을 지은 일부 문인들의 면모를 설명하고, 계유정난과 세조의 왕위 찬탈, 사육신사건(병자사화丙子士禍)까지 언급했다. 철저한 국수주의 동양학자인 나이토 고난이지만, 이처럼 웅대한 걸작 조선 서화의 출현에 시종 놀라움과 감격을 숨기지 않았다.

그런데 1929년에 나이토 고난이 「몽유도원도」를 처음 세상에 알렸을 때, 이미 그것은 일본 정부에 등록되어 있었다. 소노다 사이지가 가져온 「몽유도원도」에는 1893년 11월 2일 자로 일본 정부가 발급한 '감사증鑑査證'이 첨부되어 있었던 것이다. 감사증은 '우수 예술품'이라는

처음으로 그 존재가 알려지다 17

당시 메이지 정부의 인증서를 말한다. 나이토 고난보다 36년 앞서 일본 정부는 이 서화의 존재를 인지했고, 그 가치를 인정했던 것이다.

 이 감사증은 오랫동안「몽유도원도」를 소장해온 가고시마의 사쓰마 번薩摩藩 다이묘大名(봉건 영주)인 시마즈島津 가문의 한 사람에게 발급된 것이었다. 메이지 유신의 선봉을 담당했던 시마즈 가문은 1926년에 즉위한 쇼와昭和 천황의 부인 고준香淳 황후의 외조부 집안으로도 유명했는데, 이 가문이「몽유도원도」의 원래 소장자였던 것이다.

우에노 공원에서
공개되다

나이토 고난 교수가 글을 써서 처음 세상에 알려진 「몽유도원도」는 2년 후 도쿄 우에노 공원에 설립된 도쿄부 미술관 東京府美術館에서 개최된 '조선명화전람회 朝鮮名畵展覽會'에서 1931년 3월 22일부터 4월 4일까지 전시됐다. 아마도 이 서화가 태어나서 일반에 공개되기는 이때가 처음이었을 것이다.

이 전람회는 총독부와 이왕직 李王職(조선 왕실의 일을 맡아보던 관청)이 공동 후원했고, 일본인 미술가협회인 일본국민미술협회에서 주관했다. 전시회의 명예총재는 영친왕 英親王 이은 李垠이었고, 위원장은 도쿄 대학 교수로서 총독부의 조선 고적 조사사업을 총괄한 세키노 다다시 關野貞였다. 후원을 담당한 총독부로서는 조선 예술은 일본 예술의 일부라는 내선융화 內鮮融和를 선전하는 제국주의의 불순한 저의가 깔린 것이지만, 이왕직으로서는 나라는 비록 망국의 길을 갔지만 문화는 시퍼렇게 살아 있다는 것을 보여주려 했던 것이다. 여하튼 이 전람회는 최초로 조선

전 역사에 걸친 미술품을 골고루 공개 전시했다는 데 의의가 있었다. 소노다 사이지는 이 전람회에 「몽유도원도」를 출품했다. 이 서화의 구매처를 찾는 것이 주목적이었을 것이라고 짐작된다.

우에노 전람회에는 조선 왕실과 총독부 소장품 그리고 조선과 일본의 개인이 소장한 조선의 걸작 미술품 총 400여 점이 전시됐다. 이 대규모 전시회에서 사람들의 이목을 끈 것은 단연 「몽유도원도」였다. 그림만으로도 최고의 명화일 뿐 아니라, 조선 역사의 한 획을 긋는 인물들의 친필 찬문이 총집합된 역사적 걸작인 것이다. 게다가 제작 시기가 알려진 조선시대 그림 중 가장 이른 것이며, 지금까지 한 번도 세상에 등장하지 않았던 비보였던 것이다.[1]

우에노 전람회에서 대단한 찬사를 받은 「몽유도원도」는 조선 최고의 르네상스를 상징하는 역사적 예술품이지만, 이제는 일본인 소장자를 전전하며 식민지로 전락한 조선을 대표하는 고서화로 출품됐으니, 그간 조선의 역사가 겪은 굴곡을 말없이 보여주고 있었다. 조선명화전람회의 실무를 담당했던 조선미술관 주인 우경友鏡 오봉빈鳴鳳彬(1893~납북)은 이 전람회에서 「몽유도원도」를 보고 그 애절한 소감을 『동아일보』에 다음과 같이 피력했다.

일본의 소노다 사이지 씨가 출품한 안견의 「몽유도원도」는 참 위대한 걸작입니다. ……이것은 조선에 있어서 둘도 없는 국보입니다. 금번 명화전의 최고 호평입니다. 일본 문부성에서 국보로 내정하고 가격은 3만 원가량이랍니다. 내 전 재산을 경주하여서라도 이것을 내 손에 넣었으면 하고 침만 삼키고 있습니다. 「몽유도원도」는 안평대군이 꿈에 본 도원의 모습을 안견에게 사생시킨 것이라는데, 나는 이것을 수십 차례

나 보면서 「단종애사」를 재독하는 감상을 가지게 됩니다. 이것만은 꼭 내 손에, 아니 조선 사람의 손에 넣었으면 합니다.

—『동아일보』1931년 4월 10일

나이토 고난이 「몽유도원도」를 처음 보고 걸작 예술품으로 평가했다면, 오봉빈은 「몽유도원도」에서 조선의 슬픈 역사를 먼저 보았다. 당시 『동아일보』에서는 1928년 11월부터 1929년 12월까지 1년간 춘원 이광수의 「단종애사端宗哀史」를 연재하면서 대단한 국민적 호응을 얻었다. 말할 것도 없이 주권을 강탈당한 힘없는 한국의 처지가 왕좌를 강탈당한 어린 단종의 입장과 곧장 비교되면서 망국의 슬픔과 분노가 새삼 끓어오르며 민족정신이 고취되고 있을 때였다. 당시 조선어학회는 총독부의 갖은 탄압을 받으며 『조선어사전』 편찬 사업에 착수했으며, 이를 계기로 정인보, 최남선 같은 민족주의 학자를 중심으로 민족문화 부흥 운동이 일어났다. 이러한 움직임에 호응하여 오봉빈을 비롯한 조선인의 손으로 조선 고서화 전시회가 개최되기 시작했다. 그간 잊히고 버림받았던 조선의 고서화는 이제 민족문화를 일깨우는 촉매제가 된 것이다.

1929년 9월 「몽유도원도」에 관한 글이 발표된 직후 나이토 고난은 그와 친밀했던 총독부 조선사편수회 직원 이나바 이와키치稻葉巖吉의 요청으로 몇 점의 흑백사진을 보냈다. 당시 총독부에서 촉탁으로 근무하던 마쓰다 고松田甲가 이 흑백사진을 보고 「몽유도원도」에 관해 간단한 글을 썼다. 「몽유도원도」 찬문 21편 중 10편을 판독하고, 찬문에 관해 간단히 설명한 것이었다. 이 글은 총독부 발행 일본어 잡지 『조선』에 1930년 4월부터 7월까지 4회 게재되어 「몽유도원도」의 존재가

1934년 『조선고적도보』에 실린 「몽유도원도」 흑백사진. "안견安堅(현동자玄洞子) 필筆「몽유도원도夢遊桃源圖」견본담채絹本淡彩, 종종縱 1척尺 2촌寸 7푼分 7리厘, 횡횡橫 3척尺 5촌寸, 원전재치園田才治 장장藏"이라는 설명문이 있다.

조선의 학계에도 소개됐다.[2]

　1934년 「몽유도원도」는 총독부가 발간한 『조선고적도보朝鮮古蹟圖譜』에 실렸다. 『조선고적도보』는 총독부의 조선사편수회가 20년에 걸쳐 낙랑 시대 이래 조선의 고적과 미술품을 조사한 결과 6,600여 점의 사진을 수록한 15권의 화보인데, 한국 최초의 미술통사라 할 수 있다. 「몽유도원도」의 흑백사진이 "소노다 사이지園田才治 소장"이라는 설명문과 함께 권14에 실리면서 이 서화의 존재는 조선에서도 점차 알려지게 됐다.

　「몽유도원도」는 조선인의 마음에 뜨거운 회한의 감정을 불러일으켰을 것이다. 이 서화는 곧바로 조선의 황금기였던 세종조를 가리키고 있었다. 찬란했던 세종조 문화 예술의 상징이었던 시서화 작품이 한 점도 남아 있지 않은 부끄러운 현실에 홀연히 나타난 「몽유도원도」는 자랑스러운 과거를 뚜렷이 증거하고 있었다. 안평대군과 김종서, 성삼문, 박팽년, 이개 등 사육신과 정인지, 신숙주가 나란히 이름을 올린 이 서화는 왕실과 신하들이 일치단결하여 이루어낸 세종조 수성의 태평성대를 상징했다. 그렇지만 나란히 연서된 이들 이름들은 곧이어 전개될 분열과 골육상쟁, 왕위 찬탈과 사육신사건으로 이어지는 세종조 직후의 처참한 파탄을 연상시켰을 것이다. 지극한 태평성대를 보여주는 이 서화는 뒤이어 전개되는 조선 역사의 불행과 망국의 비운을 강력히 경고하는 듯했을 것이다.

제2부

조선의 황금기가
절정을 넘어가다

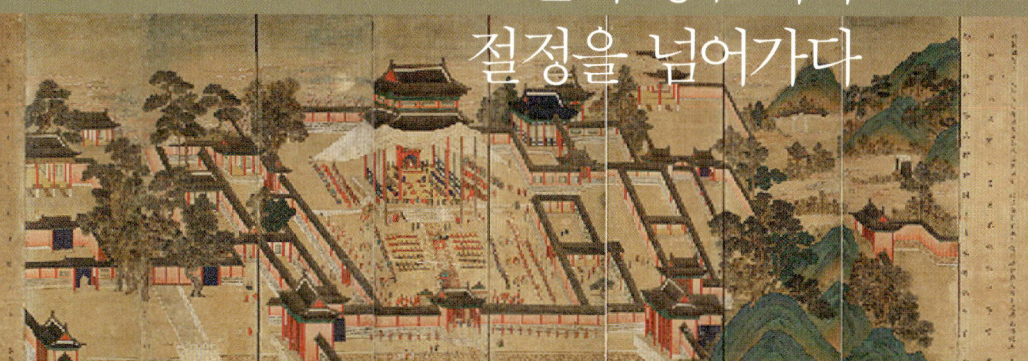

왕세자 탄강진하도(王世子誕降陳賀圖) 병풍, 국립고궁박물관 소장.

하늘이 돌보시어 동방에 성주聖主가 임하시니
위대한 오얏나무에 서린 뿌리 깊기도 하도다
금지옥엽의 자손들 번창하고 빼어나니
위대하고 아름다운 덕을 찬양하도다
온화하고 단정한 안평대군 참으로 천인天人이니
사람들에게 바람처럼 미치는 덕으로 모든 사람들이 흠모하네
참되고 바르게 자신을 닦아 그 마음 거울 같으니
티끌 하나라도 어찌 범할 수 있으리오
대궐에서 임금님 모시다가 퇴청하여 한가로이
경전을 논하고 유생들을 불러들이니
아정雅正한 생각은 표표히 인간 세상 뛰어넘고
높은 의기는 구름보다 높아 화려한 생활 단념하네

― 고득종高得宗, 「몽유도원도」 찬시 중에서

조선의 르네상스
꽃피다

「몽유도원도」가 탄생한 1447년(세종 29, 정묘)은 조선이 개국하여 55년째 되는 해이며, 제4대 임금 세종이 재위 30년을 맞는 해였다. 개국의 소용돌이는 오래전에 진정됐고, 수성을 굳힌 세종의 치세가 절정에 오르던 때였다.

오랜 평화 시대가 계속되는 중이었다. 세종은 명나라에 대한 확고한 사대 외교 정책을 견지하면서 대마도의 왜구를 정벌하고 북방의 야인을 토벌하여 국가 안전을 확보했고, 영토 북단에 4군 6진을 설치하여 국경을 획정했다. 여기에 즉위 이래 단 한 차례의 정변도 일어나지 않은 안정된 국내 정치를 운용하여 진정한 태평성대가 30년 넘게 지속되고 있었다.

건국의 새로운 통치 이념으로 채택된 신유학新儒學인 성리학이 뿌리를 내리면서 사회 분위기가 일신됐다. 도덕과 수양을 강조하는 성리학의 영향 아래 사대부 지도층에 충효와 수신제가의 엄격한 윤리관이 요구됐

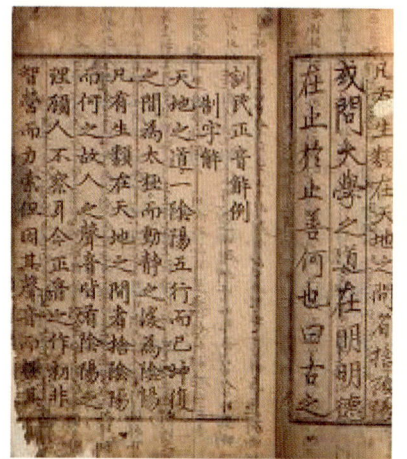 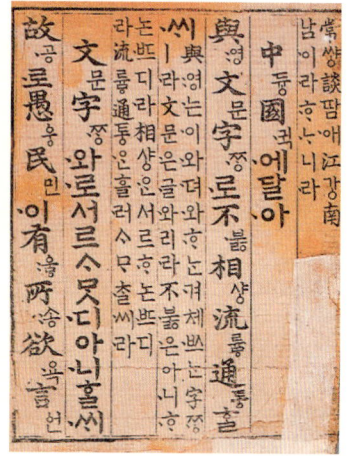

왼쪽은 1446년 간행된 목판본 훈민정음 해설서인 『훈민정음 해례본』 중 한글의 창제 원리를 설명하는 제자해制字解 부분, 국보 제70호, 간송미술관 소장. 오른쪽은 1459년 간행된 『월인석보』에 실린 『훈민정음 해례본』(세종의 서문과 예의 부분)의 한글 번역본, 보물 제745호, 서강대학교 소장.

고, 유교의 민본정치 이념에 따라 민중의 생업에 대한 각별한 지도와 장려 정책이 실시되면서 백성의 삶도 안정과 번영으로 향하고 있었다.

천재 군주이자 문화 군주인 세종의 지휘 아래 예악과 법령, 천문역법 등 유교 국가의 기반이 되는 각종 제도와 문물이 정비됐고, 교육과 편찬 사업이 융성한 가운데 다방면에서 인재가 줄지어 배출됐다. 1446년(세종 28) 9월에는 세종 치세의 결정판이라 할 훈민정음이 반포됐고, 다음 해 정묘년 5월에는 한글을 사용하여 『용비어천가』가 간행됐다. 건국을 예찬하고 수성의 어려움을 경계하는 한글 대서사시가 태어난 것이다. 조선 500년 역사의 토대가 이루어지며 태평성대가 펼쳐지고 있었다. 수성의 태평성대에 참여한 신하들은 아름다운 시문과 그림, 음악으로 그들의 시대를 기록하고 예찬하면서 시서화詩書畵 예술을 꽃피웠다. 이른바 조선의 르네상스가 전개되고 있었던 것이다.

세종의 치세가
저물다

1447년(세종 29)은 30년간 상승 곡선을 그리던 세종의 치세가 절정기를 넘어가고 있음을 여실히 보여주고 있었다. 그해 정월 초하루 임금은 대궐에 없었다. 예년대로라면 정월 초하루에 문무백관을 거느리고 경복궁에서 중국 황제에 대한 망궐례望闕禮를 거행하고 신하들의 하례를 받으며 잔치를 베푸는 것이 관례였지만, 9개월 전 왕비 소헌왕후가 세상을 떠난 후부터 궁을 나온 임금은 9개월간 형제늘의 집을 전선하며 피접避接 중이었다. 세종이 늙고 병들어감에 따라 세종 시대가 저물고 있음은 어쩔 수 없는 일이겠지만, 그 징후는 소헌왕후의 승하로 뚜렷이 나타나고 있었다.

소헌왕후 심씨는 1446년 3월, 둘째 아들 수양대군의 집에서 52세로 세상을 떴다. 조선의 개국공신 심덕부의 아들 심온의 셋째 딸로 태어난 심씨는 14세인 1407년(태종 7) 12세의 충녕대군(세종)에게 시집와 38년간 금슬 좋은 부부로 세종과 해로했다. 왕비의 부친 심온은 세종의 즉위와 더불어 국구國舅(왕의 장인)로서 영의정에 올라 권력과 영화를 한 몸에 받게 됐지만, 세종의 즉위 4개월 만에 상왕 태종에 대한 불충죄를 저질렀다는 모함을 쓰고 사사됐고, 그의 가족은 천인으로 몰락했다. 그러나 소헌왕후는 친정의 비극에 흔들리지 않고 왕비로서의 소임을 다했다. 많은 아들을 낳아 훌륭히 키워냈고 후궁들을 통솔하여 왕실의 안정과 평화를 지켰으며 세종의 치적을 뒷받침한 세종 시대 제일의 숨은 공신이었다.

세종은 소헌왕후와의 사이에 여덟 아들을 두었고, 세 명의 후궁에게서 열 명의 아들이 있었다. 그는 조선 역대 왕 중 가장 많은 적자嫡子를 둔, 또한 가장 많은 아들 운을 누린 왕이었다. 무엇보다도 정비 소헌왕후에게서 태어난 맏아들을 일찌감치 왕세자에 책봉하여 왕위의 적장자 승계를 실현할 수 있었다. 유교 국가의 근본 원칙인 적장자 승계는 조선 건국 후 한 번도 이루어지지 못했다. 이것은 유교적 이상국가 실현을 꿈꾸며 수성의 대업을 맡은 세종이 기필코 이루어야 하는 과업이었다.

왕세자 향珦(문종) 아래로 연년생인 수양대군首陽大君과 안평대군이 20대 초부터 국정의 거의 전 분야에 걸쳐 임금을 보필하고 있었고, 그 밑으로 10여 명의 아들이 능력껏 국정에 참여하던 1447년 왕실의 권위와 비중은 유례가 없을 정도로 컸으며, 세종의 가족은 왕실 역사상 최고의 명문 가족을 구가하고 있었다. 여기에 원손(훗날 단종)이 태어나 왕세손 책봉을 눈앞에 두고 있었으니, 사직은 탄탄대로에 있는 듯했다.

그렇지만 세종의 치세가 절정을 넘어가며 그의 아들 운도 기울고 있었다. 왕비 심씨를 죽음으로 몰아간 것은 직접적으로 젊은 두 아들의 갑작스러운 죽음이었다. 왕비가 죽기 1년여 전, 20세의 다섯째 아들 광

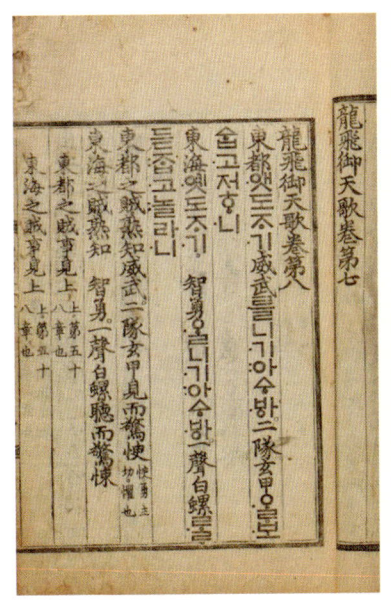 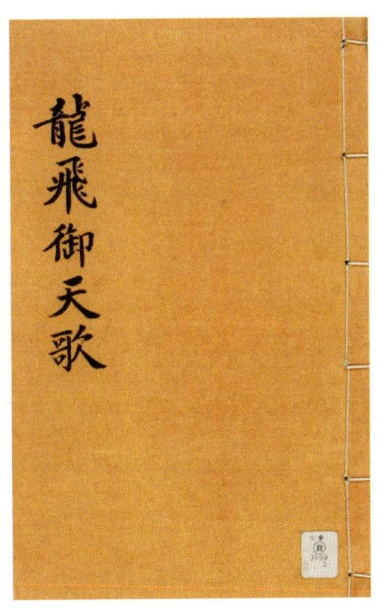

왼쪽은 1447년의 초간본 『용비어천가』 10권 중 권8, 59장, 보물 제1463-1호, 계명대학교 소장.
오른쪽은 1447년 간행된 『용비어천가』 초간본 권7의 표지, 보물 제1463-2호, 고려대학교 소장.

평대군과 19세의 일곱째 아들 평원대군이 한 달 간격으로 병사했다. 고이 길러 출중하게 장성한 두 아들을 하루아침에 잃은 왕비는 슬픔에서 헤어나지 못하고 세상을 뜬 것이다.

두 왕자의 죽음은 세종이 그토록 심혈을 기울였던 징자 승계와 후사의 안전에도 영향을 미쳤다고 볼 수 있다. 훗날 문종이 승하하고 수양대군이 왕위 찬탈을 도모했을 때 남은 네 명의 대군 중 계유정난으로 안평대군이 희생되고, 단종의 복위를 도모하다 금성대군이 희생됐다. 이것을 볼 때 요절한 두 아들이 살아 있었다면 과연 수양대군의 골육상쟁과 왕위 찬탈이 가능했을 것인지는 의문으로 남는다.

소헌왕후의 죽음은 단순한 왕비의 죽음이 아니었다. 이는 사직에 관계된 커다란 정치적 사건이었다. 왕세자빈이 없는 왕실에서 왕후의 죽음은 내명부를 다스릴 수장이 없다는 말이고, 더 나아가 만에 하나라도 임금에 이어 왕세자(문종)에게 유고가 생긴다면 수렴청정垂簾聽政을 할 사람이 없다는 뜻이다.

왕세자빈의 자리는 원손이 태어나서부터 공석이었다. 세종의 나이 46세인 재위 23년(1441) 세자빈 권씨에게서 원손 이홍위가 태어났다. 훗날 단종이다. 세종의 기쁨이 얼마나 컸는지는 '원손元孫'이라는 이름을 가진 자들은 모두 개명하라는 칙령이 내려졌고, 유례없이 대대적인 대사면이 발표된 것만 보아도 알 수 있다. 그런데 세종이 대사면의 교지를 읽어 내려가던 중 탁상의 대촉이 땅에 떨어져 나뒹굴었다. 세종 집안의 숨겨진 불행이 그 징조를 처음 드러내는 순간이었을 것이다. 그 다음 날 세손을 낳은 세자빈이 산욕으로 사망했다. 이미 두 명의 세자빈이 품행에 중대한 문제가 있어 퇴출된 끝에 맞이한 세 번째 세자빈인데, 가장 경사스러운 원손의 탄생 다음 날 세자빈이 사망했다는 것은 왕세자의 신상에 도사린 불길한 기운을 말해주는 듯했다.

세종은 권빈의 사망 이후 다시는 세자빈을 들이지 않았다. 그때부터 문종이 세상을 뜰 때까지 12년간 세자빈이나 왕비의 자리는 공석이었다. 앞서 두 세자빈이 폐출됐을 때는 세종이 세자빈 자리를 오랫동안 비워둘 수 없다고 하여 두세 달 만에 즉시 새로운 세자빈을 들였던 것과는 사뭇 대조적이다.[1] 세종이 권빈 사망 이후 그토록 중요한 세자빈 자리를 공석으로 둔 것은 무슨 까닭인가?

그 답은 세손을 보호하기 위해서라고 할 수 있을 것이다. 태조와 태종이 천명을 받아 건국한 조선을 확고한 반석에 올려놓기 위해서는 적장자 승계 원칙의 정착이 무엇보다도 필수적이었다. 여기에 더하여 개국 초 태조가 후비의 어린 아들 방석을 세자로 책봉한 데 반발하여 일어난 왕자의 난이 생생한 교훈으로도 남았었을 것이다. 권빈이 사망한 이후 세종의 관심은 세자빈을 다시 맞아들이는 것보다 오로지 세손을 보호하는 데 있었던 것 같다. 세종 자신의 경우에도, 소헌왕후의 대상이 끝나자 다시 중전을 맞으라는 신하들의 건의가 있었지만, 세종은 세손을 보호하기 위해 삼가야 한다는 뜻을 확실하게 밝혔다.[2] 문종 또한 왕세자 시절부터 세자빈 권씨보다 더 사랑했던 후궁 귀인 홍씨가 있었지만, 권빈이 사망한 후에도 홍씨를 세자빈이나 왕비로 맞이하지 않았다. 실록은 문종이 왕비의 호칭을 피하기 위해서라고 기록하고 있다.[3]

세손 보호에 전력을 기울인 나머지 세종과 왕세자가 새로 왕비와 세자빈을 맞아들이지 않았다는 것은 세종과 문종이 고심에 고심을 거듭하여 내린 결정이었고 선택이었을 것이다. 세손의 지위를 흔들 수 있는 어떠한 존재도 용납하지 않은 것이다. 하지만 이는 만에 하나라도 임금에 이어 왕세자에게 유고가 생길 경우, 홀로 남을 세손을 위해 수렴청정을 할 왕대비나 왕비를 남겨두지 않은 것이다. 그렇게 본다면, 세종은 물론 문종 자신도 어린 아들을 홀로 남기고 때 이른 죽음을 맞으리라고는 전혀 예상하지 않았다고 보아야 할 것이다. 사실상 소헌왕후 승하 당시 30대 중반의 왕세자가 건재한 상황에서 수렴청정 문제는 그다지 현실감이 없었다. 그렇지만 섭정 자격을 가진 왕비나 왕대비 자리가 비어 있다는 것은 왕권을 부지하는 한 축이 무너졌다는 의미이며, 통치 구조의 중대한 결함이 아닐 수 없다.

이러한 문제점을 깊이 자각해서였는지, 소헌왕후의 죽음 이래 왕실은 그 어느 때보다도 단합됐다. 아들들과 함께 수성의 기반을 쌓는 데 전력을 기울였던 세종은 이제 아들들과 함께 사직의 안녕과 수성을 길이 보전하기 위해 마지막 심혈을 쏟고 있었다. 이러한 세종의 간절한 염원은 세종 시대를 온몸으로 살다 간 셋째 아들 안평대군을 무릉도원 꿈으로 인도했다.

제3부

무릉도원 꿈의 주인
안평대군

우지정(禹之鼎), 「대숲에 홀로 앉아 있는 왕유(幽篁坐嘯圖)」, 산동성(山東省) 박물관 소장.

진실로 비범한 기골이 아니어든
어찌 선경仙境에 노닐 수 있으리오
밤마다 영혼이 교유하는 일은
아침마다 마음이 쾌한 바로다
중니仲尼(공자의 자)는 주나라 성현을 꿈꾸었고
장자는 꿈에 호랑나비가 됐으니
존귀한 왕자께서 대장부임을
이제야 비로소 알겠도다
몸은 비록 궁궐에 있지만
뜻은 오히려 신선 세계에 두고 있네
— 이적李迹, 「몽유도원도」 찬시 중에서

세종의 아들
안평대군

출생, 그리고 성녕대군의 후사가 되다

무릉도원 꿈의 주인공 안평대군 이용李瑢은 1418년 9월 19일 창덕궁에서 태어났다. 8월 11일 세종이 경복궁 근정전에서 즉위한 지 한 달여 만이고 세종 부부가 새로 개축된 창덕궁으로 이어하여 엿새 만에 왕자가 태어난 것이니, 갓 즉위한 스물두 살 젊은 임금의 상서로운 앞날을 예고하는 듯했을 것이다.

용이 태어났을 때 위로는 일곱 살의 정소공주貞昭公主, 다섯 살의 세자 향珦(문종), 네 살의 정의공주貞懿公主, 두 살의 유瑈(수양대군)가 있었고, 1년여 후 구璆(임영대군)가 태어났다. 왕세자 아래로 연년생인 유와 용 두 아들은 왕세자 못지않게 세종의 지극한 관심을 받으며 쌍둥이같이 자랐다. 똑같은 교육을 받고 함께 세종을 보필하면서 그 둘은 훗날 세종이 승하하고 서로의 운명이 갈릴 때까지 떼어놓을 수 없을 만큼 같은 길을 걷게 된다.

네 살이 된 용은 요절한 숙부 성녕대군誠寧大君의 후사로 세워졌다. 용이 태어나기 7개월 전 홍역을 앓다 14세에 급사한 성녕대군은 세종의 동생으로서 태종과 민경왕후의 넷째 아들이다. 민경왕후가 41세에 얻은 늦둥이 성녕대군은 태종 부부의 끔찍한 사랑을 받았는데, 태종은 장차 때를 보아 양위한 뒤 성녕대군에게 노후를 의탁하려고 생각했을 정도였다.[1] 그런 아들의 죽음은 철권을 휘두르며 건국에서 수성으로 매진하던 태종을 거의 공황 상태로 몰아넣었다. 성녕대군이 사망하고 4개월이 지난 뒤, 태종이 수성의 군주가 될 가망이 없어 보이는 양녕대군을 폐하고 충녕대군을 세자로 세운 다음 두 달 후 서둘러 양위한 것도 이 아들의 죽음에서 받은 충격 때문이었다. 죽은 아들의 모습이 눈에 어른거려 국사에 전념할 수 없다는 것이 태종의 실토였다.

성녕대군의 후사가 된 것은 용의 운명을 인도하는 중요한 계기가 됐다. 막대한 유산을 물려받았고 성녕대군의 부인 성씨成氏와 모자의 연을 맺게 됐지만, 무엇보다도 태종이 성녕대군을 위해 지은 사찰 대자암大慈庵과 깊은 인연을 맺은 것이다.

신라와 고려에서 왕릉 곁에 사찰을 두어 능을 지키는 오래된 전통은 조선 초에도 지속됐다. 태종은 태조의 죽음을 애도하여 건원릉에 개경사開慶寺(현재는 흔적도 없음)를 지었지만, 재위 중 철저한 억불정책으로 일관하여 자신의 능에는 사찰을 짓지 못하도록 유언했을 정도로 사찰의 건립을 억제했다.[2] 그렇지만 그는 요절한 성녕대군을 위해서 특별히 사찰을 건립했다. 원래는 한양 여경방餘慶坊(지금의 신문로 근처)에 있는 태종의 별궁이었던 성녕대군의 저택을 사찰로 만들려 했지만, 도성 안에 왕명으로 사찰이 들어서는 것을 꺼린 유신들의 반대에 부딪혀 태종은 성녕대군의 묘가 있는 한강 북쪽 고양현高陽縣 산리동酸梨洞에 사찰

을 짓고 이름을 대자암大慈菴이라 하여 왕실의 원찰로 삼았다.³

대자암은 성녕대군과 함께 태종 부부를 위한 불사를 맡았고, 후에는 세종 부부와 문종을 위한 불사를 전담했다. 성녕대군의 양자가 된 안평대군은 어려서부터 대자암에서 왕실 가족을 위한 기원을 올렸고, 후에는 세종 부부와 문종을 위해 기원하며, 불경을 쓰고 강講했고, 불사를 집행했다. 왕실의 원찰을 맡게 된 그에게 왕실과 사직을 위한 기도는 일생의 의무였고 또한 거역할 수 없는 운명이었다.

안평대군에 봉해지다

1428년(세종 10), 11세의 용은 종친의 최고 품계로서 왕의 적자와 형제에게 내리는 정1품에 제수되고 안평대군에 봉해졌다. 같은 날, 유瑈는 진평대군(후에 함평대군, 진양대군, 수양대군으로 고쳐졌다), 구璆는 임영대군에 봉해졌다.

이 봉작을 받을 무렵, '청지淸之'라는 자字를 받았는데, 이는 '옥의 맑은 소리'를 뜻한다. 즉 『예기』「빙의聘義」 제48편을 보면, 공자가 자공子貢에게 옥을 설명하며 "옥을 두드려 그 소리가 맑게 일어나면서도 길며其聲淸越以長 그 마침이 굴연詘然한 것은 악樂이나"라고 말하는데, 청월이장淸越以長에서 따온 '청지'의 뜻은 '옥을 두드려서 악樂에 이르는 맑은 소리'라고 할 수 있다.⁴

대군의 품계로 인해 세종의 적자들은 토지 300결結을 받았는데, 당시 전 국토가 약 100만 결이었던 점을 보면 대군 한 명은 전 국토의 3천 분의 1을 받은 셈이다. 세종 때의 전분육등법田分六等法에 따라 1등전으로 계산하면 300결은 약 60만 평이며, 매년 벼 2만여 섬의 소출에 해당한다. 오늘날의 가치로 환산하면 매년 약 30억 원의 수입이 있는 것

「비해당집고첩발문匪懈堂集古帖跋文」에 찍힌 안평대군의 인장 '청지淸之'와 '청월이장淸越以長'. '청월이장'은 「몽유도원도」 기문 말미에도 찍혀 있다.

이다. 7년 후 세종은 정1품 신하들의 봉록 150결에 비해 대군들이 받는 300결이 너무 과하다고 생각하여 250결로 축소하지만, 어쨌든 대단한 재산이다.

이러한 봉록 외에도 안평대군은 성녕대군의 후사로서 막대한 재산을 물려받았다. 태종은 성녕대군의 죽음을 애통해하여 죽은 성녕대군의 직품을 높여주고, 성녕대군의 부인 성씨의 부친 성억成抑에게는 공신 대우를 부여하여 홀로된 성씨에게 많은 혜택을 내렸다. 양부의 재산을 그대로 물려받아 대군 재산의 두 배 이상에 달하는 재산을 소유한 안평대군은 세종의 아들 중 가장 부유했다. 호족과 거부가 생겨나기 전인 조선 초, 어린 나이의 그는 아마도 조선 최고의 갑부 중 하나였을 것이다. 일찍부터 그가 뜻을 둔 학문과 예술을 추구하고, 많은 문객을 거느리며 풍류를 즐길 수 있는 충분한 재력을 갖추게 된 것이다.

결혼과 가족

12세가 된 안평대군은 장가를 들었다. 이른 나이이긴 하지만, 그 당시 왕세자는 15세 무렵 혼례를 올리고 왕자들은 보통 12세가 지나면 결혼하는 것이 관례였다. 세종도 12세에 결혼했고, 그의 왕자들은 모두 12세 안팎에 결혼했다.[5]

안평대군의 배필은 좌부대언(좌부승지) 정연鄭淵의 둘째 딸이었다. 정연은 고려 때의 세족 연일정씨延日鄭氏 가문 출신으로 세종조에서 공조판서와 두 차례 병조판서를 역임했고, 오랜 기간 사복시에서 마정馬政을 총괄하며 내탕고를 맡았던 세종의 측근 총신이었다. 안평대군과 함께 세종을 호종하며 시를 수창酬唱한 일도 있었던 정연은 시문에도 뛰어났던 것으로 보이는데, 그는 명종, 선조 때의 문신 송강 정철鄭澈의 고조부. 그의 넷째 아들 정자숙鄭自淑이 정철의 직계 증조부다.

정연의 부인 우씨禹氏는 고려의 마지막 임금인 공양왕의 2녀 정신궁주貞信宮主와 단양군丹陽君 우성범禹成範의 딸로서 공양왕의 외손녀다. 따라서 정연은 공양왕의 외손녀사위가 되며, 안평대군은 공양왕의 외증손녀 사위가 된다. 정연은 아들 넷과 두 딸을 두었는데, 큰딸이 태종의 외손이자 권근의 손자 권담에게 출가한 데 이어 작은딸이 안평대군의 배필이 됐고, 둘째 아들 정자양은 세종의 여섯째 서자 수춘군壽春君을 사위로 맞이하여 정연의 집안은 왕실과 여러 겹으로 인척 관계를 이루었다. 조선 왕실과 고려 왕실을 연결하는 고리 역할을 한 셈이다.

안평대군의 결혼 생활이 어떠했는지 기록은 없지만, 그의 가족은 박복한 인생을 살았다. 부인 정씨는 고려 왕의 후손이자 조신 고관의 딸로서, 또한 안평대군의 부인으로서 교양과 기품이 대단했을 것으로 짐작되지만, 안평대군이 사사되기 6개월 전 사망했다. 안평대군 부부 사이에 태어난 2남 1녀 중 작은아들 우량友諒은 모친 정씨의 사망 4개월 전 어린 나이에 사망했고, 큰아들 우직友直과 며느리 남씨, 외동딸 무심無心은 계유정난의 화를 당했다. 큰아들 우직이 자녀 없이 처형되어 안평대군은 후사가 끊겼다. 안평대군에게는 대어향對御香이라는 첩이 있었는데, 역시 계유정난의 화를 입었다. 첩에게는 자녀가 없었다.

세종의 교육을 받다

즉위하자마자 집현전을 설치하여 인재 양성에 지대한 노력을 기울인 세종인 만큼 빼어난 자질을 타고난 아들들의 교육에 최고의 정성을 기울였음은 짐작하고도 남음이 있다. 어릴 때 궁중의 독선생 밑에서 글을 배우던 안평대군은 11세가 되어 수양대군, 임영대군과 함께 세종이 세운 왕실 자제 교육기관인 종학宗學에서 수학했고, 2년 후에는 성균관에 입학하여 본격적으로 학문을 닦았다. 성균관 입학 초기 평소 학문에는 관심이 없었던 임영대군이 탈락하면서 연년생인 수양대군과 안평대군은 모든 분야에 걸쳐 치열한 경쟁 관계에 돌입했을 것이다. 성균관 학업은 20세 초까지 계속된 것으로 보이며, 이 시기 안평대군은 유학의 경전을 마쳤고 최항, 박팽년, 성삼문, 신숙주, 이현로와 같은 평생지기와 교분을 쌓았다.

안평대군은 수양대군과 함께 성균관에서 학업을 마친 후에도 늦은 나이까지 학문에 매진했다. 안평대군이 24세, 수양대군이 25세 때 세종은 당대의 천재 수학자이며 천문학자였던 집현전 박사 김담金淡을 초빙하여 궁궐 내에서 두 대군에게 강도 높은 교육을 실시했다. 이때가 바로 훈민정음 창제 시기였던 만큼, 이 작업의 참여자들에게는 고도의 학문이 요구될 때였다. 또한 이 무렵 두 아들과 나이가 비슷한 성삼문, 박팽년, 신숙주 같은 쟁쟁한 신예 학자들이 집현전에 진출하여 활약하는 것에도 세종이 자극을 받았을 것이다.

이러한 교육 외에도 안평대군은 왕세자, 수양대군과 함께 세종에게서 직접 학문을 배우기도 했는데, 성균관에서 배울 수 없는 잡학이나 음악 등 예능을 폭넓게 배웠다.[6] 왕자들은 또한 불교를 신봉하는 왕실의 전통에 따라 자유로이 불교를 믿고 공부할 수 있었다. 박학다식한 천재 군주 아래서 최고의 학문과 지식을 전수받았음을 알 수 있다. 이러한 일련의 교육 과정을 거치면서 안평대군은 문예 분야에서 천재적 재능을 드러내며 20세 초반에 시서화의 일가를 이루게 됐다. 그의 뛰어난 재능은 학문뿐 아니라 서화, 음악 등 예술에서도 비범함을 보였던 세종에게서 물려받은 천부적 자질이었음이 틀림없다.

그렇지만 이 모든 교육에 앞서 세종이 가장 공을 들인 것은 충효였다. 유교 국가의 근본 사상인 충효는 당연히 세종의 교육철학을 이루는 근간이었다. 그는 일찍이 중국과 한국에서 모범적인 충효 인물을 뽑아 글과 그림으로 설명한 『충신도』와 『삼강행실도』를 편찬했다. 이러한 교재를 본보기로 백성 교화에 힘썼듯이, 그는 자기 자신을 본보기 삼아 아들들에게 충효를 가르쳤다.

태종에 대한 세종의 절대적인 충성과 효도는 잘 알려진 사실이지만, 그가 특별히 모범을 보인 것은 양녕대군에 대한 지극한 형제애였다. 세종은 사직에 죄를 지은 양녕대군을 가까이해서는 안 된다는 신하들의 극렬한 반대와 싸워가며 경기도 이천에서 일종의 유배 생활을 하고 있던 양녕대군을 물심양면으로 도왔고, 결국 대군의 지위로 완전히 복권시켰다. 많은 아들을 둔 아버지로서 또한 왕실의 평화와 사직의 안녕을 염려한 임금으로서 스스로 관용하는 모범을 보인 것이다. 세종은 단종의 모친 현덕빈이 사망했을 때 양녕대군의 둘째 아들 함양군咸陽君을 상주로 삼아 장사를 치르게 했는데, 사직을 위해 종실 전체의 단합을 꾀한 것이었음을 알 수 있다.

임금을 보필하다

세종의 교육 아래 유학의 경전은 물론이고 시문, 예능, 무예, 잡학,

불교를 꿰뚫는 당대 최고의 지성인으로 성장한 안평대군은 수양대군과 함께 10대 후반부터 세종을 보필하기 시작했다. 함길도에 설치한 4진의 서울 사무소 격인 경재소京在所 업무를 비롯하여 왕실 불사 업무, 능묘 업무, 종친 관련 사무, 훈민정음 창제를 비롯하여 각종 서적의 편찬과 문예 진흥 등 두 대군의 보필은 정통 유학자의 보좌만으로는 미흡했던 분야에서 이루어졌다. 이 모든 업무 중에서도 20대 초에 시서화 예술의 정점에 섰던 안평대군은 세종의 핵심 문신을 이끌고 시단詩壇과 예단藝壇을 구축하며 시서화 문예를 선도했다. 이것은 임금을 대신한 군신창화群臣唱和였고 세종조 르네상스의 한 축을 담당한 것이었다.

이같이 세종의 왕자들은 거의 공식적으로 광범위하게 국사에 참여했지만, 이것은 극히 이례적이다. 세종의 명으로 왕세자는 일찍부터 서무를 담당하고 섭정 역할까지 했고, 안평대군과 수양대군은 국정의 거의 모든 분야에 참여했으며, 때로는 신하에게 임금의 윤지를 전달하는 극히 정치적인 역할도 수행했다. 조선은 고려와 마찬가지로 '종친불임이사宗親不任以事', 즉 '종친은 지위만 높이고 일은 맡기지 아니한다'는 원칙을 견지하고 있었다.[7] 왕권에 위협이 되는 종친을 견제하는 한편 종친을 권력으로부터 보호하고, 신권에 위협이 되는 종친의 국사 참여를 봉쇄하는 원칙은 유교 국가의 불문율일 뿐 아니라 태종의 『속육전續六典』에 명문화되어 있기도 했다. 그렇지만 이러한 불문율과 법이 있어도 왕자들의 국사 참여가 세종조에서는 큰 문제가 되지 않았다. 태조가 형제들과 아들들의 힘을 빌려 조선을 개국한 것처럼 수성의 대업에 진력하던 세종에게 지식과 충성심으로 무장한 아들들은 종친 이상의 충신이자 충신이었던 것이다.

세종이 대군들의 능력을 믿고 국사에 참여시킨 것은 확실히 이들 두

대군의 정치적 역량과 막강한 영향력을 키운 결과가 됐다. 이것이 훗날 화를 부른 근원이 됐을까? 그들이 합심하여 이루어낸 세종조의 황금기는 그들이 갈라서며 서둘러, 그리고 비극적으로 막을 내렸다.

안평대군의
예술과 풍류

시서화 삼절 안평대군

안평대군은 20대 초부터 삼절三絶에 비유됐던 것으로 보인다. 1442년(세종 24)에 안평대군의 주도로 제작된 시서화 작품 「소상팔경시권瀟湘八景詩卷」의 서문에서 집현전 부수찬 이영서는 다음과 같이 말했다.

> 비해당 이용의 시는 당시唐詩를 얻었고, 그의 글은 진대晉代의 자취를 얻었으며, 그의 화법畵法은 또한 그 묘를 지극히 하여서 비록 삼절이라고 칭하던 자에게도 어찌 양보를 할 것인가.

이영서가 안평대군을 비유한 '삼절이라고 칭하던 자'는 귀족 출신에 젊어서부터 삼절로 명성을 떨쳤던, 비파의 명수이자 명필에 수묵산수화의 비조였고 불교적 분위기의 시를 써서 시불詩佛로 칭송받았던 당나라 시인 왕유王維를 말한 것이다. 이영서는 왕유에 빗대어 안평대군을

청나라의 궁정화가 우지정禹之鼎의 「대숲에 홀로 앉아 있는 왕유幽篁坐嘯圖」. 안평대군은 당시 종종 왕유에 비유됐다. 견본채색, 63x167cm, 산동성山東省 박물관 소장.

삼절로 칭한 것이다.

  삼절은 시詩, 서書, 화畵 모두에 뛰어난 문인을 일컫는 찬사다. 문인으로서 그 학문과 사상을 반영하는 것이 시와 문장이라면, 문인의 품격과 수양을 나타내는 것은 글씨다. 문인은 또한 글로써 다할 수 없는 내면의 감정과 정취를 그림으로 표현했다. 그래서 시, 서, 화 모두에서 최고의 정신적·심미적 수준에 달한 문인을 지칭하는 '시서화 삼절'이라는 칭호가 태어났고, 삼절은 문인으로서 최상의 경지에 올랐음을 나타내는 말로 자리 잡게 됐다.

  중국에서는 시서화가 융성하고 수묵화가 발달했던 당·송대에 삼절로 불리는 최고의 문인이 줄지어 등장했다. 당나라 때는 왕유와 정건鄭虔이 삼절로 세간에 명성을 날렸고, 도학과 문예가 크게 발흥했던 송나라 때의 최고 문인 소식蘇軾(소동파)은 진삼절眞三絶로까지 칭송됐다. 원나라에서는 전선錢選, 조맹부趙孟頫와 같은 저명한 문인이 화단을 주도하면서 자신들의 그림에 직접 시를 써서 남기는 시서화 삼절의 작품을 크게 유행시켜 '시서화 일체 사상'은 중국 문예의 중심 사상으로 서게 됐다.

시서화 예술은 고려 말 원나라로부터 전해져 조선에 들어와 사대부 계층에서 본격적으로 유행했다. 이미 고려 말에 이인로李仁老, 안축安軸, 이제현李齊賢 같은 대문호이자 문인화가가 나타나지만, 시·서·화 각 분야에서 최고의 경지를 보이며 삼절의 일가를 이룬 문인은 조선시대에 이르러 안평대군이 최초라고 할 수 있을 것이다.

그러나 기이하게도 안평대군을 '삼절'이라고 명시적으로 칭한 기록은 찾아보기 어렵다. 안평대군에 관한 인물평으로 거의 유일하다고 할 수 있는 성현成俔의 『용재총화慵齋叢話』에는 "안평대군은 왕자로서 학문을 좋아하고 시문은 더욱 뛰어났다. 서법은 뛰어나 천하제일이 됐고 또 그림과 음악을 잘했다"라고 기록하여 안평대군의 시서화 그리고 음악을 크게 평가했지만, 그를 '삼절'이라고 하지는 않았다.

「세조실록」은 안평대군의 외사촌으로서 시서화에 뛰어났던 강희안姜希顔의 「졸기卒記」에서 그를 삼절로 기록했으며, 서거정 또한 1487년(성종 18)에 간행된 그의 문집 『필원잡기筆苑雜記』에서 강희안을 삼절로 칭했다.

성현은 『용재총화』에서 세조 때의 문신 김유金紐를 '시詩·서書·금琴 삼절'이라고도 칭했다. 그런데 시서화와 음악에서 이들에 비해 월등히 명성이 높고 업적이 컸던 안평대군을 삼절로 칭하는 기록이 없다는 것은 의문이 아닐 수 없다.

그 이유를 찾아본다면, 시서화 삼절이라는 칭호는 아직 고려에서나 세종조에서 보편적으로 통용되지 않았던 것 같다. 기록상 이 칭호로 불린 최초의 문인은 강희안이었던 것으로 보아 삼절 칭호는 세조 대 후반부에 가서야 조선 문인에게도 부여됐던 것으로 보인다. 또한 삼절은 문인으로서는 최고의 찬사이며, 사회적으로는 존경의 대상이었기 때문에 역적으로 처벌된 안평대군을 세조 대에 삼절로 부르는 것은 철저히 금기시됐을 것이다. 후대에 와서는 안평대군의 시와 그림이 거의 모두 유실되어 전하지 않았기 때문에 삼절이라는 그의 명성은 구전으로만 전해져온 것 같다.

삼절三絶 강희안의 작품으로 가장 유명한 「고사관수도高士觀水圖」. 지본수묵, 15.7×23.4cm, 국립중앙박물관 소장.

삼절에 더하여 안평대군은 우리 역사상 유일하게 시문詩文, 서화書畵, 금기琴棋의 쌍삼절 칭호를 얻은 인물로 알려졌지만, 애석하게도 그의 작품이나 관련 기록은 모두 유실되어 오늘날 전하는 것이 거의 없다. 그래서 그에게 붙여진 삼절, 쌍삼절이라는 명예는 이제 전설로만 남게 됐다.

시인 안평대군의 시와 풍류

세종조에 시문학이 꽃을 피우게 된 배경에는 시인으로서 당대의 시단을 구축하고 주도했던 안평대군의 등장이 있었다. 명시인 안평대군에 관한 박팽년의 글을 보자.

> 비해당은 천성이 총명하고 학문이 날로 새로워져 육경六經의 심오한 뜻을 연구하지 않음이 없었으며, 그중에서도 시를 더욱 깊이 연구했다. 대저 깊이 체득했으므로 독실히 좋아했고, 독실히 좋아했으므로 날마다 노래하고 읊조리는 일에 전념하여 그 시법의 오묘함이 옛사람보다 월등히 높았으니, 아! 훌륭하도다!
>
> — 박팽년,「유화시권후서榴花詩卷後序」(『육선생유고六先生遺稿』중「박선생유고」)

시를 매우 사랑했을 뿐만 아니라 시작詩作을 위한 부단한 노력과 몰입이 있었다는 말이다. 관료와 달리 일정한 관직에 얽매임 없이 오로지 시작에 전념하며 연구할 수 있었던 안평대군은 전문 시가詩家였고, 전업 시인이었다. 기록을 보건대 그는 다작의 시인이었음이 틀림없지만, 애석하게도 그의 시문은 거의 소실됐고 그의 문집『비해당집匪懈堂集』도 전하지 않는다.[1] 오늘날엔 10편도 되지 않는 안평대군의 시가 박팽년, 등 몇몇 사람의 문집에 흩어져서 전해질 뿐이다.

몇 수 남지 않았지만 격조 높은 안평대군의 시는 그의 시작 기반이 매우 탄탄했음을 보여준다. 안평대군은 1442년(세종 24)에서 1447년에 걸쳐 집현전 학자들과 함께 수천 편에 달하는 중국 당송대의 걸작 명시를 뽑은『당송팔가시선唐宋八家試選』을 비롯하여 여러 시집을 대대적으로 간행하는 사업을 총괄했는데, 주해와 시평을 직접 쓰기도 했던 만큼 누구보다도 중국 고전 시에 대한 이해가 깊었고, 폭넓은 시작 기법을 터득했다고 볼 수 있다. 이미 신라, 고려 문화의 자양분이 됐던 당송 대가들의 시는 안평대군에 의해 조선에 다시금 집중적으로 소개되어 조선 시인의 길잡이가 됐고, 이들 중국의 시인이 섭렵했던 유교, 도교, 불교 등 폭넓은 사상이 조선의 문학 속에 깊이 스며들게 됐다. 이것은 성리학 일변도로 자칫 경직되어갔을 조선 초기의 문화를 풍성하게 해주었을 것임에 틀림이 없다.

집현전 학자들의 문학 활동은 많은 부분이 안평대군의 선도 아래 그와의 수창에서 이루어졌다. 안평대군이 사사된 후 신숙주, 최항, 서거정 등 그의 문객들이 세조·성종 대의 문학을 이끈 점으로 보아 안평대군이 조선 초기 문학에 끼친 영향은 심대하다 할 것이지만, 모든 기록은 안평대군의 자취와 기여에 관해 침묵과 외면으로 일관하고 있다.

1478년(성종 9) 왕명으로 당시 대제학이었던 서거정이 총괄하여 편찬한 『동문선東文選』에는 신라 이래 조선 초까지 문인 500여 명의 시문 4천여 편이 수록되어 있다. 서거정, 신숙주, 최항 등의 시문이 각기 수십 편씩 실렸고, 역적으로 처형된 박팽년과 성삼문의 시문도 각각 다섯 편씩 수록됐지만, 안평대군의 작품은 「당송팔가시선서문唐宋八家試選序文」 단 한 편이 작자 '무명씨'라는 이름으로 실렸다. 안평대군에 관한 언급이 얼마나 큰 금기 사항이었는지를 잘 알게 해주는 예다.

보통 한시의 내용은 사선직 요소가 깅힌데, 안평대군은 특히 자신의 거의 모든 중요한 순간을 시문으로 읊고 기록했다. 자신의 시대에 관한 기록이라는 점을 크게 의식했던 것 같다. 대표적으로는 그가 25세에 세종에게서 '비해당'이라는 당호를 하사받았을 때 문인들이 헌정한 「비해당시匪懈堂詩」가 있고, 28세에 신숙주에게 명하여 그의 소장품을 기록한 「화기畵記」, 30세에 그가 무릉도원 꿈을 꾸고 난 후 만들게 한 「몽유도원도」가 있다. 그는 자신의 저택인 인왕산 아래의 비해당匪懈堂과 별서였던 마포 강변의 담담정淡淡亭, 북악산 뒤편의 무계정사武溪精舍를 시제詩題로 집현전 문인들과 수창하며 「비해당사십팔영匪懈堂四十八詠」, 「담담정십이영淡淡亭十二詠」, 「무계수창시武溪酬唱詩」와 같은 연작시를 남겼는데, 이러한 일도 그 자신과 그의 시대에 관한 꼼꼼한 기록이었을 것이다. 오늘날 남아 있는 이들 시는 비록 몇 수에 불과하지만, 안평대군과 그를 둘러싼 시대적 상황을 조금이나마 알게 해주는 중요한 기록이다.

안평대군의 시문 활동은 종종 그림과 연결되어 다수의 시서화 삼절 작품을 탄생시키면서 시서화의 동시다발적 발전을 가져왔다. 안평대군 당시만 해도 그림에 뛰어난 문인이 귀했던 만큼, 그림은 주로 직업 화가인 안견이 그렸는데, 화공의 그림에 문인이 찬문을 부치면서 그림의 위상과 가치가 상승했음은 물론이며, 또한 문인이 그림을 이해하고 가까이하는 분위기를 만들어주었다. 시서화 삼절의 예술 작품은 실로 세종 시대 문예의 뚜렷한 징표이며, 그 중심에는 시서화 삼절 안평대군의 존재가 있었다.

도성 내 최고의 풍광 속에 자리한 안평대군의 저택과 별장에서 열리는 성대한 시 모임에는 고관은 물론이고 신진 학자, 무명의 문사, 시승詩僧 등이 함께 어울려 문학과 그림을 통해 시정을 교감하면서 시가 대량으로 쏟아져 나왔다. 여기에 술과 음악, 노래와 춤, 해학, 바둑과 각종 잡기가 따르면서 풍류 문화가 꽃피게 됐다. 이러한 안평대군의 유명했던 풍류는 조선 지배층에 풍류 문화를 확산시켰고, 풍류의 공간이었던 그의 아름다운 저택과 별장은 지배층에 호화 주택 열기를 불러일으키기도 했다. 젊은 왕자가 일으킨 시와 예술과 풍류는 엄숙하게 출발했던 조선 초기의 문화적 분위기를 우아하고 부드럽고 인간적인 모습으로 바꾸어놓았음에 틀림없었을 것이다.

🌸 안평대군의 시서화 작품

오늘날 남아 있는 안평대군의 시서화 삼절 작품으로는 「몽유도원도」가 유일하지만, 기록으로 볼 때는 다음과 같은 여러 편의 작품이 있었다.

「소상팔경시권瀟湘八景詩卷」

1442년(세종 24) 8월 안평대군이 제작한 시, 서, 화 삼절 두루마리 대작품이다. 안평대군은 그의 소장품 『동서당집고법첩東書堂集古法帖』(1416년에 간행된 명나라 왕손 주유돈朱有燉의 법첩)에서 송나라 영종寧宗의 팔경시八景詩를 보고 영감을 얻어 안견에게 소상팔경을 그리게 하고, 여기에 영종의 팔경시를 모각한 것과 세종의 중신 및 집현전 학자 열여덟 명이 쓴 자필 시 그리고 고려의 시인 이인로李仁老와 진화陳澕의 팔경시를 다시 써서 첨가했다. 제작 시기가 안평대군이 세종에게서 비해당 당호를 하사받은 지 2개월 후임을 볼 때 이를 기념하는 뜻이 있었을 것으로 보인다.

이때 찬시를 쓴 집현전 학자 열여덟 명은 하연, 김종서, 정인지, 조서강, 강석덕, 안지, 안숭선, 이보흠, 남수문, 신석조, 유의손, 최항, 박팽년, 성삼문, 신숙주, 윤계동, 김맹, 석만우인데, 이들 중 아홉 명이 「몽유도원도」에도 찬문을 지었다.

현재 「소상팔경시권」은 안견의 「팔경도」 그림과 영종의 시가 일실된 가운데, 후대에 시권을 첩장으로 개장하여 「비해당소상팔경시첩匪懈堂瀟湘八景詩帖」으로 남아 있다. 보물 제1405호, 국립중앙박물관 소장.

「발암폭포시축發巖瀑布詩軸」

1442년 3월 세종이 춘계 강무 겸 강원도 이천 온천에 거둥하던 중 어가가 경기도 양주 불암산을 지날 때, 안평대군은 호종하던 열일곱 명의 문신과 함께 발암폭포의 장관을 시로 읊어 임금께 바치고, 안견으로 하여금 그림을 그리게 하여 시서화 삼절 작품을 제작했다. 이때 찬시를 지은 문인은 「소상팔경시권」에 글을 쓴 문인들과 같다. 오늘날엔 신숙주가 쓴 글만 남아 이 시축이 제작됐음을 전하고 있다(신숙주, 「발암폭포시축후서發巖瀑布詩軸後序」, 『보한재집保閑齋集』 권15).

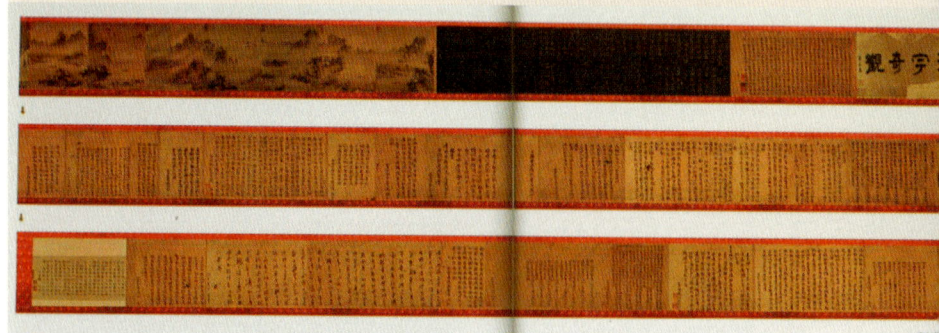

그림 없이 현존하는 「비해당소상팔경시첩」을 원래의 장대한 「소상팔경시권」 두루마리로 복원한 모습. 일실된 원래의 그림 대신에 16세기 추정작 전칭 안견의 「팔경시도첩」(국립중앙박물관 소장)을 사용했다. 문화재청 발간 『비해당소상팔경시첩』 중에서.

「이사마산수도李司馬山水圖」

1443년(세종 25) 안평대군이 세종의 명을 받아 두보의 시를 주석해 집대성할 때 두보의 시에 나오는 이사마의 「산수도」를 안견이 그리고, 여기에 안평대군이 두보의 시를 써넣은 시서화 삼절 작품이 제작됐다. 이 작품은 안평대군이 이모부 강석덕에게 주었다 하는데, 오늘날 그림이나 시는 전하지 않고 작품의 제작을 예찬한 박팽년의 기록만 전해진다(박팽년, 「삼절시서三絶詩序」, 『육선생유고』).

「희우정연회도시축喜雨亭宴會圖詩軸」

1447년(세종 29) 봄, 안평대군이 세종과 왕세자(문종)를 호종하여 양화도 강가에 있었던 효령대군의 별장 희우정喜雨亭에 나들이했을 때를 기념하여 안견이 그린 그림에 양성지, 성삼문, 서거정 등이 자필 찬문을 써넣은 시서화 삼절의 시축이다. 그림은 소실됐고, 양성지와 서거정의 시가 전해진다(양성지, 「호행희우정응제護行喜雨亭應製」, 『눌재집訥齋集』 권5).

「임강완월도臨江玩月圖」

앞에서 말한 희우정 나들이 때 안평대군이 강가에서 젊은 문인들과 달구경하는 모습을 그린 안견의 그림에 성삼문, 신숙주 등이 찬문을 써넣은 시서화 삼절 시축이다. 이 역시 그림과 시문은 전하지 않고, 신숙주의 문집에 기록만 전한다(신숙주, 「성수찬삼문임강완월도시서成修撰三問臨江玩月圖詩序」, 『보한재집』 권15).

「만학쟁류도萬壑爭流圖」

신숙주의 「화기」에 이 그림의 기록이 있고, 여기에 부친 서거정의 시가 전해지는 것으로 보아 안평대군의 주도 아래 여러 문신이 참여하여 만든 시서화 삼절 작품임이 분명하다(서거정, 「안견의 만학쟁류도」, 『속동문선』 권4).

「만학운연도萬壑雲煙圖」

서거정의 「귀공자의 만학운연도에 제하다」라는 시로 보아 여러 문신이 참여했던 시서화 작품으로 보인다. 시의 제목으로 보아 안평대군 스스로 그린 그림이 아니라면 안견의 그림일 가능성이 크다(서거정, 「귀공자의 만학운연도에 제하다」, 『사가집四佳集(사가시집)』 제14권).

그 밖에도 안평대군이 소장했던 안견의 많은 그림에 여러 문인이 차운하여 시를 부쳤을 가능성은 크다. 또한 당시 여러 문인의 제화시題畵詩가 문집에 다수 전하는 것을 볼 때 모두가 안평대군의 주도로 이루어진 것은 아니라 해도, 당대에 상당한 수의 시서화 삼절 작품이 만들어졌음을 알 수 있다.

시서화를 국정 전반에 활용했던 세종의 명으로도 여러 편의 삼절 작품이 제작됐다. 대표적으로는 태조가 건국할 무렵 탔던 여덟 준마를 그린 안견의 「팔준도八駿圖」를 시제로 하여 1447년 8월 중시가 치러진 날, 세종은 집현전의 수장 하연에게 명하여 절구 한 수를 짓게 하고, 여기에 문신들이 차운한 시를 모아 그림과 함께 족자를 만들어 집현전에 소장케 했다는 실록의 기록이 있다.

천하제일의 글씨

안평대군이 가장 이름을 날린 분야는 삼절 중에서도 글씨였다. 천하제일이라고 일컬어지던 안평대군의 글씨는 송설체松雪體다. 송설체는 원나라 조맹부의 글씨인데, 원의 국서체라 할 만큼 원과 고려에서 크게 유행했다. 송 태조의 11대 손이지만, 원에 봉사하며 원의 서화 제일인자로 명성을 날렸던 조맹부의 자는 자앙子昂, 호는 집현集賢 또는 송설도인松雪道人이다.

🌸 안평대군의 주도로 간행된 당송 시집(현재 밝혀진 것)

『당송팔가시선唐宋八家詩選』

당송의 대표적 시인 여덟 명(당의 이백李白, 두보杜甫, 위응물韋應物, 유종원柳宗元과 송의 구양수歐陽脩, 왕안석王安石, 소동파蘇東坡, 황정견黃庭堅)의 작품에서 엄선한 688수를 실은 시집. 목판본, 국내 개인 소장.

『향산삼체법香山三體法』

당의 백거이白居易(또는 백낙천白樂天, 호는 향산)의 시 중에서 185수를 뽑아 오언율시, 칠언율구, 칠언절구 세 가지 시체詩體로 분류하여 간행한 시집. 백거이의 대표작을 뽑은 국내의 유일한 시집이다. 활자본. 연세대학교 중앙도서관 소장.

『비해당선반산정화匪懈堂選半山精華』

북송의 실패한 정치인이었지만 뛰어난 문인이었던 왕안석(호는 반산)의 시집을 편찬한 것. 6권 2책, 목판본. 원본 간행은 1445년. 현재 1579년 목판본 1~3권이 동국대학교에 소장되어 있다.

고려의 유학자들은 충선왕이 연경에 세운 만권당萬卷堂에 귀빈으로 드나들던 조맹부와 사귀면서 송설체를 직접 배워 고려에 소개했다. 고려시대의 서체였던 구양수체歐陽脩體를 점차 몰아낸 송설체는 이때부터 100년이 지나 안평대군에 이르러 만개했다. 그는 조맹부보다도 송설체를 더 잘 쓴 사람이라고 칭송됐고, 그의 송설체는 조맹부의 송설체보다 더 수려하고 정기가 있다는 예찬을 받기에 이르렀다.

송설체의 특징은 미려한 외형에 있지만, 그 근본은 서체가 강인하며

『산곡정수山谷精粹』

북송의 시인 황정견(호는 산곡)의 짧고 아름다운 시를 모으고, 여기에 안평대군 자신의 평론을 곁들여 간행한 시집. 목판본 원본 규장각 소장.

『완릉매선생시선宛陵梅先生詩選』

두보 이래 최고의 시인으로 상찬되는 북송의 매요신梅堯臣(호는 완릉)의 시집 목판본. 일본 국회도서관과 나고야 시 교육위원회 호사문고蓬左文庫 소장.

『찬주분류두시纂註分類杜詩』

1443년(세종 25) 세종의 명으로 안평대군이 총재가 되어 두보의 시를 주석, 집대성하여 목판본으로 간행한 25책, 일본 궁내성 서릉부書陵部를 비롯해 미국, 대만 등지에 흩어져 있다.

안평대군의 예술과 풍류

조맹부 초상 부분. 청나라 19세기, 작자 미상, 견본수묵채색 족자, 63.8× 30.8cm, 뉴욕 메트로폴리탄 박물관 소장.

결구가 정밀한 고대 동진의 왕희지王羲之의 글을 본체로 한다. 왕희지의 고법을 온전히 실현한 안평대군의 글씨는 조맹부의 송설체를 능가하는 강인한 고전미를 지니면서 '안평체'라는 독특한 경지를 이루었다. 한마디로 안평대군의 서체는 '우아하지만 강건한 아름다움'이라고 할 수 있다. 이러한 특징은 힘차게 전진하는 세종 대의 문화적 성격을 반영한 것이기도 했지만, 또한 안평대군의 수려한 성품과 강건한 기상이 표출된 것이라고도 말할 수 있을 것이다. 「몽유도원도」의 기문인 「도원기」는 이러한 안평체의 특징인 힘차고 우아한 고전미의 전형을 보여준다 할 것이다.[2]

안평대군이 전범을 세운 송설체는 젊은 집현전 학자를 필두로 관료들이 따라하기 시작했고, 모각된 안평대군의 글씨는 일반 유생에게 널리 퍼져 유행했다. 왕실에서도 송설체는 절대적인 서법이 되어 왕세자(문종)를 비롯하여 훗날 성종도 송설체의 대가로 인정받았으며, 수양대

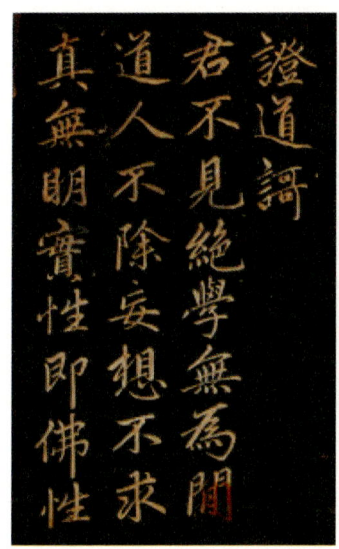 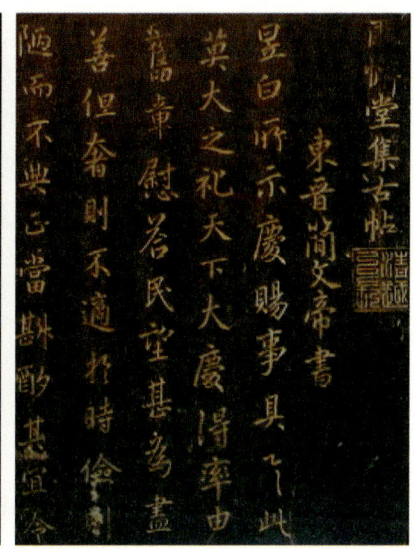

왼쪽 사진은 조맹부의 서첩 「증도가證道歌」(당나라 승려 현각玄覺의 시편. 석각본, 38×23cm, 개인 소장). 오른쪽은 안평대군이 제작한 법첩 『비해당집고첩』에 쓴 안평대군의 발문 「비해당집고첩발匪懈堂集古帖跋」 부분. 1443년, 석각본, 28.5×18.6cm, 개인 소장.

군도 송설체를 썼다. 안평대군이 사사된 후 그에 관한 일은 금기 사항이었으나 그의 글씨만은 꾸준히 모각되고 교습됐음을 볼 때 조선의 서예에 미친 안평대군의 영향은 실로 심대한 것이었다.

안평대군은 26세에 자신의 소장품 중 뛰어난 글씨를 모아 조선 최초의 법첩, 즉 명필들의 글씨를 모은 『비해당집고첩匪懈堂集古帖』이라는 필첩을 간행했다.[3] 이 법첩에 다음과 같은 그의 발문이 실려 있다.

> 요즘 사람들이 옛사람의 서법을 알지 못하므로 역대 제왕과 명현의 글씨를 모아 돌에 새겨 하나의 서첩을 만들었으니, 사람들에게 참고가 되기를 바란다.

안평대군은 전서, 예서, 해서, 행서, 초서 모두에 능했다 하는데, 오늘날 「몽유도원도」에서 여러 서체를 볼 수 있다. 왼쪽부터 「도원기」(해서체), 제첨(왕희지 풍의 행서체), 주서(행서체), 전칭 안평대군의 칠언절구 시.

글씨에 관한 한 안평대군은 유생들의 사표가 됐음을 말해준다.

안평대군의 글씨가 얼마나 힘차고 아름다운 것인지 이에 대한 찬사와 평가를 몇 가지 소개하면 다음과 같다.

비해당의 글씨는 왕우군王右軍(왕희지)의 필법을 얻어 마치 용이 천문天門으로 튀어오르고 호랑이가 누각에 누워 있는 듯하니……
— 박팽년, 「삼절시서」, 『육선생유고』

안평대군이 쓴 대자암의 해장전海藏殿과 백화각白樺閣의 글씨는 왕성하게 날아 움직일 듯한 모습이니, 이 또한 큰 보배다.
— 성현, 『용재총화』 제9권

비해당의 글씨는 자앙을 배워서 그 변화가 신의 경지에 들었으니, 오대산 월정사에서 아주 괴건魁健한 대자大字로 처음 보았다.
— 허목許穆, 「낭선군朗善君 서첩의 발」, 『미수기언眉叟記言』

「소원화개첩小苑花開帖」. 국보 제238호였으나 1987년 분실되어 아직 그 행방을 모른다. 오늘날 국내에 남은 공인된 안평대군의 유일한 진적眞蹟이다. 비단 바탕에 행서체로 쓴 칠언율시 56자로 당나라 시인 이상은李商隱의「봉시蜂詩」를 쓴 것이다. 16.5x26.5cm, 개인 소장.

정조는 그의 문집 『홍재전서弘齋全書』에서 다음과 같이 평했다.

안평대군의 글씨가 국조의 명필 중에서도 으뜸이라는 것에 대해서는 다시 평할 필요소자 없다. 사찬史纂의 간본刊本도 그의 글씨인데, 결구가 고아하고 점획이 근엄하며, 강건하면서도 원활하고 창건하면서도 아름다워, 종요鍾繇(위魏의 서예가)의 해서와 채옹蔡邕(후한의 서예가)의 예서 두 가지 장점을 실로 다 갖추었으니, 이는 또 그의 글씨 중의 특별한 한 가지 체다. 그런데 판목이 전해지지 않고 인본도 희귀하여 지금에 와서는 그 값어치가 홍도경문鴻都經文(한나라 때 육경을 새겨놓았다고 하는 돌) 정도만이 아니다. 내가 이 글자를 매우 좋아하여 새겨서 활자로 주조하고자 하나, 다만 글자가 제법 많이 모자라 보충하기가 어렵다.

—『홍재전서』 제165권, 「문학」 5

안평대군은 전서, 예서, 해서, 행서, 초서의 모든 서체에 능했다. 그러나 공인된 진적眞跡(원본)은 오늘날 극소수에 불과한데, 가장 중요한 진적은 「몽유도원도」의 제첨題簽(왕희지체의 초서가 가미된 행서체), 칠언절구시(행서체), 기문記文(해서체)을 들 수 있다.[4]

모각 글씨

안평대군의 진적 글씨는 찾아보기 어려운 데 비해 모각된 글씨는 많이 남아 있어 조선시대에 지속적으로 모각되어 후대에 전해졌음을 알 수 있다. 모각된 그의 글씨는 현재 역대 명필집인 『해동명적海東名跡』(1620), 『동국명필東國名筆』(1661), 『대동서법大東書法』(17세기 말) 등에 다수 남아 있다.

동활자

역시 송설체의 대가였고 안평대군을 지극히 아꼈던 문종은 즉위년인 1450년(경오)에 안평대군의 글씨체를 모사하여 경오자庚吾字, 일명 '안평대군자'를 주조했다.[5] 이 활자는 1453년(단종 1) 계유정난으로 안평대군이 처형된 후 바로 녹여졌고, 1455년에 즉위한 세조는 경오자를 녹인 것으로 을해자乙亥字를 만들었는데, 이는 강희안의 글씨로 주조됐다.

비석문

비석문으로 남아 있는 안평대군의 대표적 글씨로는 '세종대왕 영릉

英陵 신도비'가 있다. 세종과 소헌왕후의 사적을 적은 4,886자에 달하는 대형 비문으로써, 글은 정인지가 짓고 글씨는 안평대군이 쓴 것이다. 전서로 머리글자를 쓰고 해서로 비문을 썼다 하나, 지금은 글씨를 알아볼 수 없을 정도로 마멸됐다.

세종대왕 영릉 신도비는 계유정난 때 처형된 우의정 정분鄭苯과 이조판서 민신閔伸의 감독 아래 150여 명의 석공이 동원되어 2년 만에 완성해 문종 2년 영릉에 세운 것이다. 이 신도비는 1469년(예종 1) 세종의 능을 경기도 여주로 옮길 때, 원래 있던 자리에 파묻은 것으로 보인다. 이미 「숙종실록」에 비석이 땅에 고인 물에 잠겨 비문이 마멸됐다는 기록이 나온다.[6]

숙종 때 영의정을 지낸 남구만南九萬은 이를 두고 이렇게 읊었다.

세종대왕 영릉 신도비. 비문은 마멸되어 판독할 수 없다. 이 대리석 통비通碑는 1974년 헌릉獻陵(옛 영릉 터)에서 발굴되어 현재 세종대왕기념관에서 보관 중이다. 높이 507cm, 비신 높이 312cm, 폭 155cm, 두께 50cm), 서울특별시 유형문화재 제42호.

헌릉의 서쪽 옛 영릉이 있던 곳에
큰 비석 누워 있으니 칡덩굴만 덮여 있네
정인지가 글을 짓고 용瑢이 글자를 썼는데
지금은 마멸되어 점점 징험할 수 없다오

— 남구만, 「안평대군의 글씨를 판각한 본을 보고 감회를 쓰다」,
『약천집藥泉集』 제1권

20대 초반에 이름이 알려지기 시작한 그의 글은 30대 초반에 이르러 독보적인 경지에 이르렀고, 그 명성은 중국에서도 크게 떨치게 됐다. 이에 관한 일화는 「세종실록」, 「문종실록」, 야사(『용재총화』, 『연려실기술燃藜室記述』 등), 문집(『박선생유고』) 등 여러 곳에 실려 있는데, 이를 종합하면 다음과 같은 내용이다.

안평대군이 33세이던 1450년(세종 32) 윤1월, 명나라 사신 예겸倪謙과 사마순司馬恂이 황제(경제景帝)의 등극을 알리는 조서를 가지고 조선에 왔다. 이들은 시문과 글씨에 뛰어난 대학자였다.

이때 세종은 승하하기 한 달 전으로 병상에 있었으며, 왕세자 역시 허리에 종기가 나서 거동이 어려운 형편이었다. 8세의 왕세손(홍위, 후의 단종)이 사신을 맞아야 했고, 왕실을 대표하여 수양대군이 주연을 베풀게 됐다. 주연이 한창 무르익을 무렵, 예겸은 우연히 신숙주가 들고 있는 서책의 표지에 작은 해서로 쓴 '범옹책泛翁策(범옹은 신숙주의 자)'이라는 세 글자를 보았다.

"필법이 신묘한데, 누구의 글씨입니까?"

신숙주는 왕자의 글씨라고 밝히기가 꺼려져 강희안이 쓴 것이라고 둘러댔다. 예겸의 요청으로 신숙주가 강희안의 글을 받아다 주니 예겸은 다시 말했다.

"같은 사람의 글씨가 아닙니다."

이러한 사정을 보고받은 세종은 즉시 안평대군을 사신들의 연회에 참석하도록 명령했다. 안평대군이 사신들 앞에서 글씨를 써서 보여주자 예겸이 말했다.

"우리나라 진겸陳謙의 글씨를 천하명필이라 하지만, 필력이 굳세고 활발한 기상은 이 글씨에 미치지 못합니다. 참으로 송설옹松雪翁의 삼매三昧를 얻은 글씨입니다."

중국 사신들은 안평대군의 글씨를 가져가서 중국에 전파하고 싶다 하자 사람 좋은 안평대군은 밤을 새워서 해서, 행서, 초서 수백 장을 써서 예겸에게 주었다. 예겸이 가져간 안평대군의 글씨는 중국의 조정과 학자들 사이에서 일약 유명해졌다. 그해 가을에 사신으로 온 윤봉尹鳳은 안평대군의 글씨를 찬양하는 예겸과 사마순의 시집을 가져왔는데, 그 시집에는 다음과 같은 예겸의 서문이 있었다.[7]

"이것은 조선 국왕 이도李裪(세종)의 셋째 아들 안평군 이용이 쓴 것인데, 내가 그 나라에 사신으로 갔을 때 얻은 것이다. 대저 삼한은 먼 곳의 오랑캐이나 글씨의 능함이 이와 같으니 문화에는 바깥이 없음을 보여준다."

안평대군은 이 시집에 조선 부인의 시를 화답하게 하여 「비해당시축」을 만들었다. 사신은 이 시축을 황제에게 바쳤는데, 황제는 "매우 훌륭하다. 이것이 바로 조자앙의 서체다"라고 극찬하며, 이를 판각으로 남기게 했다. 그 뒤로 조선에 오는 명나라 사신들은 안평대군의 글씨를 구해 가는 것이 상례가 됐다. 또한 명나라에 내왕하는 조선의 학자가 중국인의 글씨를 요청하면, "당신 나라에 제일가는 사람이 있는데, 무엇 때문에 멀리 와서 글씨를 받아가느냐?" 하고 되묻는 형편이 됐다. 게다가 조선 사람이 중국에서 비싼 글씨를 사가지고 오면 그것은 안평대군의 글씨인 경우가 허다했다 한다.

인조 때 문신 장유張維는 이 시축을 선조의 부마 신익성申翊聖의 집에서 보고 다음과 같은 글을 썼다.

> 이것은 참으로 훌륭하여 세상에서 보기 드문 보물이다. 아무리 훌륭하다 해도 외국의 예술품이 중국 조정의 학자에게 상찬을 받는 것은 어려운 일이다. 그런데 더구나 존엄한 천자가 칭찬했으니 더 말해 무엇하겠는가. 그리고 천자에게 알려지기만 해도 벌써 큰 행운이라 할 것인데, 더더군다나 아주 특별한 상을 내린 위에 이를 새겨 천하에 보여주도록 하기까지 했으니 더 말해 무엇하겠는가. 이는 참으로 지난 역사에 기록되지 않은 것으로서 우리나라에 전례 없는 영광이요, 은총이라고 해야 할 것이다.
>
> ― 장유, 「비해당묵묘신상권 뒤에 쓰다書匪懈堂墨妙神賞卷後」,
> 『계곡집谿谷集』 제3권

사대주의 느낌이 풍기는 평이지만, 그의 말대로 중국과의 오랜 관계에서 이같이 명성을 떨친 확실한 기록으로는 안평대군의 글씨에 대한 기록이 유일할 것이다. 안평대군의 명성이 중국의 조야에서 이처럼 높았다는 것은 대단한 국위선양이었고, 세종조 문화의 경쟁력을 말해주는 증거일 것이다.

안평대군의 모델이라 할 수 있었던 서화의 대가 조맹부는 송나라의 황손이면서도 송을 멸망시킨 원나라에서 출세하여 영록대부榮祿大夫(종1품)에 올랐고, 68세까지 수를 누렸다. 그는 서화로 원의 문화를 중

흥으로 이끌었으며, 그의 서화는 명과 조선의 문화 예술에 큰 영향을 미쳤다. 안평대군이 정난에 희생되지 않고, 세종이나 수양대군만큼 50대 초반에 달할 때까지 20여 년을 더 살았다면 그 결과가 어떠했을는지……. 역사에 가정은 없다고 하지만, 적어도 세종조 르네상스의 영향은 훨씬 크고 길었을 것임을 쉽게 상상할 수 있다.

사라진 신묘한 화법

시서에 이어 화법에도 정통했다는 안평대군이지만 그의 그림은 남아 있는 것이 없다. 당시 '시서화 일체'의 문예사조를 주도했던 그는 문인화의 대가였을 것으로 짐작된다. 그렇지만 그의 관심 분야가 넓었던 점에 비추어 그는 정통 문인화 외에도 여러 장르의 그림을 그렸을 것으로 추측된다.

세조조의 문신 김종직과 그의 제자로서 성종조의 문신 김일손은 각각 1472년과 1489년에 두류산(지리산)을 유람하던 중 영신사靈神寺 법당에서 안평대군의 시서화 삼절 작품을 보았다는 진귀한 기록을 남겼는데, 그 그림은 석가의 10대 제자 중의 한 사람인 가섭迦葉을 그린 것이라고 했다.[8]

김일손은 "연기에 그을리고 비바람에 마멸된 이 삼절 작품을 보고 이러한 보물이 아무도 없는 산속에서 버림받는 것이 너무도 애석해 떼어내서 가져오려고 했는데, 함께 여행했던 백욱伯勖 정여창鄭汝昌이 '한 사람의 집에 사장하는 것보다는 명산에 두고 널리 많은 사람이 감상하는 것이 더 좋은 일이 아니겠는가?' 하고 말려서 그대로 두고 왔다"라고 썼다.

그들이 이 대단히 진귀한 보물을 본 것은 계유정난이 있은 지 20~

왼쪽은 석굴암 본존불 뒤에 부조된 10대 제자상 중 마하가섭摩訶迦葉이며, 오른쪽은 공주 마곡사 대광보전에 있는 벽화 「마하가섭존자」다. 18세기 후반, 110×100cm.

30년 후의 일이다. 그 후 이 두 사람의 두류산 기행에 영감을 받아 많은 선비들이 두류산을 기행하고 기행문을 남겼지만, 안평대군의 이 그림을 보았다는 기록은 더 이상 없다. 누군가가 떼어갔음에 틀림없다.

미루어보건대, 독실한 불교 신자였던 안평대군은 선종화禪宗畵에도 조예가 깊었을 것이며, 선종 고승의 초상화인 조사도祖師圖 역시 즐겨 그렸을 것으로 추측된다. 그가 많은 승려와 교유하며 때로는 이들에게 글씨를 써준 것처럼, 그를 따르던 승려들이 조사도를 얻어서 사찰에 걸어놓았을 일은 충분히 상상할 수 있다.

안평대군의 그림에 관한 또 하나의 기록이 있다. 고종 때 문신 이유원李裕元은 서울 서천西川(지금의 회현동)에 있는 한 사당에서 안평대군의 그림을 본 일을 그의 문집 『임하필기林下筆記』에 기록했다. 이 사당에는 아교풀에 갠 금박 가루로 송학을 그려넣은 병풍 두 폭이 있었는데, 이것이 안평대군의 그림이라고 했다. 이 사당은 구씨具氏라는 사람과 공주를 모신 곳이라는데, 안평대군이 이 병풍을 공주에게 하사했다는 것이다. 사실이 그렇다면, 그 그림은 훗날 구수영具壽永에게 시집간 막내 동생 영응대군의 어린 딸에게 준 것이 아닌가 추측된다. 구수영과 영응대군의 딸 사이에서 태어난 구문경具文璟은 연산군의 장녀 휘순공주徽順公主와 결혼했으므로 그 사당은 구씨와 공주를 모신 곳이 되며, 안평대군의 그림은 이들에게 전해졌을 것으로 짐작된다.

이유원이 이 사당에서 본 금박 병풍화가 안평대군의 유작이었다면, 안평대군은 청록산수화青綠山水畵(금벽산수화金碧山水畵라고도 함)도 즐겨 그렸는지 모른다. 필법이 굳세고 세밀하며 귀족적 분위기를 내는 이러한 그림은 전문 궁정화가를 중심으로 발달한 북종화의 특징인데, 조맹부나 안견의 화풍도 이에 속한다고 할 수 있다. 그렇다면 안견과 함께 안평대군 역시 청록산수화풍의 그림을 그렸을 것으로 짐작된다. 그의 그림이 모두 사라진 오늘날엔 오직 추측만이 가능할 뿐이다.

조선 최고의 수집가

1445년(세종 27), 28세의 안평대군은 10여 년간 수집해온 서화 소장품을 신숙주에게 보여주며 이를 기록해달라고 부탁했다. 신숙주는 명을 받들어 안평대군의 방대한 소장품을 기록한 「화기」를 남겼는데, 이때 그가 안평대군과 나눈 대화를 다음과 같이 기록했다.

아! 자연의 풀 한 포기, 꽃 한 송이, 나무 한 그루, 그것이 자연의 물건이건, 사람이 만든 그림이건, 글씨건, 나는 천성이 아름다운 것을 보면 참을 수가 없구려. 이것도 병이 아닌가. 끝까지 찾아내서 내 품에 품지 못하면 애석한 마음이 터질 것만 같구려. 내가 이러한 서화와 골동품을 수집하고자 뜻을 둔 지 이제 10년이 지나 오늘날 이만큼 모으게 됐다네.

아아! 물物이란 것은 완성되고 훼손되는 것이 때가 있고, 모이고 흩어지는 것이 운수가 있으니, 오늘의 완성이 다시 후일에 훼손될 것을 어찌 알며, 그 모이고 흩어지는 것도 역시 기약할 수 없는 것이리라. 옛날에 한창려韓昌黎(당나라의 문인 한유韓愈)가 독고생獨孤生(당나라의 문인 신숙申叔)의 그림에 글을 쓰고 감상했던 것같이, 그대는 나를 위하여 기문을 지으라.

장돈간張敦簡(당나라의 시인)의 집에 소장된 그림이 겨우 10여 축밖에 되지 않았는데도 백낙천白樂天(당나라의 시인)이 이를 위해 기記를 지었다 하는데, 하물며 비해당의 소장품은 고금을 정선하여 수백 축에 이르니, 기를 지어 후세에 전하지 않을 수 있사오리까?

— 신숙주, 『보한재집』 권14, 「화기」

안평대군은 우리 역사상 최초의 그리고 조선 최대의 본격적인 개인 수집가라고 할 수 있는데, 그의 엄청난 소장품은 예술에 대한 억누를 수 없는 열정과 부가 합해져 이루어진 결과다.

「화기」에 따르면, 안평대군은 동진東晋, 당, 송, 원, 조선, 일본에서 35명의 서화가 작품 222점을 수집했다. 산수화 84점, 새와 짐승 및 초목화 76점, 누각과 인물화 29점, 글씨 33점이다. 동진의 고개지顧愷之(4세기), 당나라의 오도자吳道子(8세기)와 왕유王維(8세기), 송나라의 소동파(11세기)와 곽희郭熙(11세기), 원나라의 선우추鮮于樞(13세기)와 조맹부(13~14세기) 등 역대 유명한 중국 대가들의 작품이 두루 포함되어 있다. 유일한 조선인으로는 안견이 있는데, 그의 작품만 무려 30여 점에 달한다.

동진의 고개지는 이미 안평대군의 시대를 기준으로 1천 년 전의 사람으로, 그의 작품을 만나기는 안평대군 당시의 중국에서도 거의 불가능한 일이었다고 하며, 8세기 사람 오도자의 작품은 11세기 송나라의 소동파도 불과 몇 점밖에 보지 못했을 정도로 귀했고, 14세기 원나라 말엽에는 진적을 찾아보기 어려울 정도로 희귀했다 한다.[9] 안견 화풍의 종주인 송나라 화가 곽희도 안평대군의 시대에서 400여 년 전 사람이며, 안평대군 서체의 모범이 되는 송설체의 종주 조맹부도 안평대군의 시대에서 100년 전 사람이다. 그 당시에도 안평대군의 소장품은 세계적 보물이었음을 알 수 있으며, 그 가치가 막대했을 것임을 추측할 수 있으니, 오늘날의 가치로는 더 말할 것도 없다. 안평대군이었기에 가능했던 일이다. 물론 작품들 중에 위조품이 있는지 여부는 별개의 문제다.

골동품 수집은 세계 어느 나라에서나 수천 년 된 왕실의 오랜 전통이지만, 개인 차원의 골동품 수집은 동양에서는 북송 때 고위 문인들이 본격적으로 시작했고, 이러한 풍소는 고려의 귀족과 조선이 부유한 사대부 계층에서도 유행했다. 격조 높은 고서화를 감상할 수 있는 안목은 유학자의 교양과 취미 생활의 중요한 부분이 됐던 것이다. 그렇지만 엄격한 성리학적 시각에서 볼 때 고서화나 골동품 수집에 몰두하는 것은 '완물상지玩物喪志', 즉 쓸데없는 물건에 집착하여 원래의 큰 뜻을 잃어버릴 우려가 있다 하여 골동품 수집 풍조를 경계하는 측면도 있기는 했다.

안평대군의 서화 수집은 '완물상지'는 물론 아니며, 문인의 고상한 취미 이상의 뜻이 있었다. 그것은 그의 소장품이 자신과 다른 예술가에게 영감을 주고, 예술적 창작에 길잡이가 됐던 것이다. 즉 그의 소장품은 하나의 미술관이나 박물관의 역할을 하는 문화적 인프라를 구축하여 조선 초기의 문예 발전에 적극적으로 기여했기 때문이다.

우선 안평대군을 그토록 유명하게 한 그의 글씨도 그가 어려서는 왕실에 소장된 고금의 명필을 감상하고, 커서는 그가 수집한 중국 명필가의 진필로부터 직접 배워서 가능했던 것이다. 그의 소장품 가운데 그가 모델로 삼은 조맹부의 글씨가 26점 들어 있는 것이 이를 말해준다.

안평대군은 자신이 소장한 명필 글씨를 모아 조선 최초의 법첩인 『비해당집고첩』을 간행하면서, 이 법첩이 후학을 위한 것이라고 명시했다. 또한 문종 때는 그가 소장한 『역대제왕명현집歷代帝王名賢集』과 왕희지, 조자앙 등의 서법書法 판본板本이 교서관校書館에서 모인模印될 만큼 그의 소장품은 국가적으로도 귀중한 문화 자산이었다.[10] 마찬가지로 안평대군의 방대한 장서는 세종 대 문인의 활발한 시문 활동을 뒷받침해준 도서관의 역할을 했을 것이다.

안평대군의 소장품을 직접 접할 수 있었기에 대성한 대표적인 예술가로는 안견을 들 수 있다. 안견의 「몽유도원도」는 북송의 화풍을 반영했는데 북송은 안견의 시대에서 400~500년 전 시기다. 사진이 없던 그 옛날 안견이 어디에서 이 같은 화풍을 배울 수 있었겠는가? 물론 시중에 나온 중국과 고려의 그림에서 북송화풍을 보고 배울 수도 있었을 것이다. 그러나 안견이 재현한 수준 높은 북송화풍은 평소에 북송파 거장의 많은 진적을 직접 보고 연구했다는 것을 말해준다. 아마도 안평대군의 소장품으로 공부했을 것이다. 안평대군의 소장품 중에는 북송의 곽희 작품만 무려 17점에 이른다. 신숙주의 「화기」를 보면 이런 사실이 더욱 확실해진다.

    안견이 고화古畵를 많이 열람하여, 다 그 요령을 터득하고 여러 사람의 장점을 모아서 모두 절충하여 통하지 않는 것이 없었는데……. 그는 비해당과 오랫동안 교류했다.

    오늘날 「화기」에 적힌 안평대군의 소장품은 국내는 물론 해외에서도 단 한 점도 발견되지 않았다. 비슷한 작품이 한두 점 중국에 있다고 하지만, 안평대군의 소장품이었는지는 알 수 없다. 안평대군이 소장했던 서화 작품 작가들의 다른 작품들 또한 오늘날 세계적으로 몇 점 남지 않았으며, 유명 박물관의 최고 보물 중의 하나로 취급되고 있다. 안평대군이 소장했던 작품들의 가치를 가히 짐작할 수 있을 것이다.

    그러면 안평대군은 이같이 방대한 수집품을 어떻게 모은 것일까?

    고려 왕실은 중국의 유명한 고서화를 다수 소장하고 있었다. 고려와 원은 정치적으로도 긴밀했지만 문화적으로도 대단히 활발한 교류가 있었다. 송나라 최고의 예술인으로 꼽히는 휘종徽宗의 재위 기간(1100~25, 고려 예종조) 중에 중국 서화가 흘러들어온 것이 부지기수였다는 이인로의 기록이 『파한집破閑集』에 나오는 것을 보아서도 그러하다.

    여기에 더하여 양국 왕실 간의 인척 관계를 고려해야 할 것이다. 고려의 25대 충렬왕부터 31대 공민왕까지 100여 년 동안 고려의 왕은 원의 공주를 왕비로 맞아들였다. 공주들이 고려로 시집올 때 많은 세간도구와 서화 등 온갖 보물을 배에 실어 가져왔는데, 조선 초 시중의 희귀 고서화는 대개 이러한 물건에서 나온 것이라 했다.[11] 고려의 왕은 원나라 황제의 사위나 외손자가 되어 원나라 황실로부터 물려받은 물품이 상당했을 것이다. 게다가 고려의 왕은 왕자로 있는 동안 상당한 기간을 원에서 체류했으며, 이들은 귀국할 때 많은 책과 서화를 들여왔다. 충선왕은 고려로 돌아올 때 이삿짐 수레가 142대에 달했다는 『고려사절요』의 기록도 있다.

이러한 서적과 서화들은 고려 왕실을 접수한 조선 왕실에 다수 보관되어 있었다. 그러나 안평대군은 왕실 소장 보물을 물려받았다기보다는 시중에 흘러나온 귀중품을 사 모았거나 북경에 가는 사절단을 통하여 구입했을 가능성이 크다.

세종조의 왕실 보물은 모두 세종의 막내 적자인 영응대군이 차지했다. 세종은 그가 38세, 소헌왕후가 40세 때 태어난 늦둥이 영응대군을 몹시 사랑하여 궁궐 내탕고에 소장되어 있던 모든 보물을 물려주도록 유언을 남겼다. 세종이 승하한 후 문종은 내탕고의 보물을 모두 영응대군에게 실어다 주었는데, 이로써 영응대군은 대대로 왕실에 내려오는 보화를 갖게 되어 억만장자가 됐다 한다. 영응대군 역시 어렸을 때부터 글씨와 그림, 음률에 뛰어났다 하니 안평대군처럼 만능 예술가의 소양이 출중했음에 틀림없다. 그렇지만 영응대군은 문예 방면에서 별다른 업적을 남기지 못하고 1467년(세조 13) 34세의 나이에 병으로 사망했다. 그가 죽은 2년 후 그의 부인 송씨는 모든 보물을 팔아서 사찰을 지었는데, 경비가 100만이라 했다.[12] 이것을 쌀 100만 석으로 해석한다면 어마어마한 액수다. 이때 세종이 물려준 왕실 소장품은 모두 흩어졌다고 봐야 할 것이다.

안평대군은 공양왕의 후손인 처가의 소장품을 물려받았을 가능성도 있을 것이다. 그의 장모 우씨는 고려의 마지막(제34대) 임금인 공양왕의 외손녀인데, 공양왕은 부계로는 고려 제20대 신종의 7대손이지만, 모계로는 원나라 세조 쿠빌라이 칸의 외증손이다. 즉 공양왕은 제25대 충렬왕과 쿠빌라이의 딸인 제국대장공주의 외손이다. 따라서 안평대군의 처가에는 대대로 전해오는 원나라 황실의 재보가 수장되어 있었을 것이고, 안평대군의 장인 정연은 서화를 끔찍이 애호하고 수집하는 사위에게 가문의 소장품을 물려주었을 법도 하다.

신숙주가 「화기」를 쓴 것은 안평대군이 28세 때였다. 10년간 수집했다 하니, 10대에 이미 전문적으로 수집 활동을 시작한 것이다. 일찌감치 예술에 뜻을 두고 정진해왔음을 알 수 있다. 안평대군은 「화기」가 기록된 이후에도 36세에 처형될 때까지 8년간 상당한 예술품을 더 수집했을 것이니, 「화기」에 기록된 것은 그의 서화 소장품의 일부에 불과했을 것이다. 게다가 「몽유도원도」처럼 「화기」에 기록되지 않은 작품과 서화 이외의 골동품을 더한다면 실제 그의 소장품은 훨씬 더 방대했을 것이다.

안평대군은 자신의 불운을 예견이라도 한 것일까? 흡사 예언과 같은 그의 말처럼 그의 소장품은 그 보존을 기약할 수 없었다. 그가 사라진 것과 마찬가지로 계유정난 이후 그의 소장품 역시 사라졌다. 그리고 그 후 조선시대 내내 안평대군과 같은 내수집기는 다시 나타나지 않았다.

서거정이 산속에서 본 오도자의 그림

　안평대군이 소장했던 오도자의 그림과 관련하여 서거정의 문집 『필원잡기』에는 다음과 같은 재미있는 일화가 전한다.
　서거정이 젊어서 친구 몇 명과 함께 깊은 산속의 한 절에 놀러 갔다가 거기서 한 부처의 그림을 보았다. 이 그림 위에는 다음과 같은 글이 쓰여 있었다.
　"공자가 말씀하시기를, 서방에 대성인이 있어 이름을 불佛이라 하니, 말을 하지 않아도 믿으며, 행하지 않아도 교화된다. 공자는 찬撰하고, 오도자는 그리고,

오도자의 「송자천왕도送子天王圖」(복제품) 부분. 불화 벽화를 다수 그렸던 오도자의 현재 전해지는 그림은 거의 모사본으로 간주되고 있다. 원본 오도자의 「송자천왕도」(역시 후대 모사본으로 간주됨)는 오사카 시립미술관에 소장되어 있다. 지본수묵, 35.5×338.1cm.

소식蘇軾은 쓴다."

일행 중 한 사람이 제안했다.

"이것은 아주 오래된 그림이다. 반드시 신묘함이 있을 것이니 소매 속에 슬쩍 넣어가자."

그러자 또 다른 사람이 이에 반대했다.

"이것은 앞뒤가 맞지 않는 글이다. 춘추시대 공자가 어떻게 한나라 때 들어온 불교를 찬양할 수 있겠는가? 게다가 어찌 당나라 사람 오도자가 그린 그림에 공자가 찬문을 지을 수 있으며, 1100년 뒤의 송나라 사람 소식이 공자의 찬문을 글로 쓸 수 있겠는가? 반드시 누군가가 장난친 것이다."

그때 서거정 일행은 나이가 어려서 물정을 잘 몰랐으므로 이 말을 그대로 믿고 그림을 두고 왔다. 후에 서거정은 이 그림을 한 귀공자의 집에서 보았는데, 그 귀공자는 이 그림을 고금에 제일이라 일컬으며 소장품 중 으뜸으로 삼고 있었다.

서거정이 그 그림을 자세히 살펴보니, 이른바 공자의 찬이란 것은 공자의 글이 아니라 『열자列子』의 한 구절인데, "공자가 말씀하기를, 서방에 대성인이 있어 이름을 불이라 하니, 말을 하지 않아도 믿으며, 행하지 않아도 교화된다"라는 내용이다. 이 글을 소식이 그림 한 귀퉁이에 쓴 것이다.

신숙주가 기록한 「화기」에서도 오도자의 그림에 소동파가 손수 찬을 썼다고 설명한 것을 볼 때, 안평대군이 소장했던 오도자의 그림은 서거정이 산사에서 보았다 하는 오도자의 그림임에 틀림없는 것 같다.

풍류 왕자의
진면목

이용은 시문과 서화를 좋아하고 소예小藝에 능한 것이 많았으며, 세종조 때부터 권세 있는 사람을 초대하고 베풀기를 좋아하여 간사한 소인이 이에 아부했는데, 이현로가 으뜸이었다.

—「단종실록」단종 즉위년(1453) 윤9월 6일

안평대군에 관한 실록의 기록이다. 대단히 악의적이다. 그런데 야사에서는 어떻게 말할까?

안평대군은 왕자로서 학문을 좋아하고 시문은 더욱 뛰어났다. 서법은 기절奇絶하여 뛰어나 천하제일이 됐고, 또 그림과 음악도 잘했다. 성격은 들뜨고 방탕하여 옛것을 좋아했고, 경치를 탐하여 북문 밖에 무계정사를 지었으며 또 남호南湖에 임하여 담담정을 지었다. 1만 권의 책을 소장하고 문사들을 불러모아 12경시景詩를 짓고 또 48영詠을 지었다.

김석신金碩臣(1758~1816)의 「담담장락도澹澹張樂圖」. 안평대군 시대에서 300년 후 담담정 옛터에 들어선 정자의 모습이지만, 안평대군의 풍류로 이름났던 옛 담담정의 분위기를 간직하고 있을 것이다. 지본담채, 32.1x46.8cm, 간송미술관 소장.

혹은 밤에 등불을 켜고 얘기하고, 혹은 달이 뜰 때 뱃놀이를 하며, 혹은 도박을 하거나 음악을 계속하면서 술을 마시고 취하여 시시덕거리기도 했다. 당시의 명유名儒로서 그와 교제하지 않는 사람이 없었고, 잡업에 종사하는 무뢰한 또한 그에게 몰려들었다. 바둑알은 모두 옥을 사용했고, 금니金泥를 사용해 글씨를 썼으며, 또한 사람들에게 명하여 비단을 짜게 하고 붓을 들어 휘둘러서 행서와 초서를 마구 쓰기도 했다. 그의 글씨를 구하는 사람이 있으면 즉석에서 이를 들어주었다. 일들이 대부분 이와 같았다.

나의 중씨仲氏인 성간成侃이 유명하다는 소문을 듣고 사람을 시켜 부르므로, 중씨가 가서 뵙고는 정자 가운데 있는 여러 시에 화답하니 시구가 뛰어나고 절묘하여 안평대군은 드디어 공경히 대접해 보내면서 뒷날 다시 만나기를 기약했다. 그런데 대부인께서 중씨에게 일러 말하기를, "왕자의 도道는 문을 닫아 손을 멀리하고 근신하는 길밖에 없는 것인데, 어찌 사람을 모아 벗을 삼느냐. 패할 것이 뻔하니 너는 같이 사귀지 마라" 하시므로, 그 뒤에 재삼 불렀으나 끝내 가지 않았더니, 얼마 안 가서 패사敗死했다. 온 집안은 모두 대부인의 문장과 감식鑑識에 탄복했다.

안평대군의 재능과 풍류, 그의 폭넓은 대인관계와 관대한 성품이 실감 나게 그려졌지만, 사람됨이 어딘가 부박하고 방탕하다는 인상을 주기에 충분하다. 이 글은 성종 때 대제학을 지낸 성현成俔의 문집 『용재총화』에 실린 인물평인데, 안평대군의 성품과 사람됨을 말해주는 가장 유명한 기록이며, 또한 안평대군에 관한 최초의 야사 기록이라 할 수 있다. 안평대군에 관한 후대의 인물평은 모두 이 글에서 벗어나지 못한다고 볼 수 있다.

성현은 안평대군보다 스물한 살이나 아래이니 직접 교분은 없었겠지만, 그의 작은형 성간이 한때 안평대군의 문객이었으므로 이 글은 안평대군에 관해 단순한 풍문이 아니라 성현이 주변에서 직접 전해들은 이야기 중의 하나였을 것이다.

성현이 『용재총화』를 쓴 것은 그의 말년인 1500년(간행은 1525년) 즈음이다. 이때는 계유정난이 일어난 지 50년 후이며 정난의 주역들이 모

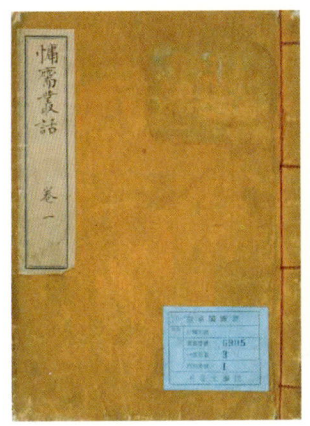
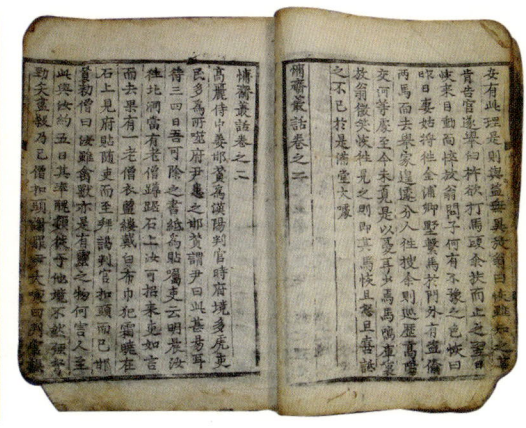

『용재총화慵齋叢話』. 1525년 간행된 목판본 10권 2책 중 권4 앞부분과 권1의 표지. 개인소장.

두 죽은 때였으므로 안평대군에 관한 언급을 금기시하던 분위기도 다소 완화됐을 것이다. 그래서 대학자 성현은 그 시대를 풍미했던 안평대군에 관한 인물평을 쓸 수 있었을 것이다.

그러나 성현도 완전히 자유로울 수는 없었다. 이 글을 쓸 당시 세조 가문의 상징이라 할 인수대비가 생존해 있었고, 성현의 가문은 세조조 이래 형성된 훈구파의 일원이었다. 게다가 당시는 연산군 시대로, 「성종실록」의 편찬 과정에서 세조의 도덕성을 건드린 일로 사관들이 극형을 입은 무오사화戊午士禍(1498)가 일어난 때였고, 성현 자신이 무오사화의 뒤처리에 관여했던 만큼 안평대군의 평전을 쓰면서 그는 필화를 각별히 조심하지 않을 수 없었을 것이다.

그래서인지 그는 작은형 성간이 안평대군과 교유한 일을 사뭇 변명조로 썼다. 성간은 안평대군의 문객으로서 안평대군의 마포 별장 담담정에 드나들며 여러 차례 수창했는데, 이때 지은 시가 1467년(세조 13) 성현 자신이 간행한 성간의 유고집 『진일재집眞逸齋集』에 전한다. 그런데도 성현은 성간이 단 한 번 안평대군과 만난 것처럼 기술했고, 그마 저도 모친의 혜안에 의해 교류를 끊었음을 강조한다. 또한 안평대군이 계유정난 때 사사된 사실을 언급하지 못하고 그가 사람들을 무분별하게 사귀다가 패사한 것처럼 썼다.

연산조 당시 성현이 안평대군에 관해 이 정도의 글을 쓰고, 그 글이 20년 후 중종 때 왕명으로 간행될 수 있었던 것은 그 글의 내용에 관해 훈구파 내에서 어느 정도 묵인이 있었기 때문일 것이다. 즉 글의 수위에 관해 암묵적인 양해가 이루어졌기에 가능했을 것이다. 성현은 당시 조정의 공식 입장을 추종하여 안평대군을 역적이라고 하지도 않았지만, 안평대군의 진면목을 드러내지도 못했으며, 안평대군에 관해 많은 사실을 알고 있었겠지만 단지 표피적인 일화를 소개하는 데 그쳤다. 그의 글은 후대로 계속 이어져서 안평대군의 모습을 영원히 박제해 놓았다고 할 수 있다. 의식했건 안 했건 이는 일종의 진실의 은폐일 수도 있다.

안평대군의 부귀와 재능, 호학호문에 관하여는 새삼 말할 것이 없으며, 그의 명성과 인기, 풍류와 호방함은 충분히 짐작할 수 있다. 그렇지만 이러한 것은 단지 그의 외적인 모습에 불과하다. 인간 안평대군을 말하면서 반드시 지적해야 할 점은 서예가로서 그의 기상이다. 서성書聖 왕희지가 "서書의 기氣는 반드시 도道에 도달해야 한다"라고 말했듯이, 무서운 정신력과 피나는 수련 끝에 도달하게 되는 명필의 경지는 도의 완성 그 자체다. 안평대군을 말할 때, 20대 초반에 당대 최고의 명필로 등극한 그의 강렬한 정신력과 빼어난 기상을 빼놓을 수는 없을 것이다.

1442년(세종 24)에 제작된 「소상팔경시권」 서문에서 이영서는 안평대군에 관해 다음과 같이 썼다.

내가 보건대, 귀공자치고 화려한 모임에서 누를 끼치지 않는 자 드물고, 또 연회에서 실수하지 않는 자가 드물다. 그러기에 선비를 좋아하고 역사를 좋아하고 세상의 생각 밖에서 노는 이런 사람은 천년이라도 찾기가 어렵다. 비해당 이용은 영명한 자질에 부귀한 몸인데도 문예에서 놀며 그리고 돈독히 좋아하는 사람은 평범한 포의布衣의 선비다.

1445년 안평대군이 간행한 『당송팔가시선』의 서문에서 이개李塏는 안평대군의 인물평을 다음과 같이 썼다. 강직한 성품의 이개였던 만큼 그의 글은 과장된 것은 아닐 것이다.

비해당은 영걸차고 준수한 자질로 부귀한 처지에 있으면서도 능히 담박한 것으로 몸을 지키고 문장으로 자신을 즐겁게 했으니······.

1450년(세종 32) 명나라 사신 예겸이 안평대군의 글씨를 찬양하여 지은 시에 조선 문인들이 화답한 「비해당시축」의 서문에서 최항은 이렇게 썼다.

나는 오직 글씨는 마음의 그림이라고 생각한다. 마음이 바른즉, 붓도 바르다. 글씨를 보면 그 사람됨을 가히 알 수 있다. 비해당은 영웅호걸의 자태로서 응당 존경할 만큼 지극한 부귀를 지녔음에도 능히 담박함으로 스스로를 지키고, 선함으로 즐기며, 인에 의해 예를 즐기는 자다. 비해당을 열고 좌우에 도서를 마련하여 아침저녁으로 유교의 바른 의리를 인용하여 서로 공맹을 이야기하니, 마음에 있는 바가 진실함을 가히 알리라.

이영서, 이개, 최항은 모두 안평대군이 타고난 부귀와 재능을 휘두르지 않고 자신의 고상한 인품을 지켰다는 점을 강조하는데, 이것은 부단한 자기 억제와 수양이 있어야 가능한 일이다. 모든 것을 가진 왕자이지만 또한 왕자로서의 본분을 지킨 안평대군의 품격이야말로 세종의 영명한 둘째 아들이라는 점을 내세워 왕위 찬탈을 도모한 수양대군과의 뚜렷한 차이점이었고, 한평생 같은 길을 걸어온 두 사람이 정반대의 인생 종착점에 다다른 이유였다고 설명할 수 있을 것이다.

부귀와 재능, 인품에 더하여 임금과 왕세자의 돈독한 신임을 받았던 안평대군은 조정의 대소 신하들과는 시문으로 마음을 통하고 있었다. 게다가 잡인이나 벼슬 없는 사람과도 스스럼없이 사귀었던 그는 대중적인 인기를 누리는 풍류 왕자였다. 누가 보더라도 막강한 존재인 그는 또한 정치적 상황에 따라서는 대단히 위협적인 존재로도 비칠 수 있는 인물이었다.

안평대군 스스로도 이러한 점을 깊이 의식하고 경계했을 것이다. 세종도 이 점을 염려했는지 '명철보신明哲保身하라'는 교훈을 내리기도 했다. 어쩌면 그의 잠재의식 속에는 자신의 존재감에 대한 우려를 불식하려는 강박관념이 깊이 박혀 있었는지도 모른다.

너의 당호를
'비해'라고 하라

비해당기 匪懈堂記

　1442년(세종 24) 6월, 세종은 안평대군에게 '비해당匪懈堂'이라는 당호, 즉 필명을 하사했다. 이는 20대 초반에 학문과 예술에서 일가를 이룬 안평대군의 성취를 인정한 것이며, 이를 대단히 자랑스럽게 여긴 것이다. 세종의 사호賜號는 또한 안평대군의 높은 도덕적 인품에 대한 깊은 신뢰감의 표현이기도 했다.

　대개 호는 자신의 취향에 따라 스스로 짓든지 또는 스승이나 친지가 지어주는 것이 일반적인데, 임금이 직접 호를 지어준 것은 작위를 하사한 것에 버금가는 대단한 명예다. 당호를 하사받은 안평대군은 감격하여 '비해'라는 당호의 깊은 의미와 취지를 기리기 위해 측근 문인들로 하여금 찬문을 짓게 하고, 박팽년에게 기문記文을 부탁했다.

　박팽년은 기문에서 그때의 정황을 이렇게 기록했다.

　세종 24년(임술) 6월 어느 날, 안평대군이 대궐에 입시했을 적에 주상

너의 당호를 '비해'라고 하라　85

이 그를 불러 조용히 물었다.

"너의 당호는 무엇인가?"

안평대군이 아직 당호가 없다고 아뢰자, 세종은 『시경詩經』의 「증민지시蒸民之詩」를 읊어주고, 또한 「서명西銘」을 들어 일렀다.

"너의 당호를 '비해'라고 하는 것이 적합하겠다."

감격한 안평대군이 두 손 모아 절하고 물러나와, 한편으로는 기뻐하고 한편으로는 놀라워하다가 드디어 사호의 취지를 밝히 나타내도록 금원禁垣(궁궐)의 여러 선비에게 글을 청했다. 이것은 대개 주상이 하사하신 것을 빛나게 하고자 한 것이다. ……이제 안평대군은 타고난 자질이 탁월하고 학문을 좋아하며 즐겁고 착한 마음이 지성으로부터 나와 유아儒雅(유교의 바른 의리)에 반드시 이르고자 지극히 힘쓸 것이다. 성상께서는 특별히 이것을 명하신 것이다.

— 박팽년, 「비해당기」, 『육선생유고』 중 「박선생유고」

박팽년은 세종께서 특별히 유아, 즉 격조 높은 선비다움을 명한 것이라고 해석했다. 많은 문인이 사호를 축하하여 찬시를 헌정했겠지만, 오늘날엔 박팽년의 기문과 신숙주의 오언고시 한 수가 남아 있을 뿐이다. 신숙주는 「제비해당시題匪懈堂詩」에서 이렇게 썼다.

선덕宣德 계유년(정통正統 임술년의 착오로 보인다), 주상이 안평대군에게 비해당이란 호를 내렸는데, 대군은 시문에 빛나는 문사이니 그러한 것이다. 그런즉 이 시를 짓는다.

기는 고요히 운행하며 조화는 정지함이 없다

사람은 마땅히 천도를 따르고 일은 시기를 기다린다

군자는 굳세고 꾸준하며 소인은 다만 부지런하다

꾸준한 것은 게으를 수 없으니 선악의 까닭은 여기에 있다

기미는 마음속에서 싹트고 칠정은 상호 투쟁한다

호리(미세한 것)는 천리를 속이지 못하고 이익과 의리는 마땅히 밝아야 한다

참으로 그 하나를 지키려면 필히 먼저 정성으로 살펴야 한다

꾸준히 노력하리니 비해당, 임금의 훈계는 일월과 같이 밝다

— 신숙주, 「제비해당시」, 『보한재집』 권10

백성의 시, 「증민지시」

비해, 즉 '게으름 없이'라는 뜻의 호를 내리면서 세종은 「증민지시」와 「서명」을 인용했는데, 첫 번째 「증민지시」는 '백성의 시'라는 뜻이다. 기원전 8세기 주나라의 재상 중산보仲山甫의 덕행과 충성심을 찬양한 이 대서사시는 『시경』에 수록되어 있다.[1]

중산보는 기원전 8세기 노魯나라 헌왕獻王의 둘째 아들로, 천자국인 주나라 선왕宣王의 조정에서 태보太保(나이와 덕이 가장 높은 재상) 벼슬을 하며 주 왕실의 번영을 이룬 명재상이었고, 그 공로로 번후樊侯라는 작호를 받았다. 그는 북방의 이민족이 주나라 국경을 위협하자 선왕의 명을 받고 제齊나라(발해만 지역)로 성을 쌓으러 떠나게 됐는데, 이때 주 왕실의 동료 재상 윤길보尹吉甫가 중산보의 험한 여정을 위로하며 선왕의 마음을 대신하여 바친 송가가 바로 「증민지시」다. 훗날 이 시를 애송했던 공자가 『시경』에 실었다고 전한다.

「증민지시」 8장 중 특별히 '비해匪懈'의 뜻을 드러낸 제4장 '비해의 송

왼쪽 그림은 중산보(왼쪽)와 강태공(오른쪽)이 그려진 교토 혼간지本願寺 구로쇼인黑書院 벽화. 작자·연대 미상. 오른쪽은 윤길보의 고향으로 간주되는 후베이성湖北省 스옌시十堰市 팡현房縣에 건립된 '시의 조상詩祖 윤길보' 흉상.

頌' 전문全文은 다음과 같다.

하늘은 백성을 낳으시고, 사물에 법칙이 있도록 하시니 天生蒸民 有物有則
백성은 일정한 도를 지니고, 아름다운 덕을 좋아하네 民之秉彝 好是懿德
하늘은 주나라를 살펴보시고, 세상에 내려오시어 天監有周 昭假于下
우리 천자님을 보우하사, 중산보를 낳으셨네 保茲天子 生仲山甫

중산보의 성품은 훌륭하고 언행은 법도가 있으며 仲山甫之德 柔嘉維則
훌륭한 거동에 훌륭한 모습, 조심스럽고 공경스러워라 令儀令色 小心翼翼

옛 교훈을 본받고 훌륭한 행위에 힘쓰며古訓是式 威儀是方

천자님을 따라서, 밝으신 명을 널리 펴네天子是若 明命使賦

임금님께서 중산보에게 명하여 모든 제후의 법도가 되라 하셨으니王命仲山甫 式是百辟

그대의 조상을 이어받아, 임금님의 몸을 편안하게 해드리라 했네纘戎祖考 王躬是保

그는 임금님의 명을 안팎으로 펴내어, 임금님의 입 노릇을 하고出納王命 王之喉舌

밖으로 정사를 펼쳐, 온 세상이 이에 호응하네賦政于外 四方爰發

지엄하신 임금님의 명령을 중산보가 받들어 행하고肅肅王命 仲山甫將之

나라 정치의 잘되고 못됨을 중산보가 가려 밝히네邦國若否 仲山甫明之

밝고도 어질게 자기 몸을 보전하며旣明且哲 以保其身

밤낮으로 게으름 없이 임금님 한 사람만을 섬기네夙夜匪解 以事一人

'비해'는 마지막 구절 '밤낮으로 게으름 없이 임금님 한 사람만을 섬기네夙夜匪解 以事一人'에서 취한 것이다. 이 시를 읊으면서 호를 하사할 때 세종은 안평대군을 만고의 충신 중산보에 비유하며, 그의 인품과 능력, 충성심에 대한 깊은 신뢰감과 기대를 나타냈으니, 이 '비해의 송'은 세종이 안평대군에게 내린 찬가인 셈이기도 하다. 훗날 정조대왕은 충무공 이순신의 공적을 중산보의 공적에 비유하여 충무공의 신도비를 친히 지은 바 있다.

서쪽의 글, 서명

세종이 인용한 또 하나의 글은 「서명西銘」이다. 송나라의 유학자 장재張載가 지은 253자의 짧은 이 글은 '천인합일天人合一'이라는 유교의 핵심 사상을 설파한 중요한 글로 간주되어 후대의 유학자에게 큰 영향을 끼쳤다.

장재는 산시성陝西省 메이현眉縣의 횡거진橫渠鎭에 오래 거주했기 때문에 횡거 선생이라고 흔히 불리는데, 그는 기일원氣一元 철학의 선구자다. 장재는 기를 공유한 '천지만물'과 '나'의 존재가 일체를 이루는 천인합일이 바로 인仁의 바탕이라고 규정하고, 마음을 수양하면 천인합일의 경지에 도달할 수 있다는 실천적 윤리를 강조했다.

원래 「서명」의 원명은 '정완訂頑', 즉 '아둔함을 고친다'는 뜻이다. 장재는 서재의 서쪽에 이 글을 걸고, 동쪽에는 '어리석음을 경계하여 고친다'는 뜻의 '폄우貶愚'라는 글을 걸어두고 좌우명으로 삼았는데, 동시대인 유학자 정호程顥와 정이程頤 형제가 이 글을 보고 크게 감동하여 두 글의 이름을 「동명東銘」과 「서명西銘」으로 고치게 했다. 이후 이 두 글은 좌우명의 상징이 됐다. '동서명東西銘'은 장재의 문집 『장자전서張子全書』에 수록되어 있다.

「서명」의 일부를 인용하면 다음과 같다.

> 하늘을 아버지라 부르고 땅을 어머니라 부르니乾稱父 坤稱母
> 나는 여기서 미미한 존재로서 그 가운데 혼연히 존재한다予玆藐焉 乃混然中處
> 그러므로 천지에 가득 찬 기운은 나의 몸이고故, 天地之塞 吾其體
> 천지를 주재하는 이치는 나의 본성이다天地之帥 吾其性

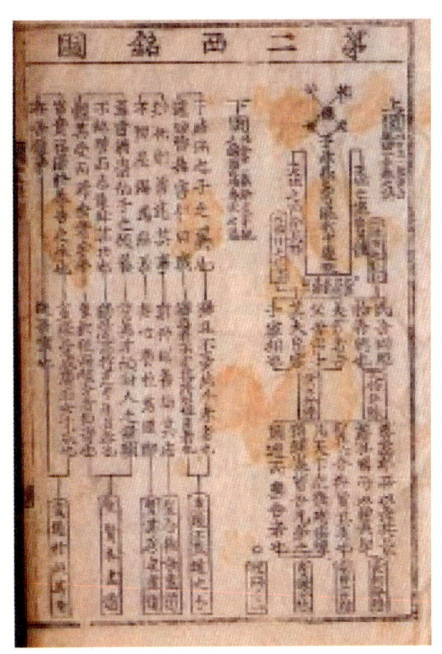

위쪽은 장재張載의 초상. 작자·연대 미상, 지본 수묵, 33.3x24.3cm, 대만 국립고궁박물원 소장. 오른쪽은 『성학십도』 중 제2도 「서명도」. 원래 그림은 원나라 초의 유학자 정복심程復心(호는 임은林隱)이 그린 것인데, 이 그림을 퇴계가 모사한 것이다. 도산서원 소장 『성학십도』 중에서.

모든 백성은 나의 형제이고 만물은 나와 같이한다民吾同胞 物吾與也

(……)

도리를 어기는 것을 패덕이라 하고 인을 해치는 것을 역적이라 하니違曰悖德 害仁曰賊

악을 이루는 것은 재주가 없음이요濟惡者 不才

몸소 도리를 실천함은 오직 부모를 닮은 사람이라其踐形 惟肖者也形

변화의 도리를 알면 잘 헤쳐 나갈 수 있고知化則 善述其事

신명을 추구하면 천지의 뜻을 잘 계승할 수 있으리니窮神則 善繼其志

아무도 보지 않는 집에서도 부끄러움이 없어야 욕됨이 없고不愧屋漏 爲無忝

자신의 마음을 지키고 본성 기르기를 게으름 없이 하리니存心養性 爲匪懈

너의 당호를 '비해'라고 하라 91

세종은 "자신의 마음을 지키고 본성 기르기를 게으름 없이 하리니存心養性 爲匪懈"라는 구절에서 '비해'를 취했는데, '존심양성存心養性'이란 원래 맹자의 가르침이다. 맹자는 "자신의 마음을 보존하여 자신의 본성을 키우는 것은 하늘을 섬기는 도리다"라고 하여(『맹자』「진심盡心」상上) 마음을 다해 천성을 키우고 천명을 얻어야 한다고 가르쳤다.

「서명」은 조선 초기 유생의 시문 학습서인 『고문진보古文眞寶』에 수록된 유명한 글이었고, 또한 『근사록近思錄』과 『성리대전性理大全』에 수록되어 세종 때 경연에서도 종종 강講했던 글이었다. 글 가운데 "모든 백성은 나의 형제이고 만물은 나와 같이한다"라는 구절은 조선 왕들의 애민 사상을 고취했던 글귀였음에 틀림없다.

1568년(선조 1), 퇴계 이황李滉은 17세의 어린 임금 선조에게 군도君道에 가장 절실한 교훈으로 『성학십도聖學十圖』를 그려 바쳤는데, 그 두 번째 그림이 「서명도」다. 퇴계는 또한 선조 앞에서 「서명」에 대하여 강하고 『서명고증西銘考證』을 지어 바치기도 했다. 선조는 이 글을 정서精書하여 병풍을 만들어 좌우에 놓아두고 조석으로 읽었다 한다.

사호에 담긴 세종의 교훈

안평대군은 세종이 인용한 「증민지시」와 「서명」을 되풀이해 음미하면서 당호에 깃들인 심오한 뜻을 세종이 내린 교훈으로 가슴에 깊이 새겼을 것이며, 이를 항상 생각하며 살아갈 것을 맹세했을 것이다.

「증민지시」에서 세종은 "밝고도 어질게 자기 몸을 보전하며旣明且哲以保其身, 밤낮으로 게으름 없이 임금님 한 사람만을 섬기네夙夜匪解 以事一人"라는 구절을 읊어주었는데, 특별히 '명철보신明哲保身'이라는 글귀가 눈길을 끈다.

원래 명철보신은 글자 그대로 '사리를 밝히 알고 시비를 잘 분별함으로써 자기 자신을 보호한다'는 뜻이다. 후대에 이르러 흔히 '보신'으로 줄여서 '부귀와 재주를 드러내지 않고 평범하게 살아감으로써 위험을 멀리한다'는 소극적인 뜻으로 이해되거나, 더 나아가 '이익과 명예만을 좇아 구차하게 몸을 보호한다'는 부정적인 뜻으로 변질됐다. 그렇지만 명철보신의 본래 의미는 '이치를 밝혀 혼탁한 시류에 휩쓸리지 않고 올바르게 처신하여 자신을 지키는 것'을 말하며, 이것은 곧 '세상에 나아가고 물러남이 이치에 어긋남이 없어야 함'을 뜻한다.

따라서 명철보신을 풀이하며 안평대군은 진퇴의 올바른 거취를 당부한 세종의 뜻을 깊이 새겼을 것이다. 이것은 세종의 권유와 명에 따라 조정에 나와 국사에 참여한 왕자이지만, 때가 되면 결연히 물러나야 한다는 특별한 교훈으로 그의 마음에 와 닿았을 것이다. 또한 명철보신이라는 말에서 부귀와 재능 그리고 명성을 거머쥔 젊은 안평대군이 험악한 세상에서 자기 몸을 보존하기 어려울지 모른다는 세종의 짙은 우려를 느끼게 되는데, 불행히도 세종의 예감은 적중했다.

그러나 무엇보다도 세종은 '명철보신하여 게으름 없이 임금 한 사람만을 섬기라'는 구절을 통해 직접적으로 임금에 대한 충성을 명했다고 볼 수 있다. 이것은 세종 자신에 대한 충성이기보다는 앞으로 왕세자(문종)와 그때 막 첫돌을 맞는 왕손(훗날 단종)에 대하여 충성스러운 보필을 명한 것이라고 할 수 있다.

세종은 또한 「서명」을 통해서는 "신명을 추구하면 천지의 뜻을 잘 계승할 수 있으리니", 그러기 위해서 게으름 없이 마음을 닦고 천성을 길러야 한다는 '존심양성'을 훈계했다. 이 구절에서 세종은 안평대군이 천성으로 타고난 성품과 재능을 게으름 없이 닦아 오직 왕조의 위업에 이바

왼쪽부터 「비해당집고첩발匪懈堂集古帖跋」(1445)에 보이는 안평대군의 인장 '비해당안평대군지기匪懈堂安平大君之記', '존심양성', 「당송팔가시선서문唐宋八家詩選序文」에 보이는 인장 '존심양성 이사일인'.

지함으로써 천명을 다하라는 당부를 내렸다고 해석할 수 있을 것이다.

이후 안평대군은 '비해'와 '존심양성'이라는 인장을 썼으며, 때로는 '존심양성 이사일인存心養性 以事一人'이라는 인장을 사용하기도 했다. 글자 그대로 '마음을 지키고 천성을 길러 임금 한 사람만을 섬긴다'는 인장을 새겼다는 사실은 그가 당호에 함축된 세종의 교훈을 얼마나 절실하게 마음에 새겼는지를 상징한다고 할 것이며, 이 교훈은 이후 안평대군의 인생을 인도하는 잠箴이 됐을 것이다.

세종에게서 당호와 함께 뜻 깊은 교훈을 받은 일은 안평대군의 일생에 중요한 사건이었다. 이것은 그의 향후 진로에 뚜렷한 계시가 됐고, 그는 새삼 자신의 운명과 책무를 다짐했을 것이다. 이 무렵 화가 안견이 그의 초상화 「비해당이십오세진匪懈堂二十五歲眞」을 그렸다.[2] 당호를 받은 기념이자, 각오의 표명이었을 것이다.

세종의 사호는 안평대군이 세종조 문예의 지도자로 등장하는 신호였고, 공인이었다. 이로부터 안평대군은 그의 수성동 저택의 사랑채 별당에 '비해당'이라는 편액을 걸고, '비해당'이라는 필명으로 당대의 문사와 예술인을 불러 모아 세종조에 꽃피기 시작한 문화와 예술을 주도해 나갔다.

수양대군의 길

현실 정치에 더욱 깊이 발을 들여놓다

세종이 안평대군에게 비해당이라는 당호를 하사한 일을 계기로 안평대군과 수양대군의 진로가 갈리기 시작했다고 볼 수 있다. 이때를 기점으로 안평대군은 뚜렷이 문인이며 예술인의 길을 가는 데 비해, 수양대군은 조정의 현실적 업무에 더욱 깊이 관여하게 된다.

기록을 보면, 세종의 아들 가운데 호를 가진 인물은 모두 셋인데, 안평대군과 각각 20세, 19세에 요절한 다섯째 광평대군과 일곱째 평원대군이다. 수양대군이 세종에게서 호를 하사받았다는 기록은 보이지 않는다. 왕위 찬탈의 정당성을 담보하는 차원에서 왕자 시절 세종의 신임과 대우가 남달랐다는 일을 실록 곳곳에 남겼던 수양대군이 세종의 사호가 있었다면 이를 기록해두지 않을 리 없었을 것이다. 요절한 광평대군과 평원대군이 세종에게서 호를 하사받은 것이라면, 아마도 이들의 때 이른 죽음을 위로하는 마음에서 내린 것으로 추측된다.

안평대군이 비해당이라는 필명으로 학문과 예술의 거두로 등장하자, 수양대군은 자신의 진로를 심각하게 고민했을 것이다. 그 역시 학술과 글씨, 그림, 음악에서 두각을 나타냈지만, 이미 시서화의 일가를 이룬 안평대군과 맞서서 문예 분야에서 입신하기는 틀린 일이었을 것이다. 당대의 문사들은 이미 안평대군의 사단에 들어갔다. 집현전의 젊은 학자들뿐 아니라, 중진과 원로를 가리지 않고 글을 즐기는 정치인이 그러했고, 무명인이나 이름난 예인, 잡인까지 안평대군의 휘하에 몰려들었다.

원래 수양대군은 무예에 뛰어난 것으로 잘 알려졌지만, 사실상 그는 학문과 예술 분야에서도 큰 활약을 했다. 1434년(세종 16) 『자치통감훈의資治通鑑訓義』를 출판하기 위해 갑인자甲寅字의 동활자 20여만 자를 주조할 때는 일부 모자라는 글자를 수양대군의 글씨로 사용했고, 1436년 『자치통감강목훈의資治通鑑綱目訓義』를 편찬할 때도 강목 중 강綱의 큰 활자는 수양대군의 글씨로 주조된 납활자다. 병진자丙辰字로 불리는 이 납활자는 이후 더 이상 사용되지는 않았다. 수양대군이 쓴 갑인자와 병진자의 활자 수가 몇 개인지는 확실하지 않지만, 약관 17세에 활자의 글씨를 썼다는 것은 대단한 솜씨임에 틀림없다.

수양대군은 왕세자(문종), 안평대군과 함께 훈민정음 제정 작업에도 참여했고, 1447년(세종 29)에는 석가의 일대기를 국문으로 편집한 『석보상절釋譜詳節』을 지어 국문학에도 자취를 남겼다. 실록에는 그의 한시가 50여 편 전해지는데, 시의 수준은 별도의 문제로 치고, 역대 임금 중 가장 많은 시를 남긴 왕이다. 그는 음악, 특히 성악聲樂에 재능이 있어 세종이 아악을 정리하며 신악新樂을 창제할 때 보필했고, 문종 때는 음악 업무를 담당하는 관습도감慣習都監 도제조 직을 맡기도 했다. 그는

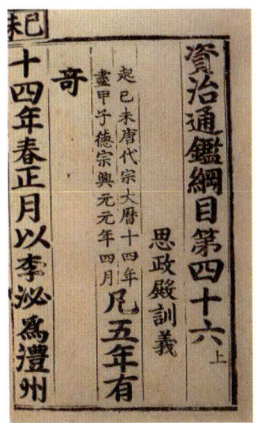 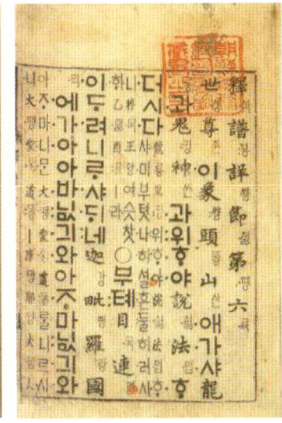 

왼쪽은 수양대군의 글씨로 주조한 병진자로, 1438년 인쇄된 『자치통감강목훈의』. 총 139권 중 권19 하. 보물 제552호, 화봉박물관 소장. 가운데와 오른쪽은 1447년 수양대군이 여러 경전을 요약, 번역해 편집한 『석보상절』 권9. 국립중앙도서관본 보물 제523-1호 및 표지.

또한 그림에도 능했던 것으로 보이는데, 1449년 세종이 궁궐 내에 '내불당內佛堂'이라는 사찰을 짓고 경찬회를 베풀었을 때, 그 경찬회의 모습을 그림으로 그렸다는 실록의 기록이 있다.

수양대군 역시 시서화와 음악에 대단한 재능과 공적이 있었음에는 틀림없다. 그렇지만 그의 글과 글씨, 그림, 음악의 재능은 안평대군의 재능과 명성에 가려졌고, 삼절, 쌍삼절로 불리는 안평대군 앞에서 그의 재능은 사소하게 보이기까지 했을 것이다.

안평대군이 비해당 당호를 받은 1년 후인 1443년(세종 25), 27세의 수양대군이 지은 오언고시 한 수가 실록에 전하는데, 학업에 좌절한 그의 심정과 그 좌절감을 뚫고 나가려는 각오를 여실히 보여준다. 시기적으로 보아 안평대군에 대한 세종의 사호와 관련 있는 것으로 해석할 수 있을 것이다.

한밤에 솔바람 소리 듣고

뚫린 창 너머로 별을 헤아려본다

탄식한다, 나의 노둔한 재질을

학업에 진력한들 어이 능히 이루랴

한없는 고요 속에서 박명薄命을 알지만

그 누가 이 심정을 위로해주리

나는 생각한다, 그 옛날 사람들을

행하는 바가 성실하지 않음이 없네

성실은 도를 행하는 방법

옛것을 익혀서 더욱 정진하리라

큰 근본이 잘 정해져야

온갖 인재가 많은 영화를 누리리라

─『세조실록』 총서, 16번째 기사 「세조의 꿈에 노인이 나타나 경계하고 격려하다」

이후 수양대군은 현실 정치에서 자신의 존재가치를 찾으려 했던 것 같다. 이때부터 그는 더 깊이 국정에 발을 들여놓게 됐다. 안평대군이 비해당 당호를 받은 다음 해 세종은 수양대군을 신설된 전제상정소田制詳定所의 도제조에 임명했고, 그다음 해(1443)에는 왕실의 장례 용품을 관리하는 수기색壽器色의 제조에 임명했다. 도제조는 정1품, 제조는 정2품의 고위직이다. 비록 실무는 담당하지 않는 자문직이거나 명예직이지만, 전제상정소는 농지와 세법을 관할하는 국가의 핵심 기관이다. 27세의 도제조 수양대군 아래 좌찬성 하연河演, 호조판서 박종우朴宗愚, 지중추원사知中樞院事 정인지鄭麟趾가 제조로 임명된 것을 볼 때 수양대군은 상당한 직위에 있었던 것이다.¹ 그에 대한 세종의 막중한 신임을 알 수 있다. 이것은 또한 고위 문신들을 거느리고 문예 분야에서 활약하는 안평대군의 위상과 균형을 맞추려는 세종의 배려이기도 했을 것이다.

백이·숙제의 충절을 바쳐라

세종이 안평대군에게 당호를 하사한 깊은 뜻과 같은 선상에서 수양대군의 작호 변경에 관해 언급할 필요가 있을 것이다.

1445년(세종 27) 2월, 수양대군의 작호가 진양대군에서 수양대군으로 바뀌었다. 수양대군이 12세에 처음 받은 작호는 '진평晉平'이었다. 그런데 17세에 '함평咸平'으로 고쳤다가 사흘 만에 다시 '진양晉陽'으로 바뀌었다. 그러다 12년이 지나 29세에 이르러 '수양首陽'이라는 작호를 받게 된 것이다. 유별나게 수양대군의 작호가 이렇게 여러 번 바뀐 이유에 대해서는 확실하게 알려진 것이 없다. 다른 이름과 혼동되거나 이름과 관련된 상서롭지 않은 해석이 있었을 것으로 짐작될 뿐이다. 실록에는 함평대군에서 사흘 만에 진양대군으로 바뀔 때 "함평은 함흥咸興의 별칭이고, 전라도 함평현咸平縣과 혼동될까 하여 고쳤다"라는 간단한 설명이 한 줄 있을 뿐이다.²

세종은 열여덟 왕자들의 작호를 군읍郡邑의 지명을 따서 지었다. 그런데 이때에 이르러 세종이 29세가 된 둘째 아들에게 다시금 '수양'이라는 작호를 내린 일은 의미심장하다 할 것이다. '수양' 하면 그 유명한 수양산이 떠오르고, 백이伯夷·숙제叔齊의 고사를 생각하지 않을 수 없기 때문이다.

백이와 숙제는 고대 중국의 전설상의 형제 성인聖人들로, 기원전 1100년경 은殷·주周 왕조 교체기에 은나라의 제후국인 고죽국孤竹國(허베이성河北省 창리현昌黎縣 일대)의 첫째, 셋째 왕자다. 부왕은 셋째 왕자 숙제를 후사로 삼으려 했는데, 왕이 죽자 숙제는 맏형에게 왕위를 반환했고, 부왕의 뜻이 아니라며 이를 거절한 백이는 왕위를 둘째 왕자에게 양보하고 숙제와 함께 역시 은나라의 제후국인 주나라에 들어가 살았다. 이 무렵 주나라 무왕武王이 천자국인 은나라 주왕紂王의 폭정을 이유로 은나라를 토벌하러 나섰다. 이때 두 형제는 전장으로 향하는 무왕의 수레를 붙잡고 신하가 임금을 주살하는 것은 인의仁義에 위배되는 것이라 하며 극력 말렸다. 좌우의 사람들이 이들을 죽이자고 했을 때, 여상呂尙(강태공)은 "저 사람들은 의인이다!" 하며 놓아주었다 했다.

드디어 무왕은 군사를 일으켜 주왕을 잡아 죽이고 은나라를 멸망시킨 후 주周 왕조를 천자국으로 세웠다. 이에 백이와 숙제는 폭력을 폭력으로 제압한 무왕의 행위를 부끄럽게 여겨 주나라 땅의 곡식을 먹지 않고, 수양산首陽山(허베이성 산하이관山海關 근처)에 들어가 몸을 숨기고 고사리를 캐어 먹고 지내다가 굶어죽었다는 전설이 전해진다. 이 두 형제는 후대 유교 사회에서 충절 인물의 대명사가 되어 성인, 현자로 추앙받고 있다.

공자는 『논어』에서 "백이와 숙제는 인仁을 구하려 하여 인을 구했다"라고 칭송했다. 사마천은 『사기열전』 제일 첫 장에 「백이전伯夷傳」을 넣고, 이같이 의로운 사람이 굶어죽어야 했던 일을 가리키며 과연 천도가 옳은 것인가 의문을 제기했지만, "산으로 들어가 굴속에서 사는 은사들은 출세와 은퇴를 시의에 맞게 행하는데, 그와 같은 사람들의 이름이 인멸되어버린다면 어찌 슬프지 않겠는가?" 하고 자답하며 이들의 이름을 후세에 전했다.

사마천은 「백이전」에 백이와 숙제가 지었다는 「채미가采薇歌」를 수록

남송의 화가 이당李唐의 「채미도采薇圖」. 견본담채, 27.2×90.5cm, 대만 국립고궁박물원 소장.

했다.

> 오늘도 저 서산西山에 올라
> 고사리를 캤노라
> 폭력으로 폭력을 보답하고도
> 그 그릇됨을 모르는 무왕
> 신농神農·순舜·우禹의 호시절은
> 홀연히 사라졌구나
> 이제 우린 어디로 가야 하나
> 아 아 가자, 죽음의 길로
> 쇠잔한 나의 운명이여!

백이와 숙제는 1431년(세종 13)에 편찬된 『삼강행실도』「충신편」에도 수록됐다. 그런데 수양산은 세종조에 황해도 해주에도 있었다. 더욱이 이 수양산 아래 바다 한가운데는 '형제도'라고 불리는 두 개의 작은 섬이 있었는데, 민간에서는 그 섬에서 백이와 숙제가 죽었다고 하여 그 섬을 고죽국(백이와 숙제의 고국)이라고 불렀다.³ 이러한 기록들을 볼 때 백이와 숙제는 당시 조정에서뿐 아니라 민간에서도 널리 칭송됐던 인물임에 틀림없다. 이때에 세종이 절의의 상징으로 알려진 수양산의 이름을 따서 굳이 수양대군의 작호를 바꾼 일은 우연이 아니었을 것이다.

수양대군에게 새로 작호를 내릴 무렵의 정황을 본다면, 바로 25일 전인 1445년(세종 27) 1월 세종의 일곱째 적자 평원대군이 병으로 급사했다. 다섯째 광평대군이 창진瘡疹(두창痘瘡)으로 사망한 지 불과 한 달여 만이다. 두 아들의 연이은 죽음에 충격을 받은 세종은 왕세자에게 양위하겠다는 전지傳旨를 수양대군을 통해 신하들에게 알렸다. 물론 실색한 신하들이 며칠간 울면서 극력 만류하여 전지가 취소되기는 했지만, 한바탕 회오리바람이 불었던 것은 사실이다.

세종의 양위 소동이 있은 지 엿새 후, 여덟 살이 된 수양대군의 맏아들 이숭李崇이 도원군桃源君이라는 작호를 받았다. 세종의 아들들은 다섯째 광평대군부터 보통 7~8세 무렵에 관작을 받았으며, 안평대군의 맏아들 우직도 그보다 3년 전 의춘군宜春君에 봉해졌으므로 이는 관례였던 것이다. 그렇지만 숭은 원손보다 두 살 위다. 세손의 보호에 진력했던 세종에게 세손과 비슷한 나이의 아들을 둔 건장하고 야심만만한 수양대군은 세자와 세손으로 이어가야 하는 후사 문제에서 위협적인 존재로 비칠 수도 있었을 것이며 세종으로서는 수양대군에게 일말의 불안이 없을 수는 없었을 것이다. 수성을 위해서는 장자 승계의 확립이 무엇보다 중요하며, 또한 이 원칙의 확립이야말로 골육상쟁을 방지할 수 있다고 굳게 믿었기에 세종은 둘째 아들에게 특별히 '수양'이라는 작호를 새로이 내려 백이·숙제와 같은 충성심을 단단히 못 박으려 했는지도 모른다.

이로부터 1년 후, 소헌왕후가 수양대군의 집에서 임종을 맞은 것도 의미하는 바가 크다. 세자빈 없는 왕세자와 어린 세손의 주변에 장건한 다섯 아들과 열 명의 서왕자庶王子를 두고 운명하는 왕비가 남길 말은 오직 하나였을 것이다. 그것은 형제간의 우애를 극진히 하여 사직을 수호하는 데 전심전력을 다 바치라는 유언이었을 것이다. 그리고 그 유언은 특별히 왕세자 다음의 둘째 아들 수양대군을 향한 당부였을 것이다. 그래서 수양대군의 집을 택하여 운명하면서, 그에게 사직의 보호를 거듭 간곡히 부탁하며 눈을 감았을 것이다.

그렇게 본다면 두 대군에게 막중한 정치적 역할을 맡겼던 세종은 안평대군에게는 '비해'라는 당호를 주어 '게으름 없이 임금 한 사람만을 위하라'는 명령을 내린 데 이어, 양위마저 생각했던 절박한 상황에서 수양대군에게는 '수양'이라는 작호를 새로이 내려 백이와 숙제의 극단적인 충절을 명령했다고 해석할 수 있을 것이다.

제4부

안평대군, 꿈속에서 도원에 노닐다

전칭 구영(仇英), 「도원도(桃園圖)」, 보스턴 미술관 소장.

골똘한 생각으로 꾸는 아름다운 꿈은 반드시 징험이 있을 터
황제가 화서씨華胥氏의 이상국에서 노닌 것도 믿을 만한 이야기로다
그대는 모르는가. 형왕荊王이 머리맡 꿈속에서
부암傅巖으로 가지 않고 무협巫峽으로 향했음을
그대는 또한 모르는가. 장주莊周가 병풍 아래 꿈속에서
주공周公을 흠모하지 않고 호랑나비를 그리워했음을
— 박연, 「몽유도원도」 찬시 중에서

정묘년 초에
일어난 일들

　1447년(세종 29, 정묘) 정월 초하루, 세종은 궁궐을 비우고 큰누이 정순공주貞順公主의 집에 머물고 있었다. 이미 2년 전 광평대군과 평원대군이 연달아 사망하면서 경복궁을 나와 연희궁에 거처하던 세종은 아홉 달 전 소헌왕후가 승하한 후부터는 연희궁에서도 나와 누이 경정공주慶貞公主와 정순공주, 형인 양녕대군과 효령대군 등 형제들의 사저를 전전하는 중이었다.

　세종이 궁을 나와 이처럼 떠도는 이유는 과거 수년간 그의 주변에서 일어난 연이은 흉사 때문이었다. 1444년 7월, 세종의 후궁 차씨車氏가 경복궁 강녕전의 부속 침실인 연생전延生殿에서 벼락을 맞아 죽었다. 그로부터 4개월 후에는 왕비의 모친 안씨가 죽었고, 한 달 후에는 외손녀, 즉 왕세자의 후궁 승휘 홍씨가 낳은 딸이 사망했으며, 그 사흘 후에는 광평대군이 급사했고, 또 한 달 후에는 평원대군이 연이어 급사하는 일이 벌어졌다. 그런 후 1년 만에 소헌왕후가 세상을 떠난 것이다.

이같이 잇단 일신상의 불행에 압도된 세종은 풍수설에 깊이 의지하게 됐고, 평원대군이 사망한 후부터 경복궁을 나와 떠돌며 액운을 피하고 있었던 것이다.[1]

1447년 정월 13일, 세종은 정순공주의 집에서 나와 안평대군의 집으로 옮겼다. 20여 일간 비해당에서 머물던 세종은 마음의 안정을 찾은 듯 2년 만에 경복궁으로 돌아갔다. 이 20여 일 동안 안평대군은 세종을 지근거리에서 모시며 깊은 대화를 나누었을 것이다.

바로 이 무렵, 세종은 안평대군의 최측근인 집현전 교리 이현로에게 이름을 하사했다. 원래 이선로李善老였던 그의 이름에 '현賢' 자를 하사하여 이현로李賢老로 개명시킨 것이다.[2] 사명賜名은 원래 공이 크고 임금이 크게 애착을 두는 신하에게 특별히 내리는 이름으로, 이는 대단한 명예다. 당시 세종이 유신들의 혐오 대상이었던 젊은 나이의 이현로에게 사명을 했다는 것은 아주 이례적이라 볼 수 있다.

성삼문은 이 사명을 축하하는 글에서 "세종이 이현로를 현인으로 대우하여 '현' 자를 하사했다"라고 풀이하며 이현로에게 이렇게 말해준다.

> 신하를 알아보기로는 임금만 한 이가 없는 법이다. 주상께서 아름다운 이름을 내리신 데에는 반드시 깊은 뜻이 있는 것이니, 선생은 이름에 걸맞도록 힘쓰며 더욱 자중자애할 것을 생각지 않아서야 되겠는가.
> ― 성삼문, 「집현전 교리 이 선생에게 이름을 내린 것에 대한 서문集賢殿敎理李先生賜名序」, 『육선생유고』

현인은 글자 그대로 어진 사람을 칭하지만, 또한 덕망 있는 신하를 가리키는 말이다. 현인의 등용은 왕도정치의 근본이며, 왕조의 흥망은 현인의 등용에 달렸다고 보는 것이 당시의 유교적 정치관이었으므로 세종이 이현로에게 '현' 자를 하사했다는 사실은 세종이 이현로에게 막중한 신임을 두었으며 또한 사명을 통해 특별히 당부한 것이 있었다는 것을 암시한다고 볼 수 있다.

이현로는 세종의 원종공신 이효지李孝之의 아들이다. 세종이 왕자 시절부터 수행원으로 데리고 있었던 이효지는 궁중의 내의원에서 하급 직책을 맡고 있었기에 이현로는 어렸을 때부터 궁중에 출입하며 취향과 기질이 비슷한 안평대군과 친분을 쌓았던 것으로 보인다.[3] 그는 1438년(세종 20) 식년문과式年文科에서 성삼문, 신숙주, 하위지와 동반급제하여 이들과 함께 집현전에 근무하면서 훈민정음 창제를 비롯하여 세종의 편찬 사업에 참여한 뛰어난 유학자이기도 했다. 게다가 뛰어난 무술가이기도 했던 그는 부친의 상제喪制 기간 중 풍수, 지리, 복서卜筮를 정밀히 연구하여 풍수학에도 정통하게 되어 유학자보다는 풍수가로서 더욱 이름을 날리게 됐다.

세종이 풍수를 중히 여겼음은 잘 알려진 사실이다. 조선 건국과 한양 천도에 풍수참위설風水讖緯說은 중요한 역할을 했지만, 건국 후 태종은 참위설을 금지했다. 그렇지만 풍수설은 유교의 효사상과 결부되어 가문의 번성을 담보하는 묘지 풍수로 더욱 기세를 떨쳤으며, 이러한 맥락에서 세종도 사직의 보호와 연관하여 풍수설에 깊은 관심을 가지고 있었다.

이현로는 풍수와 관련하여 세종과 문종의 자문역을 맡으며 두 임금의 은밀한 총애를 받았다. 그는 왕실과 국가의 행사가 열릴 때면 시간과 장소의 길흉을 점쳤고 지리와 택지에 관해 조언을 하며 임금의 거둥과 같이 중요한 왕실 행사에 깊숙이 관여했다. 세종이 광평대군과 평

원대군 그리고 소헌왕후를 잃고 궁을 나와 여러 곳으로 떠돈 일도 이현로의 조언에 따른 것이었다.⁴

세종은 오래전부터 경복궁에 풍수상 문제가 있다는 풍수가의 말을 염두에 두고 명당자리에 새로 별궁을 세울 계획을 추진했지만, 유신들의 맹렬한 반대에 부딪혀 이루지 못했다.⁵ 그러다가 말년에 이르러 특별히 이현로가 택지해준 안국방에 영응대군의 저택을 세우고, 이 터 안에 자신을 위한 동별궁東別宮을 지었는데, 세종은 이 동별궁에서 세상을 떠나고 문종은 여기서 즉위식을 갖게 된다.⁶

북방 영토에 지대한 관심이 있었던 세종은 북방 오지에 혹시 있을지 모르는 숨겨진 땅을 찾으려는 노력으로 1445년(세종 27) 당시 예조좌랑(정6품)이었던 이현로에게 500명의 군사를 주어 함경도 삼수갑산 지역을 답사시키기도 했다.⁷ 훗날 문종은 이현로의 조언에 따라 이미 정해진 세자 책봉일을 바꾸어 신숙주와 같은 유신들의 거센 항의를 받기도 했다.⁸

이같이 이현로는 풍수를 통해 국가 대사에 비선秘線으로 참여했기 때문에 풍수를 잘 모르고 또한 풍수설을 혐오하는 정통 유학자 관료들의 표적이 됐다. 유학자들은 그를 유자의 지조를 더럽힌 술수가로 매도하며 기회를 노려 제거하려고 애썼지만, 그는 세종과 왕세자(문종) 그리고 안평대군의 굳건한 비호를 받고 있었다.

실록에는 다음과 같은 이현로의 인물평이 나온다.

이현로는 마음이 간흉하고 말을 잘하며 행실이 경박하고 무상한 소인인데, 젊어서부터 유사의 이름을 빌려 시詩·부賦로써 안평대군 이용에게 아부하고 아첨했기 때문에 종실과 귀근貴近에게 사랑을 얻어 드디어 이름이 당세에 알려졌다. 스스로 말하기를, "재주는 문무를 겸하여 장상의 그릇이다" 하며 감히 교만한 기운을 펼쳐 영웅호걸을 능멸하니, 사림들이 다투어 비웃었다.

— 「문종실록」 문종 1년(1451) 3월 15일

이현로는 안평대군을 참서讖書로 꾀어내 반역으로 이끈 장본인이라는 죄목으로 계유정난 때 충주에서 잡혀 즉시 참수됐고 집안은 멸족됐다. 오늘날 이현로에 관한 기록은 실록 외에는 남겨진 것이 없다. 계유정난 때 샅샅이 파괴됐기 때문이다. 그런데 성삼문은 이현로에 관해 다음과 같은 인물평을 남겼는데, 대단히 희귀한 자료다. 세종조의 감추어진 진실 하나를 드러내는 것인지도 모른다.

선생은 대단히 영걸차고 호방한 자질에다 시서의 학문으로 보충했으며, 문무의 재능을 몸에 갖추었고, 효제의 행실이 온 나라에 소문이 나서…… 뒷날 출장입상出將入相하여 국가의 원로가 될 사람은 반드시 선생일 것이다.

— 성삼문, 「집현전 교리 이 선생에게 이름을 내린 것에 대한 서문」, 『육신생유고』

이현로의 조언에 따라 궁궐을 떠나 피접 중이던 세종은 환궁 전 마지막으로 안평대군의 집을 찾았다. 이 역시 이현로의 조언에 따른 거둥이었을 것이다. 이때 세종은 이현로를 불러(어쩌면 안평대군의 주청이 있었는지도 모른다) 이례적으로 새로운 이름을 하사하며 특별히 당부한 일이 있었을 것이다. 추측건대, 그것은 사직의 보호와 풍수에 관련된 일이었을 것이다.

안평대군의 집을 마지막으로 2년 만인 1447년 2월 2일 드디어 경복궁으로 환궁한 세종은 신변 정리에 전념하는 모습을 보였다. 조만간 자신이 죽고 왕세자가 즉위할 것에 대비하여, 자신의 임종 자리에서 즉위하게 될 왕세자의 즉위식에 합당한 의복을 결정지었다. 중국의 여러 제도에 관해 의정부 대신과 집현전 학자가 열띤 토의를 벌인 끝에 세종은 왕세자의 즉위식에 상복보다는 면복冕服(임금의 정장)을 입도록 확정지었다. 자신의 장례식보다 새 임금의 즉위식에 더 큰 중요성을 부여한 셈이다.

약 한 달 후인 3월 16일에는 왕세자에게 국사가 대폭 이양됐다. 외교와 군사 그리고 고도의 정치 업무 외의 국사는 모두 세자에게 대행시켰다. 1443년(세종 25) 처음 서무를 대행시킨 이래 가장 큰 업무의 이양이었는데, 본격적으로 왕세자의 섭정 체제가 시작된 것이다. 순탄한 왕위 계승을 위한 모든 조치가 완료되어가고 있었다.

3월 24일은 소헌왕후의 상제祥祭(대상大祥, 부친이 생존한 경우 돌아가신 날로부터 1년으로 한다) 날이었다. 왕자들은 상복을 벗었고 일상으로 돌아갔다. 왕후의 상제 해에 맞추어 안평대군은 효령대군과 함께 『묘법연화경』 간행을 준비 중이었고, 수양대군은 석가의 일대기를 요약한 『석보상절』을 집필 중이었다.

4월 5일에는 조선 건국의 공덕을 찬양하고 수성의 어려움을 경계한 『용비어천가』 10권이 완성됐다. 원래 1445년 한글 서사시 125장으로 제작되어 세종이 친히 이름을 내린 『용비어천가』는 이때에 이르러 집현전 학자들이 주해를 달아 완성을 보게 된 것이다.

4월 10일은 세종의 탄생일이었다. 예년의 축하 의식이 생략됐는데, 전해의 심한 흉작으로 나라 곳곳의 기민 구호가 급선무였기 때문이다.

꿈속에서 본
무릉도원

　바로 이 무렵, 안평대군은 무릉도원을 소요한 그 유명한 꿈을 꾸었다. 이 꿈은 단순한 한 편의 꿈이 아니었다. 그것은 그의 인생에서 하나의 커다란 사건이었다. 그는 깨어나 곧 화원 안견에게 이 꿈을 그리게 하고, 자신은 꿈꾼 자초지종을 적은 「도원기」를 썼으며, 세종조 핵심 문신들에게 수년에 걸쳐 찬문을 받아 「몽유도원도」라는 불후의 시서화 작품으로 기록해놓았다.

　이 꿈은 또한 현실에서도 일련의 특별한 사건으로 이어졌다. 꿈을 꾼 지 4년 후 그는 북악산 뒤쪽에서 꿈에 본 무릉도원과 흡사한 땅을 발견해 그곳에 별서를 짓고, 무릉도원 계곡의 정사라는 뜻으로 무계정사를 열었다. 그로부터 2년 후 무계정사는 그가 반역을 꾀했다는 증거가 되어 그를 죽음으로 몰아갔다. 이러한 사건의 전개로 볼 때 무릉도원 꿈은 안평대군이 계유정난으로 비극적인 죽음을 맞기까지 그의 인생 후반부를 설명하는 단초가 될 것이다.

그가 꿈에서 깨어나 기록한 「도원기」와 안견이 그린 「도원도」로 미루어보면, 그가 무릉도원을 몽유하던 정황은 이렇다.

1447년(정묘) 4월 20일 밤이었다. 잠자리에 든 안평대군은 홀연히 꿈속에 떨어졌다.

어디인지 알 수 없는 봄날의 숲 속이었다. 아득히 첩첩 거산의 봉우리가 하늘에 솟아 있고 가까이는 여기저기 복사나무가 한가로이 꽃을 피운 나지막한 야산이 이어져 있었다. 숲 속의 오솔길을 따라 두 사람이 말을 타고 지나고 있었다. 안평대군과 박팽년이었다. 인기척에 새들도 숨어버린 듯 모든 것이 고요한 숲 속을 얼마만큼 가다 보니 오솔길이 끝나면서 갈림길이 나타났다. 그들은 잠시 멈추어 어느 길을 택할까 망설이고 있었다. 그때 소박한 옷을 입은 한 촌부가 그들 앞에 나타나서 깊이 허리 굽혀 한쪽 길을 가리키며 공손히 말했다.

"이 길을 따라 북쪽으로 쭉 올라가면 골짜기에 드는데, 그곳이 도원이외다."

그들은 촌부가 일러준 길을 따라 첩첩 거산을 향해 가파른 산벼랑을 말을 달려 올라갔다. 울창한 산속의 깎아지른 듯이 험한 절벽을 수없이 돌고 돌아 산꼭대기를 향해 정신없이 오르다 보니 계곡을 따라 세차게 흘러내리는 폭포수가 앞을 막았다. 폭포수 곁으로는 굴과 같은 좁은 통로가 나 있었다. 그들은 조심스럽게 통로 안으로 들어섰다.

통로의 안쪽은 깊은 골짜기였는데, 거기에는 넓은 들판이 펼쳐져 있었다. 사방이 높은 산으로 둘러싸인 들판은 아늑한 동굴과 같은 느낌을 주었지만, 한 동리를 이룰 만큼 넓었다. 따뜻한 봄기운에 낮은 구름과 안개가 자욱이 깔린 그 들판에는 온통 복사꽃이 만발해 있었고 봄날의 들판 가득히 감돌고 있는 구름과 안개는 진분홍색 복사꽃 빛을 받아 붉은 노을과 같이 어른어른 피어오르고 있었다.

복사꽃 들판 한가운데로는 실개천이 조용히 흐르고 있었다. 강가에는 임자 없는 조각배 하나가 매여 있어 물결을 따라 한가로이 흔들리고 있었다. 실개천 너머로 들판 저 멀리 골짜기 끝에는 푸른 대나무 숲이 우거져 있었고, 그 사이로 희미하게 소박한 집들이 몇 채 보였다. 멀리서 보아도 집들은 퇴락해 보였고 오래전에 인적이 끊어진 듯 깊은 적막감만이 흐르고 있었다.

안평대군과 박팽년은 홀린 듯이 동굴 입구에 멈추어 서서 이 아름답고 신비한 마을을 오래도록 지켜보았다.

"이곳은 정녕 도원이로다!"

안평대군이 나직이 부르짖었다. 그때 신숙주와 최항이 불쑥 나타났다. 이들은 안평대군과 박팽년을 뒤따라온 듯했다. 오랫동안 시문을 함께해온 이들 네 명의 지음지기知音知己 문우들은 이 무렵 궁중에서 조석을 함께하며 훈민정음의 후속 작업으로 『동국정운東國正韻』 편찬에 여념이 없을 때였다. 전혀 예상치 않은 곳에서 다시 만난 이들 젊은이들은 반가움에 겨워 서로 옷소매를 부여잡고 흔들면서 잎시거니 뒤시거니 들판으로 나섰다.

이들은 복사꽃 가득한 들판을 이리저리 거닐었다. 아름다운 무릉도원의 모습과 도원을 둘러싼 장중한 대자연을 만끽하며 함께 시를 읊기도 했다. 그러고 나서 이들은 복사꽃 흘러내리는 실개천을 건너 대나무 숲 속 마을로 들어갔다. 여남은 채의 띠를 덮은 소박한 집들은 텅 비어 있고 토담도 무너져내린 쓸쓸하고 적막한 마을이었다. 인적은 찾아볼 수 없는 것이 마치 신선의 마을 같았는데, 신선마저도 오래전에 떠나간 듯 그 누구의 자취도 찾을 길 없는 그곳에는 대숲만이 봄바람에 조용히 흔들리고 있었다. 마을을 천천히 돌아나온 이들 젊은이들은 이윽고 짚신감발을 하고 들판 주변에 병풍처럼 둘러선 거산을 오르내리며 대자연에서 마음껏 놀았다. 그러다 이들은 기암절벽 길을 걸어서 함께 산을 내려왔다.

꿈에서 깨어난 안평대군의 심경은 어떠했을까? 그 기막힌 꿈속의 정경은 잠에서 깬 후에도 생생히 살아났을 것이다. 허리 굽혀 공손히 길을 알려준 산관야복山冠野服의 촌부는 눈에 선하고, 굽이진 험산 절벽길은 아직도 정신을 아찔하게 했을 것이다. 눈을 다시 감으면 허공에 솟아오르는 듯한 거산들의 환영과 함께 붉은 노을이 아지랑이처럼 피어오르는 복사꽃 들판이 눈앞에 어른거렸을 것이고, 대숲 속의 적막한 마을을 지나는 바람소리는 귓가를 맴돌았을 것이다.

일생에 두 번 다시 꾸기 어려운 신비하고 장엄한 꿈이다. 이러한 꿈은 평범한 사람에게도 강렬한 느낌을 주었을 터인데, 예술적 영감에 충만한 천재 예술가이자 지체 높은 왕자에게 깊은 인상과 여운을 남기지 않을 수 없었을 것이다.

"이곳은 정녕 도원이로다!"

번개 치듯 스스로 꿈에서 한 말이 되살아났다. 그는 꿈속에서 무릉도원을 다녀왔음을 직감했다. 1천 년 전 동진의 시인 도잠이 노래했던 무릉도원을 몽유한 것이다.

도잠의 이상향
도화원

'무릉도원武陵桃源'은 안평대군의 시대로부터 1천 년 전, 동진의 시인 도연명陶淵明(365~427)이 쓴 「도화원기桃花源記」를 통해 세상에 처음 소개됐다. 말년에 개명하여 도잠陶潛으로도 잘 알려진 도연명이 스스로 지은 호는 오류 선생五柳先生인데, 대문 앞에 다섯 그루의 버드나무가 있어서 그러했다. 세상에서는 그의 올곧은 생애를 흠모하여 정절 선생 靖節先生이라는 시호를 바쳤다.[1]

도잠은 본래 동진의 심양潯陽 시상현柴桑縣 율리栗里(지금의 장시성江西省 주장현九江縣 시상柴桑)의 외진 농촌에 파묻혀 살았던 조용한 시골 시인이었다. 그는 젊어서 한때 큰 꿈을 품고 몇 번 관직에 나가기도 했지만, 동진 말기 군벌 항쟁의 혼란한 세상에 염증을 느끼고 그가 원래부터 동경해왔던 고향의 전원으로 귀향했다. 일생 가난 속에서 오로지 농사와 시 쓰는 일에 전념했던 그는 세파에 휩쓸리거나 관직의 유혹에 굴하지 않고 혼탁한 세상에서 자기 자신을 굳게 지켰던 절의의 은자隱者였다.

도잠이 54세 되던 418년, 동진의 장군 유유劉裕는 그가 복위시킨 안제安帝를 살해하고 안제의 동생 공제恭帝를 옹립했다가 1년 후 폐위한 다음 스스로 왕위를 찬탈하여 송(유송劉宋)을 세우고, 이어서 공제를 살해했다. 이같이 무도하고 피비린내 나는 왕위 찬탈을 목격한 직후, 도잠은 별천지 이상향인 무릉도원의 세계를 그린 「도화원시桃花源詩」를 쓰고, 이 시의 서문으로 「도화원기」를 썼다. 이 글들은 난세에 얽히지 않고 농촌에 은일하여 자연의 순박함에 자족하며 정신의 자유를 추구하는 인생관을 제시함으로써 어지러운 세상에서 처신에 고뇌하는 많은 사람에게 큰 공감을 불러일으켰다.

"갑자기 웬 무릉도원 꿈인가?"

꿈을 깬 안평대군은 반문했을 것이다. 절의의 시인 도잠이 노래했던 이상향 무릉도원이 홀연히 꿈에 나타난 것이다. 1천 년 동안 아무도 찾지 못한 도원을 꿈에 본 것이었다. 게다가 산속 갈림길에서 홀연히 나타난 산인山人이 알려준 길을 따라 도원에 이른 것이다. 예사롭지 않은 꿈을 되짚어보던 안평대군은 어떤 신비한 힘에 압도됐을 것이다.

"어찌 하늘이 천 년간 감추어두었던 무릉도원을 내게 보여준 것인가? 하늘이 내 인생에 계시를 내리는 것은 아닐까?"

그는 놀란 듯이 침상에서 몸을 일으켰을 것이다. 이 놀라운 꿈속의 광경을 잊어버리기 전에 그림으로 남기고 싶었겠지만 다음 순간 그는 주춤했을 것이다. 꿈을 그린다는 것은 예삿일이 아니다. 그림은 단순히 감상하고 즐기는 대상일 뿐 아니라, 기록으로 후대에 남기는 물증이기도 하다.

이토록 신비한 꿈을 그려서 남긴다는 일은 신중을 기해야 할 것이다. 함부로 꿈 이야기를 발설하는 것은 위험한 일이 될 수 있다. 태종 때 유명한 사건이 있었다.

왕중옥王仲玉(14세기 후반)의 「도연명」 부분. 은자의 고결한 품격을 잘 드러내준다. 원래 그림 위쪽에는 「귀거래사」가 적혀 있다. 지본수묵, 106.8x 32.5cm, 북경 고궁박물관 소장.

한양에 사는 한 백성이 태종의 옛 친구이자 개국공신이었던 정승 이무李茂가 임금이 되어 거리를 행차하는 꿈을 꾸고 그 꿈 이야기를 동네 사람에게 발설한 일이 있었는데, 그 이야기를 들은 사람은 '왕위를 바꿀 길한 꿈'이라고 해몽했다. 이후 이무는 한 반역 사건에 말려 참수됐고,

꿈을 꾼 사람과 꿈 이야기를 들은 사람은 그 꿈 이야기의 발설과 해몽 때문에 모두 참형에 처해졌다. 이때 태종은 다음과 같이 말했다.

"꿈에 하는 짓은 혹은 하늘에도 오르고 혹은 공중에도 날고 하니 허탄허망하여 믿을 수 없는 것이다. 다만 꿈에 큰일을 보고 남과 말을 했으니, 이것이 죄다."

처벌을 청한 의금부에서는 이렇게 말했다.

"옛사람이 이르기를, '낮에 한 일을 밤에 꿈으로 꾼다'고 했으니, 평소 이러한 마음이 없었다면, 어찌 이러한 꿈을 꾸었겠습니까? 실제로 이러한 꿈을 꾸었다 해도, 깨어난 뒤에는 마땅히 두려워하여 감히 발설하지 말았어야 할 것인데 발설했으니, 그 마음을 헤아릴 수 없습니다."

— 「태종실록」 태종 10년(1410) 7월 4일

당시 조선에서 통용되던 『대명률大明律』에는 「설대언어율說大言語律」이라는 조목이 있었다.² 이것은 큰 말을 발설한 죄인을 처벌하는 법인데, 대개는 참언이나 꿈 이야기가 화근이 된다. 꿈 이야기를 과장하거나 조작하다가는 '상서祥瑞 조작죄'로 처벌될 수도 있는 시대였다.³ 그러니까 예사롭지 않은 꿈을 꾸고 그것을 남에게 이야기하는 일은 죄가 될 수 있으며, 죄 중에서도 죽음에 이르는 중죄가 될 수 있다. 물론 처벌 대상이 되는 꿈은 왕좌를 침범하는 듯이 보이는 참람한 내용이기 때문에 단순히 무릉도원 꿈이 문제가 될 이유는 없을 것이다. 그렇지만 귀인의 예사롭지 않은 꿈은 언제나 분란의 소지가 있기 마련이다. 왕자가 임금의 신하들을 거느리고 이상향에 몽유했다는 꿈은 해몽하기에 따라 문제를 야기할 여지가 없지 않기 때문이다.

따라서 이 꿈에 관해 그 누구에게 말하거나 또는 그림이나 시문으로 남기기 이전에 안평대군은 반드시 해야 할 일이 있었다. 그는 자리에서 서둘러 일어나 의관을 정제하고 집을 나섰다. 이같이 특별한 꿈, 자신의 앞날에 계시적인 꿈이라면 부왕에게 제일 먼저 고해야 할 것이다. 그날 아침 일찍, 안평대군은 세종을 찾아뵙고 이 놀라운 한 편의 꿈 이야기를 했을 것이다.

「도화원기」 원문

진晉나라 태원太元 연간(377~397), 무릉武陵에 고기를 잡는 어부가 살고 있었다. 어느 날 강을 따라 마냥 노 저어가다가 어디쯤에서인지 길을 잃고 말았다. 배는 어느새 복숭아나무 숲을 지나고 있었다. 강 양쪽 언덕을 끼고 수백 보를 가는 동안, 도중에 잡목은 보이지 않았고 향기 짙은 꽃이 아름답게 피어 있었으며 꽃잎은 어지러이 날리며 떨어지고 있어 어부는 아주 기이하게 여겼다.

다시 앞으로 나아가니 숲이 끝나가는 곳에 강 입구가 있었고, 그곳에 산이 하나 막아섰다. 거기에 작은 동굴이 있었는데, 희미한 빛이 새어 나오고 있었다. 문득 어부는 배에서 내려 동굴 입구로 들어갔다. 들어갈 때는 아주 좁아서 겨우 사람 하나 정도 들어갈 만하더니, 다시 몇십 발자국 더 가자 시야가 훤하게 트였다.

너른 들판에는 집들이 늘어서 있었다. 기름진 전답이며 아름다운 연못, 뽕나무와 대나무 등이 눈에 들어왔다. 옛날의 토지 구획 그대로 개와 닭 소리가 한가로이 들리고 있었다. 그 사이를 사람들이 오가며 경작하고 있었는데 남녀가 입은 옷이 모두 이국풍이었다. 기름도 바르지 않고 장식도 없는 머리를 하고, 한결같이 기쁨과 즐거움에 넘치는 모습이었다.

그들은 어부를 보더니 크게 놀라 어디서 왔느냐고 물었다. 질문에 하나하나 대답했더니 집으로 초대해 술을 내오고 닭을 잡아 잔치를 베풀어주었다. 낯선

북경 이화원頤和園(중국 황실의 여름 별장) 낭하의 벽에 그려진 도잠의 「도화원기」를 설명한 그림.

사람이 왔다는 소문이 온 마을에 돌아 모두들 찾아와 이것저것 물었다.

자기들의 선조들이 진秦 통일기의 난을 피해 처자와 마을 사람들을 이끌고 이 절경에 들어왔는데, 그 후 아무도 다시 밖으로 나가지 않는 바람에 지금은 외부와 단절되고 말았다고 했다. 그러면서 지금이 대체 어느 시대냐고 묻기도 했다. 그들은 진 이후 한漢이 선 것도, 한 이후 위진魏晉 시대가 온 것도 알지 못했다.

어부가 아는 대로 일일이 대꾸해주자 모두들 놀라며 탄식했다. 사람들은 교대로 돌아가며 그를 집으로 초대해 모두 술과 음식을 베풀었다. 그렇게 며칠을 머문 후, 어부는 이제 떠나겠다고 말했다. 마을 사람 가운데 누군가가 바깥 세상에 이곳의 일을 말하지 말아달라고 부탁했다.

어부는 동굴을 나서서 배에 올라, 방향을 잡아 나가면서 곳곳에 표시를 해두었다. 고을로 돌아와 태수에게 나아가 자초지종을 고했더니, 태수는 사람을 보내 어부가 오던 길을 되짚어 표시를 더듬어 나가게 했으나 다시 그 길을 찾아내지는 못했다.

남양南陽의 유자기劉子驥는 고상한 선비다. 이 이야기를 듣고 기뻐하며 그곳을 찾아가려 했으나 뜻을 이루기 전에 병이 들어 죽고 말았다. 그 후로는 그 나루를 다시 찾아나서는 사람이 없었다.

세종 시대
꿈의 해석

꿈과 하늘의 계시

　안평대군이 무릉도원 꿈을 꾸었던 1447년은 조선이 개국하여 50여 년이 지난 뒤였다. 조선의 건국이념인 유교는 신진 사대부들의 의식 속에 급속히 정착되어갔지만, 헤아릴 수 없이 오래된 민간의 점복 신앙은 사회 전반에 깊고 넓은 무의식의 세계를 이루고 있었으며, 점복占卜 신앙의 대부분을 차지하는 해몽 신앙은 여전히 사람들의 마음 한구석을 굳건히 지배하고 있었다.

　예나 지금이나 인간에게 꿈은 언제나 불가사의하고 신비한 체험이다. 고대인은 사람의 의지와는 상관없이 일어나는 꿈에서 귀신의 존재를 보았고, 신비한 영혼의 관념을 형성했다. 고대 동양에서는 죽음이나 수면 중에 육체와 영혼의 결합이 풀어진다고 믿었다. 그래서 꿈이란 수면 중 육체를 이탈한 혼이 떠돌아다니면서 일어나는 현상으로 보고, 꿈속의 혼을 가리키는 이른바 '몽혼夢魂'이라는 관념을 만들어냈다. 의

식의 지배를 받지 않고 제멋대로 육체를 떠나 노니는 꿈속의 영혼이라는 뜻이다.[1]

기원전 4세기 초나라의 굴원屈原은 충의를 알아주지 않는 임금을 슬퍼하며 지은 「슬픔의 노래惜誦」에서 "옛날 나는 하늘로 오르는 꿈을 꾸었네. 몽혼은 도중에 건너지 못했네"라고 노래했고, 이백은 「긴 그리움長想思」이라는 시에서 "하늘은 길고 땅은 멀어서 영혼은 날기가 고달프니 몽혼은 고향 산에 이르기 어려워 긴 그리움에 애간장만 타누나"라고 노래하며 뜻대로 움직이지 않는 꿈속의 영혼을 탄식했다. 북송의 시인 안기도晏幾道는 이별을 슬퍼하는 「자고천鷓鴣天」이라는 노래에서 "이별 후 다시 만날 일 그리워하여 몽혼은 몇 번이나 그대와 함께했나"라고 읊었으며, 김종서는 「몽유도원도」 찬시에서 "도원이 몽혼으로 들어오고 몽혼은 도원으로 돌아갔네"라고 썼다. 이 모두가 꿈속에서 불현듯 모습을 드러낸 무의식의 영혼을 노래한 것이다.

고대인은 신비하고 불가사의한 꿈을 귀신의 작용, 즉 신의 간여로 인해 일어나는 것으로 믿었다. 영혼을 불러낸 것은 신의 뜻이며, 꿈속에서 경험한 일은 신의 계시로 믿었기에 꿈을 풀이하면 미래의 길흉에 관한 신의 뜻을 알아낼 수 있다고 보았던 것이다.[2]

전설상으로는 중국의 건국 시조 황제黃帝가 최초로 해몽을 시작한 인물이라 하지만, 기록상으로는 기원전 2000년 무렵 만들어진 은나라의 갑골문자에 왕의 꿈을 해몽한 점복 기록이 다수 나타난다. 은나라를 이은 주周나라에서는 왕의 꿈을 해몽하는 점몽관을 두어 일상적으로 나라의 앞일을 점쳤다. 중요한 국사에 앞서 언제나 왕의 꿈이 해몽됐고, 왕은 때로 길몽을 빌거나 악몽을 가져가 달라는 기원을 하기도 했다.[3]

주나라의 관제官制를 기록한 『주례周禮』는 "해몽관은 세시歲時를 관장하여, 하늘과 땅의 화합을 살피고 음양의 기를 변별하며, 일월성신에 근거하여 육몽六夢의 길흉을 점친다"라고 해몽 방법에 관해 기록했다.[4] 이것은 천지의 운행 법칙을 인간사에 적용하여 해몽하는 것이다. 꿈은 천지와 인간의 통로로 간주됐기 때문에 해몽의 결과는 천지 만물을 주재하는 신의 뜻으로 믿어졌던 것이다.

주 무왕武王은 은나라를 멸망시키기 전부터 주가 은을 계승하게 된다는 길몽을 자주 꾸었다고 했다. 무왕은 은을 치러 갈 때 군사들을 모아놓고 은의 정벌을 맹세하면서, "짐의 꿈은 짐의 점과 맞고 아름다운 조짐이 겹쳐지고 있으니 은나라를 치면 반드시 이길 것이다"라고 선언했다. 과연 그의 몽점과 같이 무왕이 은나라를 멸망시키고 주나라를 천자국으로 세웠다는 『서경』「태서泰誓」의 이야기는 중국은 물론 조선의 건국 신화에도 널리 인용됐다.[5]

남송 화가 마린馬麟의 「주 무왕」. 견본채색, 250.7×111.7cm, 대만 국립고궁박물원 소장

무왕의 꿈이 어떠한 것이었는지는 알려지지 않았지만, 무왕이 은을 멸망시키고 반드시 주나라를 천자국으로 세울 것이라는 하늘의 계시를 전해준 내용임은 틀림없을 것이다. 무왕은 군사들 앞에서 이 꿈의 내용을 발표했는데, 이른바 '천명天命'을 받았음을 선포한 것이다. 천명은 왕조의 정통성을 담보해주는 것이므로 어느 역사에서나 왕조 건설에 필수 요소였다. 그리고 천명은 대부분 꿈으로 계시됐는데, 꿈이 아

니라면 천명을 받았음을 달리 증명하기가 쉽지 않았을 것이다. 꿈은 꿈꾼 자만이 알 수 있고, 아무도 그것을 부정할 수 없기 때문에 천명을 전달하는 가장 효과적인 도구였다.[6]

주나라 말기의 춘추전국시대부터는 은이나 주에서와 같이 일상적으로 왕의 꿈을 점치는 관행은 사라졌다. 군웅의 치열한 실력 투쟁이 국가의 흥망을 결정짓는 상황에서 우연적인 해몽의 중요성은 급격히 퇴조한 것이다. 해몽은 이제 국가적 업무에서 퇴출되어 민간에 전파됐고, 천명을 파악했던 해몽은 또한 개인의 운명이나 운수를 점치는 유력한 도구가 됐다.[7] 왕조의 흥망을 고지하는 주요 수단이었던 꿈과 해몽은 이제 일반 백성에게 출생과 죽음, 혼인과 자식, 재물이나 출세와 같이 인생의 중요한 단락을 점치는 운명의 예시로서 널리 받아들여졌다. 천명을 증명하는 왕의 꿈이 거의 조작된 것인 반면, 일반인의 꿈은 실제의 꿈이라는 점에서 일반 백성에게 꿈과 해몽은 더욱 절실한 의미를 지니게 됐다.

춘추전국시대 이래 국가적 차원에서 꿈의 중요성은 퇴조했지만 왕조 건설에 필수적이었던 천명사상은 엄존했으며 천명은 여전히 꿈을 통해 증명될 수밖에 없었다. 그렇지만 유가 사상이 뿌리를 내렸던 이 시기에 천명사상은 중대한 진전을 이루었다. 공자는 "하늘이 나에게 덕을 주었다 天生德於予"(『논어』「술이편述而篇」)라고 하여 인간의 덕성을 천부적인 것으로 보았고, 공자의 천명관을 계승한 맹자는 "천성을 알면 천명을 얻는다 知其性 知其天"(『맹자』「진심편盡心篇」)라고 하여 사람의 마음과 하늘의 뜻이 일체임을 설파했다. 이렇듯 유가 사상가들은 원시적인 천명사상에 인간적 요소를 더하여 천인합일 사상을 구축해 나간 것이다. 꿈을 통해 우연히 또는 일방적으로 신의 계시를 고지했던 원시적인 점몽관占夢官은 천도天道와 합치한 자에게 천명이 나타난다는 유가적 천인합일 사상으로 발전한 것이다.

주자는 『시경』을 주석하면서 주나라 시대의 해몽과 관련하여 다음과 같이 말했다.

> 꿈을 점치는 것은 사람의 정신이 천지의 음양과 그 흐름이 서로 통하므로 낮에 한 일이 밤에 꿈이 되어서 그 선, 악, 길, 흉이 각기 종류별로 나타나기 때문이다. 그래서 선왕들이 점몽관을 설치하여 천지의 운행을 관찰하고 음양의 기운을 판별하여 일월성신으로 육몽의 길흉을 점쳐 길몽은 바치고 악몽은 버렸는데, 이것은 하늘과 인간이 화합하는 관계를 상세히 살펴 지극히 공경하는 뜻이다.[8]

주나라 시대의 점몽관을 하늘과 인간이 화합하는 '천인합일'이라는 유가적 기본 사상에 근거하여 합리화한 것임을 알 수 있다. 이러한 유가적 인식에 따라 일반인의 꿈의 해석에서도 그 기저에는 천인합일 사상이 자리 잡으면서 일반인도 해몽을 통해 천명을 보게 됐다.

꿈의 원인

제자백가의 활약으로 지성적 분위기가 고조되던 춘추전국시대 이후 꿈에 관한 인식에도 변화가 나타났다. 지식인은 꿈의 해몽이 아니라, 꿈의 원인에 주목했던 것이다.

기원전 4~5세기 전국시대戰國時代의 묵자墨子는 "누워 잠을 잔다는 것은 지각이 있으나 알지 못하는 것이다臥知無知也"라고 했다. 이것은 수면 중의 지각 활동을 스스로 깨닫지 못하는 것을 설명한 것으로, 꿈

오늘날 묵자의 고향으로 간주되는 산둥성山東省 텅저우 시滕州市에 있는 묵자 동상. 제자백가 중에서도 특이하게 하층민의 지지에 기반을 두었던 묵자는 말이나 수레를 타지 않고 오로지 걸어서 열국列國을 주유하며 유가로서는 이단이었던 평화와 겸애兼愛의 묵가 사상을 전파했다.

과 육체의 지각 활동 간의 상관관계를 밝힌 것이라고 할 수 있다.[9]

장자莊子(기원전 369~기원전 289경)는 "잠을 자는 것은 영혼이 교유魂交하는 것이고, 깨어 있는 것은 형체가 열려 있는形開 것이다"라고 말했다. 여기서 혼교魂交에 대응하는 형개形開라는 말은 육체의 감각기관이 열린 상태로서, '의식'을 뜻하는 말로 해석할 수 있을 것이다. 꿈과 관련하여 의식과 무의식의 상태를 구별하기 시작했다고 볼 수 있다.[10]

열자列子(기원전 4세기 인물이라고 하나, 사실상 열자의 저술은 3~4세기경에 가필된 것으로 간주된다)는 "잠을 잘 때는 정신이 만나고神遇, 깨어 있을 때는 형체가 만물과 접한다形接"라는 유명한 '신우형접神遇形接'이라는 말로 꿈을 설명했는데,[11] 꿈은 무의식 상태에서의 정신 활동이고, 깨어 있을 때는 의식적인 지각 활동이 일어남을 간파한 것이라고 할 수 있다. 더 나아가, 열자는 "정신이 만물을 만나면 꿈이 되고, 형체가 만물과 접하면 일이 된다. 그러므로 낮에 생각한 것이 밤에 꿈이 된다"라고 하여 '주상야몽晝想夜夢'이라는 개념을 제시했다.[12] 꿈은 무의식중 정신의 활동이며, 그것은 낮의 사념에서 비롯된다는 꿈과 현실의 인과관계까지도 설명하기에 이른 것이다.

후한 시대의 유물론자 왕충王充은 "정신은 형체에 의지한다精神依其形體"라는 유명한 전제를 토대로, 꿈은 감각기관의 작용으로 일어난다고 주장했다.[13] 꿈은 이제 귀신의 영역에

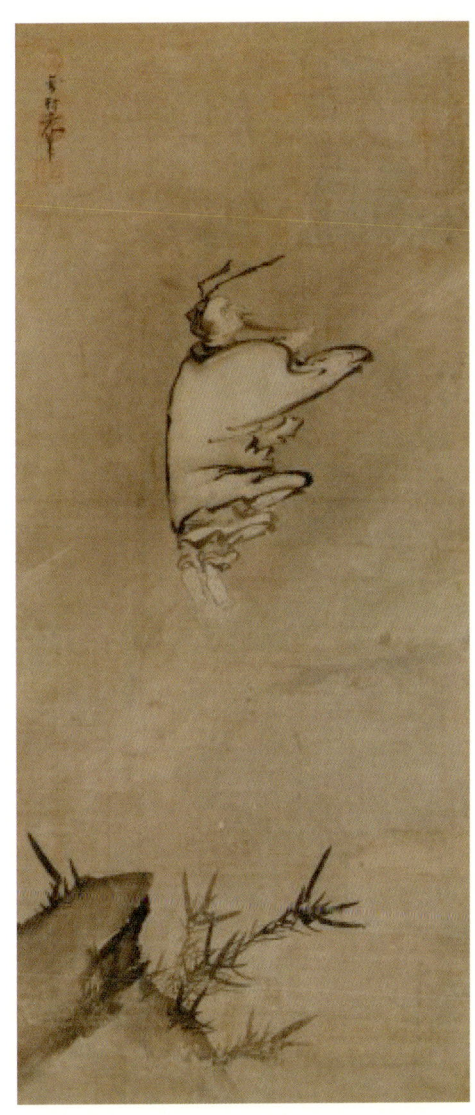

셋슨雪村(1504?~89)의 「열자어풍도列子御風圖」. 열자는 바람을 타는 것으로 유명했다는 우화를 그렸다. 16세기 후반, 견본수묵, 일본 군마 시郡馬市 하라原 미술관 소장.

세종 시대 꿈의 해석 129

주희朱熹 초상. 작자 미상, 청나라 시기, 견본담채, 32.4x32.4cm, 하버드 대학교 아서 M. 새클러 박물관 소장.

서 인간의 영역으로 들어오게 됐다. 같은 시대 재야의 대학자 왕부王符는 『잠부론潛夫論』에서 꿈을 열 종류로 분류하고, 생각에 전념하여 꿈을 꾸게 되는 것을 '정몽精夢'이라 했다. 그는 예를 들어 "공자가 날마다 주공의 덕을 생각하여, 밤이면 그것을 꿈으로 꾸었으니, 이것을 정몽이라 한다"라고 했다.¹⁴ 꿈의 본질적 속성이 자신이 평소 뜻을 둔 일을 마음 깊이 새긴 데서 기인한 것임을 지적한 것이다. 같은 예로서 "붓에서 꽃이 피었다"라는 이태백의 유명한 꿈도 그가 밤낮으로 시문을 골똘히 생각했기 때문에 꾼 꿈으로 볼 수 있을 것이다.

고대의 몽론夢論은 성리학이 일어나는 송대에 이르러 점차 미신적 요소가 제거되면서 상식적이고 과학적인 이론으로 발전해갔다. 송대 기氣 철학의 선구자인 장재는 "깨어 있는 상태란 형체가 열려 뜻이 외부와 교유하는 것이고, 꿈이란 형체가 닫혀 기가 내부에 모이는 것이다"라고 설파했다.¹⁵ 이것은 꿈꾸는 사람의 의식과 무의식을 구별했을 뿐 아니라, 수면 중 무의식 상태에서 기가 오장五臟에 모인다는 말로써 꿈의 생리학적인 측면에까지 나아간 것이다.¹⁶

성리학의 완성자인 주희朱熹는 "깨어 있는 상태에서는 주체가 있으나, 잠의 상태에서는 주체가 없다"라고 설명했고,¹⁷ 또한 "낮에 한 일이 밤에 꿈이 된다晝之所爲 夜之所夢"[18]라는 설명을 내놓아 꿈의 원인을 주체의 각성과 행동의 문제로 환원한다. 꿈꾸는 당사자의 의식은 장자의 '혼'에서 열자의 '정신'으로, 그리고 장재의 '기氣'와 주희의 '주체'라는 말로 발전하면서 꿈에 대한 이해가 심화되어왔음을 볼 수 있다.

주희보다 100년 전, 송의 대문호 소동파는 「몽재명夢齋銘」이라는 글에서 한 양치기가 꿈속에서 왕공이 된 꿈을 분석했다. 양치기는 들에서 잠깐 꾼 꿈속에서 생각하기를, 양을 잘 길러 많은 양 새끼가 태어나면 내다팔아 말을 살 것이며, 다시 많은 망아지가 태어나면 이를 팔아 수레를 살 것이라고 하며 계속 생각을 이어가다, 드디어는 자신이 화려한 수레에 탄 왕공이 되어 풍악을 울리며 행진하는 꿈에 이르렀다. 양치기와 왕공의 신분은 한참 거리가 있지만, 양으로 인해 계속된 연상이 드디어 양치기가 왕공이 된 꿈을 야기했다는 것이다.[19] '양으로 인해서 말을 생각하게 된다'는 이 유명한 '인양염마因羊念馬' 우화는, 무릇 꿈이란 아무리 황당하게 보여도 실상은 그 원인이 꿈꾸는 자에게 있음을 확인한 것이라 할 수 있다. 이제 꿈은 경험적이고 합리적인 차원으로 들어섰으며, 이에 따라 해몽도 꿈꾼 당사자의 경험이나 환경, 일상의 체험과 관련해 이루어지게 됐다.

꿈을 이해하려는 노력과 궤를 같이하여 천명사상 또한 점차 꿈에서

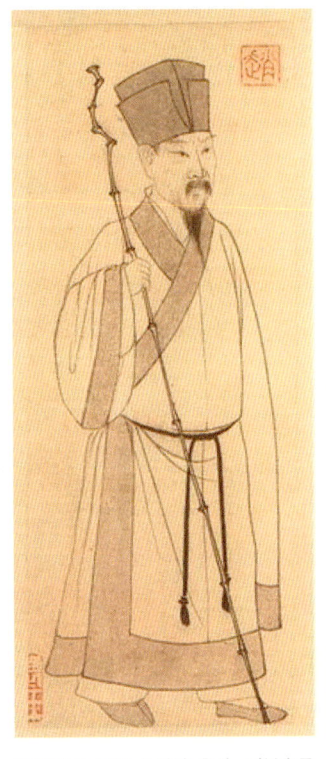

조맹부가 그린 소식의 초상. 지본수묵, 27.2x10.8cm, 대만 국립고궁박물원 소장.

독립하여 발전해갔다. 공자, 맹자 이래 유가 사상가들은 천명을 담보하는 것은 무조건적인 천신의 계시가 아니라, 군주 자신의 덕치와 덕행이 필수라는 유교적 왕도정치를 설파했던 것이다. 그럼에도 불구하고 꿈을 신의 계시와 연관 짓는 해몽의 전통은 뿌리 깊게 남아 있었다. 여전히 왕통의 정당성을 담보하고 민심을 규합하는 천명은 왕조 건설에 필수 요소였고, 천명을 증명하기 위해서 꿈의 예지적 역할 또한 필수적이었다.

도덕과 지성을 중시했던 송대 이후의 성리학자 역시 고대의 몽론에서 완전히 해방될 수는 없었다. 해몽을 중시했던 『주례』는 유교 경전의 하나로 신성시됐고, 그 밖에도 『시경』, 『서경』, 『춘추』 등의 유가 경전과 역사서 등에 나타난 예지적 꿈이나 몽조夢兆를 합리화할 필요성이 있었기 때문이다. 무엇보다도 과거 급제와 관직에 인생의 모든 것을 걸었던 유학자에게 관운을 예시하는 몽조는 일종의 천명사상과도 같은 것이었으므로 지식인이라 해도 몽조나 해몽을 무조건 배척하지는 못했다.[20]

상상과 환상, 미망으로서의 꿈

꿈을 신의 계시로 보고 꿈에서 천명과 미래의 예시를 보았던 유가의 전통과는 다른 차원에서 꿈을 바라보는 사람들이 있었다. 일찍부터 도가 사상가는 꿈의 환상적인 면에 주목했다. 이들은 현실에서는 불가능한 일이 꿈에서는 가능하다는 점에서 꿈의 의미와 가치를 본 것이다.

사람들은 꿈을 통해 현실에서 이룰 수 없는 일을 실현해보기도 하고, 꿈에 의지하여 괴로운 현실에서 벗어나거나 갈등으로 가득 찬 현실을 초월할 수도 있다. 그래서 현실의 삶이 괴로우면 괴로울수록 꿈은 현실보다 더욱 가치가 있으며, 때로는 실패한 현실에 대한 보상이

이케 다이가池大雅의 「장자의 호접몽」, 지본수묵, 41x55.5cm, 개인 소장.

될 수도 있는 것이다.

 장자의 유명한 '나비의 꿈胡蝶夢'은 꿈속에서 나비가 된 장자가 즐겁게 날아다니며 현실에서 이루지 못한 비상을 이루었음을 보여준다. 훨훨 나는 나비의 삶은 현실에 얽매인 인간 장자의 삶에 대한 보상이었다. 더 나아가서 자유로운 나비의 삶은 구속을 받는 장자의 삶보다 더욱 귀중한 존재 방법이기 때문에 꿈은 현실보다 더 큰 가치를 지닐 수도 있었다. 이처럼 현실의 반면으로서 꿈은 인생을 새롭게 바라볼 수 있는 길을 제시했다.

 한편 유가와 도가와는 달리 불가에서는 꿈의 허망한 속성에 주목하고 있다. 꿈이 일순간 깨질 수 있듯이 세속적인 인생 또한 허망한 존재임을 각성시키며 꿈과 현실을 미망으로 보고 있는 것이다.

세종 시대 꿈의 해석 133

그렇지만 이들 도가나 불가에서 말하는 꿈이란 실제로 꾸는 꿈이라기보다는 인생에 대한 집착을 깨우치는 비유일 뿐이다. 도가에서 꿈으로 설정해놓은 환상의 세계 또는 상상의 무대로서 꿈은 꿈의 무의식적이고 불가사의한 성격보다는 꿈꾸는 자의 의식적이고 주체적인 정신의 유희가 본질을 이룬다. 그렇게 때문에 도가 사상가들은 자유스럽게 설정된 꿈을 통해 현실에서는 찾을 수 없는 숨겨진 세계에 접할 수 있었다. 꿈을 통해 신유神遊가 가능했고, 별천지에서 소요할 수 있었고, 인간세계의 갈등이 없는 불로장생의 선계仙界나 이상향에 도달하여 현실에서 일탈할 수 있었다.

중국 고전을 늘 보며 여러 가지 꿈의 사상에 익숙했던 조선 초기의 유학자들은 꿈의 의미를 잘 이해했다. 꿈이 천지와 인간을 매개하는 영험이 있음을 믿지만, 꿈이란 기본적으로 꿈꾼 자의 경험이나 상상의 산물임을 잘 인식했다. 이들은 또한 도가 사상가가 제시하는 대로 자유스럽게 꿈을 통한 정신의 해방이 가능함을 인정했지만, 현실이 아닌 상상의 세계로서 꿈의 허망함은 경계했다.

그러나 꿈의 신비함은 여전히 풀리지 않았다. 고대로부터 뿌리 깊은 천명사상과 결별하지 못했던 이들 유학자는 여전히 꿈 자체에 경외감을 품었고, 몽조나 꿈의 예지성을 굳게 인정했다. 그러기에 이들은 조선 개국과 관련된 태조와 태종의 꿈을 실록과 『용비어천가』 곳곳에 수록하는 것을 주저하지 않았고, 몽조를 통해 자신들의 운명을 예측하는 것을 당연시했다.

유학자로서 또한 지식인으로서 합리적인 사고방식의 소유자였던 세종은 꿈에 관해 이렇게 말한 적이 있다.

옛사람은 꿈으로써 길흉을 먼저 안다고 했으나, 보통 사람의 꿈은 모두 '평시에' 본 것에 기인하는 것 같다. 혹은 생각하던 것이, 혹은 하던 일이, 혹은 좌우에서 하던 일이, 간혹 원인도 없이 꿈이 되는 수가 있으니, 이런 것은 예삿일로서 영험도 없는 것이다. 선유先儒 또한 이르기를, "보통 사람의 꿈은 덧없어서 믿을 수 없다고 했으니, '이런 것'은 진실로 영험을 점치기 어렵다. 그러나 꿈 중에는 가끔 영험이 있는 것도 있으니, 나도 일찍이 경험한 적이 있다. 꿈꾼 지 1년, 2년, 혹은 10여 년이 지나서 징험되는 것도 있으니, 진실로 이치가 있다"라고 했다.

―「세종실록」 세종 19년(1437) 10월 18일, 「경연에 나아가서 『시경』「기부지십祈父之什」 편을 강독하다」

세종은 우선 꿈의 원인에 관해 언급한다. 평시에 보거나 행하던 일이 꿈이 되고 혹은 원인 없이도 꿈이 되므로, 그러한 꿈은 영험이 없다는 것이다. 즉 열자가 말한 '낮에 생각한 것이 밤에 꿈이 되는' 것이나 또는 주자가 말한 '낮에 한 일이 밤에 꿈이 되는' 일은 당연하므로 이러한 꿈은 미래의 길흉과는 관련이 없다는 것이다. 그렇지만 세종은 예외적으로 미래의 징험, 즉 영험이 있는 꿈이 있음을 인정한다.

안평대군의
해몽

꿈 이야기를 나누면서 세종과 안평대군의 대화는 제일 먼저 무릉도원 꿈의 배경이 되는 도잠의 글 「도화원기」에 이르렀을 것이다.

안평대군은 꿈속에서 박팽년과 함께 도원의 입구에 도달하였을 때 한유韓愈의 시 「도원행桃源行」의 한 구절을 읊조렸는데, "바위에 서까래 얹고 골짜기 뚫어 집 짓는다 했으니, 바로 이런 경우가 아니겠는가? 이곳은 정녕 도원이로다"라고 말했다. 그가 이렇게 도원에 관한 시를 되뇐 것을 볼 때 그는 이미 무릉도원에 관해 잘 알고 있었던 것이다. 그는 또한 꿈속의 도원을 보고 "사람과 닭, 개, 소, 말 따위는 없다"라고 말했는데, 이것은 그가 도잠의 「도화원기」에서 밭을 가는 주민과 가축의 존재로 분주했던 농촌의 모습을 무의식적으로 연상했기 때문일 것이다. 이런 것으로 보아 안평대군의 무릉도원 꿈은 그의 무의식에 잠재해 있던 도잠의 「도화원기」가 표출된 것이라 할 수 있을 것이다.

도잠은 조선 초기 문인에게 잘 알려진 인물이었다. 송의 대문호 소

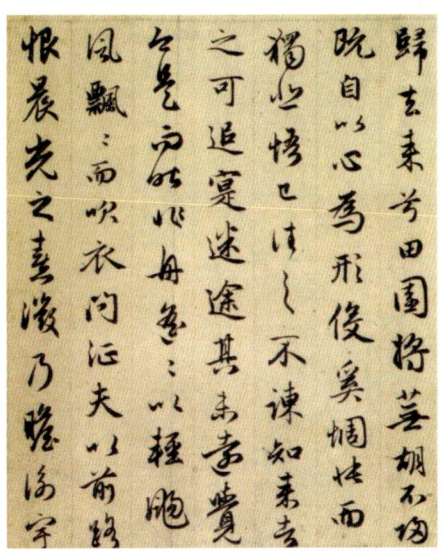

「조맹부 귀거래사元趙孟頫/書歸去來辭」 첫 부분, 종이 두루마리, 1297년, 46.7x 453.5cm, 상하이 박물관 소장.

동파가 도잠을 크게 평가한 이래 도잠의 시는 고려 말부터 조선에 이르기까지 널리 애송됐으며, 도잠의 무릉도원 또한 이태백, 왕유, 한유와 같은 당송의 대가들이 즐겨 노래하여 조선의 문인에게는 친숙한 주제였다. 그렇지만 조선 초의 성리학적 분위기에서 도잠은 전원시인으로서의 문학적 차원보다는 혼탁한 세상에서 몸을 지킨 절의의 시인으로서 더욱 칭송받았다.

세종은 일찍이 조선에서 벼슬하지 않은 고려 말 선비들의 충절을 논하면서, 난세에 홀로 분수를 지킨 도연명의 절개를 높이 평가한 일이 있으며, 도잠이 41세 때 지방의 말단 관직인 팽택령彭澤令 자리를 버리고 귀향하면서 세속과의 결별을 선언한 시「귀거래사歸去來辭」를 인쇄하여 신하들에게 나누어준 일도 있었다.[1]

안평대군 역시 도잠을 잘 알고 이해했던 것 같다. 그는 비해당 대문 앞에 버드나무 몇 그루를 심어 오류 선생 도잠을 기렸고, 도잠을 그

「도잠의 귀거래」 부분. 그림은 작자 미상(원나라 화가 전선錢選의 화풍), 글씨는 선우추鮮于樞(원나라의 서가), 견본담채, 금니, 106.7x26cm, 뉴욕 메트로폴리탄 박물관 소장.

린 「삼소도三笑圖」를 귀중히 여겨 이를 모사하게 하고 박팽년에게 「삼소도」 두루마리 끝에 서문을 쓰게 한 일도 있었다.

　세종은 도잠의 「도화원기」를 상기시키는 안평대군의 꿈에 감동했을 것이다. 1천 년 동안 아무도 가보지 못한 무릉도원을 그토록 생생하게 꿈속에서 노닌 것은 안평대군의 참된 심성과 비범한 영적 힘에 기인했다고 믿었을 것이다. 세종은 또한 낮에 생각한 일이 밤에 꿈으로 나타난다는 '주상야몽'을 상기하면서 혼탁한 현실에 영합하지 않고 자연에 은거하여 본성을 지켰던 도잠이 보여준 군자의 도리를 안평대군이 항상 생각하고 있었기 때문에 이러한 꿈을 꿀 수 있었다고 직감했을지도 모른다. 무엇보다도 세종은 이 비범한 꿈에서 하늘의 뜻을 느끼지 않을 수 없었을 것이다. 그 누구도, 고상한 선비조차 다시는 찾을 수 없었던 그곳이 1천 년 후 안평대군의 꿈에 홀연히 나타났다는 것과 그 길을 산관야복의 산인이 인도했다는 것은 천명이라 할 만큼 직접적인 하늘의 계시임에 틀림없다는 직감이 들었을 것이다.

세종은 안평대군의 꿈 이야기를 듣고 우선 조선 초의 지식인이 널리 참고했던 송나라 백과사전『태평어람太平御覽』「몽론夢論」을 떠올렸을지도 모른다.² 거기에는 다음과 같이 꿈을 설명한다.

> 꿈이란 형상이며, 정기의 움직임이다. 혼과 넋이 육신을 떠나 정신이 왕래하는 것이다. 음양이 감응하여 길흉의 응험이 나타난다. 꿈은 그 사람에게 과실을 예견할 수 있도록 말해준다. 만약 현명한 사람이라고 한다면, 그것을 알고서 스스로 고칠 것이다. 꿈이란 알린다는 것인데, 그 형상을 알린다는 것을 말한다. 눈으로 볼 수도 없고, 귀로 들을 수도 없으며, 코로 냄새를 맡을 수도 없고, 입으로 말을 할 수도 없다. 영혼이 나와서 노닐고 육신은 홀로 존재하며, 마음에 생각하는 것이 있는 바람에 육신을 잊어버리게 된다. 천신의 경계함을 받아 다시 사람에게 알린다. 경계함을 받음에 정밀하지 못하면 신의 말씀을 잊어버리게 된다. 명확해지면 잠을 깨고 꿈에서 들은 말씀에 이르게 된다. 옛날부터 해몽관이 있었으며, 계속해서 전해지고 있다.
>
> —『태평어람』제397권 「몽론」³

동양의 전통적인 몽론을 대변하는 이 설명은, 꿈은 육신을 떠난 영혼이 신의 계시를 받아서 꿈꾼 자에게 전한다는 것이다. 그리고 신의 계시를 명확하게 받으면 꿈에서 깨어 신의 계시를 기억하고 해몽하여 그 뜻을 알게 된다고 설명한다. 이 같은 몽론에 따라 세종은 안평대군의 꿈을 우선적으로 천신의 계시와 관련 지어 풀이했을 법도 했다.

여러 갈래의 해몽을 논했겠지만, 안평대군은 스스로 해몽하여 자신의 꿈을 설명했을 것이다. 안평대군의 「도원기」에 적힌 그의 말을 그대로 옮겨본다면 다음과 같다.

옛사람의 말에 '낮에 한 일이 밤에 꿈이 된다'고 했습니다. 저는 궁궐에 몸을 의탁하여 밤낮으로 국가 일에 종사하고 있는데, 어찌 저의 꿈이 삼림에 이르렀으며, 또한 어찌 도원에 이르렀겠습니까? 아마도 저의 천

안평대군과 삼소도

「삼소도三笑圖」는 혜원법사慧遠法師(332~414)와 도잠(365~427) 그리고 도사 육수정陸修靜(406~477)이 한바탕 웃는 장면을 그린 것이다. 혜원법사가 여산廬山에 동림사東林寺를 창건하고 거처할 때였다. 혜원법사는 손님을 배웅할 때면 항상 호랑이가 울부짖는 호계虎溪를 넘어가지 않았는데, 어느 날 도잠과 육수정을 배웅하면서 대화에 심취한 나머지 호계를 건넌 것도 몰랐다가 호랑이 우는 소리를 듣고 나서야 호계를 건넌 것을 깨닫고는 셋이서 한바탕 크게 웃었다고 한다.

그런데 생몰연대를 볼 때 세 사람이 함께 있는 것은 불가능하기 때문에 이 그림은 사실을 그린 것이 아니라, 유·불·선 3교의 대표 인물인 이들 셋을 함께 그려 3교 통합의 중요성을 강조하려는 목적에서 나온 후세인의 상상화로 이해되며, 역대 한·중·일의 많은 화가들이 이 그림을 그렸다.

안평대군은 이공린李公麟(1049~1106, 북송대의 저명한 문인화가, 호는 용면거사龍眠居士)이 그리고, 한때 조자앙이 소장하여 글을 써넣은 「삼소도」를 얻게 되자, 화공 최경崔涇으로 하여금 이 그림을 모사하게 하고 집현전 수찬 이영서에게 그림에 조자앙의 글을 써넣게 한 다음, 이 두루마리 끝에 박팽년이 서문을 쓰게 했다. 이는 수찬 이영서의 관직으로 미루어보아 1444~46년(세종 26~28)의 일로 보인다. 따라서 안평대군이 「삼소도」를 모사한 일은 그가 무릉도원 꿈을 꾸기

성이 그윽한 것을 좋아하고 산수를 즐기는 마음을 품고 있기 때문이 아니겠습니까?

안평대군은 우선 화려한 궁궐에서 종사하는 자의 꿈에 깊은 산골짜기가 나타난 이유를 설명하며 자신의 꿈을 풀어갔다. 그는 '낮에 한 일이 밤에 꿈이 된다'는 주자의 설명을 인용하며, 그렇다면 '낮 동안 궁궐

최북崔北(1712~60)의 「호계삼소도虎溪三笑圖」. 견본담채, 21x29.7cm, 간송미술관 소장.

전에 도잠을 잘 알고 지극히 흠모하고 있었음을 반증한다고 할 것이다. 안평대군은 "그림의 내력을 후세에 알리기 위해" 모사하는 것이라고 밝혔는데, 「삼소도」가 상징하는 유·불·선 3교 통합의 중요성을 뜻했다고 볼 수 있다.

에서 일하는 자기 자신이 어찌하여 꿈속에서 삼림에 이를 수 있었겠는 가' 하고 반문했다. 낮에 하는 일과는 관계없이 평소 "저의 천성이 그 윽한 것을 좋아하고 산수를 즐기는 마음을 품고 있기 때문"에 그의 꿈 이 그를 깊은 산중의 도원으로 인도했을 것이라는 풀이였다. '낮에 생 각한 일이 밤에 꿈이 된다'는 열자의 설명으로 그의 도원 꿈을 해몽한 것이다. 이는 사실상 그의 몸은 국사로 분주하지만, 그의 진정한 마음 은 산수 자연에 있음을 밝힌 것이라고 볼 수 있다.

그렇지만 그는 "어찌 저의 꿈이 삼림에 이르렀으며, 또한 어찌 도원 에 이르렀겠습니까?" 하고 물으며, '왜 도원인가?' 하는 강한 질문을 던진다. 평소 자연을 애호하는 천성으로 인하여 그는 꿈에서 삼림에 이 르렀지만, 삼림 중에서도 왜 도원인가를 다시 반문한 것이다. 그는 이 에 대한 즉답을 내놓지는 않았지만, 도원은 단순한 음풍영월의 자연이 아니라 절의의 시인 도잠이 제시한 은거지다. 그가 꿈에서 도원에 이르 렀음은 도잠의 은일과 절의에 관련 있는 것임을 강하게 암시한 것이라 고 해석할 수 있을 것이다.

이어서 안평대군은 그의 천성이 가리키는 산수 자연의 삶이 현재 궁 궐의 삶과 조화될 수 없음을 인정했다.

번화한 도성과 큰 마을은 이름난 고관이 노니는 곳이지만, 깎아지른 절벽과 깊은 골짜기는 은자가 조용히 숨어 사는 곳입니다. 찬란한 옷을 걸친 자는 그 발이 삼림에 이르지 않고, 자연에서 마음을 닦는 자는 꿈 에도 조정(암랑巖廊, 의정부를 뜻함)을 그리워하지 않습니다. 대개 고요함 과 소란함이 길을 달리함은 필연의 이치이기 때문입니다.

이름난 고관은 자연에 은거하지 않고 당연히 번화한 도성에서 노닐 겠지만, 천성이 조용한 자연을 즐기는 자는 마땅히 깊은 골짜기에서 은 거하며 결코 궁궐을 마음에 두어서는 안 될 것임을 확인하는 것이다. 시끄러운 도성에 사는 자와 조용한 삼림에 은거하는 자의 길이 다른 것임은 필연의 이치이기 때문이다. 이것은 그가 앞으로 천성에 맞지 않 는 세속의 삶을 접고 천성이 가리키는 대로 산수 자연의 삶을 택하여 거기에서 인생의 의미와 가치를 찾을 것임을 예고하는 것이다. 무릉도 원 꿈은 결국 안평대군의 천성을 드러내주고, 그가 천성이 가리키는 대 로 필연적으로 가야 할 길을 제시해준 것이다.

꿈의 당사자인 안평대군 또한 그 꿈이 하늘의 계시라고 굳게 믿었을 것이다. 왕자로 태어나 국사에 몸 바쳤던 그가 홀연히 도원으로 떠나 는 꿈을 꾸게 된 것은 어떤 강한 힘이 작용했음을 느끼게 해준다. 더구 나 꿈속의 갈림길에서 산인이 나타나 무릉도원에 이르는 길을 직접 말 해주었다는 것은 천명의 고지만큼 뚜렷한 것이었다. 그것은 무릉도원 으로 향하라는 하늘의 뜻이고 명령이라고 느낄 수밖에 없었을 것이다. 이에 따라 그는 자신의 결의를 표명했다.

"자연에서 마음을 낚는 사는 꿈에도 조정을 그리워하지 않습니다."

산수 자연의 삶을 택한 자의 당연한 귀결이다. 이것은 그가 앞으 로 세속을 떠나 자연에 은거하여 천성을 닦을 것이며 따라서 정치에서 도 초연히 떠나겠다는 결의를 밝힌 것이다. 그의 결심은 "꿈에도 조정 을 그리워하지 않습니다"라는 직접적인 말로 표명됐다. 이것은 정치에 뛰어들지 않겠다는 왕자로서의 도리를 선언한 것이다. 그 뜻이 사직의 안녕과 보호를 위해서임은 말할 필요가 없을 것이다. 그의 이러한 결심 은 4년 후 읊은 「무계수창시」에서 다시 한 번 확인된다. 이 시에서 그는 "몇 년 전 한밤의 꿈에…… 무릉도원 찾아든 일이 있은 뒤로 벼슬 버릴 생각 항상 마음속에 있었는데……"라고 읊었던 것이다. "꿈에도 조정을 그리워하지 않겠습니다"라는 그의 말은 그로부터 8년 후 일어나는 수양대군의 왕위 찬탈을 손가락으로 가리키는 듯하다. 꿈의 예지가 섬뜩한 느낌마저 준다.

마지막으로 그는 덧붙였다.

"고요함과 소란함이 길을 달리함은 필연의 이치이기 때문입니다."

도잠이 「도화원기」에서 속세 사람들이 도원에 다시 가는 길을 끊어 놓은 것과 같이 안평대군 또한 도원과 홍진紅塵은 양립할 수 없는 세계로 보고 결코 홍진에 복귀하지 않을 것임을 확인했다. 이것은 그가 자신의 천성을 지켜 영원히 정치적 야심을 단념하겠다는 결심을 선언한 것이나 마찬가지였다. 안평대군의 이러한 결심은 당시의 정치적 상황에 부합했을 것이다. 세종이 신변을 정리하며 국사를 왕세자에게 위임함에 따라 부왕을 보필하여 국사에 적극 참여해온 왕자들도 이제 신변을 정리하고 물러날 준비를 해야 했던 것이다.

태종은 양녕대군을 세자로 책봉한 후 양녕대군을 양육했던 처족妻族 민씨의 아들 모두를 처형했고, 세종의 즉위에 즈음해서는 세종의 장인이자 영의정이었던 심온과 그의 아들들을 제거했다. 후계 왕의 대권 수행에 조금이라도 분란의 소지가 있는 자라면 가차 없이 처단했던 태종의 경우는 지나친 예가 되겠지만, 세종 역시 장차 왕세자가 즉위했을 때 원만한 정치적 환경이 조성되어야 할 필요성을 절감했을 것이다. 그러기 위해서는 세종 치세 후반부 10여 년간 국사에 깊이 관여하여 막강한 영향력을 축적해온 두 아들, 대군들 가운데서 가장 손위인 수양대군과 가장 명망이 높은 안평대군의 거취가 어떤 형태로든 정리되어야 했다.

게다가 1407년(태종 7)에는 왕세자(양녕대군)의 측근 세력이었던 민무구閔無咎가 "제왕의 아들 가운데 영기英氣가 있는 자는 반드시 난을 일으킨다"라고 말한 일이 드러나서 대대적인 옥사獄事가 있었다.[4] 이때 영기 있는 아들이란 셋째 아들인 세종 자신을 가리킨 말이었음을 잘 알고 있었을 세종으로서는 그의 뛰어난 아들들을 보호하기 위해서라도 아들들의 장래 문제를 심사숙고하지 않을 수 없었을 것이다.

그러기에 정치를 떠나 자연에서 마음을 닦으려는 안평대군의 결심은 세종의 뜻에 부합했을 것이다. 이것은 세종이 원한 것인지도 모른다. 또는 세종의 명령이었을지도 모른다. 왕자들은 왕세자와 왕세손으로 순조롭게 왕통이 이어져가야 하는 정치 현실을 존중하고, 이를 위해 몸과 마음을 다 바침으로써 수성을 길이 보존해야 할 것이다. 이것이 왕자들의 분수이고 도리인 것이다.

그렇지만 분수와 도리는 무슨 일이 일어나도 산수 자연에서 유유자적한다는 의미는 결코 아니다. 그것은 시비를 분별하여 물러날 때의 분수를 아는 것이지만, 또한 몸과 마음을 다 바쳐 지켜야 할 도리를 지키는 것으로 진퇴의 올바른 길을 따르는 것이다. 그것이 진정한 선비의 길이며, 바로 5년 전 세종으로부터 비해당 당호를 받았을 때 '명철보신하여, 오직 임금 한 사람만을 받들라'는 세종의 교훈이기도 했다.

무릉도원 꿈에 관해 안평대군은 또 하나의 설명을 내놓았다.

제 주변에 친하게 지내는 많은 사람이 있건만, 어찌 박팽년, 신숙주, 최항만이 도원 꿈에 동행했겠습니까? 그것은 평소 이들과 사귐의 도리交道가 실로 두터웠기 때문에 함께 도원에 이르게 된 것이 아니오리까?

꿈속에서 이 세 사람과 함께 도원에 이른 것은 단순한 우연이 아니며, 이들과 단지 시문을 함께 즐기는 문우였기 때문만도 아니었다. 안평대군은 이들과 특별한 붕우朋友의 도리를 맺어왔기에 도원에 함께 이를 수 있었다고 해몽한 것이다.

젊은 집현전 학자들과의 사귐의 도리를 언급한 이 말은 유명한 일화와 관계가 있을 것이다. 세종은 말년에(바로 이 무렵이었을 것이다) 어린 세손(단종)을 안고 다니며 젊은 집현전 학자들에게 "경들에게 이 아이를 부탁한다"라는 말을 종종 한 것으로 여러 야사에 기록되어 있다. 그렇기 때문에 안평대군은 임금과 사직을 위해 몸과 마음을 바치겠다는 충성심이 이들 집현전 젊은 학자들 사이의 사귀는 도리에서 기본이고 중심임을 믿어 의심치 않았을 것이다. 우연의 일치였는지, 다음 해인 1448년(세종 30) 4월 원손이 정식 왕세손으로 책봉되면서 세손의 교관으로 박팽년은 좌익선, 신숙주는 우익선에 제수됐다.

이때는 세종의 황금시대였다. 세종의 왕자들과 신하들은 왕실의 운명을 그들의 운명으로 받아들였다. 더구나 소헌왕후의 죽음 후 왕실은 그 어느 때보다도 단합했다. 부왕을 중심으로 왕자들은 모후를 잃은 슬픔을 지극한 불심에 의지하여 극복해 나가는 때였다. 그 누구도 권력투쟁 같은 일은 상상도 할 수 없었던 때였다. 그런데 안평대군의 꿈은 장차 닥쳐올 정치적 화란을 예감하고 있었던 것일까?

제5부

「몽유도원도」
탄생하다

안견, 「몽유도원도」, 덴리 대학교 소장.

무릉에 이르는 길 끝이 없고
진나라 시절 아득하기만 하네
우연히도 꿈속에서 그윽하게 만나
마음껏 올라가서 샅샅이 찾았네
깨어나서 화공에게 그리도록 하니
온갖 형상 완연하게 어우러졌네
천고의 옛날부터 속세를 피하여오던 땅이
하루저녁에 높은 집으로 옮겨왔네
시단의 뛰어난 인물들이 주옥같은 글을 곁들이니
해와 달의 빛처럼 눈부시게 빛나네
― 김종서, 「몽유도원도」 찬시 중에서

안견이 안평대군의
꿈을 그리다

대화가 안견

　무릉도원 꿈을 그림으로, 찬문으로 남기고 싶다는 안평대군의 뜻을 세종은 물론 흔쾌히 허락했다. 왕자의 꿈을 그리고 대대적으로 찬양하는 일은 임금의 양해가 없으면 불가능한 일이다. 왕자들의 사생활이 엄격히 감시됐던 것을 볼 때 그러하며, 또한 세종과 아들들의 긴밀한 관계를 볼 때 부왕의 허락 없이 또는 부왕이 모르게 안평대군이 조신들을 불러모아 그의 꿈을 그리고 찬문을 짓게 하는 풍류 행사를 여는 일은 생각할 수 없다.

　꿈을 그린다는 것은 이례적인 일이지만, 유명한 고사가 있었다. 기원전 1300년경, 현인賢人을 달라고 기도했던 은나라 고종高宗은 꿈속에서 한 사람을 보았다. 고종은 이 사람의 모습을 그림으로 그려서 도처로 찾아다닌 끝에 부암傅巖의 한 노역장에서 그림과 똑같이 닮은 부열傅悅이라는 늙은 노예를 찾아냈다. 부열은 재상으로 발탁되어 훌륭한 정치

「부열」. 작자 미상, 17세기 명나라의 도설백과사전 『삼재도회三才圖會』에 수록된 그림.

를 펼쳐 중국 최초의 성인으로 후세에 길이 이름을 남겼는데, 세종 시대에도 부열은 어질고 충성스러운 신하의 전범으로 종종 인용됐다. 부열의 예에서 보듯 꿈을 그리는 것은 꿈의 징험을 확실히 붙잡아두는 효과가 있다고 믿었을 것이기에 세종은 꿈을 그림과 글로 남기고자 하는 안평대군의 주청을 더욱 흔쾌히 허락했을 것이다.

그림을 그릴 화가는 안견이었다. 당대 최고의 화가로서 세종에 이어 안평대군의 절대적인 후원을 받았던 안견은 안평대군을 위하여 많은 그림을 그렸고, 안평대군과 함께 시서화 삼절의 명작을 다수 탄생시켰다. 세종 시대의 기념비적인 시서화 작품은 거의 모두 안평대군과 안견이 합작하여 이룬 것이라 해도 과언이 아닐 정도로 두 사람은 신분을 떠나 예술적 동지 관계에 있었다.

안견은 조선시대 최초로 도화원 화원의 최고 품계인 정6품의 한계를 깨고 정4품에 오른 대화가이지만, 신분이 양반이 아닌 화공이었기에 그의 가계나 인적 사항에 관하여는 알려진 것이 별로 없다. 1445년(세종 27)에 쓰인 신숙주의 「화기」에 처음으로 그에 관한 인적 사항이 나오는데, 자字는 가도可度이며, 지곡池谷 출신이라 했다. 지곡은 충청남도 서산군 지곡地谷을 가리키는 것으로 보인다. 1691년(숙종 17) 서산

1990년 1월 안견의 본향으로 간주되는 충청남도 서산시 지곡면의 안견기념관 정원에 세워진 '현동자 안견 선생 기념비'.

사람 한여현韓汝賢의 문집 『호산록湖山錄』에서 안견을 "본읍 지곡인"으로 소개한 것을 근거로 일찍부터 안견은 서산 지곡인으로 간주됐기 때문이다.[1] 1917년 오세창이 편집한(1928년 간행) 『근역서화징槿域書畫徵』에는 안견의 호가 현동자玄洞子 또는 주경朱耕이라고 소개되어 있다.

안견의 생몰연대에 관해서도 밝혀진 것이 없다. 그렇지만 기록으로 추정해본다면, 신숙주의 「화기」가 집필된 1445년에 이미 그는 대화가로서 정4품 호군護軍 직에 있었다. 당시 전도유망한 29세의 신숙주가 종5품의 집현전 부교리였음을 감안한다면, 신숙주보다 세 품계 높았던 안견은 적어도 30대는 지났을 것이고 40대 중반은 족히 됐을 것이다. 그렇다면 안견의 출생은 1400년대 전후로 잡을 수 있을 것이며, 안평대군보다 10세 이상 연상으로 볼 수 있다. 안견은 또한 1460년대 중반 세조 때도 현역으로 있었던 만큼 70세 전후까지는 생존했다 할 것

안견이 안평대군의 꿈을 그리다

이다.

안견의 가족 역시 알려진 것이 별로 없다. 오직 그의 아들 안소희安紹禧가 문과에 급제하여 정6품 성균관 전적典籍으로 있었지만, 화공의 아들이라는 이유로 같은 정6품의 사헌부 감찰직으로 옮기지 못했다는 실록의 기록이 있을 뿐이다.² 대화가인 부친의 덕으로 화공의 길을 가지 않고 과거를 보아 사대부로 입신했지만 또한 화공의 아들인 탓에 관직의 제한을 받았음을 짐작케 한다.

안견에 대한 개인적 사실은 잘 알려지지 않았지만, 그의 예술적 측면은 실록을 비롯하여 조선시대 문집에 비교적 많이 언급되어 있다. 우선 동시대인이고 안견과 친밀했던 것으로 보이는 신숙주는 「화기」에서 안견에 관해 다음과 같이 썼다.

안견은 자는 가도요, 소자小字는 득수得守이니, 본래 지곡 사람이다. 지금 호군으로 있는데, 천성이 총민하고 정박精博하며, 고화를 많이 열람하여 요령을 터득하고, 여러 사람의 장점을 모아서 모두 절충하여 통하지 않는 것이 없으나, 산수가 더욱 그의 장처長處로서 옛날에 찾아도 그에 필적할 만한 것을 얻기 드물다. 비해당을 따라 교유한 지가 오래됐기 때문에 안평대군의 소장품 중 안견의 그림이 가장 많다.

성현은 『용재총화』에서 이렇게 기록했다.

안견과 최경崔涇이 명성이 같았는데, 안견은 산수화로, 최경은 인물화로 모두 신묘한 경지에 들었으니, 지금 사람들이 보배로 생각하여 안견의 그림을 금과 옥처럼 여긴다.

김안로金安老는 『용천담적기龍泉談寂記』(1525)에서 다음과 같이 썼다.

안견은 옛 그림을 널리 보고 그 용의한 깊은 곳을 얻어, 곽희郭熙(북송의 화가) 식으로 그리면 곽희가 되고, 이필李弼(원의 화가) 식으로 그리면 이필이 됐으며, 유융劉融(원의 화가)이나 마원馬遠(남송의 화가)도 마찬가지였다. 뜻대로 못 그리는 것이 없었지만, 산수를 가장 잘했다.

이유원李裕元은 그의 문집 『임하필기林下筆記』(1871)에서 안견을 "조선 화가의 종주"라고 말했다.

이러한 기록을 종합해볼 때, 안견은 중국 여러 대가들의 화풍에 능했고 또 여러 화풍을 취합하여 자신의 경지를 열었는데, 특히 산수화의 대가로 공인받았다고 볼 수 있다. 그런데 안평대군의 소장품 중에는 안견을 제외하면 북송의 화가 곽희의 작품이 14점으로 가장 많다. 이러한 사실로 미루어 북종파北宗派(북송대 직업 화가의 이지적 화풍) 화풍의 「몽유도원도」를 볼 때 안견은 여러 대가 중에서도 북종화의 대가 곽희의 화풍을 가장 많이 보고 연구할 기회가 있었을 것으로 짐작된다. 북송의 신종神宗 때 활약한 화원 화가 곽희는 중국 각 지역의 사생적인 산수화를 관념적인 산수화로 통일하면서 북종파 화풍을 세웠고, 중국 산수화의 최고봉이라는 칭송을 들으며 후대 동양 미술에 막강한 영향을 미쳤다. 안견이 모델로 삼았을 법하다.

안견은 당대에 이미 조선 산수화의 일인자로 인정받았으며, 그의 그림은 대단한 예술품으로 소장되어 그는 생존 당시 커다란 명성과 경제적 혜택을 누렸다고 볼 수 있다. 그가 이처럼 대성했던 배경에는 그의 재능과 총민함에 더하여 안평대군과 오래 교유하면서 누린 돈독한 혜택과 지원을 빼놓을 수 없을 것이다. 조선 최고의 서화 수집가인 안평대군은 조선인으로서는 오직 안견의 그림만을 소장했는데, 그것도 무려 28점이나 됐으며, 또한 안견의 그림에 명망가 문인들과 함께 찬문을 부쳤으니, 안견의 명성을 크게 올려주었음은 분명하다. 무엇보다도 안견은 안평대군을 배종陪從하며 그가 소장한 고래古來의 중국 명화들을 직접 보고 연구할 수 있는 귀중한 기회를 얻었을 것이고, 그럼으로써 대가들의 화법을 섭렵하여 수준 높은 독자적 화풍을 이룰 수 있었던 것이다.

그와 안평대군의 관계가 본격적으로 시작된 것은 기록상으로 보아 안견이 1442년 안평대군(당시 25세)의 초상화를 그렸을 때부터이지만,[3] 안평대군이 18세 무렵부터 고금의 서화를 수집하고 또한 직접 화필을 잡으면서 안견의 자문을 받아왔을 것으로 보아 「몽유도원도」 제작 당시 두 사람은 적어도 10년 이상 교분을 쌓은 지음지기 사이였을 것으로 짐작된다.

그렇지만 둘 사이에 주종 관계는 없었다. 안견은 도화원의 대화가로서 정4품 호군 직에 있었다. 비록 화공 신분이지만 그의 지위는 상당했다. 그는 또 세종이 지극히 총애하는 화가로서 국가의 중요한 그림 제작을 총괄했고,[4] 그가 안평대군을 위해 그린 많은 그림도 대체로 공적인 성격이 강했다. 임금의 명에 따르거나 국가 행사에서 그림을 그리던 안견을 불러 안평대군이 자신의 꿈을 그리게 했다면, 이것은 세종의 허락 없이는 불가능한 일이었을 것이다.

그림의 숨은 뜻

세종의 허락을 받은 즉시 안평대군은 안견을 불러 그의 꿈 이야기를 하고, 이를 그림으로 그릴 것을 명했다. 안견은 사흘 만에 그림을 완성했다. 1447년 4월 23일의 일이다.

이 같은 대작을 사흘 만에 끝마친 것으로 보아 그림은 시급히 완성됐을 것이다. 꿈의 기억이 흐려지기 전에 그 모습을 확실히 잡아두려는 안평대군의 독려가 있었음을 짐작게 한다. 안견의 그림은 안평대군이 자신의 꿈을 기록한 「도원기」를 그대로 반영한 것이지만, 사실 「도원기」는 안견의 그림이 완성된 후에 쓴 글이다. 따라서 안견은 그림을 그리는 동안 꿈의 매순간을 안평대군에게 직접 물어야 했을 것이다. 그렇다면 안견은 사흘간 안평대군의 저택 비해당에 머물며 이 그림을 그렸을 것이다.

도잠의 「도화원기」가 널리 퍼지면서 무릉도원을 주제로 삼은 시와 함께 도원의 모습을 그린 그림이 다수 출현했다. 당나라 때 이미 오도자가 도원을 그렸다 하며, 이후 송의 유송년劉松年, 원의 전선과 조맹부, 명의 심주沈周 등 여러 대가들이 도원도를 남겼다. 하지만 이들의 그림은 진본이건 복사본이건, 세종 대까지는 조선에 들어오지 않았던 것 같다. 고려나 조선 초에 도원도에 관한 기록이 눈에 띄지 않는 것으로 보아 그러하다.

안평대군 또한 어느 누구의 그림이건 도원도를 본 적이 없었던 것 같다. 그가 「도원기」에서 "옛날 사람들이 말한 그 도원이란 곳도 역시 이와 같았는지 모르겠다. 훗날 이 그림을 보는 자가 옛 그림을 구해서 내 꿈과 비교해본다면……"이라고 쓴 것으로 미루어볼 때 그러하다. 그렇다면 안견도 도원도를 본 적이 없었을 것이다. 물론 그림을 그리면서 안견은 도잠의 「도화원기」를 참고했을 테지만, 안견의 그림은 도잠의 「도화원기」 내용을 거의 반영하지 않았다. 그림은 오직 안평대군이 꾼 꿈의 모습만 충실히 묘사했다. 따라서 그의 그림은 전 시대의 어느 그림도 참고하지 않은 독창적인 새로운 도원도일 것이다. 또한 그 그림은 조선 도원도의 효시였겠지만, 이 같은 도원도는 후대에 계승되지는 않았다. 그림이 사라졌기 때문일 것이다.

그림이 완성되자마자 안평대군은 이를 맨 먼저 세종에게 바쳤을 것이다. 세종으로서도 도원 그림은 처음이었을 것이다. 그토록 유명한 주제였던 무릉도원을 그린 그림이다. 무엇보다도 그림을 좋아했던 세종이었다. 무릉도원은 어떠한 모습이며, 안평대군의 꿈은 어떻게 나타났을까? 세종이 안견의 「도원도」를 맨 먼저 열람했을 것임은 짐작하고도 남음이 있다. 역시 그림을 좋아했던 왕세자(문종)와 수양대군도 세종과 함께 이 놀라운 그림을 보았을 것이다. 이때 수양대군은 소헌왕후의 명복을 빌기 위해 『석보상절』을 집필 중이었는데, 석가의 일대기를 요약하여 훈민정음으로 쓰는 작업인 만큼 그는 주로 궁궐에 머물며 세종의 감수를 받고 있었을 것이다.

두루마리가 풀리자 신묘한 그림이 눈앞에 펼쳐졌다. 현실과 꿈의 세계가 물결치듯 흘러가는 한 폭의 환상적인 산수화였다. 종횡 한 자에 석 자가 넘는(약 40×110센티미터) 이 대작은 흰 비단의 뒷면에 갈색 물감을 발라 연황색으로 착색한 화폭에 그려진 수묵화이지만, 복사꽃 만발한 도원의 정경만은 극히 화사한 색채와 금채로 세밀히 묘사됐다.[5] 복숭아나무의 진분홍과 연분홍색 꽃잎, 노란색과 금채를 쓴 꽃술, 초록과 연녹색, 파란색 잎들이 나부끼는 아름다운 도원을 에워싼 웅장한 수묵 산수는 과거 어느 그림에서도 찾아보기 힘든 새로운 경지였다. 꿈이라는 이례적인 주제를 형상화한 그림의 정신적 분위기와 정밀하면서도 원숙한 필치가 이루어낸 심원한 예술성은 거장 안견의 독자적인 예술 세계를 보여준다. 그림은 대화가 안견의 걸작 중에서도 걸작임에 틀림없다.

그림은 왼편 하단의 현실에서 꿈의 세계인 무릉도원을 향해 오른편 상단으로 전개된다. 대개 모든 그림이 오른편에서 왼편으로 전개되는 것과는 반대 방향이다. 공명을 추구하는 보통 사람들과는 정반대의 길을 가려는 안평대군의 진로를 말해주는 것일까? 아니면 현실의 반면인 꿈을 그린 유례없는 그림이라 그런 것일까?

그림 왼편에는 나지막한 토산 언덕 몇 개가 보이는데, 드문드문 몇 그루의 복숭아나무만이 서 있을 뿐이다. 안평대군이 처한 부귀영화의 현실은 이처럼 소박한, 어찌 보면 초라한 야산으로 표현된 것이다. 그러나 현실은 무너지지 않을 견고한 모습이다. 꿈을 그린 이 그림은 일종의 상상화이지만, 현실을 표현한 이 부분은 매우 사실적이다.

야산 아래, 즉 그림 왼편 하단에는 꿈의 첫 장면인 안평대군이 박팽년과 함께 말을 타고 걸었던 오솔길이 있었겠지만, 현재의 「도원도」에는 이 오솔길이 보이지 않는다. 새로이 장정이 되면서 잘려 나갔을 것으로 추측된다. 이 오솔길은 현실과 꿈을 가르는 경계선이고, 이 길이 끝나는 갈림길에서 무릉도원을 알려준 산관야복의 촌부가 나타났다. 그렇지만 그림에서 촌부는 보이지 않는다.

오솔길이 끝나면서 기암절벽 길이 나타난다. 본격적인 꿈의 시작이다. 몽혼을 인도하는 듯 절벽길은 사라졌다 나타나기를 반복하며 굽이진 험산고령을 돌고 있다. 거대한 환상의 무리처럼 춤추며 변화무쌍한 모습을 보여주는 주변의 수많은 산은 꿈이 어느 순간 와르르 무너질 수 있듯 위태로운 모습이다. 멀리 뒤편으로는 허공에 희미하게 뜬 몽환적인 거산들이 보인다. 아득한 허공은 대자연인 듯, 광막한 우주

공간인 듯, 세상 밖의 모습을 암시하는 듯하다.

첩첩의 산을 끼고 돌던 절벽길은 깊은 산중의 폭포수 앞에서 멈춘다. 층층이 떨어지는 폭포수는 넓고 깊은 강을 이루며 계곡을 따라 도도히 흘러내린다. 그림 한가운데 하단에는 보일 듯 말 듯 작은 굴이 나 있다. 아마도 도잠의 「도화원기」에서 어부가 강을 따라 들어왔던 좁은 입구를 보여주는 듯하다. 그렇지만 안평대군은 이 굴을 통해 도원으로 들어가지 않고, 말을 달려 가파른 산길을 타고 도원의 입구에 도달했을 것이다. 폭포 아래에는 복숭아 꽃나무 몇 그루가 도원의 입구임을 상징하고 있다. 그 오른쪽으로는 꿈의 종착지인 도원이 기다리고 있다.

안견의 「몽유도원도」, 견본수묵채색, 37.8x106.5cm, 일본 덴리 대학교 소장.

그림 맨 오른편, 병풍처럼 둘러선 험산 속에 넓은 들판의 도원이 편안히 들어앉아 있다. 도원에는 뿌연 안개가 가득하지만 무리 지어 핀 진분홍색 복사꽃이 연녹색 잎과 함께 영롱한 빛을 발한다. 멀리 들판 끝에는 대나무 밭과 어울려 소박한 띠집이 서너 채 보이는데, 문은 열려 있고 집은 휑하니 비어 있어 화사한 봄날 풍경에 쓸쓸한 그림자를 던지고 있다. 복사꽃 들판 한가운데를 가로지르며 멎은 듯 잔잔한 강가에는 노를 실은 빈 배 한 척이 쉬고 있다. 험난한 여정이 끝난 후 거친 숨이 멎은 듯, 쉬지 않고 흐르던 시간이 정지한 듯, 도원에는 깊은 정적만이 감돌고 있다. 짙은 안개에 뒤덮인 봄날 도원의 고요한 모습은 아름답고 환상적이지만, 또한 거대한 대자연에 둘러싸인 도원은 장엄한 느낌을 주기에 충분하다.

그런데 그림 속에는 사람이 보이지 않는다. 산수화에 인물이 보이지 않는 것은 아주 이례적이다. 안평대군의 꿈속에는 여러 사람이 등장했다. 우선 안평대군 자신과 동행했던 박팽년, 뒤에 나타난 신숙주와 최항이 있고, 안평대군에게 길을 알려준 산인이 있었다. 이들 중 누군가는, 최소한 주인공 안평대군이나 또는 산수화에 걸맞은 산관야복의 산인 정도는 그림에 등장할 수 있지 않았을까? 왜 안견은 사람을 그리지 않았을까? 사흘 만에 그림을 완성해서 시간이 부족했을까? 이 놀라운 걸작을 보고 "3일 만에 그림이 완성됐다면, 제아무리 안견이라 해도 인물을 그려 넣을 수 없지 않았을까?" 하고 평한 사람도 있지만,[6] 대가 안견이 시간이 부족해서 그림을 완성하지 못했다는 것은 수긍할 수 없다.

생각해보면, 꿈을 그리는 안견은 꿈의 주인 안평대군의 뜻에 충실했을 것이다. 그림 속에 인물이 빠진 것은 안평대군의 의도였을 것이다. 그림은 아무런 가감 없이 안평대군이 꿈에서 본 도원의 모습 그대로였겠지만, 안견은 또한 안평대군이 그 꿈에 부여한 깊은 의미를 담아내려고 고심했을 것이다.

왜 사람이 보이지 않는가? 이 그림은 통속적인 도원도가 아니다. 이 그림 속의 도원은 도잠의 「도화원기」에서 어부가 찾아간 소박한 농촌의 모습이 아니며, 도가에서 말하는 불로장생의 신선이 사는 상상 속의 선계도 아니다. 또한 유학자들이 풍류의 대상으로서, 귀거래의 대상으로서 음풍농월하는 산수 자연도 아니다. 그곳은 안평대군의 꿈에 나타난 절실한 무릉도원의 모습이었다.

마치 하늘의 계시와도 같이 나타난 도원 꿈을 통해 안평대군은 자신의 천성을 자각했고, 자신의 필연적인 갈 길을 보았다. 그 갈 길은 도원이었다. 그래서 도원은 그가 앞으로 가야 할 목적지이며, 반드시 도달해야 할 종착지였다. 언젠가 그가 그곳을 찾아서 진실로 거기에 다다를 때까지는 비어 있을 수밖에 없다. 그러기에 인적이 끊긴 쓸쓸한 도원의 모습은 안평대군의 방문을 기다리는 듯 보인다. 그는 언제 그곳에 도달하려는가? 끝내 교동도(안평대군이 사사된 곳)에서 외로이 사라지는 그때가 될 것인가? 그 그림은 어쩌면 안평대군의 운명을 암시하는 것은 아닌가? 안평대군의 꿈을 그려낸 안견의 천재성은 안평대군의 운명까지도 드러냈던 것인가?

그런데 꿈속의 갈림길 앞에 홀연히 나타나 무릉도원에 이르는 길을 일러준 산관야복의 촌부는 누구였을까? 천신이 나타난 것일까? 아니면 신선인가? 그렇지 않다면 도잠이 나타난 것인가? 허리 굽혀 공손히 안평대군에게 길을 일러준 것을 보면 이름 없는 소박한 백성인지도 모른다. 그렇지만 안평대군은 곧 깨달았을 것이다.

'아아! 그 모습은 언제나 나의 길을 인도해주신 아버지 부왕이었다. 그가 내게 무릉도원의 길을 알려준 것은 아닌지······.'

22명의 명사가
찬문을 쓰다

안평대군의「도원기」

「도원도」를 앞에 펼쳐놓은 안평대군은 붓을 들어 단숨에 써내려갔다. 그가 꿈속에서 도원을 찾아가 거닐던 자초지종을 기록한「몽유도원기夢遊桃源記」가 완성됐다.¹

기문의 끝에 '매죽헌'이라고 관서款署하고 '낭간琅玕'이라는 주문방인朱文方印(붉은 글씨의 도장)과 '청월지인淸越之印'이라는 백문방인白文方印(흰 글씨의 도장)을 상하로 찍고 붓을 놓은 안평대군은 다시 한 번 의미심장한 마지막 말을 되뇌었을 것이다. "옛날 사람들이 말한 그 도원이란 곳도 역시 이와 같았는지 모르겠다. 훗날 이 그림을 보는 자가 옛 그림을 구해서 내 꿈과 비교해본다면 필시 무슨 말이 있을 것이로다."

훗날 사람들이 이 그림을 본다면 옛 도원도에는 없는, 오직 안견의「도원도」만이 간직한 그의 꿈을 알아볼 수 있을 것이라는 확신이 있다. 그의 꿈에 나타난 도원의 뜻을 이해할 수 있을 것이라는 간절한 바

왼쪽 사진은 「도원기」 말미에 찍힌 관서 '매죽헌梅竹軒'과 주문방인朱文方印 '낭간랑玕', 백문방인白文方印 '청월지인清越之印'이다. 오른쪽 사진은 도장을 확대한 것이다.

람이기도 하다. 그러나 안평대군의 바람은 이루어지기 어렵게 됐다. 오늘날 도원을 그린 옛 그림은 찾아보기 힘들고, 안견의 그림 또한 멀리 건너가 버렸다.

이상향에 대한 세인의 마르지 않는 동경심을 반영하는 듯 도원도는 당나라 때부터 송, 원, 명, 청을 거치며 많은 대화가가 그려왔지만, 오늘날 남아 있는 것은 안견 이후의 작품이다. 안견의 「몽유도원도」 외에 현존하는 가장 오래된 도원도는 안견의 작품보다 적어도 70~100년 후에 그려진 명나라 중기 이후의 것들이다.[2] 문징명文徵明의 1554년 작 「도원문진도桃源問津圖」를 비롯하여 구영仇英, 사사표查士標 등의 도원도가 대표적이다. 조선에서는 200여 년 후 이하곤李夏坤, 심사정沈師正, 안중식安中植 등의 도원도가 전해진다.

이들 그림 중에서 16세기 중엽 명나라 구영의 「도원도」는 12세기 남송의 화가로서 금벽청록산수金碧青綠山水의 대가 조백구趙伯駒의 「도원도」를 그대로 모사한 작품이라는 점에서 다행히 옛 그림의 모습을 전

22명의 명사가 찬문을 쓰다 163

맨 위의 그림은 문징명(1470~1550, 명대 중기 문인 화가)의 「도원문진도桃源問津圖」 부분. 지본 채색, 두루마리, 23×578.3cm, 랴오닝성遼寧省 박물관 소장.
가운데 그림은 석도石濤(1641~1702, 청대 초기 화승)의 「도원도」 부분, 25×1578cm. 스미스소니언 박물관 프리어 갤러리 소장.
맨 아래 그림은 다니 분초谷文晁(1763~1841, 일본 에도 시대 후기의 산수화가)의 「도원도」 부분. 작품 안에 구영의 낙관이 그려진 것으로 보아 구영의 작품을 그대로 모사한 것으로 간주된다. 19세기 전반, 견본담채, 24.6×502.9cm, 대영박물관 소장.

해주고는 있다. 직업 화가였던 구영은 여러 장의 도원도를 그렸다고 하며, 조선에도 수입됐다. 숙종 때 문신 신정하申靖夏는 당시 어떤 사람이 소장한 구영의 「도원도」를 빌려와서 그것을 모사시켰다 하는데,[3] 조선의 여러 도원도에서 구영의 영향을 볼 수 있다.

오늘날 현존하는 도원도는 거의 모두 도잠의 「도화원기」를 직접적으로 또는 상징적으로 재현한 것이다. 송나라 조백구의 그림을 모사했다는 구영의 그림을 다시 그대로 모사한 일본 에도 시대의 화가 다니 분초谷文晁의 그림을 보건대, 옛 그림도 크게 다르지는 않았을 것이다. 대부분의 도원도는 어부가 강어귀에 배를 대고 무릉도원 마을에 들어와서 주민들과 만났다 다시 떠나는 이야기를 전체적으로 또는 부분적으로 그렸으며, 밭을 가는 농부나 살림집과 아녀자들, 닭과 개 등 소국과민小國寡民의 소박한 실생활 분위기를 보여준다.

그러나 안견의 「도원도」는 이와는 사뭇 다르다. 모티브는 도잠의 「도화원기」에 두었지만, 안평대군의 꿈을 충실히 형상화한 이 그림은 일반 도원도의 통속적 틀에서 벗어난 것이다. 그림에는 도원의 일반적 모습인 어부와 주민, 마을이 존재하지 않는다. 인간의 자취는 끊어진 가운데, 장엄한 대자연에 둘러싸인 고요한 도원의 모습을 보여주는 이 그림은 도잠의 「도화원기」를 초월한 것으로 볼 수 있을 것이다. 안평대군의 장대한 꿈과 안견의 천재적 화필이 결합되어 이룬 독자적인 도원도로 승화됐다고 볼 수 있을 것이다. 그림은 꿈의 메시지가 감추어져 있는 듯 신비하며, 정신적인 품격이 크게 느껴진다. 나아가 이 그림에는 한 시대의 갈림길을 앞두고 저명한 왕자의 꿈에 수십 명의 고관들이 헌정한 수십 편의 찬문이 붙어 있음을 염두에 둔다면, 이 그림이 정치적 메시지를 전한다고 하지 않을 수 없을 것이다. 이 그림 앞에 서면,

이하곤李夏坤(1677~1724)의 「도원문진도」. 현존하는 우리나라 도원도 중 가장 오래된 것으로 간주된다. 견본채색, 28.5x25.8cm, 간송미술관 소장.

안평대군이 당부했듯이 후대 사람들은 무엇이 다른지를 분명히 볼 것이며, 필시 무슨 말인가 있을 것이다.

529자에 달하는 안평대군의 「도원기」는 도잠이 쓴 320자 「도화원기」의 거의 두 배에 달하는 분량이다. 꿈을 기록한 글인데도 기괴하거나 허황된 묘사에 빠지지 않고 시종 정연한 서술로 꿈속의 모습을 세밀히 묘사했으며, 꿈에 대한 합리적인 해몽까지 제시했다. 안평대군은 또한 그의 꿈과 그림의 중요성을 재확인하려는 듯이 글의 말미에 의미심장한 질문을 던지고, 그 답을 후대 사람들에게 과제로 남김으로써 그의 꿈과 안견의 그림에 역사적인 의미까지도 부여했다.

조선 초에 쓰였다고는 믿어지지 않을 만큼 객관적이고 격조 높은 글이다. 거의 같은 시대에 쓰인 성현의 『용재총화』에는 성현 자신의 꿈 이야기 네 편이 실려 있는데, 황당할 만큼 화려한 꿈속의 광경을 묘사한 데 이어 꿈을 꾸고 난 후 관직 승진 등과 같은 꿈의 징험을 보았다는 결론을 달고 있다. 불온 설화, 재담을 다루는 골계잡록 滑稽雜錄 같은 글과 곧장 비교할 수는 없지만, 안평대군의 「도원기」가 보여주는 높은 문학적 수준은 부인할 수 없다. 준엄한 글씨 또한 30세의 청년이 썼다는 것을 믿을 수 없을 만큼 원

안중식安中植(1861~1919)의 「도원문진」. 명나라 화가 구영의 영향이 느껴지는 도원도다. 견본채색, 164.4x70.4cm, 1913년, 호암미술관 소장.

숙하고 심오한 경지를 보여준다.

「도원기」는 「도원도」의 화폭과 비슷하게 황색으로 물들인 비단 화폭에 가느다란 먹선으로 그려진 모눈 안에 가로 26자, 세로 17자의 글로 쓰였다. 세로 행 17자는 불경을 쓰는 방식인데, 불경을 많이 썼던 안평대군의 글쓰기 방식을 보여주는 것이겠으나, 또한 불경을 쓰듯 마음을 가다듬고 이 기문을 썼을 안평대군의 마음 상태를 보여준다. 이 무렵 그는 소헌왕후의 혼전魂殿에 바치기 위해 『묘법연화경』의 간행을 준비하며 그 발문을 썼다.

박팽년의 「몽도원서」

무릉도원 꿈은 안견의 「도원도」와 안평대군의 「도원기」로 다시 태어났다. 이제 그의 꿈은 한 쌍의 글과 그림에 새겨졌다. 안평대군은 이 「도원도」와 「도원기」를 각각 족자로 만들어 비해당 대청 높이 걸어두었다. 고득종의 시에 "기記를 짓고 그림을 그려서 당堂 가운데 걸어놓았네"라고 쓰였고, 서거정과 최수의 시에도 비슷하게 묘사된 것으로 짐작할 수 있다.

그런 다음, 안평대군은 박팽년을 불렀다. 꿈에서 자신과 함께 처음부터 도원을 동행했던 그에게 그림과 기문을 보여주고 서문을 지으라고 명했다. 「도원도」를 보고 「도원기」를 읽은 박팽년은 옷깃을 여미고 나지막이 부르짖었다.

아아! 이러한 일이 있었다니 참으로 기이하도다! 나 또한 그곳에 있었다니! 동진의 시대는 지금으로부터 천여 년 떨어져 있고, 무릉도원은 바다 건너 수만 리 떨어져 있는 곳. 그때의 모습을 지금 볼 수 있으니

안평대군의 「도원기」

1447년(정묘) 4월 20일 밤 잠자리에 들었더니, 바야흐로 정신이 아른거려 나는 곧 깊은 잠에 떨어지며 꿈속으로 빨려들어갔다. 홀연히 나는 인수(박팽년)와 더불어 어느 산 아래 당도했다. 산봉우리는 층층이 나 있고 깊은 계곡은 그윽했다. 복숭아 꽃나무 수십 그루가 늘어선 사이로 오솔길이 있었고, 숲이 끝나는 데 이르러 갈림길이 있었다. 우리는 어느 길을 따를까 서성대고 있었는데, 그때 소박한 산관을 쓰고 거친 야복을 입은 한 사람을 만났다. 그 사람이 내게 깊이 머리 숙여 절하면서 말하기를 "이 길을 따라 북쪽으로 올라가면 골짜기에 드는데, 그곳이 도원이외다"라고 하는 것이었다.

그래서 나는 인수와 함께 말을 채찍질하여 그 길로 찾아드니, 깎아지른 산벼랑에 나무숲은 울창하고 계곡의 물은 굽이져 흐르는데, 길은 100굽이나 돌고 돌아 어느 쪽으로 가야 할지 정신을 잃을 정도였다. 골짜기에 들어가니 탁 트인 동굴과 같은 넓은 곳이 나왔는데 2~3리는 될 듯했다. 사방에는 산이 바람벽같이 치솟고 구름과 안개가 자욱한데, 멀리 또 가까이 복숭아나무에 햇빛이 비쳐 어른어른 노을과 같은 아지랑이가 피어오르고 있었다. 거기에는 또 대나무 숲에 띠풀을 덮은 집들도 있었다. 싸리문은 반쯤 열려 있고 흙담은 이미 무너져 있었다. 닭과 개와 소와 말은 없지만, 앞 시내에는 조각배 하나가 물결을 따라 이리저리 흔들리고 있어 그 정경이 소슬한 것이 신선이 사는 곳인 듯했다.

우리는 주저하면서도 오래도록 둘러보았다. 나는 인수에게 "바위틈에 서까래를 얹고, 골짜기를 파서 집을 지었다더니, 바로 이를 두고 한 말이 아니겠는가? 이곳은 정녕 도원이로다"라고 말했다. 그런데 그때 몇 사람이 뒤따라왔으니, 바로 정부(최항)와 범옹(신숙주)이었고, 함께 운서를 편찬하던 자들이다. 그런 다음 서로 짚신감발을 하고 걸어 내려오며 실컷 구경하다 홀연히 꿈에서 깨었다.

오호라! 번화한 도성과 큰 마을은 이름난 고관들이 노니는 곳이요, 깎아지른 절벽과 깊은 골짜기는 조용한 은자가 숨어 사는 곳이라. 찬란한 옷을 걸친 자는 그 발이 삼림에 이르지 않고, 자연에서 마음을 닦는 자는 꿈에도 조정을 그리지 않노니, 대개 고요함과 소란함이 길을 달리함은 필연의 이치이기 때문이리라.

안평대군의 「도원기」 전문.

옛사람의 말에 '낮에 한 일이 밤에 꿈이 된다'고 했다. 나는 궁궐에 몸을 의탁하여 밤낮으로 국가 일에 종사하고 있는데, 어찌 꿈이 산림에 이르렀으며, 또한 어찌 도원에 이르렀는가? 나와 서로 좋아하는 사람이 여럿이거늘, 어찌 두세 사람만 동행하여 도원에서 노닐었던가? 아마도 내 천성이 그윽한 것을 좋아하고 산수를 즐기는 마음을 품고 있기 때문이 아니런가. 또한 이들 몇 사람과 더불어 사귐의 도리가 특히 두터웠던 까닭에 함께 여기에 이르게 된 것인 듯하다.

이제 가도(안견)에게 명하여 그림을 그리게 했다. 옛날 사람들이 말한 그 도원이란 곳도 역시 이와 같았는지 모르겠다. 훗날 이 그림을 보는 자가 옛 그림을 구해서 내 꿈과 비교해본다면 필시 무슨 말이 있을 것이로다.

꿈을 꾼 지 사흘 만에 그림이 완성됐는지라 비해당의 매죽헌에서 이 글을 쓰노라.

이 어찌 기이한 일이 아니겠는가?

— 박팽년, 「몽도원서夢桃源序」

며칠이 지난 다음 달 윤4월, 박팽년은 「몽도원서」라는 글을 지어 바쳤다. 그의 글 역시 안평대군의 「도원기」와 같이 사각 모눈지에 「도원기」의 필체와 같은 송설체로 정성스럽게 쓰였다.

이 글에서 그는 꿈속에서 일어난 일이라 하여 안평대군과 그가 도원에 이르렀음을 의심하거나 거짓된 것이라 말할 수는 없다고 단언했다. 인간의 삶도 하나의 꿈이지만 이를 허구라고 부를 수 없는 것과 마찬가지로, 꿈속의 일이라는 이유로 이를 거짓으로 치부할 수는 없다는 것이며, 도잠의 도원이 실재하는 듯이 받아들여지고 있다면 안평대군이 몽유한 도원도 그에 못지않은 이야기라는 것이다.

깨어 있을 때 한 바는 정말 옳고, 꿈속에서 한 바는 거짓된 것이라고 어찌 말할 수 있으리오? 사람의 세상살이 자체도 하나의 꿈속일 테니. 또한 어찌 옛사람이 만난 바는 실제이고, 지금 사람이 만난 바는 꿈이라고 말할 수 있으며, 어찌 옛사람만이 홀로 기괴한 자취를 마음대로 하고, 지금 사람은 거기에 미칠 수 없다고 하겠는가?

성삼문 또한 「제비해당몽유도원도기후題匪懈堂夢遊桃源圖記後」를 지어 하늘이 감추어둔 선경에 몽유한 안평대군을 찬양했다.[4]

안평대군이 도원에 이르게 된 경위를 기문으로 썼고, 그와 동행했던 박팽년은 그 서문을 썼으며, 성삼문은 후後를 썼다. 이들의 글이 기記와 서序, 후의 형식에 기탁함으로써 이들의 도원행은 현실에서 실제로 있었던 유람과 같이 하나의 사실로 굳어져갔다.

문사들을 초청하다

그 후 세종조 최고의 문사들이 비해당에 초청됐다. 이들은 비해당 대청 높이 걸린 안견의 「도원도」와 안평대군의 「도원기」를 보며 찬문을 지은 것으로 보인다. 꿈, 그것도 무릉도원을 노닌 명망 높은 왕자의 꿈을 소재로 한 전대미문의 시제는 문인들에게 큰 감흥을 불러일으켰을 것이다.

'꿈'과 '이상향'은 유학자의 필수 교양이었던 『열자』, 『장자』 등 도가의 책을 통해 오래전부터 잘 알려진 익숙한 주제였다. 꿈을 통해 도달 가능한 선계의 이상향은 유학자에게는 억눌린 현실의 해방구였고, 실패한 현실의 도피처였다. 도잠의 무릉도원 또한 피곤한 심신을 쉬게 할 귀거래의 대상이자 마음의 안식처로서 중국의 많은 시인들이 읊었고, 조선 초기의 문사들도 애호하는 단골 주제였다. 그들이 좋아하는 이백, 왕유, 한유, 왕안석, 소동파 같은 대시인이 도원을 노래했으며, 조선 초 유생의 시문 학습서였던 『고문진보古文眞寶』에도 한유, 왕안석, 소식의 도원시가 수록되어 있었다.

도원을 읊은 시인들은 도원이 지상에서는 찾을 수 없는 곳임을 슬퍼하며 피안의 세계로서 그곳을 노래했다. 도원을 처음 알려준 도잠은 「도화원기」에서 도원에 이르는 길을 그 누구도 찾을 수 없도록 단절시켰다. 그래서 시인들은 결코 존재한 적도 없지만 또한 영원히 다다를 수 없는 이상향을 더욱 애절하게 노래했다. 이백은 「산중문답山中問答」에서 도원을 인간 세상이 아닌 별천지로 노래했다.

묻노니, 그대는 왜 푸른 산에 사는가
웃을 뿐, 답은 않고 마음이 한가롭네
복사꽃 띄워 물은 아득히 흘러가니
별천지일세, 인간 세상 아니네

이백과 동시대의 시인 왕유는 「도원행桃源行」이라는 시를 썼다. 이 시는 아마도 도잠의 「도화원기」를 정식 주제로 삼은 최초의 시였을 것이다.[5] 그는 고향과 도원 사이에서 갈등하던 어부가 마침내 도원에 다시 돌아가고자 결심했지만, 그 어느 곳에서도 그곳을 다시는 찾을 수 없었다고 썼다. 소박한 무릉도원은 어느새 찾을 수 없는 선계가 되어버린 것이다. 왕유의 칠언고시 마지막 부분(「도원행」 마지막 10행)을 보자.

어부는 선경에서 들은 이야기 실감 나지 않고
세속 마음 다하지 않아 고향 생각 났지만
동굴을 나오고 나서는 산과 들 아무리 멀다 해도
끝내는 집 떠나 오래도록 이곳에서 놀 생각이었네
스스로 지나온 길 잃지 않으리라 생각했지만
봉우리와 골짜기 지금은 변해버린 것을 어찌 알았으리오
당시에 단지 기억하기로는, 산 깊은 곳 들어가
푸른 계곡물 돌아가면 도원에 이를 것으로 생각했지만
봄이 되니 온통 복숭아꽃 떠 흐르는 물이라
선경의 도화원을 어느 곳에서 찾을지 분간하지 못하겠네

유학자 시인들은 도연명을 흠모하면서도 차츰 도원의 실재성에 의

문을 제기하거나 도원 이야기를 황당한 것으로 보게 됐다. 그뿐 아니라 도원이 실재한다 해도 다시 갈 수 없는 곳으로 보았다. 세속의 인연을 버릴 수 없기 때문이다. 시인 한유(768~824)는 그와 동시대 사람이었던 무릉 태수 두상竇常이 그린 도원의 그림을 보고「도원도桃源圖」라는 시를 썼다. 이 시에서 한유는 인간 세상의 인연 때문에 아쉽게도 도원에 머무를 수 없다고 읊으면서, 도원이 실재하는지에도 의문을 표했다. 그의 칠언고시 마지막 부분은 이렇다.

밤 깊어 금빛 닭이 꼬끼요 우니
불 바퀴 해가 솟아 나그네는 놀랐네
인간 세상에 인연이 있어 그곳에 머무를 수 없어
의연히 떠나려 하니 정 때문에 떠나기 어려워라
배를 띄워 노 저으며 한 번 뒤돌아보니
창망히 만 리 먼 곳은 안개 낀 물속에 저물어간다
세상에서 사실인지 거짓인지 어찌 알리오
지금까지 이 일을 전한 자는 무릉 사람뿐이라네

송의 대문호 소동파는 그의 친구 왕공王鞏(자는 정국定國)이 소장한 한 그림을 보고 도원을 읊었는데, 송의 화가 왕진경王晉卿이 그린「연강첩장도煙江疊嶂圖」였다. 오랜 관직 생활과 유배 생활을 거듭하는 동안 도잠의 전원시에서 큰 위안을 받아왔던 소동파는 청정한 무릉도원이 분명 이 세상에 존재한다고 믿으면서도 홍진에 빠져 돌아갈 인연이 끊긴 자신의 처지를 탄식한다.「왕정국이 소장한 왕진경의 그림 '연강첩장도'를 보고 적다書王定國所藏煙江疊嶂圖」라는 제목의 시 한 구절을 보자.

왕진경의 「연강첩장도烟江疊嶂圖」. 소식은 이 그림을 보고 무릉도원을 읊었다. 견본수묵, 45.2× 166cm, 상하이 박물관 소장.

도화유수 인간 세상에 있는데

무릉도원에 어찌 반드시 모두 신선들뿐이더냐

강산은 맑고도 고요한데 나는 진토에 있어

가는 길 있다 해도 찾을 인연 없구나

그대에게 이 그림 돌려보내고 깊이 탄식하노라

산속의 벗들이여, 귀거래사 지어 나를 불러주오

송의 주희는 1183년 푸젠성福建省 충안현崇安縣의 우이산武夷山에 들어가 무이정사武夷精舍를 짓고 성리학을 집대성하던 시절, 그가 살고 있던 우이산의 무이구곡武夷九曲을 인간 세계의 별천지로 노래했다. 성리학을 통해 이상 세계를 건설하려 했던 주희에게 무이구곡은 곧 지상의 무릉도원이었을 것이다. 그의 「무이구곡도가武夷九曲櫂歌」 중 제9곡을 보자.

구곡에 다다르니 눈앞이 훤히 트이는데

뽕나무, 삼나무에 맺힌 이슬 들판을 적시네

사공은 다시금 무릉도원 가는 길 찾지만

이곳이 바로 인간 세계의 별천지라네

고려 말의 여러 문인도 도원을 노래했다. 이규보, 진화, 이제현, 이곡, 이색이 그들이다. 특히 목은 이색李穡은 도원을 찾아 꿈속에서 헤매었던 기억을 노래한 「꿈을 기록하다紀夢」라는 시에서 이렇게 읊었다.

일천 바위 일만 골짜기 꿈속에 다녔는데
창 밑 쇠잔한 등불은 어두웠다 밝았다 하네
선경에는 본디 속세의 누가 없으려니와
선경은 또한 남과 논하기 어려우리
도원이 적적하니 나그네는 배 돌리고
뽕나무 밭 약초 캐는 사람은 아득하기만 한데
단지 마음속을 청정하게만 하면 그만이지

소치小癡 허련許鍊의 「무이구곡도」 병풍 10폭 중 9곡. 그림 윗부분에 주희의 구곡시가 쓰여 있다. 지본수묵채색, 90×38cm, 개인 소장.

굳이 내 뜻을 산림에 부칠 필요 없고말고

꿈속에서 도원을 찾아 헤매던 시인은 잠에서 깨어나 희미한 등불 아래 곰곰이 생각했다. '마음을 닦으면 될 것을 굳이 도원에 이르러야만 하는가'라고. 속세와 낙향 사이에서 번민하던 시인은 결국 속세를 택하는 모습을 보여준다.

조선 초 유방선柳方善은 부친이 민무구의 옥사에 연루되면서 평생 벼슬길에 나가지 못했지만, 오랜 유배 생활을 하면서 많은 제자를 길러낸 재야 학자다. 그는 「청학동靑鶴洞」이라는 시에서 무릉도원을 이렇게 묘사했다.

> 천태산天台山에서 신선 만났다는 옛일 모두 황탄하고
> 무릉도원의 자취도 몽롱하기만 하다
> 어찌 장부의 출처를 구차히 할 것인가
> 몸을 깨끗이 하려다 인륜을 어지럽히는 것은 모두 무지한 일

무릉도원을 허망한 존재로 보았을 뿐 아니라 출처를 구차히 하는 것도 문제이지만, 절의를 지키기 위해 자연에 은일하는 것은 충의에 반한다는 뜻을 보인다. 『논어』「미자微子」의 "벼슬하지 않는 것은 도리를 무시하는 것이다. ……자신을 깨끗이 하고자 하여 큰 질서를 어지럽히는 것이다"라는 구절을 일컫는 것이지만, 재야학자이면서도 뿌리 깊은 권력지향적 속성을 드러내는 것은 그가 권남, 한명회, 서거정과 같은 수양대군 측근의 스승이었던 점을 생각할 때 우연이 아닐 것이다.

정인지 역시 「몽유도원도」 찬시에서 홍진에 갇혀 늙어가지만 찾을

수 없는 도원에는 다시 돌아갈 수 없다고 읊으면서, 한유(한창려)와 마찬가지로 도원의 실재에 의문을 표한다.

> 오호라! 시끄러운 홍진에 갇혀 답답한 이 몸
> 빽빽하던 귀밑머리 어느새 성글어졌네
> 도원을 생각하니 아득하기만 하여
> 어부 한 번 다녀온 뒤로 다시 찾을 길 없네
> 한창려 같은 달인도 의혹을 풀지 못했거늘
> 어지러운 속인이 어찌 알 수 있으리오

도원의 존재에 반신반의하거나 속세의 인연 때문에 도원에 갈 수 없음을 아쉬워하는 도원관桃源觀은 현실을 중시하는 유학자의 보편적인 생각이었다. 그렇지만 도원의 몽유 이후 안평대군에게 도원은 현실보다 더욱 중요한 의미를 갖게 됐다. 그곳은 피안의 선계가 아니었으며 단지 마음속의 안식처도 아니었고 그가 몸담고 있는 현실의 세계도 결코 아니었다. 계시와도 같은 꿈을 통해 뚜렷이 나타난 도원은 그가 앞으로 반드시 다다라야 할 운명적인 곳이며, 그곳은 실재하는 어느 곳보다도 절실한 세계일 수밖에 없었다.

그의 꿈은 어느 봄날 밤 홀연히 찾아와 그의 천성을 확인시켰고, 그의 갈 길을 보여주었다. 그것은 그의 인생에 큰 결단을 가져왔다. 그는 현실의 그 어떤 부귀영화의 삶과도 견줄 수 없는 필연적인 자기의 길을 발견한 것이다. 이제 그에게는 현실의 삶을 정리하고 도원으로 떠나는 길만이 남아 있었다. 초청된 문사들은 안평대군의 설명을 기다릴 필요도 없이 「도원기」에 뚜렷이 표명된 그의 결의를 읽을 수 있었을 것이다.

한 편의 연판장이
탄생하다

　비해당에 초청된 문사들은 당시의 유교적 현실에서는 쉽게 누릴 수 없었던 꿈과 도원이라는 이례적인 시제를 앞에 두고 도가 사상가들이 예찬한 신선의 경지를 마음껏 읊었다. 폭넓은 학문과 사상이 탐구되던 세종조의 일이라 가능했을 것이다. 그들은 도가 경전의 하나인 『열선전列仙傳』에 나오는 여러 신선을 인용하며 안평대군을 신선에 비유했고, 그의 몽유를 신유神遊로 찬미했다.

　문사들은 우선 세상 밖으로 몽유한 안평대군의 맑은 기상을 찬양했다. 1천 년 전 동진의 시인이 처음 알려준 낙원이었지만, 그 후 아무도 다시 가보지 못한 도원을 꿈에 그토록 생생히 보고 감히 그곳에서 노닐었다는 것은 비범한 정신력이고 영적인 힘이 아닐 수 없었다. 몇 개의 찬문을 예로 들어보자.

　　달인은 본디 스스로를 형체에 의지하지 않고

정신으로서 신선의 경지를 드나드는 법이라네

— 박연

진실로 비범한 기골이 아니라면
어찌 선경에 노닐 수 있으리

— 이적

지체 높고 맑은 생각 고상하신 분, 도가 절로 트여
초연히 세상 밖의 신선 사는 곳을 꿈꾸셨네

— 이개

정신이 우주 천지간에 노닐지 않는다면
신선의 경지에는 끝내 이를 수 없으리

— 성삼문

문사들은 또한 안평대군의 도원 몽유는 부질없는 헛된 꿈이 아니라, 현실만큼 진실한 뜻이 내포된 것임을 인정했다.

고집스레 꿈의 원인 논할 필요 없이
참과 거짓 모름지기 알고 나면 꿈과 현실은 같은 것이리니

— 신숙주

잠깐 사이에 꾼 꿈이라 하지만
꿈속에서 겪은 일들 낱낱이 현실이라네

— 이현로

황제가 화서씨 나라에 노신 꿈 그 조짐이 허황된 것 아니었나니
비해당이 도원에 노신 것도 어찌 거짓으로 전해지는 말이라 하랴

— 박연

어찌 알았으리, 어느 날 밤 지체 높으신 분 꿈속에서
만 리 아득한 곳을 지척으로 찾아들 줄이야
연후에 후세 사람 비로소 그것이 진실인 줄 알게 됐으니
술에 취했다 깨어난 듯 몽롱한 것 밝아진 듯

— 이예

문사들은 "낮에 생각한 것이 밤에 꿈이 된다"라는 열자의 말과 같이 무릉도원 꿈은 평소 안평대군이 부귀영화보다는 산수 자연에 뜻을 둔 증거였음을 확인했다.

존귀한 왕자께서 진짜 대상부님을
이제야 비로소 알겠도다
몸은 비록 궁궐에 있지만
뜻은 오히려 신선 세계에 두고 있네

— 이적

지체 높으신 분 본시부터 마음에 품은 뜻 달랐는지라
도화원 그윽한 곳을 꿈속에서 찾을 수 있었다네

— 최수

성품이 본시 기이함을 좋아하는 터라
한번 놀아보곤 벼슬살이 속세 일을 모두 잊었다네

— 윤자운

고아한 회포는 원래 번화함을 싫어하여
신선 사는 고장 향하여 그윽한 곳 찾아나섰네

— 이예

지체 높으신 분 맑은 생각 품어온 것 예전부터 믿어왔기에
무릉의 봄 꿈 이제 더욱 분명해졌네

— 서거정

　마지막으로 문사들은 안평대군이 절의의 시인 도잠이 그려낸 도원에 도달했다는 사실에 주목했을 것이며, "자연에서 마음을 닦는 자는 꿈에도 조정을 그리워하지 않습니다"라는 안평대군의 직설적인 글에서 그의 향후 진로가 궁궐을 떠나 산수 자연에 있음을 직감했을 것이다.
　왕자로서 조정을 넘보지 않는 것은 지극히 당연한 의무다. 그런데도 안평대군이 「도원기」에 이러한 뜻을 기록하여 세종의 핵심 신하들에게 대대적으로 공표한 이유는 무엇일까? 그것은 세종의 조정에서 뚜렷한 업적과 명망을 쌓아 이룬 막강한 정치적 영향력을 스스로 의식해서였을 것이다. 그는 이 모든 것을 내려놓겠다고 선언한 것이다. 그리고 이러한 선언의 근저에는 타고난 천성을 온전히 하여 '수성의 대업'과 '사

직의 안녕'을 지키려는 대의가 있음을 문사들은 충분히 이해했을 것이다. 이것은 앞으로 왕실 세력으로서 권력투쟁에 뛰어들지 않을 것이며, 또한 권력의 지위에도 연연해하지 않겠다는 맹세였다. 따라서 그가 몸바쳐왔던 현실의 정치와 국정에서 조만간 물러날 것을 예고하는 것이었다. 이에 대한 문사들의 반응을 살펴보자.

박팽년은 그의 「몽도원서」 말미에 다음과 같이 썼다.

꿈인가 생시인가에 대한 논의는 옛사람도 어렵게 여겼는데, 나 같은 사람이 어찌 감히 그 사이를 분별하여 따질 수 있으리오. 이제 그의 「도원기」를 읽고 겪었던 일을 생각해보니, 내가 평소 품어온 생각을 달랠 수 있어 참으로 다행이라고 생각한다.

안평대군의 몽유에 처음부터 동행했던 박팽년은 이 놀라운 꿈 이야기를 처음으로 듣고 찬문을 지은 만큼, 그의 글에서는 사뭇 조심스러움이 배어난다. 또한 그의 글은 시가 아니라 기문이기 때문에 시적 은유가 배제되어 사실적인 서술로 들린다. 그는 「도원기」를 읽어보니 "내가 평소 품어온 생각을 달낼 수 있어 참으로 다행"이라고 했다. 그가 "평소 품어온 생각"이란 도원에 노닐고 싶었던 바람만은 결코 아니었을 것이다. 그보다는 안평대군과 같이 그 역시 사직의 안녕을 위해서라면 벼슬을 버리고 은거할 각오가 되어 있다는 것을 암시한 것은 아니었을까?

신숙주는 칠언절구 20편으로 이루어진 대작 시에서 안평대군이 기문에서 설명한 꿈의 모습을 가장 충실하게 묘사하면서, 도원에서 은거하려는 안평대군의 결의를 적극적으로 지지한다.

> 진실과 범속은 마치 네모난 자루와 둥근 구멍같이 어울릴 수 없고
> 사람의 취향은 각각 달라 길이 갈라지기 마련
> 누가 천인天人으로 하여금 길을 가리키게 하여
> 곧장 길을 잡아 선경으로 가게 했나
>
> 무너져 내릴 듯한 절벽을 굽이도는 물줄기는 구슬방울같이 날리고
> 깊은 산 휘돌며 연기 같은 안개 피어나네
> 아득히 구불구불 뻗은 길은 몇 굽이를 맴도는가
> 채찍 멈추고 곧장 용사굴龍蛇窟을 찾아든다
>
> — 신숙주

신숙주는 안평대군의 도원행이 자신의 천성에 따른 길이며, 그 길은 천인이 알려준 것이니 꿈을 통해 하늘의 계시가 있었음에 동의한다. 그는 또한 꿈속에서 안평대군이 몇 굽이의 산길을 돌아 드디어 도원에 도착한 것을 "채찍 멈추고 곧장 용사굴을 찾아든다"라고 비유하여 안평대군의 최종 종착지가 용사굴이라고 했다. 용사굴은 '은퇴하여 명철보신하는 동굴'이란 뜻인데,[1] 안평대군이 세종의 교훈인 명철보신을 실천하기 위해 장차 도원으로 은퇴할 것임을 확신하는 듯하다. 아마도 그는 안평대군에게서 무릉도원 꿈에 관한 해몽을 직접 상세히 들었음에 틀림없다.

최항 역시 꿈의 동행인으로서 기문에 쓰인 대로 충실히 도원의 모습을 재현했다. 60구에 달하는 장문의 칠언고시에서 그는 정치 참여도 사실상 극히 위험한 일이지만, 은거를 택하는 것 또한 어려운 결단임을 인정하며, 안평대군이 자신의 천성에 따라 세속의 영화보다는 은자의

인생관을 선택했음을 예찬한다.

> 선경으로 가는 길 어찌 다시 찾을 것이며
> 출렁이는 세파에서 어찌 몸을 빼어낼까
> 자주 인끈 금장紫綬金章은 참으로 위태한 것
> 푸른 짚신 베 버선으로 은거하기도 어려운 일
> 자갈밭 초가집은 은자의 높은 의취요
> 뜬구름 흐르는 물은 달사의 인생관이라
>
> — 최항

안평대군과는 문우이자 정치적 동지로서 그의 의중을 가장 잘 이해했을 이현로는 1,350여 자에 달하는 고풍스러운 장문의 부賦를 지어 안평대군의 꿈과 그의 결단을 찬양했다. 선경仙境에 대한 화려한 묘사와 대비되어 각박한 현실에 대한 슬픔과 울분이 교차하는 그의 글은 굴원의 대서사시 「이소離騷」(근심을 만나다)를 연상시킬 뿐 아니라, 실제로 「이소」에서 10여 개의 구절을 그대로 따왔다.

굴원은 기원전 3세기 조나라에서 소인배의 침소讒訴를 받아 유랑하던 중 자신의 우국충정이 받아들여지지 않는 현실에 절망하여 멱라수汨羅水(후난성湖南省 샹인현湘陰縣 북쪽의 강) 강물에 투신했던 정치인이자 대시인이다. 그가 방랑하면서 자신의 충절을 읊은 「이소」는 중국 문학 최초의 서정적 장편 대서사시이며, 그는 중국 최초의 본격적인 시인으로 추앙받는다. 「이소」의 비장감 도는 분위기를 그대로 보여주는 이현로의 찬문은 그와 유학자들 사이의 갈등을 표현한 것으로 이해되지만, 또한 어려운 은퇴를 결심한 안평대군의 심정을 대변하는 것인지도 모른다. 그는 사직을 위해 모든 것을 버리고 깨끗이 홍진을 떠나고자 하는 안평대군을 멱라수 강 유역을 방랑하는 굴원에 비유한 것으로 보이는데, 그의 시는 굴원의 종말처럼 안평대군의 비극적 종말을 예언하는 시참詩讖으로도 들린다.

> 크도다, 지체 높으신 분의 긍지여!
> 부귀한 신분이면서도 그 속에 빠지지 않았도다
> 슬프도다, 세속의 각박함이여!
> 훌쩍 몸을 빼어 먼 곳으로 떠나가 버리려 하는구나
> ⋯⋯
> 한 폭의 그림에 선경을 드러냈음이여!
> 우주의 원기가 다 모였도다
> 세상의 풍속을 멀리함이여!
> 도원의 경내에 터를 잡았도다
> ⋯⋯
> 시속의 공교함만 붙좇는 세태여!
> 명리 추구하여 서로 다투노니
> 백골 같은 인간들 세월 따라 몰려감이여!
> 슬픔과 즐거움 서로 다투며 오장을 끊는도다
>
> — 이현로

안평대군의 오랜 문우이며 각별한 관계를 가져온 김종서는 오언고시 34구를 지었다. 그의 시는 일찍부터 안평대군의 성품으로 보아 이러한 길을 가고자 했음을 알고 있었다는 암시를 던져준다.

푸바오스傅抱石(1904~65)의 「굴원屈原」. 멱라수 강을 헤매는 굴원의 초췌하고 고독한 모습이 잘 드러나 있다. 그림 윗부분에는 굴원의 우국충정을 기리는 원 소장자의 발문이 적혀 있다. 푸바오스는 항일투쟁 기간 중 굴원의 초상을 다수 그려 민족정신을 고취했다. 1942년, 지본수묵, 83x57cm, 개인 소장.

    달인이 신선을 꿈꾼다는 말
    참으로 옳도다
    왕자 진은 본디 기상이 맑아
    일찍부터 속세의 시끄러움을 싫어했다네
    줄곧 속세 밖의 세상 그리워했고
    부귀영화를 뜬구름같이 여기었네

— 김종서

박연은 44구에 달하는 장편 칠언고시에서 그 어느 문사보다도 더 열렬히 안평대군의 무릉도원 꿈과 그 꿈을 그린 「도원도」를 찬양했고, 홍진을 떠나 도원에 은거하려는 그의 결단을 지지했다.

깊은 뜻 있는 아름다운 꿈은 반드시 징험이 있으리니
황제黃帝의 화서지몽華胥之夢 이상향은 가히 믿을 만한 이야기이리
그대는 보지 못했는가? 형왕荊王(楚懷王)이 베개 맡 꿈속에서
부암傅巖으로 가지 않고 무협으로 향했음을
그대는 또한 알지 못하는가? 장자가 병풍 아래 꿈속에서
주공을 흠모하지 않고 호랑나비를 그리워했음을

비심宓諶은 진실로 들판에 나간 뒤에야 문장이 아름다워졌고
자천子賤은 거문고를 타기만 했는데 정사는 저절로 다스려졌다네
초연히 물외物外로 나아가 성정을 기쁘게 지니니
참으로 커다란 저울대가 절로 그 가운데 있다네
쉽사리 그림을 논하지 말지니
내 이제 눈 크게 뜨고 천지의 편안함을 보리라

— 박연

박연은 황제가 화서국華胥國이란 이상향을 몽유한 이후 이상국가의 꿈이 실현됐다는 열자의 이야기를 인용하여 안평대군의 꿈이 막연한 것이 아니라 징험 있는 꿈일 것이라고 예찬했다. 그는 도원으로 떠나려는 안평대군의 꿈 또한 이상국가 조선을 실현시키는 몽조라고 보았는지 모른다.

박연은 은나라 고종이 꿈을 꾼 후 부암에서 부열을 찾아내 재상으로 발탁했지만 초나라 형왕은 꿈속에서 무산巫山의 신녀神女와 만나 즐겼고, 공자는 평소 주나라 정치인 주공을 꿈꾸었지만 장자는 훨훨 나는 호랑나비를 꿈꾸었던 예를 들어 무릉도원 꿈을 계기로 정치와 결별하여 정신의 자유를 추구하려는 안평대군의 결단을 찬양했다.

박연은 또한 춘추시대 정鄭나라의 대부 비심(외교 문서에 능했던 문장가)이 자연과 친했기 때문에 좋은 문장을 이룰 수 있었고, 노魯나라 선부單父 고을의 수령이었던 공자의 제자 자천은 정치를 제쳐두고 거문고에만 열중했지만 오히려 정치가 잘 풀렸다는 고사를 인용하여 정치에 집착하기보다 타고난 성정을 기쁘게 하는 일이 세상의 순리에 맞는 것임을 강조했다. 그러므로 기꺼이 산수 자연으로 떠나려는 안평대군의 결단이야말로 세상을 바르게 하는 저울대이며, 무릉도원 꿈을 그린 「도원도」는 단순한 그림이 아니라 세상의 평안을 가져올 큰 뜻이 내포된 것이라고 안견의 「도원도」에 막중한 의미를 부여했다.

고득종은 무릉도원의 존재 자체와 그 가치를 부정하면서, 찬문을 지은 문사들 중 유일하게 안평대군의 은거를 극력 만류한다. 고득종은 안평대군이 계속 현실 정치에 남아 주나라의 훌륭한 '섭정 주공'을 본받기를 바라는 마음을 솔직히 표현했는데, 아마도 그가 찬문을 쓴 시기가 수양대군의 야심이 표면화되던 문종 말년에서 단종 즉위 초였기 때문이 아닌가 추측된다.

> 신선이 있는지 없는지는 이야기할 만한 것이 못 되니
> 세상 다스림에 아무런 공이 없다네
> 바라건대, 주공의 충성심을 그대로 본받아

부디 나라의 앞날이 주나라와 같게 하소서

— 고득종

시승이며 학승이었고 두보 시의 권위자였던 당시 90세의 고승 천봉千峯 만우卍雨는 가장 연로한 조선의 시인으로 기록될 것이다. 1442년 (세종 24), 「소상팔경시권」에도 찬문을 썼던 그는 60년이라는 나이 차이를 넘어 안평대군의 문우였고, 시와 불교의 스승이었다. 짧지만 의미심장한 그의 찬시를 보자.

잠자는 동안 훨훨 날던 베갯머리 나비
깨어나니 웬일로 다시 침상 위의 몸
이 이치 어찌 홀로 칠원漆園(장자)만 논했으랴
백양伯陽(노자)이 그 옛날에 이미 그 교훈을 글로 썼거늘

— 만우

그는 장자의 호접몽을 언급하고 들어 노자의 교훈을 가르쳤다. 물아일체物我一體와 무위자연無爲自然을 이야기한 것으로 볼 수도 있겠지만, 여기서 말하는 글로 쓴 교훈書紳은 특별히 노자의 교훈, 즉 "공을 이루고 이름을 얻었거든 몸은 물러나는 것이 하늘의 도功成名遂身退天之道"라는 『도덕경』(제9장, 왕필본王弼本)의 글을 언급한 것은 아니던가.

21명의 문사들은 비해당에서 나누어준 색색의 종이에 각자의 찬문을 자필로 쓰고 여기에 서명했다. 이러한 찬문은 그대로 한 편의 연판장이 됐다. 이들은 모두 안평대군의 맑은 성품과 그 천성이 속세보다는 자연에 있음을 확인했고, 자신의 천성을 좇아 홍진의 공명을 버

조맹부가 쓴 「도덕경」(1316) 첫 페이지와 제9장 일부(복제본). 그림은 작자 미상. 맨 왼쪽의 글은 「도덕경」 제9장인데 "공성명수신퇴지도功成名遂身退天之道"라는 글이 쓰여 있다.

리고 도원에 은거하며 정치에서 영원히 물러날 것임을 확신한 것이다. 「몽유도원도」의 제작은 사직의 안녕을 지키고 수성을 길이 보전하는 것에서 자신의 천명을 보았던 안평대군 꿈의 기록에 세종의 핵심 문신들이 다 같이 참여하는 성대한 의식이 됐다.

1977년 「몽유도원도」 찬문 전체를 처음으로 판독, 간행할 때 교정을 맡았던 교토 대학의 후지에타 아키라藤枝晃 교수는 "이것은 연판장이다!"라고 감탄했으며, 덴리 대학의 스즈키 오사무鈴木治 교수 또한 "호화 현란한 연판장이다. 그리고 나서 곧 연판장의 중심인물들이 배신을 했다는 것은 이 일대 사극을 더욱 처참하게 만들었다"라고 평했다.

한 편의 연판장이 탄생하다   191

문사들의 면모와 찬문 증정 시기

「몽유도원도」에 찬문을 쓴 사람은 기문과 주서 시를 쓴 안평대군 외에 모두 스물한 명이다. 세종의 중신 일곱 명, 고승 한 명, 원로 유학자 한 명, 젊은 집현전 학자 열한 명, 승문원(외교 문서 총괄) 학자 한 명이다. 이들의 공통점은 세종이 지극히 총애했던 사람들이며, 최고의 재능을 가졌고, 조선의 수성을 이룬 주역들이라는 점이다.

북방 6진을 개척한 김종서, 훈민정음 창제를 도운 집현전 학자들, 조선 예악의 기초를 놓은 박연, 성녕대군의 장례를 주관했으며 세종이 세자로 책봉될 때 봉숭도감封崇都監 제조를 맡았고, 세종의 즉위를 알리는 사은주문사謝恩奏聞使 부사를 맡았던 이적, 세종 즉위 시 지신사知申事(승지)가 되어 세종을 보필했고 세종 말년에서 문종 초까지 영의정을 지낸 하연, 세종의 제주도 통치를 보좌했던 제주 호족 고득종, 시서화의 대가였던 안평대군의 이모부 강석덕, 성균관 생도들의 스승 최수, 고려조의 이색, 이숭인의 문우로서 고려의 문화를 조선으로 계승한 학승이며 시승이었던 고승 만우가 그들이다.

이들은 또한 모두 안평대군과 각별한 인연을 가진 사람들이었다. 계유정난을 기점으로 이들의 운명은 어떠했는가? 계유정난 이전에 역사에서 사라진 사람은 만우, 하연, 최수, 이적, 고득종이다. 계유정난 때 안평대군과 함께 처형된 사람은 김종서와 이현로이며, 박연의 둘째 아들인 집현전 학자 박계우朴季愚는 처형됐고, 박연 자신은 유배를 가서 1458년(세조 4) 유배지에서 사망했다. 박팽년, 성삼문, 이개는 계유정난 3년 후 사육신사건에서 처형됐다. 하지만 나머지 열 명의 문사는 세조조에서 영달하며 관운을 누렸다.

1447년(정묘)을 기준으로 이들의 면모를 나이순으로 정리해보면 다음과 같다.

　　천봉千峰 **만우**卍雨 : 고승, 90세, 1358~1440년대 말 졸 추정

　　하연河演 : 좌의정, 72세, 1376~1453

　　최수崔脩 : 원로 유학자 성균사예成均司藝, 70세, 1378~1450년대 졸 추정

　　박연朴堧 : 대제학, 70세, 1378~1458

　　이적李迹 : 경기감사를 역임한 세종 초 문신, 70대 추정, 1370년대 생 ~1450년대 졸 추정

　　김종서金宗瑞 : 우찬성, 65세, 1383~1453

　　고득종高得宗 : 제주 호족 동지중추원사, 60세, 1388~1452[2]

　　강석덕姜碩德 : 개성부 유수, 53세, 1395~1459

　　정인지鄭麟趾 : 이조판서, 52세, 1396~78

　　최항崔沆 : 집현전 학자, 39세, 1409~74

　　김수온金守溫 : 집현전 학자, 38세, 1410~81

　　송처관宋處寬 : 승문원 학자, 38세, 1410~77

　　윤자운尹子雲 : 집현전 학자, 32세, 1416~78

　　김담金淡 : 집현전 학자, 32세, 1416~1664

　　신숙주申叔舟 : 집현전 학자, 31세, 1417~75

　　박팽년朴彭年 : 집현전 학자, 31세, 1417~56

　　이개李塏 : 집현전 학자, 31세, 1417~56

　　성삼문成三問 : 집현전 학자, 30세, 1418~53

　　이현로李賢老 : 집현전 학자, 30대 추정, 1410년대 후반 생 추정~53

　　이예李芮 : 집현전 학자, 29세, 1419~80

서거정徐居正 : 집현전 학자, 28세, 1420~88

이들 찬문자 명단은 당대 최고의 명성을 날리던 안평대군의 위상을 말해준다. 최고의 정치인, 유학자, 고승, 음악인, 풍수가, 천문가, 문인 학자들이 참여한 「몽유도원도」의 예술적·역사적 가치는 유례없는 것이 됐다.

이들이 찬문을 쓴 시기는 언제쯤이었을까? 안평대군으로서는 꿈의 감흥이 퇴색하기 전에 찬문을 받고자 했을 것이므로 대부분의 찬문은 늦어도 수개월 내에는 모아졌을 것으로 보인다.

안평대군이 기문에서 "꿈을 꾼 지 사흘 만에 그림이 완성됐는지라 비해당의 매죽헌에서 이 글을 쓰노라"라고 한 것을 볼 때 그는 안견의 그림이 완성된 1447년 4월 23일 직후 기문을 쓴 것으로 보이며, 그리고 나서 다음 달 윤4월 중에 박팽년의 글이 두 번째로 완성된 것으로 보인다. 박팽년이 그의 서문에서 "비해당께서 그림을 그리게 하고 제기를 지으신 데다 장차 문사들에게 시문을 짓게 하셨는데, 나도 그곳 노니는 행렬 속에 끼여 있었다 하여 특별히 글을 짓도록 명하셨다"라고 쓴 것을 보면, 안평대군은 처음에 박팽년을 불러 서문을 짓게 한 후 그와 도원을 동행했던 신숙주와 최항에게 먼저 찬문을 받았거나 또는 도원행을 한 세 사람을 함께 불러 찬문을 짓게 한 다음 나머지 문사들을 초청했을 것으로 보인다.

김종서와 최수의 찬문에서 "사림의 주옥같은 글" 또는 "집현전 학자들의 글"이 언급된 것으로 보아 안평대군은 젊은 집현전 학자들을 먼저 초청하여 안견의 「도원도」와 자신이 쓴 「도원기」를 보며 찬문을 짓게 했을 것이다. 그런 다음 세종의 중신들이 초청되어 「도원도」와 「도원기」 및 집현전 학자들의 글을 보며 찬문을 지었던 것 같다.

박팽년의 글이 윤4월에 완성된 것으로 보아 다른 집현전 학자들도 비슷한 시기에 찬문을 완성했을 것이다. 그런데 찬문을 지은 열두 명의 집현전과 승문원 학자 중 이현로와 서거정을 제외한 열 명이 그해 8월에 실시된 중시重試에 합격한 자들이다. 안평대군이 이들의 합격을 축하하여 찬문을 받았다면 이들은 8월 중시 이후에 찬문을 썼을 것이다. 그렇지만 이들은 원래부터 안평대군의 절친한 문우였기 때문에 중시와는 상관없이 윤4월, 5월 중에 찬문을 쓴 것으로 보는 것이 타당할 것이다.

찬문을 지은 사람들 중 이적은 1447년 당시 경원에 유배 중이었는데, 세종은 이적의 조카인 승려 신미의 간청을 받아들여 승하하기 20일 전 그를 사면했다.³ 이적은 그의 시에서 「도원도」와 「도원기」를 보았음을 명시했다. 안평대군이 그림과 기문을 가지고 이적의 유배지를 방문한 것이 아닌 한, 그는 1450년(세종 32) 윤1월 말 방면된 이후 비해당을 방문하여 글을 지었을 것이다. 따라서 그의 시는 세종 승하 즈음에, 또는 문종 즉위 이후 쓰인 것으로 보인다.

고득종은 찬시에서 "비러건대, 주공周의 충성심을 그대로 본받아 부디 나라의 앞날이 주나라와 같게 하소서"라고 하며 안평대군을 주공에 비유했다. 어린 조카인 성왕의 섭정이 되어 충성을 다해 성왕을 보좌했던 주공에 안평대군을 비유한다는 것은 세종과 문종이 생존했을 때에는 불경스러운 말이 될 수 있다. 실제로 계유정난 이후 섭정이 된 수양대군을 주공이라고 불렀던 것을 보아도 그러하다.⁴ 따라서 고득종은 문종 말년에서 단종 즉위 초에 찬문을 썼을 가능성이 크며, 아마도 맨 마지막 찬문을 더한 사람일지 모른다. 그렇다면 「도원도」의 완성은 단종 즉위 무렵이 될 것이며, 완성 단계에서 안평대군은 「몽유도원도」 제첨을 써서 부쳤을 것이다.

처음 안평대군은 안견의 「도원도」와 그의 「도원기」를 족자로 만들어서 비해당 대청에 걸어두고 문사들로 하여금 보게 했다. 서거정의 "높은 당에 늘어뜨린 그림 족자", 고득종의 "기를 짓고 그림을 그려서 당 가운데 걸어놓았네", 최수의 "누각을 가득 채운 제기題記"라는 글이 찬문을 지을 당시의 모습을 설명해준다.

안평대군은 또한 먼저 거둔 찬문을 뒷사람이 볼 수 있도록 비해당에 진열한 것으로 보인다. 이때 귀중한 찬문을 하나하나 종이 낱장으로 보관했기보다는, 찬문이 이루어질 때마다 간단한 족자로 장정을 하여 관람하기 편하게 진열하거나 걸어두었을 것이다. 그러다 어느 시점에서 한 권으로 장정을 했을 텐데, 이때의 찬문 순서는 알 수 없다. 찬문을 받은 순서대로였는지, 또는 문사의 지위나 나이 등 다른 고려 사항이 있었는지 지금으로서는 알 수 없지만, 시권의 마지막 부분에 제일 늦게 거둔 시문이 배치됐을 가능성은 크다.

안평대군이 자신의 시를 더하다

「도원기」에 문사들의 찬문이 더해져 「몽유도원도」가 완성되고 3년이 지나서 1450년(세종 32, 경오) 정월 어느 날 밤, 안평대군은 「몽유도원도」에 자신의 시 한 수를 보탰다. 시를 지은 장소는 치지정致知亭인데, 정자의 이름이 '앎에 이르다'라는 '격물치지格物致知'에서 따온 말인 것으로 보아 치지정은 비해당 내의 한 서재였든지, 아니면 서적이나 서화를 수장했던 서고였는지도 모른다. 「도원도」를 앞에 펼쳐두고 그는 푸른 비단에 붉은 먹으로 한 수의 칠언고시를 써내려갔다.

이 세상 어느 곳을 도원으로 꿈꾸었나?
산관야복 은자의 옷차림새 아직도 눈에 선하거늘
그림으로 그려놓고 보니 참으로 좋은 일이려니
여러 천 년을 이대로 전해지기를 헤아려보는구나

삼 년 뒤 정월 어느 날 밤
치지정에서 이를 다시 펼쳐보고 짓노라

— 청지淸之

3년이 흘렀지만 도원의 모습은 아직도 안평대군을 깊이 사로잡고 있었다. 그는 그림을 펼쳐들고 꿈속에서 도원에 이르는 길을 알려준 은자의 모습을 생생히 되살리면서 지상 어느 곳에서 도원을 찾을 수 있는지 애타게 묻고 있다. 그림이 여러 천 년 동안 전해지기를 염원한 것을 보면 안평대군이 「몽유도원도」를 얼마나 귀중히 여기고 가치를 부여했는지 짐작할 수 있다.

그런데 그는 왜 3년이 지나서 그림을 다시 펼쳐보며 이 시를 덧붙였을까? 아마도 절박한 현실과 무관하지 않았을 것이다.

1450년 정월, 병이 깊어진 세종은 피병을 위해 경복궁을 떠나 영응대군의 저택 내 동별궁으로 이어했고, 다시 효령대군의 저택으로 이어했다가, 동별궁으로 돌아갔다. 마지막을 예감하고 임종을 준비하던 세종은 그로부터 두 달 후 동별궁에서 세상을 뜬다. 이 무렵 왕세자 역시 지병인 등창과 새로 허리에 생긴 지름이 5~6촌(약 20센티미터)이나 되는 악성 종기를 앓으며 병석에 들었다.

임금과 왕세자가 동시에 중병을 앓는 급박한 상황이었다. 조정에서는 한 달 후 오는 중국 사신을 어린 세손이 맞아야 하는가, 종친 서열 제일인자인 수양대군이 맞아야 하는가를 두고 연일 논의가 벌어지고 있었다. 이러한 상황에서 만에 하나라도 임금과 왕세자에게 연이어 불행이 닥친다면 왕비도, 왕세자빈도 없는 궁중에는 10세의 왕세손만이 홀로 남겨질 것이고, 그 주위를 세종의 중신들과 다섯 명의 장성한 대군이 지키고 있게 될 것이었다. 막연히 우려했던 섭정 문제가 현실로 다가온 것이다.

말년, 사직의 안녕에 심혈을 기울였던 세종은 왕세자의 건강 악화에 대비하여 섭정 문제를 충분히 검토하여 미리 결정해놓았을 것이다. 그것은 왕실의 어느 누구도 아닌 중신들에게 섭정을 맡긴다는 결정이었다. 세종의 결정은 이미 왕자들에게도 통보됐을 것이다. 이같이 중요한 결정을 내리기까지 세종은 수양대군, 안평대군과도 충분한 협의를 거쳤을 것이며, 두 대군은 중신들이 섭정을 맡도록 결정된 상황에서 짐이 되지 않도록 각별히 처신해야 했다.

안평대군이 이 시점에서 다시 「몽유도원도」를 펼쳐본 것은 이러한 현실과 무관하지 않았을 것이다. 세종의 죽음이 임박했고, 왕세자의 건강이 악화된 최대의 국가적 위기 상황에 직면한 그는 사직을 위한 그의 결의와 맹세가 새겨진 그림 앞에서 자신의 갈 길을 다시 한 번 다짐했을 것이다.

🌸 수양대군의 연판장

「몽유도원도」가 탄생한 그 이듬해인 1448년(세종 30), 세종은 유신들의 거센 반대를 물리치고 경복궁 서북쪽 문소전文昭殿(태조와 신의왕후를 모신 혼전) 옆에 내불당을 세웠다. 원래 내불당은 1408년(태종 8) 창덕궁 내 문소전 옆에 세운 절이었으나 세종 15년 문소전을 경복궁으로 옮기면서 세종의 명으로 폐한 바 있었다. 그로부터 15년 후, 세종은 이 절을 경복궁 내에 복원한 것이다.

젊은 두 아들과 평생의 반려자 소헌왕후를 잃고 인생무상을 절감했으며 건강마저 잃은 세종이 죽음을 바라보며 더욱 불교에 의지한 것으로 보인다. 유신들은 불교를 깊이 믿는 안평, 수양 두 대군의 사설邪說에 넘어간 세종이 소헌왕후의 명복을 빌기 위해 불당을 세운 것이라고 비난했다. 유교 국가에서 궁궐 안에 사찰을 세우는 일은 수개월간 국정이 마비될 정도로 모든 대소 유신들의 극심한 반발을 야기했지만, 세종은 여러 차례 철선徹膳을 하고 양위마저 거론하며 사찰 건립을 관철했다.

만난을 무릅쓰면서도 세종이 내불당 건립을 강행한 이유는 단순히 세종 자신의 신앙을 위해서, 또는 왕비의 명복을 빌기 위해서만은 아닐 것이다. 내불당 건립 무렵은 왕세자의 건강이 눈에 띄게 기울고 있던 때였다. 세종은 어쩌면 호국불교를 염두에 두었는지도 모른다. 모든 방법을 동원하여 후사를 보호하고 사직을 지켜 수성을 영원히 하려는 필사적인 노력이었을 것이다.

1448년 12월 5일 내불당이 완공되자 5일간 성대한 경찬회가 거행됐다. 임금의 즉위식 못지않은 장엄한 의식이었다. 화려한 단청과 금, 보석으로 치장한 13간의 사찰에 안평대군이 감독하여 만든 금부처 3구를 봉헌했는데, 부처를 가마에 태워 마치 어가 행차와 같은 모습으로 궁궐로 메고 들어와 임금이 친히 맞이한 후 불당에 안치했다. 불상 봉헌과 함께 박연이 작곡한 신곡을 연주하고, 무동들이 춤을 추는 음성공양音聲供養을 바치는 의식도 거행됐다.[5]

수양대군은 이때 경찬회의 모습을 직접 그림으로 그려 「경찬회도慶讚會圖」를 만들었고, 김수온에게 명하여 부처에 맹세하는 「계문契文」을 짓게 했다. 이 「계문」에 따라 수양대군의 주도로 경찬회에 참여한 사람들이 분향하고 함께 계契를 맺었다. 모종의 서약 또는 결사를 한 모양이다. 대군과 왕자, 고위 관료로서 좌참찬 정분, 병조판서 민신, 한성부윤 박연, 도승지 이사철李思哲, 승문원 교리 김수온, 주서注書 성임成任, 그 밖에 환관, 악공, 노비에 이르기까지 계급을 가리지 않고 참여했다는 것을 볼 때 그 수가 수십 명에 달했을 것으로 보이며, 안평대군도 참여했을 것이다.[6]

이 계 조직은 그 후에도 계속됐던 것 같다. 경찬회가 끝나고 5개월이 지나 사헌부에서 대군과 조신, 악공, 노비가 어울린 계 모임의 금지를 건의했지만, 세종은 윤허하지 않았다.[7] 경찬회에서 수양대군은 이 계에 참여한 사람들의 이름을 연서한 축軸을 만들어 나누어주었다 한다. 일종의 명부를 만들고 수개월 동안 계를 계속했던 것 같다. 어떠한 계를 맺었는지, 「계문」의 자세한 내용은 알 수 없지만, 임금의 만수무강을 빌고 사직에 대한 충성을 부처에게 맹세했던 것으로 추측된다.

사직을 위해 산수 자연으로 물러나려는 안평대군의 결의를 찬양한 성대한 「몽유도원도」 제작에 영감을 받았던 것인가? 수양대군의 주도로 이루어진 「경찬회도」와 「계문」 그리고 참석자들의 연명서는 「몽유도원도」 서화와 마찬가지로 한 편의 연판장이라고 볼 수도 있을 것이다. 오늘날 「경찬회도」나 「계문」, 참가자들의 이름을 연서한 축은 모두 남아 있지 않다. 내불당은 세종과 문종, 세조 이후에도 왕실의 비호를 받고 존속했지만 임진왜란 때 불타 영영 사라진 것으로 알려진다.

「몽유도원도」의
산실 비해당

세종조 문예의 요람 비해당

「몽유도원도」가 태어난 비해당은 서울 종로구 인왕산 기슭 수성동에 있던 안평대군의 저택 수성궁水聲宮의 사랑채 별당을 일컫는다. 원래 수성궁은 태조와 태종의 잠저 시절 옛집인데, 안평대군이 결혼할 즈음 세종으로부터 하사받았다.[1] 수성궁은 안평대군이 25세에 세종이 내린 필명 '비해당'을 당호로 삼으면서 문예의 중심지로 명성을 떨쳤다. 『신증동국여지승람新增東國輿地勝覽』(제3권 「비고편」 '한성부')에서는 "수성동은 인왕산 기슭에 있으니 골짜기가 깊고 그윽하여 시내와 암석이 빼어나 여름밤에 노닐기 적당하다. 곧 비해당의 옛 집터로, 근처에 다리가 있는데, 기린교麒麟橋라 한다"라고 소개하고 있다.

인왕산 그윽한 골짜기 안에 자리한 수성동은 계곡의 무수한 바위를 타고 쏟아져 내리는 물소리로 유명했는데, 수성동이라는 이름도 물소리가 좋아 붙여진 이름이었다. 정조 때 문인 박윤묵朴允墨은 수성동의

겸재謙齋 정선鄭敾의 『장동팔경첩壯洞八景帖』 중 「수성동」 부분. 그림 속에서 길을 가는 네 사람의 앞뒤로 깊은 산중인데도 이례적으로 상당히 넓은 평지가 펼쳐져 있다. 이곳을 중심으로 비해당이 있지 않았을까 추정해볼 수 있다. 견본담채, 33.7× 29.5cm, 간송미술관 소장.

물소리를 이렇게 찬양했다.

수성동 백 개의 골짜기와 천 개의 개울을 흐르는 물소리는 산을 찢을 듯, 골짜기를 뒤집을 듯 벼랑을 치고 바위를 굴리면서 흐르니 마치 만 마리 말들이 다투어 뛰어오르는 듯하고 우레가 폭발하는 듯한데, 그 기세는 막을 수가 없고 그 깊이는 헤아릴 수가 없다.

정선의 『장동팔경첩』 중 「수성동」 그림과 일치하는 오늘날 기린교 주변 사진. 기린교는 2009년 옥인 시범아파트가 헐리면서 발견되어 그 자리에 복원했는데, 기린교의 발견으로 이 지역이 비해당 터림이 밝혀졌다.

— 박윤묵, 「유수성동기遊水聲洞記」, 『존재집存齋集』

　기암괴석의 영산 인왕산의 빼어난 사시 절경과 계곡에 울려 퍼지는 우렁찬 물소리, 산 깊이 자리한 인왕사에서 은은히 들려오는 종소리와 예불 소리가 그치지 않았던 비해당은 저명한 문인과 예술인으로 붐비면서 조선 초기 문예와 풍류의 명소가 됐다. 비해당의 후광을 입어서인

왼쪽 그림은 만권당의 고려 학자 익재益齋 이제현李齊賢의 33세 때 초상. 1319년 충선왕의 명으로 원나라 화가 진감여陳鑑如가 그렸는데 초상화 윗부분에는 석학 탕병룡湯炳龍이 쓴 찬문이 있다. 이 초상화는 만권당에서 그렸을 것이다. 시서화에 능했던 이제현은 조맹부 서체를 전수하여 고려에 전파했다. 견본채색, 177.3x 93cm, 국보 제110호, 국립중앙박물관 소장. 오른쪽 그림은 이제현의 「기마도강도騎馬渡江圖」. 견본수묵담채, 73.6x 109.4cm, 국립중앙박물관 소장.

지 비해당이 사라진 조선 중기 이후에도 이 지역은 오랫동안 문인과 예술인의 고장으로 명성을 누렸다.

세종 때 법제에 따르면, 대군의 저택은 방 60간, 누각 10간 이내로 지어야 했지만,[2] 대부분 이러한 규제를 벗어난 호화 주택을 지었다. 특별히 부유했던 안평대군의 수성동 저택은 어느 종친이나 사대부 집도 따를 수 없는 최고의 호화 저택이었고, 따라서 비해당 별당 역시 최고의 건축물이었음을 쉽게 상상할 수 있다.

안평대군은 비해당에 그가 10대부터 공력을 들여 수집한 1만여 권의 책과 수백 축의 진귀한 고금의 명화를 수장했다. 그 자신의 도서관과 미술관을 세운 것이다. 수장품의 규모나 질로 보아 조선 역사 전체를 통틀어 최고의 사설 문화 기관이라 할 수 있을 것이다.

비해당은 고려 충선왕이 연경燕京에 세운 만권당萬卷堂을 상기시킨다. 고려 말기, 정치 개혁에 실패한 충선왕은 왕위를 아들에게 물려주고 연경으로 건너가 그가 원래부터 뜻을 두었던 학문과 예술에 몰두했다. 진귀한 책과 서화가 가득 찬 만권당을 열고, 여기에서 조맹부, 염복閻復, 우집虞集, 주덕윤朱德潤 등과 같은 남송 출신의 명유들과 교류하던 충선왕은 중국의 새로운 학문과 문예사조였던 성리학과 시서화 예술을 받아들여 고려에 전파했다. 그로부터 100여 년 후 안평대군은 비해당을 무대로 세종조의 저명한 학자와 문인, 예술인을 불러 모아 고려 말에 전해진 신학문과 조맹부의 송설체를 비롯한 시서화의 신문화를 선도해 나갔다.

대규모 시회가 자주 열렸고, 포의의 선비와 잡인까지 몰려들었던 비해당에서 안평대군은 문객에게 좋은 음식과 술, 지필묵을 후하게 제공했을 것이며, 시회가 끝나면 이들의 작품을 거두어 편집, 장정하고 필사하거나 인쇄, 발간하여 이곳에 보관했을 것이다. 문학과 예술 작품이 대량으로 태어났을 터이니 비해당은 조선 초기 문예의 산실이었다. 비해당의 존재야말로 조선 초의 시문과 예술이 비약적으로 발전하게 되는 배경이라고 할 수 있다.

당시 웬만한 유학자, 정치인, 문인, 예술인, 승려, 잡학이나 잡업에 종사하는 사람들은 모두 이곳을 거쳐갔다. 안평대군의 성품처럼 지극히 자유롭고 관대한 분위기였을 이곳에서 각계각층의 고수들이 모여 학문과 사상, 종교, 예술을 논하고 교류했을 것이니, 백가쟁명의 장으로서 비해당은 세종조의 자유분방하며 수준 높은 문화를 꽃피운 요람이었다고 할 수 있다.

아름다운 비해당 정원

비해당을 더욱 유명하게 만든 것은 아름다운 정원이었다. 1만여 권의 책과 고금의 명화로 비해당을 채웠듯이 안평대군은 공력을 들여 비해당 정원을 조성했다. 수성궁 넓은 후원에 자리한 비해당 정원에는 여러 개의 인공 토산과 연못이 조성됐고 갖가지 기화요초琪花瑤草와 작고 예쁜 짐승들이 곳곳에 깃들었다. 이 아름다운 정원은 안평대군의 몰락과 함께 파괴됐겠지만, 집현전 학자 열 명이 비해당 정원의 마흔여덟 가지 경관을 노래한 480수의 대연작시 「비해당사십팔영」을 통해 그 모습이 약간이나마 전해진다.

주제 하나하나가 한 편의 시이며 한 폭의 그림이었던 비해당 48경의 주제는 다음과 같다.

매화 핀 창가에 비친 달梅窓素月, 대숲 길의 맑은 바람竹逕淸風, 일본 철쭉꽃日本躑躅, 해남의 낭간석海南琅玕, 섬돌을 가득 덮은 작약醱階勺藥, 시렁 가득 핀 장미滿架薔薇, 눈 속의 동백꽃雪中冬白, 봄 지나 피어난 모란春後牧丹, 지붕 위의 배꽃屋角梨花, 담장 머리의 붉은 살구꽃墻頭紅杏, 졸음 깊은 해당화熟垂海棠, 반개한 산다화半開山茶, 한 아름 피어난 배롱나무爛熳紫薇, 가벼이 활짝 핀 흰 매화꽃輕盈玉梅, 근심을 잊게 하는 망우초忘憂萱草(원추리), 해를 향하는 해바라기向日葵花, 문 앞의 수양버들門前楊柳, 창밖의 파초窓外芭蕉, 안개 덮인 비취색 회나무籠煙翠檜, 햇살 받은 단풍나무映日丹楓, 서리 속에 핀 국화꽃凌霜菊, 눈 속의 고고한 난초傲雪蘭, 만년 푸른 소나무萬年松, 사계화四季花, 백일홍百日紅, 삼색 복숭아꽃三色桃, 금잔화金錢花, 옥잠화玉簪花, 서리를 거부하는 부용화拒霜花, 영산홍映山紅, 오동잎梧桐葉, 치자꽃梔子花, 이끼 덮인 괴석苔封怪石, 넝쿨에 덮인 노송藤蔓老松, 가을을 자랑하는 홍시矜秋紅柿, 이슬 맞은 황색 등나무浥露黃橙, 촉 땅의 포도蜀葡萄, 안식국의 석류安石榴, 작은 못 속의 연꽃盆池菡萏, 가산의 아지랑이假山煙嵐, 유리석琉璃石, 조개로 만든 화분璀璨盆, 학이 우는 뜰의 소나무鶴唳庭松, 사슴이 잠자는 풀밭麛眠園草, 물 위에 뜬 금계水上錦鷄, 새장 안의 꽃비둘기籠中華鴿, 남산의 맑은 구름木覓晴雲, 인왕사의 저녁 종소리仁王暮鐘

비해당 48경을 찾아내 읊은 안평대군의 설명을 들어보자.

　어찌해서 이 시를 짓게 됐는가? 친구들이 권해서다. 어찌하여 48영인가? 읊을 만한 곳이 마흔여덟 군데 있기 때문이다. 어찌하여 수를 맞추지 않았는가? 있는 그대로 했기 때문이다. 어찌하여 매화와 대나무를 먼저하고 남산의 구름과 인왕사의 종소리를 나중에 했는가? 가까이서부터 벌어지기 때문이다. 낭간은 돌의 종류인데 어찌해서 뜰에 심는 나무와 섞어놓았는가? 임금이 내려주신 것을 명예롭게 여겨 취했기 때문이다. 어찌해서 문방의 도구는 빠뜨리고 읊었는가? 조물주가 만든 것이 아니기 때문이다. 영물詠物은 극히 세련됐건만, 어찌해서 문사는 졸렬한가? 우연히 그리 됐을 뿐 심각하게 생각하지 않았다. 문식이 없음을 보는 사람들이 용서하기 바랄 뿐이다.

— 안평대군의 「비해당사십팔영」 서문[3]

안평대군의 순진하며 유머러스한 성격이 느껴지는 글이다. '해남의 낭간석'을 읊은 시에서 성삼문은 "선왕께서 이 물건을 귀중히 여겨 대군에게 하사한 것"이라고 했는데, '선왕'이라고 한 것을 볼 때 「비해당사십팔영」이 제작될 무렵은 세종이 세상을 뜬 후인 문종 연간(1450~52)이었다. 세종의 죽음과 함께 국정의 일선에서 물러난 안평대군이 유유자적한 마음으로 자신의 정원에 숨어 있던 순진무구한 자연의 미를 노래하던 분위기를 짐작게 한다.

40여 년 후 성종은 이 「비해당사십팔영」을 시제로 홍귀달洪貴達, 채수蔡壽, 유호인俞好仁, 김일손金馹孫 등의 문신들과 수창했다. 역적으로 사사된 안평대군의 유명했던 연작시를 임금이 다시 차운次韻한 것은 아주 이례적인 일이다. 그만큼 「비해당사십팔영」이 인기 있는 풍류운사風流韻事의 소재였기도 했지만 문예의 흥기에 지대한 관심이 있었고 그 자신 송설체의 대가였던 성종은 뛰어난 문예인의 전범으로서 개인적으로 작은할아버지가 되는 안평대군에게 깊은 흠모의 정을 품고 있었던 것 같다. 성종은 1483년 창덕궁 내에 대신들의 회의소로서 남빈청을 짓고, 비궁당匪躬堂이라는 당호를 내렸다. 비궁이란 임금이 있는 것만 알고, 내 몸이 있는 줄은 모른다는 충절을 뜻하는 말인데 『주역』에서 나온 말이다. 뚜렷이 비해당 당호를 연상시킨다.[4]

안평대군과 「비해당사십팔영」을 수창했던 문인들은 최항, 신숙주, 성삼문, 김수온, 서거정, 이현로, 이개, 이승윤, 임원준이다. 비해당에서 제공하는 갖가지 색깔의 종이에 이들 열 명이 시를 지어 직접 쓰고 시마다 각자의 도장을 찍었다 하니, 480편의 대연작 시집 「비해당사십팔영」은 아름다운 주제에 못지않게 시집 자체도 꽤나 아름답게 꾸며졌을 것이다. 이 시집 또한 애석하게도 오늘날 남아 있지 않지만, 최항, 신숙주, 성삼문, 김수온, 서거정 5인의 시가 그들의 문집에 흩어져 전해진다. 이들 다섯 명이 전하는 「비해당사십팔영」에 나타난 비해당 정원의 모습을 재구성해보면 이러한 모습이다.[5]

    수려한 인왕산 자락의 깊은 계곡에 들어앉은 수성궁 서편 깊은 후원에는 사랑채 별서 비해당이 넓게 자리하고 있었다. 비해당 대문 앞에는 오류 선생이라 불리던 도잠을 기리는 듯 버드나무 댓 그루가 서 있고, 대문을 들어서면 후원과 안뜰을 앞뒤로 두고 비해당 별당과 정자 등 부속 건물들이 들어서 있다.
    남산을 마주한 비해당 넓은 대청 한쪽에는 난간을 두른 방이 있다. 매화나무와 대나무로 둘러싸인 이 방은 '매죽헌'으로 불리는 서재인데, 「도원기」는 여기에서 집필됐다. 어쩌면 무릉도원 꿈도 이 방에서 꾸었는지 모른다. 비해당과 함께 매죽헌은 안평대군의 또 다른 필명이기도 했는데, 왕자로서 절개를 뜻하는 매죽을 호로 삼은 것은 이례적이다. 그만큼 절의는 안평대군에게 중요한 화두였음에 틀림없다. 안평대군은 매죽헌 호를 성삼문과도 나누어 썼다. 성삼문이 지은 「매죽헌부梅竹軒賦」는 안평대군의 설의에 내한 승기였을 것이다.
    매죽헌의 하얀 창 앞에는 짙푸른 잎을 펼친 파초나무 한 그루가 서 있어 고상한 선비의 삶을 상징하는 듯했다. 매죽헌 난간 아래 섬돌에는 청색과 백색의 낭간석이 가지런히 놓여 있었다. 낭간석은 1430년(세종 12)부터 전라도 해안에서 어부들이 발견하여 꾸준히 세종에게 진상한 옥돌의 일종인데, 세종은 이 돌 몇 개를 안평대군에게 하사했다. 안평대군은 세종이 내린 이 옥돌을 기념하여 '낭간거사琅玕居士'라는 호를 썼으며, 사육신의 한 사람인 유성원柳誠源과도 이 호를 나누어 썼다.

비해당 대청 계단 아래에는 흙을 쌓아 만든 여러 개의 가산, 즉 인공 토산이 점점이 들어서 있었다. 비록 자그마한 동산이지만 동산마다 풍수설의 오묘한 이치가 들어 있었을 것이다. 매죽헌에서 시작하여 토산을 굽이굽이 도는 산책로였던 오솔길에는 대나무가 빽빽이 들어서 있어 바람이 불면 우렁찬 대숲의 합창 소리가 구불구불한 오솔길을 통해 울려 퍼졌다. 이 길에서는 이따금 애절한 원숭이의 울음소리도 섞여 들려왔다.

너른 후원 곳곳에 자리한 아름드리 괴목과 삼나무 아래서는 사슴과 사향노루가 평화롭게 풀을 뜯고 있었는데 이 모습이 주나라 문왕의 동산이었던 영대靈臺를 연상케 했으며, 밤이면 고고하게 서 있는 수백 년 된 노송의 품으로 학이 날아와 깃들었다.

비해당 담장 아래에는 봄이면 살구꽃, 복숭아꽃, 사과꽃, 배꽃이 피어났고, 꽃이 지면 주렁주렁 열린 삼색 복숭아, 능금, 배, 홍시가 비해당 문객을 유인했다. 비해당 앞뜰 한가운데는 동백, 해당화, 산다화, 배롱나무 꽃, 부용화, 영산홍, 사계화, 해바라기가 사철 다투어 피었고, 섬돌 가까이에는 난초, 모란, 망우초, 일본 철쭉, 치자꽃, 금잔화, 옥잠화, 백일홍이 수놓은 이불을 펼친 듯했다. 섬돌을 올라서면 청기와 처마 아래 엮어놓은 시렁 위로 붉은 넝쿨장미가 탐스럽게 피어올랐다. 해가 잘 드는 서쪽 처마 아래에는 대나무로 엮은 버팀대에 얹혀 포도나무가 기다랗게 넝쿨을 뻗어가고 있다. 굵직한 줄기가 휘도록 포도가 열렸으니, 철이 되면 검붉은 포도주를 담아 주인과 객이 무진장 즐겼을 것이다.

비해당 앞뜰 한구석에는 동그란 연못이 있었다. 연못에는 희고 붉은 연꽃이 가득 피어났고, 연꽃을 헤치며 붉은빛, 노란빛, 푸른빛의 눈부신 깃털을 뽐내며 금계金鷄가 쌍쌍이 떠다녔다. 청기와 처마 가장자리의 촘

「연정계회도蓮亭契會圖」. 누각 아래에 연못이 있다 하여 후대에 「연정계회도」라는 이름이 붙었다. 멀리 보이는 왼편 산 모습이 인왕산과 비슷해 보이며, 산발치의 검은 점은 백련봉인 듯하다. 산 아래 집들이 많은 것으로 보아 임진왜란 전의 모습일 것이다. 시회가 열리는 누각이 일반 집들보다 대단히 크고 화려해서 대부호의 별당을 그린 듯하다. 인왕산 아래 비해당에서 시회를 여는 모습으로 상상할 수도 있을 것이다. 조선 중기, 작자 미상, 견본채색, 94x59cm, 보물 제871호, 국립중앙박물관 소장.

촘히 엮어 만든 새장 주위로는 붉은 뺨의 비둘기들이 비단같이 반짝이는 날개를 활짝 펴고 분주하게 날고 있었다. 어스름 저녁이 되면 인왕사에서 울리는 은은한 종소리가 저녁 안개를 뚫고 비해당 정원에 내려앉아 비해당 객들로 하여금 잠시 세상일을 잊고 깊은 생각에 빠지게 해주었다.

한 폭의 그림 같은 비경이 이루어진 것이다. 비해당을 둘러싼 수려한 인왕산의 자연경관과 세심하게 가꾼 인공의 정원이 어우러져 환상적인 아름다움을 연출했다. 비해당 정원은 시를 낳고 풍류를 일으키면서 예술과 풍류의 본거지가 됐고 한양의 명소로 이름을 드날렸다.

「몽유도원도」가 태어나고 대부분의 찬문이 거두어진 1447년(정묘) 늦봄, 비해당 정원에는 갖가지 꽃이 만발했고, 비해당 대청에는 그림과 찬문이 걸려 있었다. 찬문은 안평대군의 집에서 쓰는 특수한 종이에 쓰였는데, 분홍색, 진황색, 연청색, 회색 등 여러 가지 물감으로 채색되고 금박을 뿌린 중국산 금전지金箋紙였다. 문사들은 이 종이에 자필로 찬문을 쓰고 관서를 써넣거나 도장을 찍었다. 대청을 가득 메운 색색의 시문들이 봄바람에 나부꼈을 비해당의 모습은 장관이었을 것이다.

제6부

지상에서
무릉도원을 찾아내다

이성길(李成吉), 「무이구곡도(武夷九曲圖)」, 국립중앙박물관 소장.

몇 년 전 한밤의 꿈에 봄 산을 나돌다가
우거진 풀숲 사이로 무릉도원 찾아든 일 있은 뒤로
벼슬 버릴 생각 항상 마음속에 있었는데
오늘 와서 터를 닦고 나니 비로소 기쁜 얼굴 됐네
땅이 외지니 한가로움 넘쳐나고
길 막혔으니 문 두드리려 할 사람 없으리라
이곳이 응당 전생에 내 천석泉石이었으리니
사람들아, 하늘이 아낀 곳을 훔쳤다 비웃지 마오
— 안평대군, 「무계수창시」'잡영시' 첫 수

꿈에 본
무릉도원의 계곡

　1450년(신미) 9월 어느 날이었다. 2월에 세종이 세상을 뜨고 문종이 즉위하여 7개월이 되던 때였다. 우연히 창의문 밖, 소나무 숲길을 걷던 안평대군은 백악의 서북쪽 산자락이 인왕산 자락과 만나 두 산이 춤추듯이 펼쳐지는 절경 속에서 국화꽃이 흘러내리는 시내를 보았다. 시내를 거슬러 계곡 위쪽으로 올라가다 보니 산꼭대기에서부터 암벽을 타고 떨어지는 열 길 넘는 폭포수가 앞을 막았다. 폭포수 뒤쪽으로는 감추어진 듯 보이는 호젓한 깊은 골짜기가 있었는데, 그 안에는 동서가 200~300보(약 250미터)이고 남북은 그 절반쯤 되는 넓은 들판이 펼쳐져 있었다.

　복숭아나무와 대나무로 둘러싸인 들판에는 짙은 구름과 안개가 자욱했다. 안평대군은 여기서 무릉도원의 모습을 보았다. 도원을 꿈에 본 지 3년이 지났건만 꿈은 뇌리를 떠나지 않고 그의 마음을 깊이 사로잡고 있었다. 하늘이 감복한 것인지, 드디어 지상에서 무릉도원을 발견한 그의 심정은 이러했다.

"어찌 하늘이 천 년 동안이나 감추어두었던 곳을 하루아침에 드러내어 기어이 나에게 돌아오게 했단 말인가?"

이때는 문종이 즉위하여 새로운 정치가 시작될 즈음이었다. 다망한 국사로 그를 불러들였던 세종의 조정은 끝나고 이제야말로 그는 자유의 몸이 됐다. 도원 꿈을 꾼 이래 항상 생각해왔던 산수 자연으로의 은퇴가 가능해진 것이다. 그리고 우연인지, 운명인지 꿈에서 본 도원을 지상에서 찾아낸 것이다.

꿈에서 본 곳을 훗날 실제로 가보게 됐다는 것은 꿈에 관한 설화에 흔하게 등장하는 이야기다. 고려의 문인 이규보는 「몽설夢說」에서 꿈의 징험을 경험한 이야기를 풀어놓았다. 그가 3, 4품 벼슬에 있을 때부터 큰 누각 위에 앉아 있으면 그 아래쪽의 바닷물이 누각까지 올라오는 꿈을 자주 꾸었는데, 수년 후 유배를 가보니 그곳이 꿈에 나타나던 바로 그 누각과 바다가 있는 장소였다고 한다. 그는 유배에서 풀린 후 결국 재상에까지 오르게 됐는데, 이를 두고 유배를 가거나 재상이 되는 것은 모두 하늘이 명한 운수라고 보았다.[1] 조선 초기 문인의 글에도 이러한 기시몽既視夢에 관한 사례가 다수 실려 있지만,[2] 특히 조선 문인의 애독서였던 심괄沈括의 『몽계필담夢溪筆談』에 나오는 꿈 이야기는 유명했다.

북송의 저명한 과학자 심괄은 그의 대저술 『몽계필담』에서 "사람들 가운데는 앞날을 예견하는 자들이 있다. (……) 꿈을 통해 이러한 일을 알아내기도 하는데, 이러한 사실로 보면 만사는 전생에 미리 정해진 것이라고도 할 수 있다. 하지만 나는 이러한 말을 믿지 않는다"라고 단언했다. 그런데 그는 그 이전에 쓴 문집 『장흥집長興集』「자지편自志編」에

왼쪽의 위아래 사진은 심괄의 초상과 지질학자로서의 심괄의 모습을 주제로 1962년 발행한 중국의 우표. 오른쪽 사진은 심괄의 별서 몽계원으로 장쑤성江蘇省 전장현鎭江懸 자리에 최근 복원한 것이다.

서 자신의 꿈에 관한 유명한 일화를 소개했다. 그는 30세 무렵 계곡이 매우 아름다운 어느 고장을 자주 꿈에 보고 그곳에서 즐겨 놀았다 한다. 10년 후 그가 유배에 처했을 때 우연히 어떤 사람의 소개로 땅 하나를 사놓았는데, 훗날 유배가 풀려 그 땅에 실제로 가보았더니 놀랍게도 그가 꿈에 자주 보았던 곳이었다. 그래서 그는 그 땅의 이름을 몽계夢溪라 하고, 여기에 별서別墅 몽계원夢溪園을 지었다. 별명도 '몽세'로 바꾼 그는 만년을 이곳에서 은거하며 『몽계필담』 등의 저술을 남겼다.[3] 과학자였던 심괄은 몽조를 부인한다고 말했지만, 이미 몽계 일화를 통해 몽조를 크게 인정한 후였다. 당연히 심괄의 몽계 이야기는 몽조를 증명하는 근거로 일반에 널리 퍼졌다.[4] 몽계원에서 몽조를 인정하여 지은 『몽계필담』에서 그가 몽조를 부인한 것은 일종의 아이러니가 아닐 수 없다. 대과학자에게도 꿈에 관한 원초적 관념은 억누르기 어려웠던 것인가?

꿈을 신의 고지로 보았던 뿌리 깊은 원시 몽조 신앙이나 꿈을 천명의 계시로 보았던 전통 유가적 몽관은 기시몽이라는 현상을 낳았고, 이것은 몽자 자신이 현실에서 신의 계시나 천명을 스스로 확인하는 증거가 됐을 것이다. 그런 한, 기시몽은 그 사실 여부를 떠나 심인心因의 작용이라 할 수 있다. 즉 내면에 감추어진 강한 바람이 꿈으로 표출됐다가, 그 꿈의 징험을 증명하려는 무의식의 욕망이 다시 현실에 투영되어 나타난 것으로 볼 수 있는 것이다.[5] 안평대군을 강렬하게 사로잡았던 무릉도원 꿈은 드디어 현실로 이어졌다.

꿈에 본 도원 땅을 발견한 다음 해 봄, 안평대군은 이 터에 서너 칸數間의 작은 집을 지었다. 그는 여기에 '무계정사武溪精舍'라는 편액을 걸었는데, 무계란 '무릉도원 계곡'이라는 뜻이다. 정사는 유교에서는 학문의 집이지만, 도교에서는 정신의 수련처를 뜻하고 불교에서는 절을 말하니, 이곳은 학문과 명상과 기도의 장소였다. 이제 안평대군의 무릉도원 꿈은 안견의 그림과 수많은 찬문으로 기록됐고, 무계정사로 남게 됐다.

안평대군은 무계정사가 완성되자 무계정사의 내력을 설명하는 병서幷書(앞에 붙이는 설명문)를 쓰고 잡영시雜詠詩(여러 가지를 읊은 시) 다섯 편을 지었다. 이것은 1183년 주희가 푸젠성 우이산 계곡에 무이정사를 짓고 잡영시 열두 편과 병서를 쓴 것을 상기시킨다. 무이정사는 주희가 성리학을 집대성한 곳으로, 성리학의 성소로 간주된다. 무계정사를 열면서 안평대군은 자연에 은둔하여 대학자로서의 천명을 완성한 주희의 생을 염두에 두었는지도 모른다.

안평대군이 쓴 간단한 무계정사 병서는 다음과 같다.

나는 정묘년(1447) 4월에 도원 꿈을 꾸었다. 작년(1450) 9월에 우연히 이곳을 유람하다가 국화꽃이 계곡물에 떠내려오는 것을 보고, 다래 넝쿨과 바위를 부여잡고 계곡을 올라가서 보니, 풀과 나무와 물가의 그윽한 모습이 내가 꿈에 본 도원의 모습과 흡사했다. 그래서 금년(1451) 이곳에 서너 칸의 집을 짓고 무릉계곡의 뜻을 취하여 '무계정사'라 했다. 이곳은 진실로 정신을 편안케 하는 은자의 땅이로다. 이에 잡영시 다섯 편을 지어 찾아와 묻는 자들에게 대비하고자 한다.

경태景泰 2년(1451) 7월 21일 천석주인泉石主人 낭간거사 청지 쓰다.

— 안평대군, 「무계수창시」 '병서幷書', 『육선생유고』

안평대군은 무계정사를 짓게 된 이유가 무릉도원 꿈이었음을 밝히고 병서 끝에 "잡영시 다섯 편을 지어 찾아와 묻는 자들에게 대비하고자 한다"라는 글과 함께 경태 2년, 즉 신미년 가을 7월 21일이라고 적었다. 간단한 병서에 날짜까지 박아둔 일은 이례적이다. 그만큼 확실한 기록을 남기고자 했음이 분명했다. 게다가 찾아와 묻는 자들에게 명확하게 답하기 위해 다섯 편의 시를 지었다고 기록한 것을 보면, 무계정사에 대해 의문의 여지가 없도록 하겠다는 뜻일 것이다. 무엇인가 정확하게 기록해두어야 한다는 강박관념까지 느낄 수 있다.

또한 병서의 말미에는 '천석주인'이라는 새로운 명칭이 등장하는데, '자연의 주인'이라는 뜻이다. 무계정사를 지은 후 무릉도원의 주인이라는 뜻에서 그의 새로운 호가 된 듯하다.

백악 뒤쪽의 무계정사는 인왕산 기슭에 있는 비해당에서 북쪽으로 5리 정도 떨어진 가까운 거리이지만, 비해당은 사대문 안쪽에 있는 데 비해 무계정사는 도성 밖 더욱 깊은 산중에 있었다. 계곡 입구의 절벽

정선의 『장동팔경첩』 중에서 「창의문」. 창의문 뒤로 백련봉이 보인다. 무계정사는 창의문에서 서북 쪽으로 2리(800m)쯤 떨어진 곳에 있다고 했다. 창의문 아래 왼쪽 계곡 끝에 수성동 비해당이 있었다. 1750년경, 견본담채, 29.3×33.5cm, 국립중앙박물관 소장.

에서 떨어지는 폭포를 정면으로 마주하는 무계정사는 섬돌에 쏟아지는 폭포수가 은빛 휘장처럼 대청마루에 드리우며 이 작은 집을 외부 세계와 차단했다.

깊은 산중의 무계정사는 훗날 역모의 소굴로 비난받는데 이곳에서 안평대군이 성삼문, 박팽년, 이개 등 젊은 학자들과 심계心契를 맺었다

왼쪽 사진은 오늘날 무계정사 터. 당시는 산자락의 깊은 골짜기였으나 지금은 서울 종로구 부암동 구민회관 부근 언덕의 공지다. 오른쪽 사진은 무계정사 터에 남은 바위. 무계정사의 대청 섬돌에 암벽을 타고 떨어지던 폭포수는 아마도 이 바위를 타고 흘러내렸을 것이다. 바위에는 '무계동'이라는 글자가 음각되어 있는데, 이는 안평대군이 아닌 누군가가 후대에 새긴 것으로 보인다.

는 실록의 기록도 있다.[6] 심계는 '마음으로 맺은 굳은 언약이나 결사'라는 뜻이니, 이곳에서 안평대군은 이들과 굳게 언약한 일이 있었을 것이다. 무계정사에서의 활동은 그를 역적으로 몰아간 이유가 됐지만, 실상 무계정사에서 이들이 읊은 시를 읽어보면 안평대군이 여기에서 맹세한 것이 무엇인지 확연히 알 수 있다. 안평대군이 병서에서 "잡영시 다섯 편을 지어 찾아와 묻는 자들에게 대비하고자 한다"라고 쓴 것도 이러한 의혹을 예감했기 때문일 것이다.

무계정사가 완성되자 안평대군은 절친한 문우들을 불러 연작시를 수창했다. 이를 두고 무계정사에서도 성대한 시회가 자주 열린 것으로 회자되지만, 이곳에서 시회는 정사를 열었을 때 처음 단 한 번뿐인 것으로 여겨진다. 「무계수창시」를 보건대, 안평대군은 방문객을 사절하고 조용히 학문과 기도에만 정진했던 것으로 보인다.

꿈에 본 무릉도원의 계곡

무계에서
꿈을 확인하다

「무계수창시」

「몽유도원도」 찬문의 후속편이 될 「무계수창시」에는 「몽유도원도」 찬시에 참여했던 젊은 문인이 다수 참여한 것으로 보이지만, 오늘날엔 안평대군, 박팽년, 성삼문의 시 각 다섯 수, 서거정의 시 열 수(서거정은 두 번 차운次韻) 도합 25수의 시가 전해진다.[1] 「무계수창시」는 안평대군이 무릉도원을 꿈꾸고 「몽유도원도」를 제작한 이후 그의 거취와 마음의 궤적을 보여준다는 점에서 「몽유도원도」의 이해에 결정적으로 중요하다. 특히 안평대군의 「무계수창시」 다섯 수는 온전하게 남은 유일한 그의 연작시다.

안평대군은 먼저 칠언율시 다섯 수를 읊었다. 첫 수는 무계정사를 짓게 된 배경을 읊은 것이고, 그다음 네 수는 봄, 여름, 가을, 겨울 사계절 무계정사에 임하는 그의 마음과 각오를 읊은 것이다. 이러한 내용을 그의 문우들은 차운하여 확인했다.

첫 번째 시

몇 년 전 한밤의 꿈에 봄 산을 나돌다가
우거진 풀숲 사이로 무릉도원 찾아든 일 있은 뒤로
벼슬 버릴 생각 항상 마음속에 있었는데
오늘 와서 터를 닦고 나니 비로소 기쁜 얼굴 됐네
땅이 외지니 한가로움 넘쳐나고
길 막혔으니 문 두드리려 할 사람 없으리라
이곳이 응당 전생에 내 천석泉石이었으리니
사람들아, 하늘이 아낀 곳을 훔쳤다 비웃지 마오

— 안평대군, 「무계수창시」 '잡영시' 첫 수

무릉도원 꿈을 꾼 이래 정치권에서 은퇴를 결심했음을 다시 한 번 확실히 밝히고, 드디어 그 결심을 실현할 수 있는 무릉도원을 지상에서 찾아냈음에 기뻐하는 내용이다. 또한 안평대군은 무계정사 터, 곧 도원은 전생에 인연이 있는 곳이라고 하여 무계정사에서의 은거를 운명적인 것으로 받아들였다.

다시는 세상일 꿈에도 미련이 없으니
한가로운 구름만이 산문을 잠그누나
이곳에 마침내 주인이 된다면
하늘인들 어찌 아끼기만 하리

— 박팽년

일찍이 아버지의 시와 예 가르침을 들었기로
지금에야 한가로이 학문과 시를 즐기도다
　　　……
예로부터 현달하고 곤궁함에 운수가 있었으니
이곳은 천지신명 아끼기가 어려우리

— 성삼문

귀인이 무엇 때문에 청산을 그리워하는고
부귀는 한 번 웃는 사이에 잠시 머무를 뿐
기꺼이 산중에 들어가 대은大隱을 이루었나니
응당 선약仙藥 먹고 청춘을 길이 머물게 하리

— 서거정, 두 번째 차운

　이들 세 명의 문사는 모두 정계 은퇴를 결심하고 기꺼이 대은(철저한 은거)에 들어간 안평대군의 진심을 인정하면서, 이는 하늘의 뜻이며 운명이라는 데 동의한다.
　성삼문은 "일찍이 아버지의 시와 예 가르침을 들었기로"라고 읊었는데, 이것은 공자가 그 아들 백어伯魚에게 시詩와 예禮에 관해 가르친 고사를 인용한 것이다. 안평대군에 대한 세종의 가르침을 비유한 것이지만, 이 구절은 또한 세종의 가르침을 따라 은거에 들게 됐음을 암시하는 것인지도 모른다.

두 번째, 봄을 읊은 시

한가롭다 일이 없어 사립문을 닫았더니
세상에 친한 친구 오는 이가 드물구나
　　　　……
저자에 금백金帛이 고귀하다 누가 말하느뇨
청산에도 붉은 줄기의 영지가 있는 것을

― 안평대군

흐르는 물과 구름에 높이 노니 사슴이 벗이 되고
진토를 내려다보니 하루살이 날더라
맑은 기쁨 이제부터 조용한 곳 찾기를 즐기노니
다른 해에 어쩌면 은자의 영지를 나누어주려는지

― 박팽년

깊어가는 봄날에 사립문 닫고 보니
인적도 뜸하고 일도 뜸한 것을 깨닫겠네
　　　　……
세속 사람이야 참다운 의미를 어찌 알까
날더러 일이 없어 신선술을 배운다 하네

― 성삼문

두 산의 푸른빛은 조용한 사립을 둘러싸고
자갈길 푸른 이끼엔 거마의 흔적도 드문데

......
고요함 속에 때로 약초밭을 찾기도 하고
정원 안에는 마음껏 영지도 심었네그려

— 서거정 첫 번째 차운

안평대군은 조용한 은거 생활이 세상에 나가 있는 것보다 훨씬 값진 생활임을 확신했으며, 차운한 문사들 역시 방문객 없이 한가로움을 즐기는 안평대군이 진정 속세에서 은퇴했음을 확인해준다.

세 번째, 여름을 읊은 시

양쪽 산 소나무와 상수리나무 우거져 울창하며
중간에 있는 집 범궁梵宮(사찰) 같아라
......
근래 들어 기사機事(꾀)가 사라짐을 느끼니
나무 그늘 깊은 곳에 귀밑머리 헝클어지네

— 안평대군

산은 깊고 초목 우거져 온통 뒤덮고 있으니
희미한 구름 속에 이따금 궁宮이 보이네
......
북창가에 높이 누워 남은 흥이 있으니
몽혼은 또다시 속진으로 돌아오지 않으리니

— 박팽년

산이 사벽을 두르고 푸른빛으로 감싸니

참으로 신선이 사는 석자궁釋子宮(사찰) 같구나

......

골짜기가 간직한 청량한 정취 뉘라서 알랴

정녕 속세는 화려함에 취해 있네

— 성삼문

선봉은 보일락 말락 서연瑞煙이 둘러쌌는데

골짝 안에는 분명히 별궁이 보이네그려

세상 경시하거니 어찌 벼슬에 뜻을 두랴

북창 아래 편히 누우니 귀밑이 선선하네

— 서거정 첫 번째 차운, 두 번째 차운

안평대군이 세속의 때를 벗고 초탈한 마음을 지닐 수 있게 됐음을 읊은 데 대해, 차운한 세 사람 모두 안평대군이 정치권에 복귀하지 않을 것임을 확인하고 있다. 박팽년은 "몽혼은 또다시 속진으로 돌아오지 않으리니"라는 구절에서 안평대군의 은거는 그의 도원 꿈과 직접 관련이 있음을 다시 확인해준다.

문사들은 안평대군의 '범궁'에 압운하여 무계정사를 '궁', '석자궁', '별궁'으로 부르는데, 무계정사의 성격에 관해 모종의 암시를 한 것이라 할 수 있을 것이다.

네 번째, 가을을 읊은 시

은거 생활 참맛은 깊어가는 가을에 있어
눈에 가득 찬 가을 풍경 내 마음에 마땅해라
　　　　……
벼랑에 걸린 화폭은 길이길이 살아 있는 그림
흐르는 물소리 가락 없으니 태고의 거문고 소리

— 안평대군

가을 들어 낙엽이 깊은 산에 가득하니
슬프다, 계절 느끼는 마음 금할 수 없네
　　　　……
술동이 앞에서는 홀로 성검聖劍으로 칼춤을 추고
달 아래서는 길이 백아伯牙의 유수금流水琴을 타노라

— 박팽년

세상 번뇌 스러지고 도의 의미 깊은데
하늘은 가을 기운으로 마음을 맑게 해주네
　　　　……
단풍은 서리 맞은 나무 물들여 산야를 수놓았고
바람에 우는 솔잎은 산 거문고 소리 보내도다

— 성삼문

동화문(대궐문)의 뿌연 먼지는 만 길이나 깊지만

고상한 사람 일생의 마음은 산수에 있네
　……

귀뚜라미는 난초 잎에서 울어 베개 맡에 들리고
학은 솔방울을 건드려 거문고에 떨어지네

— 서거정 두 번째 차운

모두가 거문고를 언급하면서 정치에서 떠난 안평대군이 학문과 예술에 몸 바칠 것임을 확인하고 있다. 박팽년이 읊은 "홀로 성검으로 칼춤을 추고"라는 구절은 검무에서 영감을 얻어 신필神筆과 같은 초서를 썼던 당나라의 초성草聖 장욱張旭의 고사를 인용한 것이다. 안평대군이 은거 중에 글씨에 더욱 정진할 것임을 언급한 것으로 보이지만, 박팽년은 또 다른 암시를 하고 있는지도 모른다. 『사기史記』 「항우본기項羽本紀」에는 항백(항우의 삼촌)이 한 연회에서 칼춤을 추어 자객으로부터 유방(한고조)을 보호했다는 고사가 나오고, 또 전래되는 이야기로서 신라 소년 황창랑黃昌郞이 백제의 왕 앞에서 칼춤을 추다 백제 왕을 암살했다는 유명한 고사²가 있는데, 이는 조선 초기 문인들의 시에 자주 등장하는 주제로, 박팽년이 '검무'를 언급한 것은 안평대군의 글씨를 일컬은 것 외에 그의 단호한 충절의 각오를 은유한 것이라고 볼 수도 있다.

다섯 번째, 겨울을 읊은 시

온종일 문을 닫아 시끄러움 물리쳤지
포단蒲團에 똑바로 앉아 이웃과도 단절했네
온 세상 덮은 눈꽃 다투어 시구를 담아내는데

섬돌에 드리운 매화 그림자 이미 봄을 전하네
세상 등진 참선이 비록 남의 비방 초래한다 해도
은거하는 것도 홍진을 피하는 것임은 마찬가지
긴긴 밤 적막 속에 흡족한 일이 무엇인가
향로에 피어오르는 향불이 맑은 정신을 길러주네

— 안평대군

시 속에 한가로운 정취가 많은 줄을 알겠으니
담소 속에 어찌 세속의 먼지가 있으리
나만 홀로 진흙에 빠져 사노니
부질없는 명성은 심신만을 수고롭게 하네

— 박팽년

은거하여 도를 닦으면서 벼루를 자주 불고
서가에 기대어 책을 정리할 때는 먼지를 세심히 털었더라
부귀와 영화는 좋은 일이 결코 아니니
인생에 좋은 일이란 정신을 편케 하는 것이다

— 성삼문

얼음 폭포는 부서지며 떨어져 은세계인가 미혹하고
눈 덮인 숲은 어지러이 옥 먼지를 쏟는 듯하네
평온히 좌선에 들어 등걸불 지피고 있으면
안심이 곧 약이라 심신 수양이 족하리

— 서거정

안평대군의 시에서 선禪의 경지가 짙게 느껴진다. 포단은 승려가 좌선할 때 사용하는 자리를 말하는데, 안평대군이 무계정사에서 조용히 참선과 기도에 들었음을 말해준다. 그의 은거는 일종의 구도의 길이었는지도 모른다. 차운한 문인들은 모두 이러한 안평대군의 모습을 확인해준다.

무계정사기

무계에서의 수창이 있은 두어 달 후, 안평대군은 집현전 응교 이개를 무계정사로 불렀다. 다시 한 번 무계정사에서 은거하게 된 자신의 뜻을 밝히고 무계정사의 기문을 지어달라고 부탁했다. 이개로 하여금 무계정사에 관한 또 하나의 기록을 남기도록 한 것이다.

이개는 먼저 무계정사의 주변 산과 계곡을 돌아보고, 그 터가 "완연히 도원동의 기이한 운치가 있었다"라고 수긍했는데, 이때 두 사람이 나눈 대화를 보자.

여기는 내가 꿈꾸었던 도원과 아주 흡사하다. 하늘이 기다렸던가? 어쩌면 조물주가 기다렸던 바가 있었던 것이 아닌가? 어찌 천 년이나 감추어두었던 곳을 하루아침에 드러내어 기어이 내게 돌아오게 했단 말인가. 그러나 내가 이곳을 좋아하는 것은 은자가 되기 위한 것도 아니며, 신선이 되고 싶어서도 아니다. 또한 스스로 고고한 척하려는 것도 아니다. ……사물이 변화하여 소멸하는 이치를 보고, 천도의 흐름을 즐기며, 유유자적하여 나의 천성을 온전하게 하기를 구할 따름이다. 그대가 한마디 하여 나의 뜻을 넓혀주는 일이 없어서야 되겠는가?

오직 군자는 능히 물욕의 노예가 되지 아니하고 만물 밖에 초연하니, 어찌 부귀에 빠지고 사치에 빠지려고 하겠습니까? 산림이든 평지든 맑고 아늑하며 고요한 경지에서 정신을 맑게 하고 생각을 고요하게 하여 도를 즐기는 것이 군자의 단아한 생각이 아니겠습니까? 도란 어디를 가더라도 없는 곳이 없으니, 몸이 도와 더불어 하나가 되어 광대한 천지 사이에서 운신하고, 유구한 고금을 보면서 세속 밖에서 초연하며, 그 천성을 능히 보전하는 것이 군자의 일이 아니겠습니까? 어찌 신선이나 은자와 같이 노을이 자욱한 산골만을 생각하오리까?

― 이개, 「무계정사기武溪精舍記」, 『육선생유고』

다시 한 번 안평대군은 무계정사 터가 꿈에 보았던 도원의 모습과 흡사한 곳임을 확인했다. 그리고 이곳은 하늘이 그를 위해 마련해둔 곳이 틀림없음을 강조하면서 그가 이곳에 은거하려는 것 또한 하늘의 뜻임을 암시한다. 그의 은거는 비현실적인 신선의 생활을 추구하거나 고고한 취미를 위해서도 아니며, 오직 천도에 따라 자신의 천성을 온전히 하려는 것임을 확인하는 것이다. 이개 또한 세속에 초연하여 천성을 보존하는 것이 군자의 도리임을 확인해주고, 그러나 그 은거는 반드시 깊은 산속에서만 이룰 수 있는 것은 아니라고 조언했다.

안평대군은 무계정사를 연 1451년(문종 1) 7월부터 다음 해 봄 문종의 병세가 악화되던 즈음까지 무계정사에 거처를 두었던 것 같다. 이 기간 중 그는 대자암에서 세종의 천도薦度를 위한 성대한 불사와 안거회安居會를 주관했으며, 그가 사재를 내어 중창하고 불상을 주조한 충청도 복천사에서 다시 세종의 천도를 위한 수륙재水陸齋를 올렸다. 그해 가을에는 맏아들 의춘군宜春君 우직友直을 우의정 남지의 딸과 혼인

시켰으며, 11월에는 세종의 영릉 비문을 썼다.

　무계정사에서의 은거는 글자 그대로의 은거이기보다 궁궐을 떠났다는 상징적인 것이며, 현실 정치에서 실제로 은퇴했다는 대외적인 표시였다. 깊은 산중에 있는 서너 칸의 이 작은 집은 실제 거주를 위한 장소는 아니었다. 세종조에 그는 낮 동안 궁궐에서 지내며 국사에 참여했지만, 이제는 궁궐에 가지 않고 낮 시간을 이곳에서 보낸다는 것이었다. 서거정의 「무계수창시」 첫 번째 차운시 첫 수에서 "좋을시고 가마 타고 날마다 내왕하네"라는 구절로 보아 짐작이 가능하다. 안평대군이 무계정사를 열고 공개적으로 은퇴를 표방한 일은 문종 즉위 후에도 궁궐에 연연하는 수양대군에 대한 경고의 뜻도 있었을 것이다.

무계정사의 진실

갈림길과 선택

안평대군이 무계정사를 열고 새로운 인생을 다짐했을 무렵, 수양대군 역시 기로에 서 있었음은 마찬가지였을 것이다. 세종의 조정에서 부왕의 오른팔이 되어 중신들을 압도하는 막강한 권력을 휘두른 수양대군이었지만, 문종의 즉위와 더불어 새로운 길을 찾아야 했다. 어느새 30대 중반을 훌쩍 넘은 나이가 됐다. 20대에 부왕을 보필했던 것과 달리 이제 그의 위상과 나이로 보아 조정에서는 맡을 만한 일이 없었다. 나이 든 왕제王弟가 궁궐에 출입하는 것이야말로 임금과 신하 모두에게 부담만 줄 뿐이었다.

이제까지 몸 바쳤던 정치 무대를 떠나야 했고, 몸에 밴 권력을 내려놓아야 했다. 세종 사후 일없이 집에 박혀 있던 그의 처지를 안쓰러워했던 문종이 그에게 시선侍膳을 맡겼지만[1] 시선은 원래 세자가 할 일이었다. 문종은 수양대군이 음률에 조예가 있다 하여 1452년(문종 2) 4월

관습도감 도제조에 임명했다. 그렇지만 세종 때와 달리 종친에게는 관직을 맡기지 않는다는 '종친불임이사宗親不任以事' 원칙을 새삼스레 들고 나온 사간원과 사헌부의 반대를 물리쳐야 했으며, 이들의 반대 상소가 언제 또 튀어나올지 모르는 상황이었다. 이제야말로 자신의 일을 찾아야 했고, 그래서 궁궐 근처에서 더 이상 서성거리지 않는 것이 왕제로서의 올바른 처신이고 체통을 유지하는 길이라고 여겼을지도 모른다. 그 역시 은퇴를 심각하게 고려하지 않을 수 없었다.

안평대군이 무계정사를 열고 조용한 은거를 자신의 천명으로 받아들였을 때, 수양대군은 전혀 반대쪽에서 자신의 천명을 생각하게 됐다. 대비도 왕비도 없이 어린 아들 하나만을 둔 채 병치레가 잦은 임금을 바라보며 천명이 자신에게 오고 있다고 본 것이다. 여기에는 단념할 수 없었던 그의 권력욕을 맹렬히 부추긴 두 사람이 있었다.

권남權擥과 한명회韓明澮, 이들은 개국공신의 후손이고 명문가의 자제였지만 인재가 널리 발탁되고 귀히 쓰였던 세종조에 참여하지 못한 낙오자였다. 누가 먼저였는지는 알 수 없다. 정계 은퇴의 기로에서 고민하던 수양대군을 필사적으로 부추긴 것이 권남과 한명회였는지, 수양대군의 야심이 출셋길에서 밀리 멀어져 앙앙불라이던 이들을 끈끈하게 유인한 것인지……. 세종의 시대와 조화를 이루지 못했던 자들이 세종의 죽음이라는 한 시대의 변화에 자아를 굳게 고수하지 못한 수양대군과 손을 잡은 것이다.

영명하기 이를 데 없고 종친 서열 제1위인 수양대군에게 '천명이 돌아오는 것을 소상히 알 수 있다'[2]는 달콤한 말은 수양대군을 유혹하고도 남았을 것이다. 실록은 이미 문종 때 수양대군이 천명을 받았음을 기록한다. 1451년(문종 1) 8월 어느 날, 수양대군 집의 가마솥이 스스로 소리 내어 울었는데, 비파琵琶라는 무당이 달려와서 풀이하기를, 이는 수양대군이 (6년 후인) 39세에 등극할 징조라는 것이었다.[3]

수양대군의 반역 음모는 문종 때부터 시작된 것으로 보인다. 수양대군 스스로도 "문종께서 내가 병법을 안다고 하여 내게 명하여 (병서의) 구결口訣과 해석을 붙이게 하시었으나, 내가 권남·홍윤성洪允成과 더불어 정난靖難에 겨를이 없어 상세히 하지 못했다"라고 말하며 문종의 생시 계유정난의 역모가 진행 중이었음을 부지불식간에 밝힌 것이다.[4] 오늘날 「문종실록」은 문종 1년(1451) 12월에서 문종 2년 1월까지 2개월 분의 제11권이 결본인데, 1473년(성종 4) 신숙주, 한명회 등의 감독하에 실록을 제본, 인쇄하는 과정에서 착오가 생겼다는 설명이 있다.[5] 「문종실록」과 「단종실록」이 수양대군 측에 의해 감수되어 사실이 크게 왜곡된 데 이어 문종 말년 두 달간의 실록이 비어 있어 이 시기를 옳게 이해하는 데 지장을 주고 있는 현실이 안타깝다.

수양대군의 천명은 조선 역사에서 가장 부도덕하고 잔인한 대역모반의 방법으로 실현됐다. 수양대군이 정승들을 야밤에 기습 주살한 후 내세운 명분은 사직의 보호였다. 안평대군의 뇌물에 넘어간 섭정승攝政丞들이 어린 임금을 버리고 안평대군을 옹립하려는 음모를 꾸몄기 때문에 사직을 보호하기 위해 먼저 섭정승들을 처치하고 안평대군을 유배했다는 것이 정난의 명분이었다. 그런 다음 임금을 협박하여 그 스스로 왕위를 찬탈하려는 것이 정난의 다음 순서였다. 도잠이 「도화원기」를 쓰게 된 배경을 능가하는 패역무도한 상황이 연출되고 있었다.

여기에는 수양대군의 권력욕뿐만 아니라 평생 안평대군에게 품고 있던 경쟁심과 질투심이 결정적으로 표출된 면도 있을 것이다. 안평대군의 엄청난 부와 뛰어난 자질, 넓은 인맥과 인품뿐 아니라 사직을 지키려는 굳은 절의와 충의는 참을 수 없는 열등의식과 존재의 위기감을 폭발시켰을 것이다.

문종은 임종 시 의정부 3정승에게 합동으로 어린 왕세자를 보필하라는 유명遺命을 내리고 세상을 떠났다. 이들이 섭정승들로서 영의정 황보인皇甫仁, 좌의정 남지南智, 우의정 김종서다.[6] 섭정은 반드시 왕실에서 맡는 당시 중국의 예를 따르지 않고 대신들에게 섭정을 맡긴 것은 아주 이례적인 일이었지만, 이것은 세종과 문종의 확고한 뜻이었을 것이다. 대비와 왕비가 없는 왕실에서 섭정을 맡는다면, 그것은 종친 서열 첫 번째인 수양대군일 텐데, 문종의 임종 자리에 수양대군은 부름을 받지 못했다. 그때 수양대군과 안평대군은 임금이 누워 있던 강녕전 바로 앞 건물 사정전思政殿 남쪽 복도에서 여러 형제, 종친과 함께 대기 중이었다. 임금의 임종이 임박하자 수양대군은 강녕전 외정에 꿇어앉아 "어째서 청심원을 올리지 않는가?" 하며 통곡했지만 내정에는 들어가지 못했다.[7] 어느 종친도 문종의 임종 자리에 들어와 대신들과 함께 고명顧命을 받는 것이 허용되지 않았다.

문종은 그가 세자 시절에 국사를 대행하며 섭정 역할을 했을 때 사용했던 두 건물(조하를 받던 계소낭繼照堂과 정사를 보던 승회당承華堂)을 철거하라고 유언을 내렸다.[8] 이에 따라 문종의 죽음 후 며칠 만에 두 건물이 즉시 헐렸다. 섭정 시 그가 사용했던 건물을 헐도록 유언한 것은 왕실의 그 누구도 섭정을 해서는 안 된다는 문종의 확고한 뜻으로 보아야 할 것이다. 이것은 말년 장자 승계에 만전을 기했던 세종의 뜻이었고 결정이었으며, 왕자들도 이러한 뜻을 이미 잘 알고 있었을 것이다.

문종 사후의 국가적 최대 과제는 섭정승들의 보호하에 12세의 어린 임금이 무사히 성년을 맞아 홀로 서는 것이었고, 그러기 위해서는 임금의 숙부이며 종친 서열 첫 번째라는 위치를 내세워 왕실의 일에 간섭하면서 날로 정치적 야심을 드러내던 수양대군을 견제하는 것이 급선무였다.

이때 안평대군은 단종의 보호 세력이 되어 있었다. 문종의 승하 무렵부터 섭정승들과 굳게 연대하기 시작한 것이다. 형제들 중 안평대군을 가장 믿고 의지했던 문종이었던 만큼 죽음에 즈음하여 비밀리에 안평대군에게 단종의 보호 역할을 맡겼는지도 모른다. 1451년(문종 1) 말, 그는 섭정승이 되는 우의정 남지의 딸을 며느리로 맞은 데 이어, 단종 연간에는 거처를 마포의 담담정으로 옮겼다. 돈의문 밖에 사는 김종서와 수시로 연락을 취하기 위해서였다. 실록에서는 안평대군과 김종서가 반드시 함께 모여 잠을 잤고, 안평대군과 결탁한 조사朝士들이 밤이면 마포에서 회동하여 마포에 이르는 길이 탄탄대로가 됐다고 비난한다.⁹ 문종 초 무계정사에서 확고하게 은거를 선언했던 그가 문종이 죽자 곧바로 정치 한복판으로 뛰어든 것을 알 수 있다. 사직의 안녕을 위해 물러났던 그는 사직의 안녕을 위해 정치에 복귀한 것이다.

수양대군이 본격적으로 모반을 준비하던 1452년(단종 즉위년) 12월 안평대군의 둘째 아들 우량友諒이 죽었고, 다음 해 2월 안평대군은 사은사謝恩使로 북경에 다녀오는 수양대군을 영접하기 위해 수양대군이 지정해준 영접 장소인 박천강으로 가던 중 순안에서 낙마 사고를 당했다. 안평대군이 해주海州 온천에 머물며 부상을 치료하던 중인 4월에는 그의 아내 정씨가 사망했다. 수양대군의 첩자들이 안평대군의 일거수일투족을 감시하는 상황이었으므로 수양대군의 흉수가 뻗치지 않는 곳이 없을 때였다. 부인 정씨의 장례는 계유정난이 일어나기 한 달 전에 치러졌는데, 안평대군이 계유정난에 철저히 대비하지 못한 한 가지 이유가 됐을 것이다.

오늘날 많은 사람들은 섭정승들이 자신들의 권력을 유지하기 위해 안평대군을 끌어들여 종친 세력을 분산하려 했다거나, 또는 섭정승들과 손을 잡은 안평대군이 부질없이 수양대군과 권력투쟁을 벌인 것으로 비난한다. 그렇지만 안평대군이 정치에 무관심할 수 없는 상황이 되어 있었다. 섭정승들과 수양대군 사이에서 중립적 입장이란 있을 수 없었던 것이다. 수양대군의 야심이 일층 뚜렷해지던 그때, 어린 임금의 보호라는 절체절명의 역사적 상황에서 그는 왕자로서의 본분과 운명을 굳게 다짐했을 것이다. 그것은 또한 진퇴를 밝게 하여 '오직 임금 한 사람만을 위하라'는 세종의 교훈을 실천하는 길이었다.

무계정사에 얽힌 정룡·방룡 풍수설

안평대군이 은거의 장소로 선택했던 무계정사는 문종이 죽고 나서 곧 커다란 정치 문제가 되기 시작했다. 왕위 찬탈 계획을 추진하던 수양대군이 백악산 뒤편의 무계정사를 심각하게 보았던 것이다.

문제의 발단은 이현로의 풍수설이었다. 그는 일찍이 문종에게 "백악산 뒤에 궁을 짓지 아니하면, 정룡正龍이 반드시 쇠하고 방룡傍龍이 반드시 일어날 것이다"라는 풍수설을 소개하며, 백악산 뒤에 궁을 지을 것을 주청했던 것 같다. 이 풍수설은 원래 성녕대군의 종으로서 풍수가였던 김보명金寶明이 주장했다는 것인데, 문종은 수양대군과 안평대군을 불러 도선의 풍수설을 참고하여 이러한 풍수설을 조사해보라고 명하기도 했다.[10]

문종이 세상을 뜬 그해 가을, 문종의 능인 현릉顯陵을 둘러보는 자리에서 수양대군은 이 풍수설을 문제 삼으며 그의 종 임운을 시켜 당시 현릉의 장무를 맡아보던 이현로를 구타했다. 임운은 계유정난 저녁

경기도 구리시 인창동 건원릉健元陵(후에 동구릉) 안에 있는 문종의 능인 현릉顯陵. 세종은 서울 서초구 내곡동 태종의 능인 헌릉獻陵 옆에 묻혔고(예종 때 여주로 이장), 문종은 세종의 곁에 묻히고 싶어 했지만 세종의 능인 영릉 안에 문종의 능을 조성할 때 주위의 묘혈에서 돌과 물이 잇따라 나와, 문종은 구리시 건원릉 태조의 곁에 묻혔다.

김종서를 철퇴로 내리친 자였다. 선왕을 장사지낸 지 한 달 만에 선왕의 능에서 선왕이 아끼던 신하를 구타한 유례없는 행패였다. 이유는 이현로가 다음과 같은 풍수설을 입에 올리며 '망령되게 화복을 말했다'는 것이었다.

> 백악산 뒤에 궁을 짓지 않으면 정룡(큰아들)이 쇠하고 방룡(작은아들)이 발한다. 태종과 세종은 모두 방룡으로서 임금이 됐고, 문종은 정룡이라서 일찍 세상을 떠났다.
> —「단종실록」단종 즉위년(1452) 윤9월 8일

이현로가 실제로 이러한 풍수설을 발설했는지 실록의 기록을 신뢰할 수는 없지만, 조선 초 항간에는 이와 비슷한 풍수설이 떠돌고 있었다. "개성은 산과 계곡에 둘러싸여 권신의 발호가 많았으며, 한양은 좌청룡 동남쪽이 낮고 우백호 서북쪽이 높아서 큰아들이 가볍고 작은아들이 중하게 된다"라는 설이다.[11]

태조의 한양 천도 때부터 백악산(북악산)을 주산으로 삼는 문제는 많은 풍수 논쟁을 불러일으켰다. 무학대사는 인왕산을 주산으로, 백악산을 좌청룡으로, 남산을 우백호로 하여 궁을 지을 것을 주장했는데, 이렇게 되면 대궐이 동쪽을 향하게 된다. 그러나 정도전은 '예부터 제왕은 남면南面하여 다스렸지, 동면東面하는 법이 없다'는 주장을 펴서 백악산을 주산으로 하여 낙산을 좌청룡, 인왕산을 우백호로 할 것을 주장했다. 인왕산 아래가 궁을 짓기에는 협소한 장소라는 점도 고려되어 결국 태조는 정도전의 주장에 따라 백악산을 주산으로 하여 경복궁을 세웠다.

그런데 무학대사는 풍수도참설의 대가이고, 정도전은 법술가다. 정도전의 주장에 따라 백악산을 주산으로 하여 경복궁을 세운 결과 우백호인 인왕산이 좌청룡 낙산을 압도하는 형세가 되어 풍수적 결함이 있다는 주장이 끊임없이 제기됐다. 풍수설에서 주산의 좌청룡이 약하고 우백호가 강한 형상은 자연히 장자가 약하고 차자가 강성한 것을 의미하고, 이것은 왕실의 상사 승계가 순탄하지 못할 것임을 암시하는 것이므로 세종과 문종은 주산과 좌청룡을 보하기 위해 여러모로 애썼던 것 같다.

세종은 한양의 진산鎭山(왕도의 주산)인 북한산에서 경복궁의 주산인 백악산에 이르는 산줄기의 지형이 낮고 잘록하여 산의 맥이 약하다는 지관들의 말에 크게 유의했고, 특히 이현로의 품신에 따라 이 지역을 꾸준히 보토補土(흙을 채워 파인 곳을 메움)하여 도성과 궁궐의 지맥을 돋우려고 애썼다.[12] 문종 역시 좌청룡이 허약한 것을 크게 우려해 "경복궁은 백호가 높고 험준하나, 청룡이 낮고 미약하므로 가각고架閣庫(조선시대 때 도서, 문서를 보관하던 관청. 오늘날 삼청동 소재) 북쪽 산의 내려온 맥에 소나무를 심어서 산맥을 비보裨補하도록" 명하기도 했다.[13]

이러한 풍수설은 문종이 죽고 어린 임금이 즉위하자 왕좌에 대한 불안감이 높아지면서 더욱 현실감을 얻고 크게 번지게 된 것으로 보인다. 따라서 이현로가 제기했다는 풍수설, 즉 '백악산 뒤에 궁을 짓지 않으면 정룡이 쇠하고 방룡이 발한다'고 한 말도 주산인 백악산을 비보하기 위해 백악산 뒤쪽에 궁을 지어 정룡이 쇠하는 것과 방룡이 일어나는 것을 막아야 한다는 주장이었을 것이다.

'백악산 뒤에 궁을 짓지 않으면 정룡이 쇠하고 방룡이 발한다'는 풍수설은 백악산 뒤에 궁을 지으면 정룡이 쇠하고 방룡이 발하는 것을 막을 수 있다는 말이 된다. 그렇다면 수양대군이 문제 삼은 것은 백악산 뒤편의 무계정사를 두고 한 말인가? 비록 궁은 아닐지라도, 무계정사는 단순한 별서別墅(별장)는 아니었다.

무계정사의 위치와 입지를 자세히 기록한 「무계정사기」에서 이개는 무계정사의 "주변에 겹겹으로 둘러싼 높고 낮은 봉우리가 원근을 에워싸고 읍하는 듯하고 합장하는 듯했으며, 규圭를 받든 듯도 하고, 구슬이 죽 벌여 있는 듯도 했다"라고 썼다. 무계정사를 향하여 인근의 산들이 읍한 듯하고, 그 터는 임금의 장신구인 규를 받든 듯하니, 이 터는 평범한 땅이 아니라는 뜻을 강하게 풍긴 것이다.

「무계수창시」에서 안평대군은 무계정사를 가리켜 "범궁(사찰) 같구나"라고 했고, '궁' 자에 압운하여 성삼문은 "참으로 신선이 사는 석자궁(사찰) 같구나"라고 했다. 박팽년은 "희미한 구름 속에 이따금 궁宮이 보이네"라고 했고, 서거정은 "골짝 안에는 분명히 별궁이 보이네그려"

라고 했다. '궁'으로 불린 무계정사는 무엇인가 특별한 목적이 있는 집이라는 여운을 남긴다.

안평대군은 또한 「무계수창시」 끝 부분에서 "세상 등진 참선이 비록 남의 비방 초래한다 해도"라고 읊어 무계정사에 칩거하며 참선에 몰두할 것임을 다짐한다. 이러한 글을 볼 때, 아마도 그 집은 일종의 작은 사찰과 같은 곳이었는지 모른다. 백악을 비보하여 정룡을 보호하고 방룡이 발하는 것을 막기 위해 지어진 암자 또는 기도처로서 안평대군은 여기에 은거하며 기도를 통해 사직의 안녕을 빌었을 것이다.

안평대군이 무계정사를 연 1451년(문종 1) 7월은 이현로가 문종의 특명으로 궁중에서 비밀리에 풍수 서적을 상고上告하고 있을 때였다.[14] 또한 무계정사의 건축을 실제 담당한 사람은 선공부정繕工副正 이명민이었는데,[15] 그는 세종 말년 경복궁 후원에 내불당을 짓고 영응대군의 저택과 그 저택 안에 세종을 위한 동별궁을 지은, 궁성 영조를 맡은 관리였다. 따라서 무계정사는 문종의 비호하에 지어졌을 것이 틀림없다. 이명민은 계유정난 당일 주살됐다.

수양대군은 무계정사와 풍수설의 연관성을 간파했을 것이다. 풍수가 이현로의 헌책獻策에 따라 방룡으로시 임금의 지리를 엿보는 수양대군의 발호를 막고, 정룡인 세종의 장자 문종과 문종의 장자 단종을 보호하려는 목적으로 안평대군이 백악 뒤편에 무계정사를 지었다는 사실을 뒤늦게 알아차린 수양대군이 격분하여 이현로를 구타한 것이었다.

수양대군이 이현로를 구타한 지 8개월 후인 1453년(단종 1) 5월, 다시금 무계정사가 문제로 떠올랐다. 안평대군을 반역으로 몰아가는 수양대군의 음모가 막바지에 이르렀을 때였다. 이번에는 혜빈 양씨惠嬪楊氏가 비밀리에 알려왔다는 말이 실록에 올라 있다. 혜빈은 세종의 후궁으로 단종을 양육했고 문종이 세상을 뜬 후부터는 궁중에서 단종의 최측근 보호자였다. 더구나 혜빈의 둘째 아들 수춘군壽春君은 안평대군의 둘째 처남 정자제의 사위이고, 셋째 아들 영풍군永豐君은 박팽년의 사위다. 누구에게 알렸다는 것도 밝히지 않은 혜빈의 밀계密啓는 수양대군 측에서 조작해낸 말일 가능성이 크지만, 하여튼 실록이 밝힌 내용은 이렇다.

> 혜빈이 밀계하기를, "이용이 사직을 위태롭게 하기를 꾀하여 여러 무뢰배를 모으고, 이현로의 말을 듣고서 무계정사를 방룡소흥傍龍所興의 땅에 지었으니 미리 막아야 합니다"라고 했다.
> 또한 성녕대군의 종 김보명이 풍수설을 거짓으로 꾸며서 용을 유혹하여 이르기를, "보현봉 아래에 집을 지으면, 이것은 비기祕記에 이른바 명당이 '장손에 이롭고 만대에 왕이 일어난다는 땅利於長孫, 萬代興王之地也'입니다"라고 했으므로, 용이 무계정사를 짓고서 핑계하여 말하기를, "나는 산수를 좋아하고 홍진을 좋아하지 않는다"라고 했다. (……) 백악산이 뒤에 왕이 일어날 땅이라 하고 장손에 이롭다고 일컬었는데, 여러 사람이 듣는 것을 속였지만 실은 의춘군을 가리킨 것이었다.
> ─「단종실록」단종 1년(1453) 5월 19일

"여러 사람이 듣는 것을 속였지만 실은 의춘군(안평대군의 장자)을 가리킨 것이었다"라는 말을 볼 때, 안평대군은 이 터가 장손, 즉 문종과 단종에게 이롭다고 여러 사람에게 말했던 것 같다. 그리고 원래 김보명의 말에 의해도 무계정사 터는 "장손에 이롭고 만대에 왕이 일어난다는 땅"이었다. 그런데 혜빈의 밀계에 따르면 무계정사 터는 "방룡소흥의 땅", 즉 곁가지 용이 일어날 땅이 된다.

장손에 이로운 명당 무계정사 터는 곁가지 용이 일어날 방룡소흥의 땅으로 완전히 뒤바뀌었다. 이것은 수양대군이 방룡을 누르기 위해 지어진 무계정사의 내력을 감추려고, 혜빈의 밀계를 내세워 무계정사를 '방룡소흥의 땅'으로 둔갑시켰다고 보아야 할 것이다. 그러고는 셋째 아들인 안평대군이 방룡으로서 왕이 될 생각으로 무계정사를 지었으며, 또한 장손에 이롭다는 그 터는 안평대군이 자신의 장자 의춘군을 염두에 둔 것이라고 뒤집어씌운 것이다. 그렇지만 백악 뒤쪽의 땅에 관한 풍수설을 처음 발설한 김보명에 따르면, 무계정사 터는 '방룡소흥의 땅'이 아니라, 그와는 정반대인 '장손에 이로운 땅'이었던 것이다.

무계정사는 계유정난 직후 헐렸다. 꿈과 풍수가 얽힌 무계정사는 부참符讖의 증표로 해석되기에 충분했을 것이다. 정난 후 안평대군에게 씌워진 반역죄의 첫 조목은 "왕이 될 운수를 믿은 안평대군이 무계정사를 지어 부참에 응했다"라는 것이었다.[16]

정난 이틀 후, 실록에는 다음과 같은 기록이 나온다.

> 이날 무지개가 백악에서부터 세조의 저택으로 이어졌다. 집현전에서 이것을 가리켜 칭탄하기를 "이것은 하늘에서 적심赤心(뜨거운 마음)을 믿은 것이다" 하며 백관百官이 시정時政의 계책을 수양대군에게 올리니 백성들이 환호했다.
> ―「단종실록」 단종 1년(1453) 10월 12일

무지개를 통해 백악이 수양대군의 저택에 닿았으니, 장손에 이롭고 만대에 왕이 일어난다는 백악 뒤쪽의 정기는 수양대군의 저택으로 옮겨갔다는 암시일 것이다. 같은 날 조정에서 무계정사를 헐어야 한다는 상소가 빗발친 것을 볼 때 무계정사는 그 즉시 없앤 것 같다.

안평대군이 김보명과 이현로의 풍수설에 따라 문종과 단종을 위해서 무계정사를 지었는지는 확실히 알 수 없다. 다른 기록이 없기 때문이다. 이러한 풍수설을 처음 발설했다는 김보명이 안평대군의 양부 성녕대군의 종이었고, 이 풍수설을 문종에게 상신한 이현로가 그의 최측근이었다는 사실을 고려한다면, 안평대군이 일찍부터 그들의 풍수설을 받아들여 문종과 단종을 위해 무계정사를 지었을 가능성은 크다고 볼 수 있다.

풍수설과의 연관을 떠나 한 가지 확실한 것은, 안평대군이 무계정사를 지은 이유는 그곳이 그가 꿈에서 본 무릉도원과 비슷했기 때문이다. 그래서 그 이름을 '무릉도원의 계곡'이라는 뜻에서 무계라고 지었다'라는 내력이 「무계수창시」 병서와 「무계정사기」에 기록되어 있다.

안평대군은 「무계수창시」 병서에서 이 터를 우연히 백악 뒤쪽을 거닐다 발견했다고 했다. 그런데 그는 정말로 예기치 않게 백악 뒤쪽에서 무릉도원의 모습과 흡사한 땅을 발견했을까? 정룡을 보호하기 위해 백악 뒤쪽에 궁을 지어야 한다는 이현로의 풍수설에 따라 무계정사를 지었다면 안평대군은 우연히 무계정사 터를 발견했다기보다 이현로의 조언에 따라, 어쩌면 이현로와 함께 백악 뒤쪽에서 무계정사 터를 골랐을 것이다. 그리고 그 백악 뒤쪽의 터가 어쩌다가 꿈속에서 본 도원의 모습과 흡사했든지, 아니면 처음부터 도원의 모습과 흡사한 땅을 골라잡았던 것이다.

어느 경우든, 안평대군은 풍수설에 응하여 장손에 이로운 백악의 뒤편에 궁을 지어 정룡을 보호하려 했고, 또한 궁터를 꿈에 본 무릉도원과 흡사한 땅에 잡음으로써 꿈의 징험을 이루려 했을 것이다.

제7부

계유정난으로
사라지고 흩어지다

정선, 「압구정」, 간송미술관 소장.

몸은 이미 노을 진 하늘 끝에 들어 있고
마음은 삼산三山의 그윽한 고을에 있네
따르던 사람들 보고 무엇을 보았더냐 물으니
중천에 반쯤 걸린 달뿐이었다 하네
아! 부귀영화의 흔적 없음이여
이름 하나 제대로 지키기도 어려운 일
고개지 솜씨 빌려 그려냈고
용의 골수 물들여 아득히 펼쳐냈도다
비바람 홀연히 지나가니
지나온 자취 휩쓸어가도다
안개 자욱한 속에 누대는 옛 모습 그대로 서 있고
온갖 풀과 나무, 새들은 모두가 서로 아는 사이인 듯
꿈인가 생시인가 몸이 어떻게 천진天眞에 이르렀는가
그림인 듯 생시인 듯 눈은 홀연히 먹 자국에 미혹됐도다

― 이현로, 「몽유도원도」 찬시 부賦

교동도에서의
최후

　1453년(단종 1, 계유) 10월 10일, 계유정난의 날이다. 계유정난은, 실록에는 계유년에 안평대군과 김종서의 반역을 수양대군이 평정했다는 뜻으로 기록되어 있지만, 오늘날엔 안평대군이 아닌 수양대군이 일으킨 난으로 이해되며, '계유정난'이라는 말은 이제 수양대군의 쿠데타를 일컫는 의미로 굳어졌다. 난을 평정한다는 정난의 뜻이 난 그 자체를 뜻하게 됐으니 하나의 역설인 셈이다.

　이때 단종은 친누나인 경혜공주의 가회방 저택에 있었다. 8개월 전인 1453년 2월, 임금의 외숙부인 우부승지 권자공이 임금 앞에서 말을 아뢰던 중 갑자기 쓰러져 집에 돌아가자마자 죽는 해괴한 일이 벌어졌는데, 불길한 일이라 하여 그때부터 창덕궁을 수리하는 동안 임금은 효령대군의 저택 등을 거쳐 경혜공주의 집으로 이어하여 머물고 있었다.[1] 계유정난 거사를 앞두고 수양대군이 미리 조치한 것인지 모른다.

　그날 초저녁에 김종서 부자가 돈의문 밖 자택에서 기습적으로 격살

됐다. 이어서 밤늦게까지 가회방 시좌소 앞 골목에서는 수양대군이 어명이라고 속여서 소집한 영의정 황보인을 비롯해 고명대신들이 철퇴로 주살되는 끔찍한 일이 벌어졌다. 상상도 할 수 없는 간악한 계교와 잔인한 수단을 불사했던 수양대군의 거사 앞에서 임금의 보호 세력은 그대로 허물어졌다.

그날 밤 안평대군은 여경방餘慶坊(지금의 신문로 근처) 성녕대군의 저택에서 체포됐다. 도성 경비를 담당하는 삼군진무 최사기와 대역죄를 처리하는 의금부 도사 신선경이 이끄는 100명의 군사들이 들이닥친 것이다. 안평대군은 다음 날 새벽 돈의문 밖 하연의 옛집에서 예정된 하연의 발인에 참석하기 위해 가까운 거리에 위치한 양어머니의 집을 찾았던 것 같다.² 체포될 당시 그는 장악원의 젊은 악공이었던 거문고의 명인 김대정金大丁과 함께 있었다. 참혹했던 계유정난의 바로 그 시각 안평대군은 김대정과 함께 양어머니 성녕대군 부인 앞에서 조용히 거문고를 타고 있었을 것이다. 성씨의 앞에서 안평대군은 끌려 나가고 김대정은 그 자리에서 주살됐다.

삼엄한 경계 속에 안평대군과 그의 열여덟 살 난 아들 우직은 양화나루를 거쳐 강화도로 압송됐다.³ 그런데 강화도에 안치된 직후 유배소로 누군가가 안평대군을 찾아왔다. 그는 수양대군의 친서를 전달하고 수양대군의 말을 전했다. 사자가 전한 말은 이러했다.

네 죄가 커서 참으로 주살을 면할 수 없으나, 다만 세종, 문종께서 너를 사랑하시던 마음으로 너를 용서하고 다스리지 않겠다.

— 「단종실록」 단종 1년(1453) 10월 10일

안평대군이 강화도로 압송되자마자 수양대군은 일부러 사람을 보내 친서를 전달하고 "용서하고 다스리지 않겠다"라는 말을 전한 것이다. 친서의 내용은 알 수 없지만 사자는 살려주겠다는 약속을 전했다. 정난의 밤 섭정승들과 이조판서, 병조판서를 처치한 수양대군은 영의정에 이조판서, 병조판서와 병권을 장악한 중외병마도통사中外兵馬都統使가 되어 명실상부한 섭정 자리에 올랐다. 이제 안평대군의 목숨도 그의 손에 달려 있었다.

이틀이 지난 10월 12일, 강화 도호부사 기질奇質에게 다음과 같은 훈령이 내려왔다.

"이용(안평대군)과 우직에게 쌀 10석과 소금, 간장을 주어라. 데리고 간 노비는 열 명만 두고 그 밖에 잡인은 출입을 금하게 하라. 압령하여 간 군사 100명은 관에서 먹여라."

안평대군과 우직 그리고 종 열 명, 총 열두 명에 대해 쌀 10석을 지급한 것으로 미루어보아, 수양대군은 애초에 적어도 석 달 정도는 안평대군을 살려둘 생각이었던 것 같다. 정난 당일 김종서와 황보인을 기습적으로 주살한 것과는 사뭇 다른 조치였다. 모반의 괴수라고 지칭했던 안평대군을 아무런 국문鞠問도 없이 살려두는 것은 필시 다른 뜻이 있었기 때문일 것이다. 이때의 기록이 없으니 당시의 상황을 더 이상 자세히 알 수는 없지만, 목숨을 보전하겠다는 수양대군의 뜻을 받아들이도록 집요한 회유와 협박이 있었을 것임을 짐작할 수 있을 뿐이다.

단종을 보필하라는 문종의 유언을 받은 섭정승 세 명 중 황보인과 김종서가 죽임을 당했고, 남지는 오래전에 풍질병으로 물러나 임종을 바라보고 있었다. 남지가 물러난 후 김종서가 좌의정이 됐고 정분이 새로 우의정이 됐다. 정분은 정난 당시 충청, 전라, 경상 삼도도체찰사의 직분으로 남도에서 축성하는 것을 감독하고 이현로와 함께 귀경하는 길에 충주에서 잡혔는데, 이현로는 즉시 참수됐고, 그는 진도에 유배됐다가 다음 해에 교수형에 처해졌다.

문종 임종 시 섭정승들과 함께 단종 보필의 유명을 받았던 고명대신들 중 주살되지 않은 이들은 수양대군의 편으로 돌아섰다. 임금의 보호자들이 모두 사라진 마당에 왕위 보전은 기약할 수 없게 됐다. 이제 왕권의 향배를 결정하는 것은 종친이었다. 종친의 강력한 추대가 있으면 종친 서열 첫 번째이며 또한 모든 권력을 손에 넣어 강력한 섭정이 된 수양대군은 더 이상 피를 보지 않고 왕위에 오를 수 있는 상황이 된 것이다.

종친의 추대에는 무엇보다도 품계가 가장 높은 세종의 적자 네 대군(안평, 임영, 금성, 영응)의 지지가 필수적이었다. 이러한 상황에서 종친 서열 두 번째이고 막강한 영향력을 지닌 안평대군이 그가 뒤집어쓴 역모죄에 대해 대죄待罪하면서 정난의 결과에 승복한다면, 더 나아가 수양대군을 추대한다는 지지 성명이라도 낸다면 종친과 조신 그 누구도 수양대군의 왕위 찬탈을 반대하기가 어려운 상황이 될 것이다. 그렇게만 된다면 그 공으로 안평대군은 목숨을 보존할 수 있을 것이다. 안평대군이 강화도로 압송되자마자 수양대군의 사자가 친서를 들고 찾아와 전한 "네 죄를 용서하고 다스리지 않겠다"라고 한 말의 뜻이 여기에 있었을 것이다.

그렇지만 목숨을 살려주겠다는 수양대군의 제의는 거절당했다. 안평대군의 죽음이 그 증거일 것이다. 10월 16일, 수종하던 노비들을 다 떼어버리고 안평대군 부자만이 절해고도 교동도喬桐島로 이송됐다. 죽음으로 향하고 있었다. 교동도는 강화도에서 서쪽으로 10여 리 떨어진

위 사진은 교동도 옛나루터 호두포 부근. 안평대군은 이 나룻터를 거쳐 그가 최후를 맞았던 교동도 유배지로 압송됐을 것이다. 아래는 옛 지도에서 추적해본 안평대군 교동도 도착 경로. 양화진 나루→강화도 동북쪽 갑곶나루, 또는 강화도 최북단 철곶나루를 거쳐서 인점진(지금의 호두포)에서 교동도로 들어왔을 것으로 추정된다.

당시 인구 500명의 작은 섬이었다. 고려 때는 여러 왕과 귀족의 유배지였고, 조선 개국 초에는 고려의 왕족을 새 땅으로 이주시킨다며 이곳 교동도 앞바다로 데려와 집단으로 수장시킨 일도 있었다.

고려 말에서 조선 초의 문신 조준趙浚은 교동도를 이렇게 노래한 적이 있다.

서리 내리고 강 맑은데 기러기 나니
수많은 돛에 한결같이 석양이 비쳤네
높은 벼슬로 나라 돕는 건 영욕榮辱이 많은데

> 짧은 돛대로 고기 낚는 건 시비가 없구나
>
> —『신증동국여지승람』제13권,「교동현」

순박한 절해고도 교동도가 짊어진 무거운 정치적 운명을 읊은 것이리라.

정난 발생 여드레째인 10월 18일 서울의 궁궐에서는 이른 아침부터 좌의정 정인지가 몰고 온 백관들이 안평대군을 처형하라고 임금을 압박하고 있었다. 임금은 수양대군이 반대하기 때문에 들어줄 수 없다며 안평대군의 처형을 한사코 거부했다.

10월 10일 계유정난의 밤 안평대군이 강화도로 유배된 직후부터 조신과 종친은 역모의 괴수인 안평대군 부자를 처형하라는 상소를 연일 올렸지만, 수양대군은 굳게 침묵을 지키고 있었다. 그런데 안평대군이 교동도로 이송된 10월 16일부터 갑자기 수양대군은 아무런 실권이 없는 임금과 조신, 종친 양녕대군 앞에서 안평대군을 살려주자고 울면서 호소하기 시작했다. 안평대군의 생살여탈권이 그의 손안에 있음은 말할 필요가 없는데도 말이다. 양심의 가책에서 나온 행동이라기보다는 치밀하게 계산된 작전이었을 것이다. 이 며칠간 수양대군은 맹렬히 안평대군을 회유하면서 그의 처형을 지연해왔으며, 드디어 교동도로 이송하여 고강도의 마지막 협박을 가하고 있었던 것 같다. 노비들 없이 안평대군 부자만이 교동도로 이송된 것으로 보아 교동도에서 마지막 이틀간 안평대군 부자는 불 때고 밥 지을 수도 없을 만큼 비참했을 것이다. 더구나 안평대군은 아들이 지켜보는 앞에서 사사될 상황에 직면해 있었다. 여드레가 지난 10월 18일 수양대군은 안평대군의 처형을 요구하는 공론을 저지하지 않겠다는 최종 입장을 내놓았다. 단종은 더 이상 버틸 수 없게 됐다.

"그렇다면 억지로라도 청하는 것을 따르겠다."

그 즉시 의금부 진무鎭撫(정3품) 이순백李淳伯이 교동도를 향해 출발했다. 한양에서 강화도까지는 100리 길이고 강화도에서 다시 바다를 건너야 했으니, 이순백 일행은 밤이 깊어 교동도에 도착했을 것이다.

목숨은 보전하겠다는 수양대군의 제의를 물리친 만큼, 죽음을 각오했다기보다 죽음을 선택한 안평대군이었다. 마음의 평화를 잃지는 않았을 것이다. 춥고 외진 교동도 유배소에서 평생의 업이었던 글을 쓰고 있었거나 거문고를 타며 마지막 순간을 보내고 있었을 것이다.

안평대군이 말년에 쓴 것으로 보이는 사언고시 한 수가 전해지는데, 이것으로 마지막 그의 심정을 갈음해보자.

두타 제일이 바로 두수인데頭陀第一 是爲抖擻
밖으로 이미 티끌과 멀고, 안으로 이미 마음의 때를 벗었도다外已遠塵 內已離垢
남 먼저 도를 얻고 드디어 입멸에 들었으니得道居先 入滅於後
설의 계산이 천추에 썩지 않고 전하리라雪衣鷄山 千秋不朽

두타頭陀는 도에 이르는 온갖 고행을 말하며, 두수抖擻는 번뇌를 벗는 것을 말한다. 계산鷄山은 부처가 깨달음을 얻은 부다가야 동쪽에 있는 산 이름인데, 부처의 10대 제자 중 두타 제일로 칭송을 받았던 마하가섭이 열반한 곳이다. 고행과 구도를 통해 죽음과 절의에 도달한 자의 비장한 마음을 읊은 시다. 처형에 임하여 쓴 안평대군의 임절시臨絶詩로 보아도 좋을 만하다.

이 시는 세조·성종조의 문신 김종직과 그의 제자 김일손이 각기

위 사진은 교동도 해안가 봉소리 왕봉산 골짜기. 오른쪽 끝에 호두포 뒷산이 보인다. 사진 왼쪽의 산중턱 땅을 파헤친 곳(붉은 점선)이 연산군의 유배지라는 말이 전해지고 있지만, 연산군 유배지는 이곳이 아니라 교동도 중부의 고읍리 또는 남쪽 읍내리였을 것이라는 설이 유력하다(아래 교동도 지도의 붉은 원 참조). 그렇다면 나루터에서 가까운 이곳 유배지는 다른 누군가의 유배지였을 가능성은 없을까?

1472년, 1489년에 두류산(지리산)을 유람하고 남긴 「유두류록遊頭流錄」과 「두류기행록頭流記行錄」에 실려 있다. 그들은 두류산 영신사 법당에 있는 두타가섭(마하가섭)의 그림 아래 이 시가 쓰여 있는데, 그 아래 '청지'라는 관서가 찍혀 있어 안평대군의 시서화 진본이라고 증언했다.[4]

10월 18일 밤, 보름 직후라 달이 처연하게 밝았을 테지만 사약을 내리는 임금의 교지를 읽기 위해 횃불을 밝혔을 것이다. 안평대군은 가야 할 길을 알고 있는 사람이었다. 오래전에 무릉도원을 찾아 미련 없이 홍진을 떠나려 했듯이, 이제는 사직을 위해 미련 없이 삶을 버리려 했다.

대역범은 극형 중의 극형인 거열형이나 참수에 처하지만, 왕족이나 고위 관리는 유체를 보존하기 위해 독약으로 죽게 하는 것이 관례였다. 그러나 사사된 안평대군의 유체나 무덤에 관해서는 아무런 기록이 없다. 어두운 밤과 파도 소리가 모든 것을 덮어버렸다. 36세의 안평대군은 절해고도 교동도에서 그렇게 사라져버렸다.

엄청난 재능과 부귀한 신분은 그의 운명이었고, 업보였다. 학문과 예술은 세상 밖을 노닐었지만, 왕실에 태어난 몸은 사직을 위해 죽음을 택했다. 그의 인생은 짧았지만, 그의 꿈과 결의를 찬양한「몽유도원도」는 불후의 작품으로 오래 남았다. 그의 염원대로 천 년을 그대로 전해지며, 그의 시대를 증거할 것이다. 후대 사람들이 그것을 보면 반드시 무슨 말인가 할 것이다.

🌸 안평대군의 교동 유배지는 어디쯤인가?

「세종실록 지리지」를 보면 당시 교동도에는 나루가 두 곳 있었는데, 강화도와 통하는 남쪽의 빗돌나루(비석진鼻石津 또는 인화석진寅火石津)와 황해도와 통하는 북쪽의 인점진仁岾津이었다. 인점진은 오늘날의 호두포인 듯하다.

안평대군은 1453년 10월 16일 군사 100명에게 호송되어 강화도에서 교동도로 들어갔는데, 대군사의 이동이었던 만큼 강화도에서 육로를 거쳐 빗돌나루에 상륙했다기보다는 강화도 어느 나루에서 한강 하류를 따라 서해로 빠지는 수로를 이용하여 인점진에 상륙했을 가능성이 크다. 당시 이들 나루는 서해를 지키는 군사 요지이기도 했다. 안평대군은 단지 이틀간 교동도에 유배됐다가 사사됐고, 대규모 군사가 호위했음을 볼 때 그의 유배지는 나루터에서 멀리 떨어진 곳은 아니었을 것으로 보이며, 호두포 부근의 외진 인가가 아니었을까 추측해볼 수 있을 것이다.

호두포에서 육지 쪽으로 약 1킬로미터 들어간 봉소리 왕봉산 골짜기 신골에는 연산군의 유배지로 전해지는 장소가 있다. 교동도에는 이 밖에도 연산군의 유배지로 추정되는 곳이 두 곳 더 있는데, 화개산 앞쪽 고읍리(현재의 고구리) 그리고 읍내리 교동 읍성 부근이다. 연구자들은 연산군 당시 교동현 관아가 있던 고읍리 일대 또는 진鎭이 설치되어 있던 읍내리를 연산군의 유배지로 추정하는 경향이다(남달우, 「연산군의 교동 유배」, 강화역사문화연구소 제37회 초청 강좌 요지문, 2008년 5월 15일. 「연산군 유배지의 진실은?」, 한문화재 한지킴이 운영 카페, 2008년 2월 20일 참조). 만일 봉소리가 연산군의 유배지가 아니라면 다른 누군가의 유배지였을 가능성은 없을까? 안평대군이 사사된 53년 후 연산군이 이곳으로 유배를 왔기 때문에 훗날 두 사람의 유배지에 대한 혼동이 생긴 것은 아니었을까?

남겨진
그들의 운명

    계유정난은 안평대군의 흔적을 파괴하는 것으로 완결됐다. 정난의 와중에 그의 육신의 자취가 사라졌고, 가족이 흩어졌으며, 그가 이룬 학문과 예술이 파괴됐다. 조선 문화사의 한 장은 영원히 찢겨 나갔다.

    안평대군이 사사된 후 그의 유체가 어떻게 됐는지는 기록이 없다. 절해고도에서 죽었으니 시신을 바다에 유기했을 수도 있을 것이며, 아니면 죽음을 확인하기 위해 수양대군에게 갖다 비쳤을지도 모른다. 오늘날 안평대군의 무덤은 없다. 무덤이 없으니 비석이나 묘표, 비문도 있을 리 없고, 아무도 그의 흔적을 찾아볼 수 없게 됐다.[1] 그는 또한 왕실 족보인 『선원록璿源錄』에서도 삭제됐다.

    안평대군의 학문과 예술, 인생의 현장이었던 비해당, 담담정, 무계정사도 사라졌다. 이와 함께 그를 기억하고 추모할 길도 사라졌다. 기억과 추모. 바로 그것 때문에 그의 모든 것이 파괴된 것이기도 하다.

    계유정난 즉시 비해당은 파괴되고, 그곳에 수장됐던 서적과 고금의 서화도 사라졌다고 볼 수 있다. 그의 장서인藏書印이 찍힌 수많은 장서와 서화가 한 점도 발견되지 않았고, 그가 직접 쓰고 그린 엄청난 양에 달했을 시문과 서화가 거의 전부 사라진 것은 계유정난 때 조직적으로 파괴됐음을 말해준다. 비해당의 아름다운 정원도 짓뭉개졌을 것이다. 안평대군의 문객과 측근으로 붐비고 그의 명성을 드날리던 비해당이야말로 그에 대한 가장 강렬한 기억이었을 것이므로 인멸되는 것은 당연했을 것이다. 비해당은 파괴됐겠지만, 본채 수성궁은 효령대군이 차지하여 그 후손이 대대로 물려받았다. 그러나 그 또한 얼마 안 가 파괴됐다. 임진왜란 때였다.

안평대군의 반역죄에 대한 첫 조목의 증거로 꼽힌 무계정사는 반역의 현장으로 간주됐고 부참符讖에 의해 지은 것으로 낙인이 찍힌 만큼 정난 직후 파괴된 것으로 보인다. 마포 강변의 담담정은 몰수됐다. 헐기에는 너무나 아까워서였는지, 신숙주가 그토록 탐을 내서였는지, 결국은 신숙주의 차지가 됐다. 이곳은 안평대군 사후 정난공신들 사이에서 풍류의 중심지가 됐고, 세조도 종종 이곳을 찾아와 놀았다 한다.

비해당과 담담정, 무계정사가 파괴되면서 안평대군의 예술과 풍류는 역사의 장을 떠나 전설이 됐고, 그의 존재는 계유정난이라는 정치적 공간에서 평가됐다. 당대 사람들은 안평대군이 섭정승들과 한편이 되어 정치에 휘말린 것을 비난했고, 후대 사람들은 그가 정치적으로 한 수 위인 수양대군과 대적하여 패망한 것을 동정하거나 조롱했다. 그렇지만 정치적 희생자라는 세속적인 동정은 필요 없을 것이다. 조선 역사상 안평대군은 동생 금성대군과 함께 사직을 보호하기 위해 죽음을 맞은 유일한 왕자였다. 그를 역적으로 각인하려는 수양대군의 집요한 노력에도 불구하고 그는 삼절, 쌍삼절의 풍류 왕자로 후대인의 마음속에 자리 잡게 됐다.

안평대군의 직계 가족 역시 억울한 죽음과 흩어지는 운명을 맞았다. 교동도에서 안평대군이 사사되는 것을 지켜보았을 그의 유일한 아들 우직은 다음 날 진도로 유배되어 그다음 해인 1454년(단종 2) 9월 교수형에 처해졌다. 우직이 자녀 없이 죽어 안평대군은 후사가 끊겼다. 안평대군이 사사된 이틀 후 그의 어린 딸 무심과 며느리 남씨, 첩 대어향은 변방의 관비로 끌려갔다. 무심과 남씨는 황해도 풍천군 문화현의 관비로 3~4년 부처付處됐다가 후에는 둘 다 권남의 사노비가 됐다. 19년 후인 1472년(성종 3) 남씨는 연좌에서 풀려났지만, 무심은 풀려났다는 기록이 없다.

무심은 이후 더 오래 노비로 전전하면서 기구한 생을 보냈던 것 같다. 무심은 권남의 집에서 다시 세조의 후궁 박씨가 낳은 창원군昌原君 이성李晟의 노비가 된 것으로 보인다. 무심은 1478년(성종 9) 창원군이 여종을 치정 살해한 '고읍지古邑之 사건'에 연루되어 다시금 변방의 노비로 영속됐다가, 1480년(성종 11)에 풀려난 것으로 보인다. 계유정난 이후 27년 만이다. 무심이 자녀를 두었다면 안평대군은 외손 쪽으로 후사가 있을 가능성도 있다.[2]

대어향에 관해서는 더 이상 기록이 없다. 대어향이라는 이름으로 보아 가야금을 잘 탔던 기생 출신이었을 것 같은데,[3] 관노비로 배속된 후 남의 첩으로 끌려갔을 가능성이 크다. 당시 지방 양반은 관비 중에서 마음에 드는 자가 있으면 자신의 노비와 바꿔치기하는 일이 비일비재했으며, 주로 미색이 있는 기생 출신 관비를 뽑아갔다. 안평대군의 첩으로서 대어향의 자태와 기품, 예술적 소양이 대단했을 것임을 생각할 때 그녀를 눈독 들인 사람은 많았을 것이다. 일찍감치 빼돌려졌다고 봐야 할 것이다.

안평대군이 체포되던 날 밤 함께 있었던 양어머니 성녕대군의 부인 성씨는 어떻게 됐을까? 전해지는 이야기로는, 안평대군이 압송되어갈 때 성씨가 양화진 나루터까지 따라와 이르기를, "남자가 세상에 태어나 임금을 위해 목숨을 바치게 되면 의당 웃음을 머금고 지하에 가야 하느니라. 나는 염두에 두지 마라"라는 말을 했다 한다.[4]

안평대군을 처형한 죄목 중에는 반역죄 다음으로 양어머니 성씨와의 간통죄가 포함되어 있었다. 반역죄에 덧붙여 철저한 인격 말살을 꾀한 것이다. 그가 사사된 닷새 후 성씨는 경주로 유배됐다. 성씨를 안평대군과 모자지간으로 연좌하여 처벌하거나 또는 근친상간죄에 따라 극형에 처해야 한다는 논의가 있었지만, 성씨는 수양대군의 숙모라는 점이 감안되어 유배되는 데 그쳤다. 수양대군은 왕위에 오르고 나서 성씨를 서울 밖에서 편하게 거주하도록 허락했는데, 성씨는 경주에서 풀려나 서울로 돌아오는 길에 강에 뛰어들어 죽었다고 한다.[5]

안평대군의 형제들은 어떤 길을 갔으며, 어떤 운명을 맞았을까? 계유정난 당시 생존했던 세 대군과 아홉 명의 왕자 중 신빈 김씨愼嬪金氏 소생 계양군桂陽君 증增을 제외한 모두는 수양대군 측에 가담하지 않았다. 맹렬한 회유와 공작이 있었겠지만, 도리와 절개를 지켰으며 결국 네 왕자는 죽음을 맞았다. 이들은 여섯째 금성대군과 영빈 강씨令嬪姜氏의 유일한 소생 화의군和義君, 혜빈 양씨 소생의 한남군漢南君과 영풍군이다. 이들은 계유정난 후 '용(안평대군)의 잔당'이라고 비난받다가 결국은 사육신사건이 일어난 직후 처형되거나 유배지에서 죽음을 맞았다. 그중에서도 금성대군은 단종복위를 도모하기 위해 유배지에서 군사를 모으려다 사전에 발각되어 사사됐다. 이들 네 왕자의 죽음은 세종의 왕자들이 사직을 위해 어떻게 처신했는지를 잘 보여준다고 하겠다.

　남은 두 대군 중 막내 영응대군은 34세에 병사했고, 목숨을 부지하며 동복형제 중 가장 늦게까지 생존하다 51세에 죽은 임영대군은 임종 시, "나는 안평 형님과 금성 아우를 따라 절의에 죽으려 했으나 그러지 못했다"라는 말을 남긴 것으로 후손에게 전해진다.[6] 세종의 집안은 계유정난에 이어 사육신사건으로 가장 큰 희생을 입었다. 그러나 희생이 큰 만큼 세종의 집안이야말로 사직을 위해 어느 가문보다도 많은 충신을 배출한 집안이라고 할 수 있을 것이다.

안견은
어떻게 됐는가?

안견은 계유정난의 화를 면했다. 안평대군의 총애를 받던 많은 잡인과 예인이 화를 당한 것과는 대조적이다. 그는 살아남았을 뿐 아니라 수양대군을 위해서 다시 많은 그림을 그렸다.

수양대군은 즉위한 후 계유정난의 날에 그가 탔던 부루말(흰말)을 그리게 했는데, 안견이 그렸을 가능성이 크다. 수양대군은 그의 왕위 등극을 예고하는 계유정난의 부루말을 그릴 최적의 화가로서 태조의 「팔준마」를 그린 대가 안견을 지목했을 것이다. 또한 부루말이 제작된 1463년(세조 9) 무렵 안견은 세조의 명으로 중국의 사신을 위해 그림을 그리며 활약 중이었기 때문에[1] 그렇게 추정할 수 있을 것이다. 그렇다면 안평대군을 위해 「몽유도원도」를 그렸던 안견이 훗날 수양대군을 위해 부루말을 그렸다면 이 또한 기이한 인연이 아닐 수 없다.

안견이 화를 면한 것은 정난 직전 안평대군과 의절했기 때문이다. 그때의 정황을 숙종 대의 대학자 윤휴尹鑴는 그의 문집 『백호전서白湖全書』

에서 다음과 같이 전한다. 윤휴는 김종서가 주살되던 때 그를 지키던 경호무사 윤광은尹匡殷의 6대손인데, 윤광은은 수양대군의 부인 윤씨(자성왕비慈聖王妃)의 일족이었기에 목숨을 건질 수 있었다 했다. 안견의 일화는 계유정난에 관해 윤휴의 집안에 구전되어 내려오는 이야기 중의 하나인 것 같다.

    나는 그림을 알지 못하나, 일찍이 안견이라는 위인에 대해서 들어보니, 대체로 그의 그림만 사랑스러울 뿐이 아니었다. 광묘光廟(세조)가 정난할 당시에, 안평대군은 고귀한 공자로서 문장文章과 재화才華와 한묵翰墨으로 스스로 즐기면서 한때의 명류들과 두루 교유했으므로 누구도 그를 흠모하여 붙좇지 않는 이가 없었다.
    안견 또한 기예로써 공자의 초대를 받았는데, 안견은 본디 필치가 뛰어났으므로 공자가 특별히 그를 사랑하여 잠시도 그의 문 안을 떠나지 못하게 했다. 그러니 안견으로서는 시사時事가 위태로운 상황에서 스스로 소원해지고 싶어도 그렇게 할 수가 없었다.
    그러다가 하루는 공자가 연시燕市(연경의 시장)에서 용매묵龍媒墨을 사 다놓고는 급히 안견을 불러 먹을 갈아서 그림을 그리게 했는데, 마침 공자가 일어나 내당內堂에 들어갈 일이 생겼다. 잠시 후 돌아와 보니 용매묵이 없어진 것이 아닌가. 공자가 노하여 시비侍婢를 꾸짖으니, 시비들이 변명하면서 안견을 의심하는 기색이 있었다. 그러자 안견이 일어나서 소매를 떨치며 스스로 변명하는 도중에 먹이 갑자기 안견의 품속에서 떨어지니, 공자가 대번에 노하여 그를 꾸짖어 내쫓으면서 다시는 그의 집에 근접도 하지 못하게 했다. 안견은 부끄러워 말도 못하고 달려 나와 집에 돌아와서는 꼼짝도 하지 않고 은복하여 자중하게 됐는데, 이 일이 마침내 온 세상에 떠들썩하게 전파됐다.

그런데 이윽고 공자가 대죄大罪에 걸리게 되어 그의 문하에 출입하던 자들이 모두 연루되어 죽었으나, 안견만은 유독 이 일 때문에 화를 면했으므로 사람들이 그제야 비로소 이를 기이하게 여겼다.

아, 덕을 품고서 고의로 더러운 행실을 하여 세리勢利의 화를 스스로 면하는 일은 옛사람도 하기 어려운 일인데, 안견이 유독 이 일을 해냈으니, 이 사람이 어찌 또한 기미를 알고 괴이하게 홀로 행한 선비가 아니겠는가. 게다가 안견은 기예에만 뛰어난 것이 아니라, 높은 식견과 원대한 생각과 가볍게 볼 수 없는 지취旨趣를 지녔다. 다만 그럼에도 기예에 몸을 의탁한 자가 아닌가? 이것을 가히 알 수가 없도다.

나는 본디 그림을 알지 못하나, 이 화폭을 보건대, 그 수석水石의 푸르고 아득함과 풍연風煙의 흐릿함은 비록 간일簡逸하고 소탕疏蕩하기는 하나, 또한 절로 남이 쉽게 엿볼 수 없는 것이 있으니, 이제 또한 그 위인을 닮아서 그런 것이 아니겠는가. 이렇게 기록하여 여러 호사자好事者에게 전하는 바다.

— 윤휴, 「권생이 소장한 안견의 산수도 후미에 쓰다書權生所藏安堅山水圖後」, 『백호전서』 제24권, 「발跋」

시세에 좇겨 야비한 방법으로 안평대군과 결별함으로써 자신의 인격에 먹칠을 하게 된 안견의 처지를 설명하면서, 안견은 비록 기예를 업으로 하지만 가볍게 볼 수 없는 인품을 지닌 사람이었음을 백호 윤휴는 누누이 강조한다. 어째서 그러한가?

수양대군은 등극 후 3천여 명에 달하는 사람을 원종공신原從功臣으로 봉했다. 원종공신은 직접적인 공훈은 없지만 사소하고 부수적인 공로가 있는 사람에 대한 녹훈인데, 수양대군이 조금이라도 알던 거의 모든 사람이 포함된 것으로 보인다. 여기에는 이미 사망한 정승과 대신을 비롯하여 하급 관료, 중인, 서인, 노비 신분이 두루 망라됐다. 왕위 찬탈에 대한 반발을 무마하고 자신의 즉위에 거국적 지지가 있었음을 과시하려 한 것이었음은 물론이다. 녹훈에는 작지만 보상이 따르므로 많은 사람이 다투어 자신과 가족 그리고 죽은 식구까지도 원종공신에 이름을 올리려고 애썼다.

그런데 이 많은 사람 중에 안견은 포함되지 않았다. 안견의 명성 정도로 원하기만 하면 그 명단에 족히 이름을 올릴 수 있었을 텐데, 그는 그 흔한 원종공신에 끼이지 않았다. 안견은 어쩔 수 없이 변절했다 해도 일신의 이익을 위해 수양대군에게 빌붙지는 않은 것이다. 지킬 수 있는 것은 지켰던 것이다. 윤휴는 바로 이 점을 일깨우려 한 것이 아니었을까?

절도를 저질러 안평대군과 의절한 사람은 안견 한 사람만이 아니었다. 계유정난 직전 안평대군의 집에서 약재를 훔친 것이 발각되어 안평대군과 의절했던 임원준任元濬의 경우는 실록에도 상세히 실린 유명한 사건이었다.

안평대군의 문객 임원준은 과장科場에서 남의 답안을 대신 써주다 들켜 과거를 볼 자격이 영영 박탈된 자였다. 이후 그는 의학과 복술을 연구하여 그 방면에서 재능을 인정받아 안평대군의 문객이 됐으며, 1447년(세종 29) 안평대군이 세종과 문종을 호종護從했던 희우정 연회에도 초대받았고, 비해당 정원을 노래한 「비해당사십팔영」 연작시에도 참여했을 만큼 안평대군의 큰 지우知遇를 받았다.

재주가 많은 임원준을 평소 탐내던 수양대군은 고명사은사誥命謝恩使

로 북경에 가면서 임원준을 사절단에 포함했다. 임원준은 안평대군을 찾아가서 자신이 사절단에 포함된 사실은 숨기고 북경에 가는 수양대군을 위해 위장약인 소합환蘇合丸을 지어달라고 했다. 그런데 안평대군이 잠시 자리를 비운 사이 약장에 있던 인삼, 서각犀角, 목향木香, 침향沈香, 주사朱沙와 같이 귀한 약재가 없어지고 말았다. 안평대군의 종이 임원준을 잡아 몸을 뒤졌더니 상투와 소맷자락에서 이들 약재가 나왔고, 격노한 안평대군은 임원준을 형조에 고발했다.

그는 수양대군의 지시로 얼마간 숨어 지내다가 계유정난 이후 나타나서 약재 절도 사건은 그가 수양대군과 가까워지는 것을 시기한 안평대군이 꾸민 자작극이라고 상소하여 사면 받았으며, 수양대군이 즉위하자 원종공신에 올랐고, 과거에도 장원으로 급제하여 승승장구했다.[2] 연산조의 대표적 간신 임사홍이 그의 아들이다.

안견과 임원준이 안평대군과 의절하는 계기로 절도 사건이라는 매우 흡사한 일을 겪은 것을 보면 수양대군은 이들에게 안평대군과의 관계를 끊으라고 명령하면서 절도라는 야비한 방법까지 일러준 것으로 보인다. 회유와 협박으로 안평대군 쪽 사람들을 변절시켰던 계유정난의 과정을 잘 보여주는 예라 할 수 있다. 이때 회유와 협박을 받고 변절한 자들이 어찌 이들 두 명뿐이겠는가.

「몽유도원도」는
어디에?

 희대의 보물은 세상이 바뀌는 격변이 일어날 때 숨기 마련이다. 주인을 바꾸기가 쉽지 않기 때문이다. 더구나 한 시대의 정점에 섰던 인물이 비운에 스러졌다면 그를 상징했던 보물 또한 세상에서 사라질 수밖에 없다. 「몽유도원도」는 1447년 4월 안견이 그림을 그린 후부터 1453년 계유정난으로 안평대군의 운명과 더불어 사라지기까지 6년간 짧게 세상에 존재했다. 그리고 다시 그 존재는 오래도록 세상에 알려지지 않았다.

 한 시대의 명사들이 대거 참여했고, 무엇보다도 당대를 주름잡은 귀공자의 꿈을 주제로 한 시서화 「몽유도원도」가 제작된 일은 최고의 풍류운사였음에 틀림없었다. 그렇지만 그 존재는 조선 역사 내내 어두운 비밀에 싸여 있었다. 신숙주, 최항, 서거정의 「몽유도원도」 찬문이 1478년(성종 9)에 제작된 『동문선』에 실리고, 1658년(효종 9)에 간행된 『육선생유고』에는 박팽년, 성삼문의 찬문이 실렸지만, 그 누구도 「몽유도원도」에 관해 언급하거나 그것을 보았다는 기록은 없다.

「몽유도원도」는 안평대군의 억울한 죽음만큼이나 금기 사항이었을 것이다. 안평대군의 생애를 거론하는 것도 위험시되던 세상에서 역적의 꿈을 입에 올릴 수는 없었을 것이다. 더구나 그 꿈을 찬양한 서화 작품에는 세조의 핵심 공신이 다수 참여했기 때문에 「몽유도원도」의 존재는 금기 중에서도 금기가 됐을 것이다. 그리고 계유정난의 진상이 조금이나마 밝혀져서 안평대군이 복권됐을 무렵은 이 서화가 이미 조선을 떠나버린 뒤였을 것이다.

안평대군의 재산이 적몰된 것은 정난 사흘 후인 10월 13일이었고, 25일에는 그의 소장품이 모두 파괴됐는데, 이에 대해 실록은 이렇게 기록한다.

> 그때에 이용과 이현로의 집에 괴상하고 신비스러운 글이 많았는데, 세조가 보지도 않고 모두 불태워버렸다.
>
> —「단종실록」 단종 1년(1453) 10월 25일

괴상하고 신비스럽다는 것은 참서를 말한 것이다. 「몽유도원도」가 정난의 와중에 발견됐다면, 꿈을 그리고 찬양한 것이라 하여 참서의 일종으로 불태워졌을 것이다. 부참에 응하여 지었다고 했던 무계정사가 즉시 헐린 것과 마찬가지였을 것이다. 안평대군의 소장품을 "보지도 않고 모두 불태웠다"는 것은 비해당 서고 전체를 불태웠다는 말일 것이다. 그의 소장품은 모두 불타버렸지만 「몽유도원도」만은 기적과 같이 온전히 살아남았다. 그렇다면 안평대군은 이 서화를 대체 어디에 보관했을까?

그는 수성동 저택 비해당과 별서인 마포 강변의 담담정, 백악산 뒤편의 무계정사를 소유하고 있었다. 담담정은 안평대군이 풍류객과 함께 주로 뱃놀이를 하며 놀던 곳이었다. 강가의 정자가 딸린 이 집은 귀중한 서화를 보관하기에 적당한 장소는 아닐 것이다. 무계정사는 깊은 산중에 지키는 사람 없는 외지고 협소한 암자와 같은 곳이어서 여기에도 귀중품을 보관했을 것 같지는 않다. 그렇다면 그가 주로 거처했고 서재가 있었던 비해당에 1만 권에 달했다는 그의 서책이나 고서화와 함께 보관했을 텐데, 계유정난 때 비해당은 불탄 것으로 봐야 할 것이다. 역적의 집이기도 했지만, 그의 장서인이 찍힌 막대한 소장품이 유출되는 것을 막으려고 서고 전체를 불 질렀을 것이다.

안평대군의 소장품이 파괴되는 와중에 「몽유도원도」가 살아남았다면, 그것은 정난 당시 관에서 적몰했든가 또는 누군가가 안평대군의 저택이나 별장에서 빼돌려 보관했기 때문일 것이다.

「몽유도원도」는 적몰되지 않았음이 분명하다. 적몰됐다면 궁궐의 내탕고에 들어갔거나 정난의 공신 또는 수양대군과 가까운 종친에게 하사됐을 것이다. 그러나 내탕고에는 없었다. 성종 때 임금이 안평대군의 글씨를 보고 싶어 했지만 내탕고에 없어서 이를 시중에서 구입했다 하며, 중종 때는 중국 사신에게 안평대군의 글씨를 주고자 했으나 내탕고에 있는 글 중 안평대군의 글을 확인할 수 없어서 역시 시중에서 구입하도록 했다는 실록의 기록을 볼 때[1] 안평대군의 인장이 찍힌 장문의 글과 시가 실린 「몽유도원도」가 내탕고에 없었던 것은 확실하다.

무엇보다도 「몽유도원도」는 정치에 뜻을 두지 않겠다는 안평대군의 결의를 찬양한 서화이며, 여기에는 정인지, 신숙주 등 계유정난의 주역들이 참여했다. 이러한 서화를 왕실에서 접수하여 보관하는 것을 수양대군이 용인하지는 않았을 것이며, 또한 안평대군의 추억을 강하게 불러일으킬 이 서화를 종친이나 조신 그 누구에게도 주었을 것 같지는 않다.

「몽유도원도」를 탐낸 사람은 많았을 것이다. 대가 안견의 그림이며, 저명한 왕자를 비롯하여 수많은 명사들의 시와 글이 실린 것이기 때문에 사실 이것은 엄청난 보물이었다. 그렇지만 역적 안평대군을 찬양한 대작인 만큼 그 누구도 드러내놓고 요구하거나 공공연히 소장하기에는 너무나 위험한 서화였다.

많은 사람들은 안평대군의 소장품이 평소 그의 예술품을 부러워한 신숙주의 손에 들어갔을 가능성이 크다고 본다.[2] 계유정난의 공으로 보아서 또한 장차 수양대군이 왕위를 찬탈하는 데 신숙주는 꼭 필요한 인물이었던 점에 비추어, 적몰된 안평대군의 소장품이 신숙주에게 하사됐다고 추측하는 것도 무리는 아니다. 더욱이 신숙주가 담담정을 차지했기 때문에 「몽유도원도」가 신숙주의 손에 들어갔다고 생각할 수도 있을 것이다. 그렇지만 그렇지 않을 가능성이 더 크다. 담담정은 계유정난 직후 단종의 장모 최씨에게 주었다가 수양대군이 즉위한 후에 다시 빼앗아 신숙주에게 준 것이다.[3]

무엇보다도 신숙주는 계유정난 당시 한양에 없었다. 계유정난 전해인 1452년 고명사은사 수양대군의 서장관으로 북경에 간 신숙주는 1453년 3월에 귀국하자마자 동부승지 직을 받고 석 달 후 6월에 우부승지로 제수됐다.[4] 그런데 이승소李承召가 쓴 신숙주의 묘비명은 계유정난 당시 신숙주가 외직을 받고 한동안 한양에 없었음을 말해준다.[5] 이승소는 신숙주가 계유정난에 직접 관여하지 않았음을 암시하려고 그가 외방에 나가 있었음을 굳이 밝혔는지도 모른다.

신숙주는 계유정난이 일어난 해인 1453년 7월 29일부터 10월 15일까지 두 달 반 동안은 실록에도 나타나지 않는다. 계유정난에 즈음하여 현직 승지이며 수양대군의 핵심 공신인 신숙주가 한양에 없었다는 사실은 수양대군의 조치였을 가능성이 크다. 수양대군 스스로 안평대군과 절친했던 신숙주를 완전히 신뢰하지 못했거나, 계유정난의 끔찍한 거사 과정에 충격을 받고 변심할 가능성을 우려하여 멀리 내보냈다가 정난이 성공한 후 그를 불렀는지도 모른다. 사실상 정난의 밤 현장에 있었던 정인지나 최항도 정난이 전개되는 참혹한 시나리오는 사전에 몰랐던 것 같다.

정난 후 신숙주가 처음 등장하는 것은 정난 엿새 후인 10월 16일인데, 엿새 후에 나타난 것을 보면 꽤 멀리 가 있었던 것 같다. 그가 돌아왔을 때는 이미 안평대군의 재산은 적몰되거나 파괴된 상태였다. 그 와중에 「몽유도원도」를 건지기 위해 신숙주가 손을 썼을 여지는 거의 없었을 것이다. 그가 나타났을 무렵은 이 서화가 이미 빼돌려진 이후였을 것이다. 따라서 많은 사람의 추측처럼 신숙주가 안평대군의 소장품을 대부분 차지했을 것이라는 말은 개연성이 낮다.

안평대군의 서화 소상품이 어떠한 운명을 맞았는지는 아무런 기록이 없다. 「화기」에 기록된 안평대군의 소장품은 아직까지 한 점도 그 행방이 밝혀지지 않았다.⁶ 후대에 누군가가 이들 소장품을 보았다는 기록도 없다. 오늘날 안평대군의 소장품은 세계적으로 희귀한 최고의 명품이므로 한국에 남아 있든지, 또는 임진왜란이나 일제강점기에 약탈되어 일본으로 반출됐다 해도, 지금쯤이면 한두 점이라도 시중에 나올 법도 한데, 전혀 나타나지 않는 것을 보면 계유정난 때 모두 사라졌다고 볼 수밖에 없다. 「몽유도원도」만이 온전한 모습으로 살아남은 것은 기적이라 할 수 있다.

그런데 「몽유도원도」가 계유정난에서 살아남았다는 것은 그 누군가가 미리 빼돌려 깊이 은닉했기 때문일 것이다. 누군가가 이 작품이 변을 당하지 않도록 일찌감치 손을 썼다고 생각할 수 있다. 그렇다면 누구에 의해 어디에 숨겨져 있었을까?

계유정난의 밤, 안평대군이 잡혀간 후 즉시 누군가 안평대군이 가장 중히 여기던 서화를 피신시켰을 것이라고 생각해볼 수 있겠지만, 이 생각은 현실성이 떨어진다. 계유정난은 예고 없이 기습적으로 일어난 쿠데타였다. 영의정과 좌의정이 철퇴로 주살되는 피비린내 진동했던 그날 밤, 사태는 시시각각 긴박하게 전개됐다. 강화도로 압송된 안평대군의 운명은 예측할 수 없는 상황이었고, 그의 저택은 삼엄한 경계에 놓였던 것 같다. 이 와중에 그 누구라도 「몽유도원도」에 관심을 쏟을 여유를 갖지는 못했을 것이다. 한순간 목이 날아갈 수도 있는 상황에서 함부로 안평대군의 집을 기웃거린다는 것은 생각할 수 없는 일이다. 실제로 계유정난이 일어나자 안평대군의 안부를 탐문하려고 한양으로 사람을 보내고 그 자신 강화도에 잠입했던 안악군사安岳郡事 황의헌黃義軒이 참수된 일이 있었다.

그렇다면 「몽유도원도」가 사라진 시기는 정난이 일어난 직후가 아니라 그 이전으로 보아야 할 것이다. 「몽유도원도」는 대형 서화이며 비단 장정의 두루마리 상태라 무게도 꽤 나가는데, 500년이 지난 오늘날에도 외상이 거의 없이 온전한 상태로 전해진다. 더구나 「도원도」는 1960년경까지도 화려한 색채와 꽃술을 그린 섬세한 금채가 잘 보존되어 있었다.[7] 이러한 사실은 이 서화 작품이 많은 사람의 손을 타지 않고 처음부터 서화 보관에 최적인 장소에서 귀중하고도 조심스럽게 보관되어왔음을 확인해주는 것이다. 따라서 「몽유도원도」는 계유정난의 난리 통에 급박하게 피신됐다기보다는 정난 이전에 이미 안전한 장소에 잘 보존되어 있었을 것이라고 충분히 추정할 수 있다. 그것은 계유정난이 일어나기 전에 이미 안평대군의 수중을 떠나 어딘가에 잘 보관되어 있었을 것이다. 그리고 계유정난 이전이라면, 다른 사람이 아닌 안평대군 스스로 어딘가에 깊이 보관했다고 보아야 할 것이다.

안평대군은 단종이 즉위하면서 수양대군 쪽으로 돌아선 신숙주와 정인지의 배신을 간파했을 것이다. 이들은 사직을 위해 정계 은퇴를 결단한 안평대군의 대의를 찬양하며 장문의 시를 바친 자들로서, 「몽유도원도」와는 양립할 수 없는 사람들이다. 이러한 상황에서 안평대군은 「몽유도원도」에 위해가 가해질 것을 우려하여 이 서화를 일찍이 피신시켰는지도 모른다.

안평대군에게 「몽유도원도」는 지극히 소중한 존재였다. 그의 운명을 예시해준 꿈을 그리고 예찬한 이 서화는 신성한 부적이나 경전과도 같은 것이었다. 그는 「몽유도원도」가 여러 천 년 동안 유전되기를 염원하는 시를 쓰기도 했다. 그런 만큼 안평대군은 이 서화를 평소 일반인의 손이 닿지 않는 최고의 보관처에서 소중하게 보관해왔을 것으로 추측할 수 있다. 그리고 그곳은 안평대군과 관계가 깊었던 그만의 별처였을 것이다. 그곳은 어디였을까?

제8부

기억과 역사 속에 떠오르다

가와바타 고큐쇼(川端玉章), 「무지개(虹)」, 개인 소장.

왕손의 옛집은 구름 속 숲에 있는데
초목 스러진 황량한 터에 지나는 길손이 찾아드네
가무 즐기던 난간은 손으로 가리킬 듯한데
골짜기의 꽃과 산 위의 해는 예쁘게 떠오르네
고갯길은 좁아 절로 천 번을 도는데
봄 개울은 새로이 한 척이나 더 깊어졌네
홀연히 알았노라, 문수사가 가까우니
저녁 종소리, 풍경 소리 속세의 마음에서 깨어나게 하누나

― 오도일吳道一, 「비해당 옛터匪懈堂舊址」, 『서파집西坡集』

수성궁 폐허에서
꿈꾸다

　1601년(선조 34) 계축년 춘삼월 기망旣望(보름 다음 날), 초라한 행색의 한 젊은 선비가 탁주 한 병을 허리에 차고 인왕산 아래 수성궁 폐허를 찾았다. 풍채 준수하고 학문도 남부럽지 않았으나 끼니를 때우기도 어려운 가세 빈궁함이 몹시 부끄러웠던 20대의 유영柳泳이라는 이 선비는 구경 나온 다른 사람들의 눈을 피해 홀로 수성궁 서편 깊은 후원으로 들어섰다. 떨어진 꽃잎들로 어지러운 수성궁 서원의 무너신 동산에 걸터앉아 사방을 내려다보니 화려했던 궁궐과 사대부가의 기와집들은 불타고 부서져서 잡초만이 무성했다. 왜란이 끝난 지 3년이 됐지만 상처는 더욱 처절해 보였다.
　허리춤의 탁주를 끌러 마시면서 갖가지 비감한 생각에 젖었던 유영은 어느덧 바위를 베개 삼아 잠에 떨어졌다. 꿈인지 생시인지, 바람결에 들려오는 소리가 있었다. 유영이 찾아가보니 아리따운 낭자와 미소년이 그를 기다리고 있었다. 교교한 달빛 아래 낭자가 차린 술상을 받으며 유영은 홀연히 찾아온 두 사람의 슬픈 과거사를 듣게 됐다.

낭자는 안평대군을 모시며 시문을 배우던 열 명의 수성궁 궁녀 시단詩團의 한 사람이었던 운영雲英이었고, 미소년은 안평대군이 총애하던 문객 김 진사였다. 두 사람은 연인 사이였다. 그렇지만 궁녀로서 금지된 사랑을 한 것은 여인의 훼절이나 마찬가지였고, 안평대군이 궁녀 시단에 부과한 엄격한 규율을 어긴 것이기 때문에 운영은 김 진사와의 관계가 드러나자 자살로 짧은 생을 마감했다. 운영의 죽음을 슬퍼하던 김 진사는 구천의 영혼을 위로하기 위해 불공을 드릴 제물을 마련했으나, 집에서 기르던 흉악한 노비에게 탈취당하고 말았다. 이 원통한 일을 부처에게 빌어 원수를 갚은 김 진사는 운영의 뒤를 따라 세상을 버렸다. 죄 없이 죽은 젊은 두 사람을 불쌍히 여긴 옥황상제의 배려로 두 남녀는 천상의 선인仙人이 됐고, 그날 밤 인간 세상에서 놀던 곳을 다시 찾아온 것이다.

슬픈 과거를 되돌아보며 흐느껴 울던 두 연인은 오랜만에 돌아본 인간 세상의 모습에 더욱 애절한 슬픔을 느꼈다. 안평대군이 세상을 뜬 후 고궁에 인적은 끊겨 잡새들만 울부짖고, 왜란을 겪고 난 후 빛나던 수성궁은 잿더미가 되어 오직 무너진 섬돌에 피어난 고운 꽃과 풀만이 옛일을 전할 뿐이었던 것이다. 이야기를 마친 두 사람은 헤어지기 전 유영에게 한 권의 책을 내놓았다. 그것은 유영에게 들려준 그들의 과거사를 적은 글이었다.

"바라건대 선비께서는 이 글을 거두어 돌아가셔서 영원히 전해주시옵소서. 경솔한 사람들의 입에 전하여 웃음거리가 되지 않도록 해주신다면 매우 다행이겠습니다."

그러고는 김 진사가 시를 한 수 읊었다.

「수성궁 몽유록」을 각색하여 연극으로 올린 「상사몽想思夢」의 한 장면(2007년 극단 여행자 연출).

꽃 떨어진 궁 안에 연작燕雀이 날고
봄빛은 예와 같건만 주인은 간 곳 없구나
중천에 솟은 달은 차기만 한데
아직 푸른 이슬은 천상의 옷을 적시지 않았네

김 진사의 시를 받아서 운영이 읊었다.

고궁의 고운 꽃은 봄빛을 새로 띠고
천년만년 우리 사랑 꿈마다 찾아오네
오늘 저녁 예 와 놀며 옛 자취 찾아보니
막을 수 없는 슬픈 눈물이 수건을 적시네

산새 소리에 유영은 깨어났다. 새벽빛은 창망한데 아무도 없는 수성궁 폐허에는 김 진사가 건네준 책만이 놓여 있었다. 그는 이 신책神册을 거두어 장 속에 깊이 보관했다가 때때로 꺼내 보고는 망연자실했다. 후에 명산을 두루 찾아다니던 유영은 그 마친 바를 알 수 없다고 한다.

이 이야기는 임진왜란(1592)이 끝나고 그 처참한 기억에서 벗어나려고 몸부림치던 선조 말년에 지어진 작자 미상의 한문 소설『수성궁 몽유록壽聖宮夢遊錄』(일명『운영전雲英傳』또는『유영전柳泳傳』)의 처음과 마지막 부분이다. 조선 역사상 전무후무했던 끔찍한 전란이 끝난 후 폐허 속에서 망연자실했던 사람들의 마음속에 가장 먼저 떠오른 기억은 의식적이건 무의식적이건, 과거 역사상 가장 태평기였고 황금기였던 세종 시대였을 것이다. 그리고 그중에서도 세종 시대의 눈부신 아름다움을 상징했던 안평대군과 그의 저택 수성궁, 즉 비해당이었을 것이다.

수성궁 폐허를 배회하던 초라한 선비는 임진왜란이 끝난 후의 조선인의 자화상일 것이다. 비몽사몽 중에 그가 만난 운영과 김 진사의 사랑과 죽음은, 짧았지만 찬란했던 안평대군의 생애와 그의 비극적인 종말을 상징하고, 또한 그것은 비극으로 막을 내린 세종 시대를 가리키는 듯하다. 비련으로 끝난 두 사람의 운명을 더욱 비참하게 만든 흉악한 종은 임진왜란으로 분탕질을 친 왜적을 가리킬 것이다. 어쩌면 작가는 임진왜란의 발단을 멀리 그때의 비극에 두었는지도 모른다.

그렇지만 작가는 안평대군의 모습을 직시할 수는 없었다. 술에 취해 그리고 꿈속에서 운영과 김 진사의 이야기를 통해 안평대군과 수성궁을 희미하게 추억할 뿐이다. 아직도 안평대군의 존재는 역사의 수면 위로 떠오르지 않았다.

임진왜란이 끝난 지 9년째가 되는 1607년(선조 40) 1월, 불탄 왕실의 족보『선원록』을 다시 정리하면서 선조는『선원록』에서 삭제된 안평대군과 제2차 왕자의 난에서 역적이 된 이방간(태조의 네 번째 아들)을 다시 올리고자 했다. 이때 선조가 한 말은 다음과 같다.

> 모두 사면하고 『선원록』에 올려도 가할 것 같다. 그들이 지은 죄의 경중은 모르겠으나, 헤아려보건대 마음에 미안한 바가 있다. (……) 큰 난리(임진왜란)를 치른 후 처음으로 보첩을 마련하면서 두 사람을 올리도록 허락하는 일 또한 국가에 지장될 것이 없다.
> ―「선조실록」 선조 40년(1607) 1월 23일

그러나 교정청에서는 이방간과 안평대군의 옛일을 상고할 문헌이 없다는 이유로 결국 『선원록』에 올리지 않고 흐지부지 끝내고 말았다.

역적에서
제일의 충신으로

안평대군의 복권은 오랜 세월을 필요로 했다. 계유정난은 수양대군이 왕위를 찬탈하는 첫 단계였으므로 안평대군의 복권을 거론하는 것은 세조 이후 왕통의 정당성에 직접적으로 관계되는 문제였다. 더욱이 계유정난은 수양대군 개인뿐 아니라 정권의 도덕성에 치명적이었으므로 안평대군의 역모죄를 의심하거나 거론하는 것은 후대 조선 역사에서 철저히 금기시되어 그의 억울한 죽음은 역사의 뒤편에 묻혀버리고 말았다.

정난공신靖難功臣들은 세조 10년(1464) 계유정난의 시말을 적은 『정난일기靖難日記』를 찬술했는데, 오늘날엔 남아 있지 않으며 그 정확한 내용도 알려지지 않았다. 「단종실록(노산군일기)」에 기록된 계유정난에 관한 기사는 『정난일기』를 바탕으로 집필된 것으로 보이지만, 「단종실록」은 여타 실록과 달리 집필자도 밝히지 않았고 시정기時政記(史草)도 남아 있지 않다. 게다가 계유정난을 정당화하기 위해 많은 내용이 조작된 것이 역력하여 기록으로서의 객관성이 현저히 떨어진다. 세조 사후 예종은 신숙주, 최항 등에게 명하여 태조 이래로 국난을 기록한 『무정보감武定寶鑑』을 찬술하고, 세조의 즉위를 문제 삼는 의론은 반역이라고 못 박았다. 『무정보감』 역시 현존하지 않는데, 이로써 계유정난의 많은 부분은 미궁 속에 남게 됐다.

성종은 세조의 즉위로 인해 태어난 거대한 공신 집단의 자손인 훈구파의 전횡을 막기 위해 재야 성향의 사림파 학자들을 등용했다. 1498년(연산군 4) 사림파 출신의 신진 사관 김일손이 세조에 관한 기록을 「성종실록」 사초에 포함한 일로 훈구파의 공격을 초래하여 무오사화戊午士禍가 일어났다. 김일손이 포함한 문건의 하나는 그의 스승 김종직이 지은 「조의제문弔義帝文」인데, 이것은 단종의 시해를 빗대 항우에게 죽임을 당한 초나라 의제義帝를 추도한 글이다. 다른 하나는 세조가 요절한 그의 맏아들 의경세자의 후궁 윤씨와 간통한 혐의를 기술한 문건이었다. 이들 자료는 세조 정권과 세조 개인의 도덕성에 대한 강력한 고발이었다. 그러나 많은 사림파 문인이 희생된 무오사화 이후 세조의 일을 문제 삼는 논의는 더 이상 거론될 여지가 없었다.

이후 조선의 역사가 중종반정, 임진왜란, 인조반정, 병자호란, 몇 차례의 사화 등 내우외환을 연달아 겪는 가운데 역사를 성찰하며 퇴락한 군신의 도를 확립하고 과거 정변에서 희생된 억울한 원혼을 달래려는 시도가 나타나기 시작했다. 이러한 분위기에서 1691년(숙종 23) 단종과 사육신의 복권이 이루어졌다. 그 후 영조 대에 이르러 계유정난을 제대로 보려는 본격적인 움직임이 시작됐다.

영의정 김재로는 우선 김종서와 황보인의 일을 임금께 상신했는데, 영조는 계유정난에 세조의 공훈이 직접 관계된 점을 난처하게 여겼다.

이때의 대화를 그대로 옮겨보자.

"세조께서는 예종을 훈계함에 이르러, '나는 고난을 주었지만, 너는 태평을 주어라'라는 하명을 내렸습니다. 이에 따라 예종은 당시 계유정난에 연좌됐던 사람들을 석방했던 것이니, 당시에도 김종서, 황보인 이 두 신하를 역적으로 본 것은 아니었습니다. 이들의 관작을 회복하는 것 또한 열성列聖의 뜻을 따르는 것이 아니오리까?"

"김종서 등의 죄목은 이용을 추대하여 불궤不軌를 도모한 것이고, 세조께서는 그 일을 진압한 공훈이 있는데, 이제 김종서의 죽음을 억울하다고 하여 복관한다면, 세조의 공훈은 어찌 되겠는가?"

"이 일은 옛날 태종이 정몽주를 죽이고 곧바로 시호를 내렸던 것과 같은 일입니다. 당시 세조께서 김종서와 황보인을 죽이지 않고는 정난의 거사를 이룰 수 없었기 때문에 어쩔 수 없이 죽였던 것입니다. 그렇지만 화란을 평정한 세조의 공훈에 어찌 의심이 있겠습니까?"

"그렇다. 생각해보건대 사육신의 일은 세조의 즉위 이후에 있었으니, 이는 바로 임금의 지위를 침범한 일이지만, 김종서와 황보인은 세조와는 군신 관계가 아니었던 것을 볼 때 두 사람의 죄는 오히려 가벼운 것이다. 숙종조에 이미 사육신의 벼슬을 회복한 일이 있으며, 지금 이들을 복관하더라도 세조의 훈적은 그대로 남아 있는 것이니 어찌 다시 주저할 것이 있겠는가?"

―「영조실록」 영조 22년(1746) 12월 27일

1746년 12월, 김종서와 황보인 그리고 정분은 관직을 회복했다. 그러나 아직도 안평대군의 복위는 거론조차 되지 않았다. 수많은 억울한 죽음을 몰고 온 계유정난이지만 그중에서도 안평대군의 처형은 숨기고 싶은 가장 부끄러운 치부였기 때문일 것이다. 김종서 등이 복권된 다음 해, 영의정 김재로가 다시 안평대군의 복권을 임금께 상신했다. 영조는 결단을 내렸다.

"안평대군은 다만 글 잘하여 이름이 드높았고, 따르는 선비들을 모아 연회를 즐긴 것이 화가 됐을 뿐입니다. 그가 어찌 왕이 되겠다는 분에 넘치는 욕심이 있어 반역을 꾀했겠습니까? 이미 김종서 등의 관작이 회복됐으니 마땅히 안평대군의 원통함을 풀어주소서."

"황보인과 김종서가 이미 관작을 회복했는데, 어찌 우리 영묘英廟(세종)의 금지金枝(귀한 자식)가 아직도 왕실의 보호 밖에 있는가? 나의 성고聖考(숙종)께서 그 글을 사랑하고 그 글씨를 보시며 반드시 그 작호로 칭하셨다."

― 「영조실록」 영조 23년(1747) 9월 26일

영조는 안평대군에게 장소章昭라는 시호를 내렸다. 그의 빛나는 글과 맑은 시상을 기리는 뜻이었다.

영조에 이어 정조 또한 정리되지 못했던 지난 역사를 바로잡는 일에 지대한 노력을 기울였다. 그는 단종의 충신들에 주목했다. 왕권 강화를 위해 왕통의 존엄성을 부각하고 붕당정치의 치유제로서 군신의 도를 확립할 필요성이 어느 때보다도 절실했던 시기였다. 스스로 「단종실록」과 「세조실록」을 읽어가며 당시의 상황을 철저히 조사했던 정조는 계유정난과 세조의 집권 과정에 상당한 모순과 비윤리성이 게재된 것을 절감했던 것 같다. 1791년(정조 15), 정조는 단종을 위해 희생된

강원도 영월에 있는 장릉(단종의 능)에 세워진 장판옥. 장판옥 안에 안평대군 등의 위패를 모셨다.

236명을 직접 선정하여 이들의 사판祠版(위패)을 영월 단종의 장릉莊陵에 안치하고 매년 한식에 단종과 함께 제사 지내게 했다. 정조는 이들 236명 중 순절한 왕자와 섭정승, 사육신 등 충신 32인의 관작과 시호를 적은 사판을 '충신지위忠臣之位'라 명명하고, 여기에 안평대군을 제일 앞에 모셨다. 이제 안평대군은 공식적으로 역적의 누명을 벗어났을 뿐 아니라, 단종을 위해 죽은 단종조 제일의 충신으로 추모를 받게 됐다. 340년이 지난 후의 일이다.

정조는 안평대군의 제단에 바치는 치제문致祭文을 직접 지었는데, 그 일부를 소개한다.

> 옛것을 좋아하기는 하간왕河間王과 같았고
> 선善을 즐거워하기는 동평왕東平王과 같았네

왼쪽 사진은 강원도 영월에 있는 장릉 안의 매년 한식날 제사를 올리는 배식단인데 가장 앞쪽이 충신 32인을 위한 단이다. 오른쪽 사진은 장판옥에 모셔진 관작과 시호를 적은 32인 충신의 합동 위패. 위패 맨 오른쪽 첫 줄에 "안평대군 장소공 용安平大君章昭公瑢"이라고 쓰여 있다.

필법은 안진경顔眞卿과 유공권柳公權의 근골筋骨로서
명성이 명나라에까지 알려졌으니
한가로이 노니는 처지 유한維翰이요, 유성維城이었네
불길이 곤강崑岡을 태우니 옥엽玉葉이 불타게 되고
태비台屝에 화가 일어나니 호정湖亭에 피가 흥건했네
황옥黃屋의 안부를 일신으로 석성했으니
정령이 위로 이르렀음에 청령포淸泠浦의 물결 오열했네
백아伯牙의 거문고에 줄이 끊어지고
사안謝安의 바둑판에 알이 흩어지니
단폭斷幅의 보배로운 서화가 후인들의 완상거리로 남았네
후손이 작록을 받게 되어 아름다운 시호를 먼저 내리네
나의 광세曠世의 감회를 일으켜 멀리 잔을 드리게 하네

─「안평대군 치제문」,『홍재전서』제22권

역적에서 제일의 충신으로 289

안평대군의 명예는 실로 300여 년 만에 회복됐다. 그러나 계유정난으로 파괴된 그의 자취는 영영 복구되지 못했다. 그리고 그의 예술과 충절을 증거하는 「몽유도원도」의 존재는 아무도 알지 못했다. 모든 것은 후대의 역사로 넘겨졌다.

메이지 유신의
와중에 나타나다

메이지 유신과 황실박물관 건립

임진왜란의 피해가 거의 회복된 정조 재위 기간, 역사를 직시하며 다시 한 번 조선 중흥의 꿈에 불타던 정조는 정치, 사회, 문화 전반에 강력한 개혁의 바람을 일으켰다. 붕당을 일소하여 정치를 일신하고 실용학문과 과학 기술의 채택으로 문물을 일으키면서 국력 배양에 진력했다. 천주교가 점차 조선인의 마음을 사로잡고 있었으며, 통상을 앞세운 제국주의 서양 세력이 조선 가까이 몰려오고 있던 때였다.

그러나 조선의 운은 길지 못했다. 세종 치세에 버금가는 황금기를 이룰 것으로 기대됐던 명군 정조는 49세인 1800년(정조 24) 7월, 집안의 돌림병인 등창이 갑작스레 악화되어 세상을 떠났다. 그의 죽음과 함께 개혁은 막을 내렸다. 정조가 남긴 유일한 아들로서 11세에 등극한 순조는 35년간의 긴 재위 기간(1800~34) 내내 처족 안동김씨의 전횡에 휘둘렸다. 조선의 붕당정치는 일족의 세도정치로 일층 악화되면서 서세동

점西勢東漸의 난기류 속에 나라는 회복 불능의 내리막으로 치닫게 됐다.

조선이 쇄국으로 방향을 굳혀가던 무렵, 이웃 일본은 200년간의 오랜 고립 정책에서 깨어나고 있었다. 임진왜란이 끝나고 막부의 국가권력 장악을 확고히 하기 위해 엄격한 금교禁敎와 해금海禁 정책을 견지해 왔던 도쿠가와 막부德川幕府는 1800년대에 이르러 러시아, 네덜란드, 영국, 프랑스, 미국 등 서구 국가들이 몰려오는 서세동점의 불안한 국제 정세 속에서 눈을 떴다. 일본의 새로운 진로를 모색하던 도쿠가와 막부는 규슈九州 남단 사쓰마 번薩摩藩의 개명 영주가 부르짖는 개혁과 개국의 목소리에 귀를 기울였던 것이다.

사쓰마가 배출한 최고의 영주로 숭앙되는 제10대 번주藩主 시마즈 나리아키라島津齊彬는 일본 근세 역사에서 활약했던 막말幕末 4현후四賢侯의 하나로 손꼽히는 걸출한 정치가였다. 그는 사쓰마에 서양식 산업혁명의 개념을 도입해 일본 최초의 방적, 제철, 조선업을 일으키며 부국강병책을 성공적으로 추진했다. 그러한 성과를 바탕으로 그는 막부와 황실이 제휴해 거국 체제를 이루어 서세동점의 난국에 대처하자는 공무합체론公武合體論을 제시하여 메이지 유신과 개국의 기반을 닦고 근대 일본의 기초를 마련했다.

그러나 그는 재위 10년 만인 1858년 원인 모를 급작스러운 발병으로 50세에 급사했다. 나리아키라가 죽은 후 그의 유업은 시마즈 가문이 길러낸 무사 출신 사이고 다카모리西鄕隆盛가 주축이 되어 막부 타도와 왕정복고로 이어졌고, 1868년 일본은 천황 절대주의에 근거한 메이지 유신을 단행했다. 이후 개국과 근대화, 제국주의로 매진한 일본은 정한론征韓論의 분위기 속에 1876년 조선과 강화도조약을 체결하고, 1895년에는 청일전쟁을 일으키며 조선 정복의 단계를 밟아

나갔다.

바로 이 무렵이었던 1893년 일본에서 「몽유도원도」가 정부에 등록됐다. 일본 정부가 이 서화의 가치를 인증한다는 '감사증鑑査證'을 발급한 것이다. 감사증은 사쓰마 번주 시마즈 나리아키라의 수석首席 가로家老(가신들의 우두머리)였던 시마즈 히사나가島津久徵에게 발급된 것이었다. 그는 시마즈 분가 히오키 시마즈日置島津가의 제13대 당주였다. 「몽유도원도」가 가고시마의 시마즈 가문에 비장되어왔었다는 것이 처음 밝혀진 것이다.

시마즈 나리아키라. 그 자신이 1857년에 촬영한 사진이다. 일본의 중요문화재, 시마즈 가문의 박물관 쇼코슈세이칸尚古集成館 소장.

이때에 이르러 일본 정부가 이 서화를 찾아내 등록한 일은 우연이 결코 아니다. 엄청난 보물이 숨겨지고, 나타나고, 이동할 때는 그 배경에 그만한 시대적 변농이 있기 마련이다. 「몽유도원도」가 이 무렵 나타나게 된 배경은 몇 갈래로 설명할 수 있다.

메이지 유신 이후 천황 숭배의 열기에 휩싸인 일본은 천황의 카리스마를 높이기 위해 다방면으로 노력했다. 천황제 절대국가를 건립하기 위해서는 그간 막부에 눌려 힘없고 가난해서 백성에게까지 업신여김을 받던 천황에게 권력과 돈을 부여하는 일이 필수였다. 메이지 초기의 황실 재산은 겨우 10만 엔 정도였고, 이것은 지방의 작은 다이묘 수준에도 미치지 못하는 것이었다. 천황파는 정치적으로는 천황을 초법적 지

왼쪽 그림은 1854년 시마즈 나리아키라에 의해 건조된 일본 최초의 서양식 군함 쇼헤이마루昇平丸. 이 배에 부착된 히노마루日丸는 1860년에 일본의 국기로 채택됐다. 오른쪽 사진은 1870년대 초 가고시마에 조성된 근대적 공단인 슈세이칸集成館. 그림 및 사진 둘 다 가고시마 시마즈 가문의 박물관 쇼코슈세이칸 소장.

위에 두고, 재정적으로는 막대한 보물과 토지를 부여하는 황실박물관을 건립하려는 계획을 추진했다. 이를 위해 정부는 엄청난 재원이 소요되는 천황박물관을 새로 세우기보다는 1882년 우에노 공원에 설립된 제국박물관(속칭 우에노 박물관)을 황실에 바치기로 결정했다.

메이지 정부는 황실박물관의 소장품을 일본의 전통 예술 명품으로 한정했다. 수천 년간 지속되어온 일본 황실의 찬란한 문화 예술을 증명하는 것은 일본 정신의 정수를 보여주는 일본의 고미술 명품이라고 보았기 때문이다. 그런데 당시 제국박물관의 수장품은 11만 점이었다. 대개는 교육적 표본과 같은 천연 자료였으며, 미술품은 6천여 점에 불과했다. 황실박물관의 소장품으로 내세우기에는 턱없이 부족했다. 정부는 황실박물관의 소장품 확보를 위한 대대적인 작업에 나섰다.[1] 1884년 궁내성에 도서료圖書寮를 설치하여 고문헌, 고서적 등을 결집한 데 이어,[2] 1888년 9월부터 1897년 10월까지 10년간 궁내성에 임시전국보물취조국臨時全國寶物取調局이라는 임시기구를 설치하여 제국박물관을 황실박물관으로 전환하는 일을 전담시켰다.[3] 이 기구의 위원장에는 제국박물관의 총장인 동시에 궁중고문관으로서 궁내성의 도서료 수장을 겸했던 구키 류이치九鬼隆一가 임명됐다.

이때부터 임시전국보물취조국은 5~6년간 일본 전역에 산재한, 특히 영주의 사가에 보존되어 있던 고미술품의 대대적인 조사에 착수하여 고회화, 조각, 공예품, 고문서, 서적 등 우수한 미술 공예품 21만 5천 점(이 중 회화가 7만 4,731점)을 찾아냈다. 이들 미술품은 국가 문장이 찍힌 감사증이 부여됐고 정부에 등록됐는데, 훗날 일본 국보 미술품의 기반으로 간주됐다.[4]

임시전국보물취조국이 발급한 감사증은 다음의 8종 도합 21만 5,091점이었다.

> 제1. 역사상 증거 또는 미술, 미술·공예·건축상의 규범이 될 중요한 것(147점)
> 제2. 역사상 증거 또는 미술, 규범이 될 것(323점)
> 제3. 역사상 증거 또는 미술, 중요한 것(1,114점)
> 제4. 역사상 증거 또는 미술, 참고가 될 중요한 것(2,035점)
> 제5. 역사상 증거 또는 미술, 참고가 될 것(4,377점)
> 제6. 역사적 참고가 될 것 또는 역사적으로 중요하여 참고부에 등록해야 될 것(1,336점)
> 제7. 보물참고부에 등록해야 될 것(5,663점)
> 제8. 단순히 감사를 끝낸 것(20만 94점)[5]

발급된 감사증을 종목별로 표시한 도표를 보면 다음과 같다.

임시전국보물취조국의 조사 결과 일람

			고문서	회화	조각	미술공예	서적	총계
우등	1등	규범이 될 중요한 것	7	56	34	47	3	147
	2등	규범이 될 것	3	163	108	39	10	323
	3등	중요한 것	16	497	386	171	44	1,114
	소계		26	716	528	257	57	1,584
그다음 등급	4등	참고가 될 중요한 것	34	832	744	357	68	2,035
	5등	참고가 될 것	81	1,781	1,412	944	159	4,377
	소계		115	2,613	2,156	1,301	227	6,412
기타	6~8등		1만 7,568	7만 1,402	4만 3,866	5만 5,878	1만 8,381	20만 7,095
	합계		1만 7,709	7만 4,731	4만 6,550	5만 7,436	1만 8,665	21만 5,091

* 아사다 준이치(朝田純一), 「가득 찬 서고에서—고사, 고불의 책(埃まみれの書棚から—古寺, 古佛の本)」(제153회), 가나가와 불교문화연구소(神奈川佛敎文化硏究所) 웹페이지.

「몽유도원도」는 1893년 11월 2일 자로 '우右 미술상의 참고가 될 것으로 인정함'이라고 쓰인 감사증을 받았는데, 제5등급에 속한 것으로 볼 수 있다. 5등급까지의 회화 2,613점 중의 하나인 것이다. 우등품 회화(1, 2, 3등품)는 대부분 교토 호류지法隆寺, 나라 현奈良懸 도다이지東大寺 등 고사찰에 전래되어온 보물이 차지했다. 감사증에는 임시전국보물취조국 위원장 구키 류이치와 다섯 명의 위원이 연서했다.

이들은 일본 미술사와 미술론의 태두이자 일본미술원 창설자인 오카쿠라 덴신岡倉天心, 우키요에浮世繪(에도江戶 시대에 성립된 일본 민화)의 대가이며, 일본미술협회 심사원 가와사키 지토라川崎千虎, 국학자로서 황실 사학자인 가와타 다케시川田剛, 일본화의 거장이며 황립예술원 위원 가와바타 교쿠쇼川端玉章, 황립예술원 위원이자 고미술 감정가이며 일본화 최후의 대가로 불리던 야마나 쓰라요시山名貫義다.[6] 이들의 면면을 보면 관변 문화예술계의 최고봉으로서 메이지 유신을 문화적으로

맨 왼쪽은 구키 류이치로, 제실박물관 개관을 담당하면서 문화재 조사와 보호 업무에 진력한 공로로 1897년 남작 작위를 받았다. 그는 임진왜란 때 수군 왜장으로 참전하여 1592년 7월 안골포 해전에서 이순신 장군에게 참패한 구키 요시타카九鬼嘉隆의 후손이다. 구키 류이치 옆으로부터 오카쿠라 덴신, 가와타 다케시(통칭 가와타 오우코川甕江), 가와바타 교쿠쇼.

뒷받침했던 국수주의자들임을 알 수 있다.

수년에 걸친 전국의 고미술품 조사를 통해 고미술품과 공예품을 수집하던 임시전국보물취조국은 또한 전국적으로 전통문화재의 퇴락 현상을 목격하고, 전통 건축물과 그 부속물의 보존, 수리를 정부에 건의했다. 그 결과 1897년 고사사보존법古社寺保存法이 제정됐다. 임시전국보물취조국은 고예술품 수집뿐 아니라 고건축물과 그 부속물의 보호에도 큰 역할을 담당했다.

오늘날 일본 정부와 학계에서는 일제히 임시전국보물취조국의 문화재 조사 업무가 일본 문화재 보호를 위한 조치라고 설명하며 황실박물관 설립 경위에 대해서는 침묵하지만,[7] 임시전국보물취조국을 설치한 목적이 황실박물관 설립을 위한 것이었고, 이 기구의 이름을 보더라도 전국의 보물을 조사하는 기관이었다. 또한 고사사보존법은 이 기구가 폐지되기 직전에 제정된 것이다. 따라서 이 기구가 실시한 전국의 걸작 고미술품의 소재 파악은 일차적으로 황실박물관의 수장품 확보에 있었음은 말할 나위가 없다. 1897년 취조국의 업무가 끝날 무렵 우

왼쪽 사진은 옛 도쿄 제실박물관. 1881년에 준공된 제국박물관 건물을 그대로 사용했는데 1923년 관동대지진으로 파괴됐다. 오른쪽 사진은 1937년 새로 준공된 도쿄 제실박물관 본관. 일본의 패전 후 1947년 신헌법 공포에 따라 제실박물관은 도쿄 국립박물관이 되어 오늘에 이른다.

에노 공원의 국립 제국박물관은 궁내성 소관의 황실박물관으로 전환됐고, 1900년 '제실박물관帝室博物館'이라는 이름으로 정식 개관했다. 명칭은 박물관이지만 내용으로 본다면 미술관이라 해야 할 것이다. 이 박물관은 우에노 공원의 드넓은 대지와 함께 천황의 개인 재산으로 헌정됐으며, 황실은 순식간에 일본 제일의 자산가로 올라섰다.

제실박물관을 개관했던 1900년은 '파리 만국박람회'가 개최된 해였다. 일본 정부는 임시전국보물취조국의 조사 결과를 토대로 최초의 일본 미술사 편찬에 착수하여 1901년 『일본제국미술약사』를 출간했고, 파리 만국박람회 사무국의 요청으로 1년 앞서 1900년 프랑스어판 《Histoire de l'art du Japon》을 출간했다. 이 때문에 임시전국보물취조국이 실시했던 전국적인 고미술품 조사 업무는 일본 미술사를 간행하고 겸하여 파리 만국박람회의 일환으로도 설명되지만, 이는 어디까지나 보물 조사의 결과일 뿐이다.[8]

일본 최초의 문화재 조사

그런데 「몽유도원도」는 감사증이 부여된 1893년보다 훨씬 이전에 나타났을 가능성이 있다. 1889년 임시전국보물취조국이 전국의 미술품을 조사하기 20여 년 전에 이미 일본 정부는 전국적인 보물 조사를 두 차례 실시했다.

메이지 유신 이래 부국강병과 식산흥업의 국책에 따라 박람회 개최를 국가적 사업으로 적극 추진하던 일본 정부는 출품된 박람회 물품을 상설 전시하기 위한 박물관 건립을 준비했다. 그러나 유럽 제국의 박물관과 같은 본격적 박물관 건립을 위해서는 별도의 박물관 자료의 수집이 필요하다는 결론에 도달하여 일본 정부는 강력한 법령에 의거한 역사적 물품 수집에 착수했다.[9]

이때는 또한 광적인 천황 숭배의 분위기에서 신도神道를 흥기시키기 위해 전통 불교를 극심하게 탄압했고, 또한 개국과 함께 서양 문물을 숭배하는 풍조가 일어나서 일본의 고유문화재가 무용지물로 버림을 받으며 일본 내 불교 유산과 전통 유물이 급속하게 훼손되고 있었다. 이른바 폐불훼석廢佛毀釋이 만연하던 상황이었다. 특히 메이지 유신과 개국에 앞장섰던 사쓰마에서는 더욱 심각했다.

1871년 일본 정부는 '고기구물보존방古器舊物保存方'이라는 포고를 발하여 고미술품 보호라는 명분하에 중점적으로 지방 호족 가문이 소장한 오래된 미술 공예품의 파악에 착수했다. 그 결과 고미술품 및 공예품의 품명과 소유자를 기재한 지방 관청의 보고서가 주정부에 제출됐고, 이를 중앙정부에서 취합했다.

1872년에는 긴키近畿 지역의 고사찰에 오래 소장되어온 보물을 조사하여 중앙정부에 등록시키는 '임신검사壬申檢査'를 실시했다. 일본 최

「박람회도식博覽會圖式」. 1972년 개최된 일본 최초의 박람회 도록. 동식물 표본 등 천연물품과 더불어 고미술, 골동품 등이 다수 출품됐다. 이 무렵 박물관 건립을 준비 중이었던 일본 정부는 전국적으로 고서화와 골동품의 소재 파악에 주력하고 있었다. 도쿄 대학교 창립 120주년 기념 도쿄대학전, 「학문의 아르케오로지」, 1997년 10월에서.

초의 문화재 조사라 할 수 있는 이 두 조사는 소장자의 양해를 받아서 실시했다고는 하지만, 거의 강권적으로 이루어졌기 때문에 이 기간 중 일본의 지방과 고사찰에 산재해 있던 중요한 전통 고미술품이 대대적으로 등록됐다.[10] 1873년 나라 현 덴리 시天理市에 있는 이소노카미 신궁石上神宮에서 칠지도七支刀(4세기 백제 근초고왕 때 왜왕에게 하사된 것으로 여겨지는 철제 칼. 칼날이 좌우에 3개씩 있어 칼자루를 합해 일곱 가지다)가 발견된 것도 이 조사의 결과였다.

이러한 조사를 주도한 사람은 사쓰마의 시마즈 분가 출신으로 영국 유학 후 일본 외무성 차관을 지내고 제국박물관 초대 관장을 역임한 마치다 히사나리町田久成였다. 박물관 건립과 전통 문화재 보호에 각별한 사명감을 가졌던 마치다 히사나리는 직접 전국을 돌아다니며 철

1872년 유시마성당湯島聖堂에서 있었던 일본 최초의 박람회 개최 후 촬영한 기념사진. 앞줄 왼쪽에서 네 번째가 마치다 히사나리. 그는 일본 문화재 보호에 생애를 바쳤으며, 만년에는 시가 현滋賀県 소재 천태종 계열의 미이데라三井寺의 주지를 지냈다.

저한 조사를 했으므로 이때 일본 명문 호족이었던 시마즈 가문의 소장품도 조사할 기회를 가졌을 것이다. 더구나 그는 관직에 나가기 전인 1863년 사쓰마 번에서 오메쓰케大目付(감찰관)라는 중책을 역임했고, 같은 해 일어난 사쓰에이 전쟁薩英戰爭(사쓰마와 영국 간의 전쟁)에서는 사쓰마군의 총대장 시마즈 히사나가의 경호대장으로 활약했다. 앞에서 언급했듯이 시마즈 히사나가는 1893년 「몽유도원도」에 감사증이 발급됐을 때 그 소장자였다. 이같이 시마즈 가문과의 밀접한 관계를 볼 때 마치다 히사나리는 1871년과 1872년에 문화재 조사를 실시하면서 시마즈 가문의 중보 중 귀중한 보물을 정부에 등록하도록 적극 조언했을 것으로 추측할 수 있다. 그렇게 본다면 「몽유도원도」는 1871년 고기구물보존방 포고에 의거하여 마치다 히사나리의 손에 의해 세상에 나

메이지 유신의 와중에 나타나다 301

와 일본 정부에 등록됐고, 1893년 임시전국보물취조국의 조치로 감사증을 받았을 가능성이 크다고 볼 수 있다.

「몽유도원도」가 출현했던 1893년 무렵, 일본 정부의 조선 병탄 정책을 지원하며 조선의 역사를 샅샅이 조사했던 일본의 한국학 연구자들 또한 이 서화의 존재를 인지했을 수 있다. 『동문선』 등 고문헌에서 여러 사람의 「몽유도원도」 찬문을 발견한 학자들은 이 서화가 안견의 그림이며 안평대군, 신숙주, 최항, 서거정과 같은 유명한 문인들이 참여했지만 한 번도 세상에 모습을 보인 적이 없다는 점에서 대물大物이라고 판단하여 그 행방을 추적했을 가능성이 있다.

마찬가지로 구한말의 학자들 역시 오래전부터 이 서화의 존재를 인식하고 그 행방을 추적했을 가능성을 배제할 수 없다. 실제로 조선총독부와 이왕직李王職에서는 「몽유도원도」가 시마즈 가문에 소장되어 있을 때 여러 차례 이를 넘겨달라고 요청했지만 거절당했다 한다.[11] 아마도 총독부와 이왕직은 1893년 감사증이 발급된 후 이 서화가 시마즈 가문에 소장되어 있다는 정보를 입수했음에 틀림없다. 이왕가와 총독부 측이 이 서화를 입수하려고 나선 일은 각자의 박물관 설립과 관련이 있을 것이다. 1909년 한국 최초의 박물관인 제실박물관(1910년 국권 피탈 이후에는 이왕가박물관으로 명칭 격하)을 창경궁 내에 개관한 조선 왕실 측은 박물관에 진열할 소장품 확보를 위해 큰 공을 들이고 있었다. 조선총독부 역시 식민통치 5년의 선전을 위해 1915년 경복궁에서 개최한 조선물산공진회에 출품된 자료를 기반으로 경복궁 내에 총독부 박물관을 설립하고 소장품 확충에 혈안이 되어 있었을 때였다.

어쨌든 메이지 유신을 계기로 일본 정부가 전국의 고서화를 샅샅이 조사하면서 1893년 「몽유도원도」를 등록하기 이전에는 설사 「몽유도원도」의 존재를 인지하고 추적했던 사람이 있다 해도 이 서화가 시마즈 가문에 수장되어 있었음을 알지는 못했을 것이다. 그 누구도 또한 이 서화가 조선에서 가고시마로 이전됐음을 알았을 것 같지는 않다. 실로 「몽유도원도」는 메이지 유신의 여파로 400여 년 만에 사쓰마 시마즈 가문의 비장을 뚫고 세상에 나오게 된 것이다.

시마즈 가문이 소장한 유래는?

그러면 왜 「몽유도원도」가 시마즈 가문에서 나타나게 됐는가? 다시 말해 이 서화가 어떻게 일본으로 건너가서 사쓰마에 있는 시마즈 가문의 소유가 됐는가? 이 질문에 답하기 위해서는 1929년 9월 「몽유도원도」의 존재를 처음으로 세상에 알리면서 나이토 고난 교수가 한 말을 음미해보아야 할 것이다. 그는 다음과 같이 썼다.

> 이 같은 명화가 어떻게 일본에 전래됐는가? 아마도 '문록·경장文祿·慶長의 역役(임진왜란과 정유재란)'의 획물獲物이었던 것 같은데, 오랫동안 사쓰마에 전해온 것이며, 지금은 가고시마 현의 소노다 씨의 소장이 됐다.

나이토 고난 교수는 이 글에서 중요한 사실을 밝혔다. 그는 이 서화가 사쓰마에 오랫동안 소장되어 있었다고 했다. 그는 어떻게 이 서화가 사쓰마에 오랫동안 소장되어 있었던 것을 알 수 있었는가? 사쓰마에 오랫동안 소장되어 있었다 해도 그는 왜 이 서화를 임진왜란과 관련시켜, '임진왜란의 획물'일 것이라고 생각했는가? 그는 이 서화가 임진왜란에 출전했던 사쓰마 영주 시마즈 요시히로島津義弘에게서 나온 것임을 알았기 때문에 이러한 글을 쓸 수 있었음이 분명하다. 그는 어떻게 이러한 사실을 알고 글을 썼는가? 그는 이 서화를 그에게 처음 보여준 소노다 사이지로부터 들었기 때문에 알았던 것이다. 소노다는 시마즈 가문으로부터 이 서화를 구입할 때 이것이 시마즈 요시히로가 임진왜란 때 가져온 것임을 확인했음이 분명하며, 이 사실을 나이토 고난 교수에게 말해주었기 때문에 나이토 고난 교수가 이렇게 글로 쓸 수 있었던 것이다.

나이토 고난 교수는 또 다른 중요한 사실을 밝혔다. 1893년 「몽유도원도」의 소유자는 시마즈 히사나가였으며, 1928/29년에 소노다는 히사나가의 후사로부터 이 서화를 구입했다. 그런데 임진왜란에 출전한 장수 시마즈 요시히로는 시마즈 본가의 선조이며, 히사나가(시마즈 히오키 분가)의 선조는 아니다. 히사나가의 선조는 임진왜란 중 도요토미 히데요시의 명으로 참수된 요시히로의 동생 시마즈 도시히사다. 나이토 교수는 부지불식간에 이 서화가 시마즈 본가에서 히오키 분가로 이전됐음을 드러낸 것이다.

「몽유도원도」가 임진왜란의 획물일 것이라는 나이토 고난 교수의 글은 상당히 타당성이 있다. 왜냐하면 「몽유도원도」가 임진왜란 이전에 또는 임진왜란 이후에 일본에 들어갔을 가능성은 거의 없기 때문이다. 오직 임진왜란 중에 잃어버렸을 가능성이 있을 뿐이다.

1419년(세종 1) 세종이 대마도를 정벌하고 부산 지역에 왜관倭館을 허용한 이래 왜구는 한동안 조선에 발을 들여놓지 못했다. 그 후 1510년(중종 15) 삼포왜란三浦倭亂과 1541년(중종 36) 사량진왜란蛇梁鎭倭亂, 1555년(명종 15)에 을묘왜변乙卯倭變이 일어났다. 이 세 차례의 난은 주로 대마도의 왜구가 일으킨 것으로, 이들의 침략은 부산과 경상도, 전라도 남해안 일대에 국한됐다. 또한 왜구의 규모도 수천 명에 불과했고, 한 달 안에 모두 격퇴됐다. 짧은 침략 기간 중 이들 왜구는 주로 인마와 식량을 약탈해갔다. 을묘왜변 이후 임진왜란까지는 소소한 왜구의 노략질이 있었을 뿐이다.

임진왜란이 끝나자 조선은 도쿠가와 막부와 국교를 회복하고 200년간 정기적으로 조선통신사를 파견하여 왜구 침입의 빌미를 주지 않았다. 1811년 마지막 조선통신사가 파견된 후 일본의 요청으로 조선통신사의 파견은 중지됐지만, 이때부터 일본은 서세동점의 국제 정세 속에서 개국을 준비하며 왜구에 대한 중앙의 통제를 강화했고 왜구의 조선 침입은 종식됐다.

1876년 일본이 조선과 강화도조약을 체결하고, 1905년부터 한국을 식민지로 만들면서 한국 고미술품을 조직적으로 샅샅이 노략질해갔음은 설명할 필요도 없다. 그런데 「몽유도원도」는 1893년 일본 정부로부터 인증서를 받았으므로 늦어도 1893년 이전에는 일본에 들어갔을 것이며 일제강점기에 약탈된 것이 아니다.

따라서 가고시마의 시마즈 가문에서 「몽유도원도」가 나왔고, 또한 시마즈 가문의 제17대 당주 시마즈 요시히로가 임진왜란과 정유재란 중(1592~98) 5년간 조선에 주둔하며 살상과 약탈로 악명을 떨친 왜장이었음을 고려한다면, 나이토 고난 교수의 설명대로 시마즈 요시히로가 임진왜란에 출병했을 때 약탈한 것이 확실하다고 봐야 할 것이다. 더구나 「몽유도원도」가 일본에 있게 된 데 대하여 다른 신빙성 있는 가설이 전혀 없음을 고려할 때, 임진왜란 중에 약탈당한 것으로 보아도 무방할 것이다. 1929년에 제기된 나이토 고난 교수의 '임진왜란 획물설'이 일본 내에서도 하등의 반론을 야기하지 않는 것을 볼 때, 일본에서도 암묵적으로 임진왜란의 획물설에 동조한다고 봐야 할 것이다. 따라서 「몽유도원도」는 시마즈 요시히로에 의해 임진왜란 당시 약탈되어 일본으로 갔으며, 이후 이 서화는 시마즈 본가에서 히오키 분가로 이전됐다고 단정해도 무리는 없을 것이다.[12]

제9부

임진왜란 때 약탈당하다

작자 미상, 「조명 연합군 평양성 탈환 병풍」, 국립중앙박물관 소장.

산중에 파리한 말을 채찍질하여
절에 들렀다 고승과 작별했는데
숲은 빽빽해 구름과 함께 어둑하고
모래는 깨끗해 물이 절로 맑구나
황량한 비탈에선 옛 비갈碑碣을 찾고
석양 아래선 전대의 능을 조문하네
괴이타 마소, 가을 슬퍼한 길손은
누대에 올라야 한을 토로한다오

― 서거정, 「대자암에서 쉬었다가 임진으로 향하다憩大慈菴 仍向臨津」, 『사가집(사가시집)』 제2권

사쓰마 영주의
조선 출병

사쓰마의 시마즈가家

1580년대 중반, 1세기에 걸친 전국시대戰國時代의 내란을 끝낸 도요토미 히데요시豊臣秀吉는 일본 통일을 눈앞에 두고 있었다. 바로 이때, 사쓰마의 시마즈 가문은 규슈 전 지역의 통일을 거의 완료하고 있었다.

12세기부터 규슈 최남단 가고시마 지역의 사쓰마를 수백 년간 지배해온 시마즈 가문은 제15대 당주 시마즈 다카히사島津貴久 때부터 일본 최고 군벌 영주 중의 하나로 부상했다. 시마즈 다카히사는 에스파냐 출신 예수교 수도사 성 프란시스코 사비에르St. Francisco Xavier를 받아들여 일본에 처음으로 기독교와 서양 학문이 전래되는 길을 연 개화파 영주였다. 그는 또한 조총을 처음으로 도입하여 사쓰마 무사를 일본 제일의 전투 집단으로 키웠지만, 총 못지않게 교육을 중시하여 가신과 아들들을 유학의 충효 사상으로 철저히 무장시킨 것으로도 유명했다.

왼쪽 그림은 시마즈 요시히로 초상. 가고시마 쇼코슈세이칸 소장. 가운데 사진은 시마즈 요시히로의 투구. 이는 쇼코슈세이칸 소장의 원본을 복제한 것으로, 1600년 9월 세키가하라 전투에서 착용했던 투구의 일종이라 하는데, 그 직전의 임진왜란 때도 동일한 투구를 착용했을 것으로 추정된다. 일본 기후 현岐阜縣 세키가하라 역사·민속자료관 소장. 맨 오른쪽 그림은 시마즈 가문의 십자 문장.

지리적으로 조선의 서해안과 남중국에 이르는 해상 루트를 장악할 수 있었던 사쓰마는 수백 년간 무역과 왜구 활동에서 축적한 부를 기반으로 1550년대 중반부터 규슈 통일 전쟁에 돌입했다. 일본 전국시대를 대표하는 뛰어난 사무라이였던 시마즈 다카히사의 네 아들은 30년 간의 전쟁 끝에 드디어 규슈 통일을 목전에 두고 있었다. 시마즈 요시히사島津義久(16대 당주), 시마즈 요시히로(17대 당주), 시마즈 도시히사島津歲久, 시마즈 이에히사島津家久(도요토미 히데요시의 사쓰마 정복 전쟁에서 사망)가 그들이다.

시마즈가의 규슈 통일을 일본 전국 통일의 위협으로 본 도요토미 히데요시는 1587년 20만 명의 정벌군을 직접 이끌고 사쓰마를 정복했다. 이로써 일본 전국을 평정한 도요토미 히데요시는 여세를 몰아 조선 정복과 대륙 침략의 야심을 추진했다. 이를 위해서는 조선과 지리적으로 가깝고, 왜구의 본거지로서 조선 물정에 밝은 규슈 영주들의 협력이 필수였다. 그는 규슈 영주들을 하나하나 불러들여 대륙 침략에 적극 협력할 것을 명령했다. 1588년 6월, 도요토미 히데요시는 시마즈가의 17대 당주 시마즈 요시히로를 오사카 성으로 불렀다. 사쓰마 정벌 전쟁이 끝난 지 1년 만이다. 도요토미 히데요시보다 한 살 위인 54세의 시마즈 요시히로는 사쓰마 전쟁 직후 물러난 형 요시히사로부터 시마즈 당주 지위를 물려받은 직후였다.[1] 패장 시마즈 요시히로는 도요토미 히데요시에게 충성을 맹세하고 조선 침략의 선봉에 설 것을 다짐했다.[2]

임진왜란과 시마즈 요시히로

도요토미 히데요시는 후쿠오카福岡 항구에 조선 침략의 후방 기지가 될 나고야名護屋 성을 축조하고 1592년 1월 전국 88지역의 다이묘를 대상으로 동원령을 내렸다. 도요토미 히데요시는 조선 출병군을 9진으로 나누어 주력 부대를 조선과 지리적으로 가장 가까운 기타큐슈北九州 지역의 왜장들에게 맡겼다. 시마즈 요시히로는 제4진을 맡았고, 그의 부장副將은 기타큐슈 부젠豊前(지금의 후쿠오카)의 영주 모리 요시나리毛利吉成였다. 모리 요시나리는 본래 도요토미 히데요시의 측근 가신으로서 규슈 정벌 전쟁의 공로로 부젠의 영지를 하사받은 왜상인 만큼 조선에서 시마즈 요시히로의 행동은 암암리에 도요토미 히데요시의 엄중한 감시하에 놓였다고 볼 수 있다.

1592년 4월 나고야 성을 출발한 고니시 유키나가小西行長의 제1진이 4월 13일 부산에 상륙하여 5월 3일 서울을 점령한 것을 필두로 5월 8일까지 시마즈 요시히로의 부대를 제외한 모든 부대가 서울에 도착했다. 제4진의 대장인 시마즈 요시히로는 둘째 아들 시마즈 히사야스島津久保(첫째 아들은 요절)와 사위 시마즈 도모히사島津朝久, 조카 시마즈 도요히사島津豊久(시마즈 요시히로의 막내 동생인 시마즈 이에히사의 아들)와 함께 가장 늦게 나고야 성을 출발했다. 전쟁 준비가 여의치 않았기 때문이다. 규슈 통일 전쟁에 이어 도요토미 히데요시와의 전쟁으로 사쓰마의 재정은 고갈됐으며, 도요토미 히데요시에게 반항하는 분위기가 강했던 사쓰마는 그의 조선 침략에 비협조적이었다. 동원 명령을 받은 1만 명에 훨씬 못 미치는 2천여 명을 징발한 시마즈 요시히로는 군선軍船을 준비하지 못하여 임차한 십수 척의 상선商船으로 가장 늦게 출발했다. 다른 주력 부대들이 서울을 점령한 5월 3일에야 부산에 도착한 시마즈 요시히로는 충주, 용인을 거쳐 5월 18일 밤 서울에 도착하여 '가장 늦게 도착한 장군'으로 낙인이 찍혔다.³

시마즈 요시히로가 서울에 도착하기 엿새 전인 5월 12일에는 도요토미 히데요시의 양자이자 조선 원정군의 총대장 우키다 히데이에宇喜多秀家(제8진 대장)가 서울에 주둔한 장수들과 작전 회의를 열고 각 부대의 조선 8도 주둔지를 결정했다. 그 결과 평안도는 제1진 고니시 유키나가, 함경도는 제2진 가토 기요마사加藤清正가, 황해도는 제3진 구로다 나가마사黒田長政가 맡았고, 아직 도착하지 않은 시마즈 요시히로 대신 제4진을 지휘하게 된 모리 요시나리는 강원도를 배정받았는데 이들 4진은 누구보다도 시급히 서울을 떠나 북진했다. 4월 30일 서울을 버리고 평양으로 피신한 선조와 세자(광해군) 그리고 의병 모집을 위해 함경도와 강원도로 떠난 두 왕자 임해군臨海君과 순화군順和君을 잡기 위해서였다. 서울과 경기 지역은 원정군 총대장인 우키다 히데이에가 지키게 됐고, 나머지 장수는 충청, 영남, 호남 지역에 주둔하기 위해 남하했다.

5월 18일이 되어 가장 늦게 서울에 도착한 시마즈 요시히로는 독립 부대로서 주둔지 배정을 받지 못하고 임시로 경기도 북부 지역에 잠시 주둔한 후 포천 근방의 영평永平에 주둔했다. 이때는 파주로 진격한 왜군이 임진강을 사이에 두고 강 북쪽의 조선군과 접전을 개시하기 직전이었다. 5월 19일 임진강을 건너와서 왜군을 공격하던 조선군 1만 2천 명은 왜군에 의해 거의 궤멸됐고, 5월 27일 전후로 왜군 제1, 2, 3, 4진은 각기 임진강을 건너 황해도와 평안도, 함경도, 강원도로 진군해 들어갔다. 시마즈 요시히로가 경기도 영평에 임시 주둔지를 배정받은 것은 왜군의 임진강 도강을 지원하거나 왜군이 도강한 이후 대탄大灘(연천)에서 왜군의 후방을 보호하기 위해서인 듯하다. 이 무렵 대탄에 주둔했던 조선군이 "왜적이 영평현을 마구 침입했다"라는 보고를 올린 것을 보면, 왜적은 시마즈 요시히로의 부대를 가리킨 듯하다.[4]

임진왜란 관련 일본 측 1차 자료라 할 수 있는 『가고시마 현사鹿兒島縣史』(사史, 제1권)는 시마즈 요시히로가 5월 18일 서울에 도착한 후 처음 보천普天에 주둔하다 영평으로 옮겨서 주둔한 것으로 기록했는데(755쪽), 조선시대 경기 지역 지도를 볼 때 보천이라는 지명은 보이지 않는다. 여기서 보천이란 영평의 인근 지역인 포천抱川을 가리킨 것이거나 양주 부근의 천보산天寶山을 말한 것일 수도 있겠지만 확인은 되지 않는다.

시마즈 요시히로는 부인에게 보낸 6월 22일 자 편지에서 "나는 당唐, 고려인과 대진 중인데, 아사노 나가마사浅野長政(출병 왜군 육군 감독, 도요토미 히데요시의 5대 참모 중 하나), 모리 요시나리, 가토 기요마사가 잘 말씀드려 성城에 주둔하도록 명령을 받았으며, 그 후 주인장朱印狀(도요토미 히데요시의 교서)이 와서 공격의 주력 부대로 선진先陣 대열에 들어갔소"라고 근황을 알렸다.[5] 이 편지를 보건대, 늦게 도착하여 주둔지가

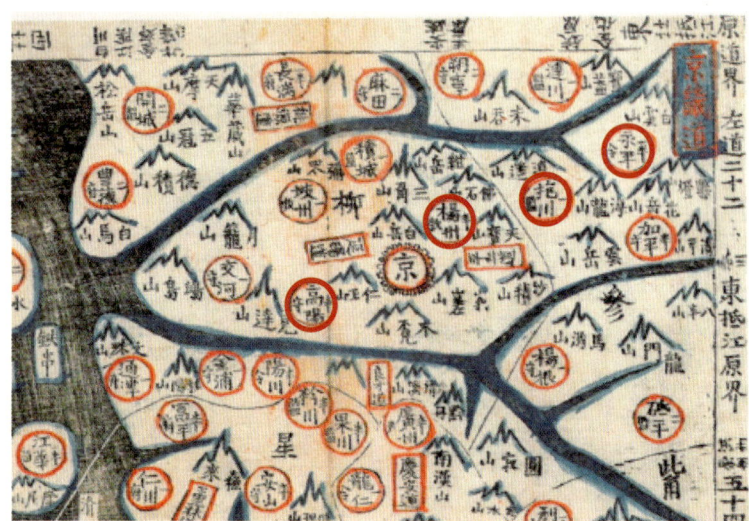

조선 후기 「여지도첩輿地圖帖」 중 경기도 일부. 시마즈 요시히로는 고양, 양주, 포천, 영평 등지를 거쳐갔다. 그는 이 지역들에서 1592년 5~12월까지 7개월간 활동했다. 화정박물관 소장.

없어진 시마즈 요시히로가 독립 부대로 인정받기 위해 도요토미 히데요시의 측근들에게 청탁을 했으며, 드디어 6월 하반기에 주둔지를 배정받았음을 알 수 있다.

편지를 보낸 6월 22일 무렵부터 시마즈 요시히로의 부대는 독립적으로 영평에 정식 주둔하게 된 것으로 보인다.[6] 원래는 제4진 장수로서 강원도를 배정받아야 했지만, 그가 서울에 도착하기 전에 이미 그의 부장 모리 요시나리의 군대가 강원도 전역을 누비며 주요 거점 지역을 함락시킨 차제에 시마즈 요시히로가 강원도를 주장할 수는 없었던 것으로 보인다.

시마즈 요시히로는 영평을 중심으로 경기도 북부에서 7개월 정도 머물다 12월 말경 강원도 김화로 옮겼다. 1592년 7월 평양에서 명나라 군과 처음으로 접전했던 왜군은 명군의 대부대가 남하하여 서울을 탈환할 것에 대비하여 경기 북부의 마전麻田(연천 부근)과 남부의 광주廣州 및 강원도 김화金化와 춘천에 서울을 방어하는 성을 쌓고 시마즈 요시히로를 김화에, 그의 조카 도요히사를 춘천에 주둔시켰다. 김화는 경기도, 강원도, 함경도 3도의 경계선에 면한 요충지이지만 기후와 땅이 척박하여 모든 왜장이 거부했던 지역인데, 조선 내 입지가 약했던 시마즈 요시히로가 이를 받아들일 수밖에 없었던 것으로 보인다. 그의 군대는 가토 기요마사의 2진과 모리 요시나리의 4진을 지원하는 일을 맡았다. 시마즈 요시히로는 김화에서 3개월간 주둔했는데 김화는 그가 거쳐간 최북단 지역이었다.[7]

이듬해인 1593년 1월 조선과 명 연합군이 평양성을 탈환하자 함경도와 평안도에 주둔했던 왜군은 서울로 후퇴하면서 1월 벽제관전투에서 크게 이겼다. 그렇지만 2월 행주산성전투를 치르며 전세가 불리해진 왜군은 4월경 일제히 서울에서 철수하여 남쪽으로 퇴각하기 시작했다. 당시 벽제관전투에도 참여했던 시마즈 요시히로는 2월경 급히 김화에서 철수하여 용인으로 가 왜군의 퇴로를 엄호하는 역할을 맡으며 남하했다.[8]

1593년 6월 거제노에 노착한 시마스 요시히로는 6월 15~18일 진주성 싸움에 참가하며 거제도에 10개월간 머물렀는데, 이때 그를 따라 참전했던 아들 시마즈 히사야스와 사위 시마즈 도모히사가 9월 거제에서 연달아 병사했다. 요절한 맏아들의 뒤를 이어 18대 당주로 내정된 둘째 아들 히사야스는 아들이 없었던 16대 당주 시마즈 요시히사의 셋째 사위이기도 했으니, 이때 시마즈 가문은 최대 위기를 맞고 있었다. 죽은 아들과 사위의 자리를 메우기 위해 1593년 말경 시마즈 요시히로의 셋째 아들 다다쓰네忠恒와 막내 동생 이에히사의 둘째 사위 시마즈 아키히사島津彰久가 거제에 도착했다. 남쪽으로 내려간 왜군은 경상도와 전라도의 해안을 따라 왜성을 쌓으며 장기전에 대비했다. 시마즈 요시히로는 모리 요시나리가 축조한 경상남도 사천泗川 선진리船津里 왜성倭城에 1594년 4월부터 1년간 주둔하다 1595년 5월 아들 다다쓰네와 함께 사쓰마로 일시 귀국했다. 남아 있던 조카사위 시마즈 아키히사는 1595년 8월 거제도에서 병사했다.

정유재란과 시마즈 요시히로

일본과 명나라 간에 강화가 결렬되면서 이듬해인 1597년(선조) 4월 왜군은 재침했다. 정유재란이다. 시마즈 요시히로는 제5진으로 아들 다다쓰네, 조카 시마즈 도요히사島津豊久(막내 동생 시마즈 이에히사의 아들)와 함께 1597년 4월에 가덕도加德島(부산 지역)에 도착했다. 귀국 중 열심히 군력을 확충한 시마즈 요시히로는 병사 1만 5천 명, 선박 120척을 거느린 월등히 개선된 전력으로 정유재란에 참가했다.

정유재란 초기 거제도에 주둔했던 시마즈 요시히로의 군대는 1597년 7월 거제도 앞바다 칠천량해전漆川梁海戰에서 패하고 뭍으로 도망하던 원균元均과 그 아들을 거제도에서 잡아 죽였다. 그 후 시마즈 요시히로는 전라도를 공격하는 왜군 좌군의 선봉장으로 고성, 사천, 하동, 구례를 거쳐 8월 남원을 함락한 데 이어 정읍, 장성, 광주, 담양, 나주, 화순, 해남, 강진 등 전라도의 거의 모든 주요 지역을 침범했다. 그러나 원균의 사망 후 다시 수군통제사에 복귀한 이순신의 반격을 받은 왜군이 9월 명량해전鳴梁海戰에서 대패하면서 왜군은 해안의 왜성으로 철수했고, 시마즈 요시히로는 아들 다다쓰네와 함께 사천으로 퇴각하여 이듬해 1598년 12월 영구히 귀국할 때까지 1년 2개월 동안 사천 선진리

최근 복원된 경상남도 사천 선진리 왜성문. 대문 안 오른쪽 해안 쪽으로 왜장의 거처인 천수각天守閣이 있었고, 왜성문 양옆으로는 조선인 포로들과 약탈물을 두었던 장옥長屋이 늘어서 있었다한다. 시마즈 요시히로는 1594년 4월부터 1595년 5월까지 이곳에서 주둔하다 귀국했는데, 이때 그와 함께 「몽유도원도」가 천수각에 있었을 가능성이 크다.

왜성에서 주둔했다.

1598년 8월 18일, 도요토미 히데요시가 오사카에서 병으로 죽자 참모들은 조선에 주둔한 왜장들에게 조속히 철군하라는 밀서를 보냈다. 왜군이 접전을 피하며 조급하게 도주하려는 낌새를 알아챈 조·명 연합군은 동, 서, 중 3개 부대로 나누어 총공세를 펼쳤다. 1598년(선조 31) 10월 초, 중로군中路軍을 맡은 명나라 장군 동일원董一元은 조·명 연합군 2만여 명을 이끌고 사천 왜성에 도착하여 대대적인 공격을 했지만, 시마즈 요시히로의 작전에 말려들어 거의 몰살됐다. 시마즈 요시히로가 왜성 문 앞에 매설해놓은 폭약이 터져서 조·명 연합군이 혼란에 빠진 순간 요시히로를 선두로 왜군들이 튀어나와 연합군을 살육한 것이다. 이것은 임진왜란을 통틀어 연합군 최대의 참패였으며, 패주하는 왜군의 퇴각을 크게 도와준 결과가 됐다.[9] 이 전투는 시마즈 요시히로의 명성을 일본 내에 드높였으며, 후에 도쿠가와 이에야스德川家康가 시마즈 요시히로를 숙청하지 않고 살려두게 되는 하나의 이유가 되기도 했다.

사천왜성전투가 끝난 1598년 12월, 시마즈 요시히로는 노량해전露梁海戰에 투입되어 이순신의 수군에 포위되어 있던 고니시 유키나가를 구출하여 함께 일본으로 탈출했다. 노량해전은 일본의 함선 450척을 파괴하고 왜군 4만 명을 전사시킨 대첩이었고, 왜군을 마지막으로 조선에서 축출한 결정적인 전투였지만, 이순신은 이 전투에서 전사했다.

만년의 시마즈 요시히로

부산포에서 퇴각한 시마즈 요시히로는 오사카로 직행하여 2년 가까이 머물며 도요토미 히데요시의 후계 다툼으로 벌어진 일본 역사상 최대의 국내전이었던 세키가하라 전투關ヶ原戰鬪에 참가했다. 이 전쟁에서 그는 도쿠가와 이에야스의 동군東軍에 대항하여 도요토미 히데요시의 충신 이시다 미쓰나리石田三成가 이끄는 서군西軍으로 참전했다. 65세의 노장 시마즈 요시히로는 서군의 패배가 결정적이 되자 300여 잔병을 이끌고 적군의 한복판을 돌파하여 도주하는 기상천외한 대담성을 보였다. 도주에 성공한 그는 오사카에 인질로 잡혀 있던 부인을 구출하여 1600년 말 사쓰마로 귀환했다. 내전에 승리한 도쿠가와 이에야스는 서군에 참가한 이시다 미쓰나리와 고니시 유키나가를 참수했는데, 시마즈 요시히로만은 그의 용맹과 임진왜란 때의 무공을 참작하여 토벌하지 않았고, 사쓰마 영지를 계속 보유케 했다.

만년에 시마즈 요시히로는 임진왜란 중 포로로 잡아온 도공과 양봉가를 모아 사쓰마에 요업의 기초를 놓고 양봉술을 도입했으며, 전쟁 중 조선에서 포획한 준마를 종마로 하여 목축업을 일으켰다.[10] 임진왜란으로 약탈된 조선의 기술과 자원이 사쓰마의 산업과 경제에 크게 이바지한 것이다. 그는 또한 자신의 평생 군공을 엮은 자서전 『유신공어자기維新公御自記』를 저술했는데, 여기에서 그는 정유재란 중 사천왜성전투의 공적을 상세히 기술했다. 시마즈 요시히로는 1619년 85세에 세상을 떠나 가고시마의 후쿠쇼지福昌寺에 묻혔다. 그를 따라 열세 명의 가신이 순사했다. 시마즈 요시히로가 죽은 뒤 그와 함께 조선에 주둔했던 아들 시마즈 다다쓰네가 시마즈가를 계승하여 18대 당주이자 1대 사쓰마 번주가 됐다.[11]

조선 왕실의
원찰 대자암

조선에서 시마즈 요시히로의 행적

임진왜란과 정유재란 당시 5년간 조선에 있으면서 시마즈 요시히로는 여러 지역을 거쳐갔으며, 네 지역에서는 수개월에서 1년 이상 주둔했다. 기록에 등장하는 그의 행군지와 주둔지를 추적해보면 다음과 같다.

임진왜란

- 1592년 5월 3일 부산을 출발하여 충주-용인-용산을 거쳐 5월 18일 밤 서울 도착[1]
- 1592년 5~12월, 경기도 영평을 중심으로 7개월 주둔
- 1592년 12월~1593년 2월, 강원도 김화에서 3개월 주둔
- 1593년 2~6월, 김화-용인-충주-거제 도착, 10개월 주둔
- 1593년 6월 이래 제2차 진주성전투 등 참가

- 1594년 4월~1595년 5월, 사천 왜성에서 1년 주둔 후 귀국

정유재란

- 1597년 4월 부산 도착, 거제에서 6개월 주둔
- 1597년 6~10월, 고성·사천·하동·구례·남원·정읍·장성·광주·담양·나주·화순·해남·강진 등지의 전투 참가
- 1597년 10월, 사천으로 퇴각해 1년 2개월 주둔
- 1598년 12월, 노량해전을 끝으로 영구 귀국

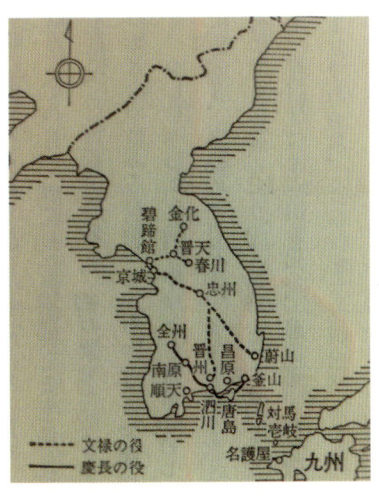

시마즈 요시히로의 조선 내 이동을 보여주는 지도. 요시히로의 부산 상륙 지점이 울산으로 된 것은 착오로 그는 부산으로 들어왔다(『시마즈 요시히로의 모든 것』, 86쪽).

　그러면 시마즈 요시히로는 어디에서 「몽유도원도」를 약탈한 것일까? 여기에는 몇 가지 고려할 사항이 있다. 우선 「몽유도원도」는 상당한 크기를 지닌 연약한 서화인데도 500여 년이 지난 오늘날 큰 파손 없이 전해졌다. 이러한 사실은 이 서화가 계유정난의 화를 입지 않고 안전한 장소에서 귀중하게 보관되다가 150년 후 임진왜란을 맞았을 것임을 추정케 한다. 이 서화가 계유정난의 화를 당하지 않았음은 계유정난 이전에 이미 안평대군의 서고로부터 다른 비처秘處에 옮겨졌음을 뜻하는데, 계유정난 이전이라면 그것은 안평대군 스스로 옮겼다는 것을 말해준다. 그곳은 안평대군과 연고가 깊은 곳이며, 평소 그의 발길이 자주 닿았던 곳이라고 할 수 있을 것이다. 그렇다면 그곳은 서울,

경기 일대를 벗어나지 않았을 것이다.

「몽유도원도」는 건물 내부에 깊이 보관되어 있었을 것이다. 따라서 약탈 장소에서 시간을 가지고 샅샅이 훑지 않으면 찾아내기 어려웠을 것이므로 조급한 행군이나 혼란스러운 전투 중에 약탈됐다기보다는, 시마즈 요시히로가 어느 지역에 느긋하게 주둔했던 기간에 차분한 수색으로 발견해 약탈했다고 보아야 할 것이다. 그렇다면 시마즈 요시히로는 언제, 어느 곳에서 이 서화를 발견하여 약탈할 수 있었을까?

우선 시마즈 요시히로는 서울에서는 약탈 행각을 벌이지 못했던 것이 확실하다. 가장 늦게 도착한 그의 부대가 출병 총대장 우키다 히데이에가 장악한 서울에서 약탈에 나설 여지는 없었을 것이다. 더구나 그가 도착한 1592년 5월 18일 야밤에는 임진강전투가 막 개시되고 있었다. 그의 부대는 서울에 발을 들여놓지 못하고 왜군의 도강 작전을 지원하기 위해 곧바로 경기 북부에 투입됐을 가능성이 크다. 따라서 그가 「몽유도원도」를 약탈한 곳은 서울 이외의 지역이었음이 확실하다.

시마즈 요시히로는 또한 출병 초 부산에서 서울까지 서둘러 진군했고, 김화에서 퇴각 시에는 평안도, 황해도, 함길도에서 퇴각하는 제1, 2, 3진의 엄호를 맡아 급박하게 후퇴했기 때문에 이 기간 중 그가 거쳐간 지역에서는 약탈이 어려웠을 것이다.

시마즈 요시히로는 임진왜란 전반에는 경기도 영평과 강원도 김화를 거점으로 활동했고, 임진왜란 후반에는 남쪽으로 내려가 거제도에서 10개월, 사천 왜성에서 1년간 주둔했다. 정유재란 때는 거제도를 거점으로 6개월간 경상도와 전라도의 주요 읍성에서 전투에 참가했고 퇴각할 때까지 사천 왜성에서 1년 2개월을 주둔하며 남해안 일대를 약탈했지만, 애초부터 「몽유도원도」가 서울에서 그렇게 멀리 떨어진 남쪽 해안가에 존재했을 가능성은 매우 낮다. 물론 계유정난 이후 또는 임진왜란 중에 누군가가 이 서화를 이들 지역으로 피신시켰을 가능성이 완전히 없다고는 말할 수 없겠지만, 그렇다 하더라도 시마즈 요시히로가 임진왜란 후반 남쪽으로 내려가기 이전에 이들 지역을 담당했던 왜장들이 이 일대를 이미 샅샅이 약탈했던 점을 고려한다면,[2] 시마즈 요시히로가 남쪽에서 「몽유도원도」를 발견하여 약탈했을 개연성은 극히 낮다.

그렇다면 요시히로가 처음 주둔했던 경기도 영평과 강원도 김화 일대가 고려 대상이 되는데, 척박한 오지였던 강원도 김화 지역보다는 안평대군이 자주 출입했고 서울에서 가까운 경기도에 가능성을 두어야 할 것이다.

시마즈 요시히로는 5월 18일 도착해서부터 출병 총대장 우키다 히데이에가 맡았던 경기도의 북부 지역(보천과 영평)에 주둔했다. 당시 서울에 총집결했던 왜군은 각자 주둔지로 떠나고, 서울에는 서울과 경기 지역을 맡은 우키다 히데이에 부대의 1만 명과 와키사카 야스하루脇坂安治(원래는 수군 담당)의 군사 1,600명이 주둔하고 있었다. 이 무렵 서울 탈환을 목표로 남도 각지에서 의병이 일어나고 있었다. 경기도에서는 조선 관군과 의병으로 구성된 남도근왕군南道勤王軍 5만여 명이 6월 초 용인에 결집하여 총공격을 준비 중이었고, 6월 5일 남도근왕군이 대패한 이후에도 강화 지역의 김천일, 여주 지역의 원호, 양주 지역의 고언백 등이 이끄는 의병이 서울 주변을 위협하고 있었으므로 서울 주둔 부대는 때로는 남쪽으로 내려가 의병과 접전을 벌이면서 서울 방어에 전력을 집중했다. 이러한 상황에서 경기 북부는 전적으로 시마즈 요시히로의 부대에게 맡겨진 것으로 보인다.

더구나 왜군의 임진강 도강 직후에는 경기 북부 지역에서 이렇다 할 전투가 없었으므로 시마즈 요시히로는 비교적 여유를 가지고 경기도 북부 일대를 돌아다니며 약탈을 자행할 수 있었을 것이다. 이 기간 중 그는 경기도 영평에 주둔하면서 경기 북부의 고양, 파주, 양주, 마전(전곡), 대탄, 포천 등지에서 활동했던 것으로 보인다.

대자암

한강 북쪽 경기도 고양현 벽제관에서 동쪽으로 5리 정도 들어가면 여러 개의 봉우리로 이루어진 대자산이 굽이굽이 펼쳐져 있고, 그 아래 호젓한 골짜기에는 태종이 요절한 막내아들 성녕대군의 능을 수호하기 위해 지은 대자암大慈庵이 있었다.[3] 1418년(태종 18)에 창건된 대자암은 1425년(세종 7) 불교 사찰이 선교禪教 양종兩宗으로 대폭 정리될 때 선종에 소속되어 토지 250결과 노비 100명을 하사받고, 상주 승려 120명을 보유한 선종 최대의 사찰이 됐다. 그렇지만 유교 국가의 명분을 고려해서 사찰이라는 명칭을 쓰지 않고 조그만 암자라는 느낌을 주도록 조선 초에는 대자암으로 불렸던 것 같다.

대자암은 태종 부부와 세종 부부, 문종의 명복을 빌던 왕실의 원찰이었다. 성녕대군의 후사인 안평대군은 이 사찰의 절대적인 보호자이자 후원자였고 시주자였다. 세종은 임종에 즈음해서 태종 부부의 공양과 자신과 소헌왕후를 위한 불사를 이곳에서 집행하라는 유교遺教를 내렸다.[4] 문종은 즉위하자마자 세종을 위해 특별히 궁궐에서 조성한 불상과 불경을 봉헌하기 위해 대자암의 무량수전을 호화스럽게 새로 지었는데, 안평대군이 총감독이 되어 모든 일을 기획했다. 안평대군은 이 사찰에 걸린 세 개의 편액 '대자암大慈庵', '해장전海藏殿', '백화각白

華閣'의 글씨를 쓰기도 했다.[5] 실록의 기록을 보자.

> 이때 신미信眉의 주장으로 대궐 안에 장인을 모아 불상과 불경을 이룩하게 되는데, 안평대군이 일찍이 대자암을 원찰로 삼아 여러모로 비호를 베풀고, 임금께 아뢰어 무량수전을 헐어버리고는 이를 새롭게 하면서 그 예전의 제도에 보태어 단청을 중국에 가서 구해오고, 등롱의 채옥을 구워 만들어 사치하고 화려함을 극도로 하여 법당 이름을 극락전이라 하고, 또 불경을 간수할 장소도 건축했다.
> ―「문종실록」 문종 즉위년(1450) 4월 10일

문종이 승하했을 때도 대자암에서 여러 차례 재齋를 지냈다. 문종의 병세가 악화되면서 안평대군은 대자암에서 임금을 위해 불경을 강講하고 기도했다.[6] 문종의 극진한 사랑과 신뢰를 받았던 안평대군은 문종의 죽음에 누구보다도 애통해했을 것이다. 왕비도 없이 어린 아들만 남겨놓고 안타깝게 유명을 달리한 문종의 명복을 지극 정성으로 빌면서 안평대군은 소헌왕후와 세종의 승하 때와 마찬가지로 불경을 쓰고 불상을 조성하는 등 많은 보물을 혼전魂殿에 봉헌했을 것이다. 이때 안평대군은 그가 지극히 소중하게 여겼고, 사직의 안녕을 위한 염원을 담은 「몽유도원도」를 대자암에 봉헌했을 가능성이 있다. 찬문을 모두 거두어 하나의 시권으로 완성한 것도 바로 이 무렵이었을 것으로 보아 안평대군은 「몽유도원도」가 완성되자 이를 대자암에 바쳤을 것이라고 조심스레 추측해볼 수 있을 것이다. 이 서화는 그의 감독하에 신축된 경전을 보관하는 해장전이나 서적을 보관하는 백화각 또는 대자암 내 그만의 비처에 깊이 보관됐을 것이다. 그렇기에 혹독한 계유정난의 화

위 사진은 대자암 터로 추정되는 경기도 고양시 대자산 아래 골짜기 지역. 경안군 묘역과 최영 장군 묘역 사이의 땅이다.
왼쪽 사진은 이 부근에서 발견됐다는 옛날 기왓장 파편.

를 면할 수 있었을 것이다.

대자암은 계유정난 이후에도 건재했다. 수양대군이 호불好佛 임금이기도 했지만, 안평대군이 사사된 후 효령대군의 여섯째 아들 원천군原川君 이의李宜가 성녕대군의 후사를 이었기 때문에 대자암은 효령대군 문중의 굳건한 비호를 받아왔을 것이다. 대자암은 중종조부터는 실록에 '대자사大慈寺'로 나오는데, 1508년(중종 3)에는 대비(성종의 계비 정현왕후貞顯王后)의 명으로 중수되기도 했다. 대자사는 「명종실록」에도 기록이 있는 것으로 보아 임진왜란 때까지 건재했던 것으로 보이지만, 그 후 역사에서 사라졌다. 임진왜란의 와중에서 1593년 1월 평양에서 퇴각하던 왜군과 명나라 구원병 간에 벌어진 벽제관전투 때 불탔다는 설이 유력하다.

대자암은 서울과 의주를 연결하는 대로인 의주로義州路에서 가까운

곳에 위치했고 대사찰이었던 만큼 임진왜란 초기, 북쪽으로 행군하던 왜군에게 일찍 발견되어 약탈당했을 수도 있다. 그러나 절을 지키던 승려들은 왜병이 서울을 점령하고 경기 북쪽으로 진출할 무렵에는 중요한 보물을 땅에 묻든지 또는 깊이 피신시켰을 것이므로 임진강전투를 위해 조급히 북진하는 왜군이 설사 대자암을 발견했다 해도 사찰을 샅샅이 약탈하기는 어려웠을 것이다. 5월 27일 임진강전투가 끝나고 왜군 제1, 2, 3, 4진이 모두 북진한 후 경기도 영평에 주둔한 시마즈 요시히로는 여유를 가지고 이 일대를 돌아다니며 약탈할 수 있었을 것이다.

🌺 고양 대자암 옛터

오래전부터 여러 학자들이 경기도 고양시 덕양구 대자동의 성녕대군 묘역을 중심으로 대자암 터를 비정하려는 연구를 추진해왔다. 근래 주요 연구자들은 대자암 터를 대자동 성녕대군 묘역 부근에 있는 소현세자昭顯世子의 3남인 경안군慶安君 묘역 일대로 비정하는데, 이 일대에서 2008년 농지개발 중에 대자암 터로 추정되는 유물이 발굴됐다 한다. 필자가 최근(2013년 8월) 이 지역을 답사했을 때 만나본 동네 주민 두 사람 역시 성녕대군 묘역과 경안군 묘역 사이의 땅이 대자암 터라는 말을 들어왔다고 증언했다.

하지만 필자가 같은 날 만나본 또 다른 주민 두 사람의 의견은 달랐다. 고려 말부터 선조 대대로 대자산 아래 살아왔다는 주민 강일구 씨(60세)와 대자동에서 7대째 살고 있다는 주민 권오복 씨(80세)는 모두 경안군 묘역과 그 오른편 최영 장군 묘역 사이의 계곡 주변의 땅이 대자암 터라고 말했다. 두 사람 모두 옛날부터 최영 장군 묘역으로 올라가는 숲길 왼쪽에 대자사가 있었다는 말을 들어왔다고 증언하며, 그들이 어렸을 적에는 이 일대를 '대절골'이라고 불렀다 하는데, 지금은 이 일대가 개인의 밭이 되어 있다. 강일구 씨는 이 일대에서 오래된 기왓장이 출토되기도 한다고 말했다. 권오복 씨는 한국전쟁이 끝난 후 이 일대에서 파낸 기단석을 실어다 관산동 지서를 지었다고 알려주었다. 필자가 관산동 지서의 최영기 경위에게 확인한 바에 따르면, 현재의 관산동 지서는 1991년 4월에 신축된 것이며, 그전에는 건물 앞면이 화강암 돌로 되어 있었다고 한다.

앞으로 보다 다양한 사료를 토대로 하여 대자암의 위치 비정이 이루어져야 할 것이다.

시마즈 요시히로의
손에 들어가다

시마즈 요시히로는 우연히 대자암을 발견했을 수도 있었겠지만, 처음부터 대자암을 알고 있었을 가능성도 있다. 그는 조선에 출병했을 때 군승으로 용운화상龍雲和尚을 대동했다.[1] 이 승려가 대자암을 알고 있었을지도 모른다. 용운화상은 시마즈가의 수문水門으로 불리던 사쓰마 동부 지역의 항구 시부시志布志에 있는 다이지지大慈寺의 주지였다. 선송의 일파인 임제종臨濟宗의 대사찰인 다이지지를 오래 관장했던 용운화상은 같은 선종이자 같은 이름의 절이며 조선 왕실의 원찰로 명성이 높은 대자암을 이미 알고 있었을 가능성이 크다. 다이지지가 위치한 시부시는 미나미큐슈南九州 왜구의 출발지였고 또한 명, 조선, 류큐의 밀무역 중심지였으므로 용운화상은 국제 정세에도 밝았다. 다이지지는 특히 류큐와 밀접한 관계여서 그는 임진왜란 직전에 류큐에서 참전 비용을 조달받기 위해 시마즈 요시히로의 명으로 류큐에 세 번이나 다녀온 외교승이기도 했다.

시마즈 요시히로가 경기도에 머물던 6월 15일 사쓰마에서 한 사건이 일어났다. 이른바 '우메키타의 반란梅北一揆'이다. 시마즈 가신 우메키타 구니카네梅北國兼가 조선 출병 중인 가토 기요마사의 구마모토 영지 내의 한 성을 기습 점령한 사건이다. 이 반란에는 지병을 이유로 조선 출병을 거부했던 시마즈 요시히로의 동생 시마즈 도시히사가 거느린 병사와 군민 수천 명이 참가했는데, 반란 사흘 후인 6월 18일 우메키타 구니카네는 사살되고 반란은 수습됐다.[2]

도요토미 히데요시는 가토 기요마사에게 6월 18일 자로 주인장을 보내 사건을 설명하고 시마즈 요시히로가 동요하지 않도록 일러줄 것을 명했다. 따라서 시마즈 요시히로는 가토 기요마사 측으로부터 사건 즉시 소식을 들었을 것이다. '조선 출병에 가장 늦게 온 장수'로 낙인 찍혀 불충을 의심받던 판에 사쓰마에서 일어난 반란 사건은 시마즈 요시히로에게 극도의 불안감을 안겨주었을 것이다.

우메키타의 반란에 시마즈 도시히사가 직접 관련된 것은 아니지만, 시마즈 가문의 충성을 의심하던 도요토미 히데요시는 이 사건을 반역으로 간주하여 시마즈가의 맏형 시마즈 요시히사에게 도시히사의 처형을 명령했다. 시마즈 가문을 보호하기 위해 어쩔 수 없이 시마즈 요시히사는 군사를 보내 도주하는 동생 도시히사를 추격하여 참수했다. 7월 18일 도시히사의 목은 도요토미 히데요시에게 보내졌고, 사건은 일단락됐다.

시마즈 요시히로는 8월 초쯤에 동생의 참수 소식을 들었을 것이다. 전쟁터에서 일생을 함께하여 우의가 남달리 깊었던 형제였던 만큼 형의 명령으로 동생이 참수됐다는 소식은 58세의 노장 시마즈 요시히로에게 큰 타격을 주었을 것이며, 그의 행군에도 커다란 지장을 초래했을

대자사大慈寺 앞 시마즈 요시히사의 편지

『가고시마 현 사료鹿兒島縣史料』「사쓰마 번 구기잡록薩藩舊記雜錄」에 수록된 시마즈 요시히사의 편지 중에는 우메키타의 반란 때문에 시마즈 도시히사가 참수된 직후인 7월 27일에 시마즈 요시히사가 쓴 것이 있다. 수신인은 '대자사 앞'으로 되어 있다.

편지의 내용은 어쩔 수 없이 도시히사를 참수형에 처할 수밖에 없었던 사정을 설명하면서 "개인의 한 몸은 자살로 끝나지만 국가는 연속되는 것이므로 한 목숨을 버릴 수밖에 없었다. 이번 도시히사 (참수) 건은 지난 7월 16일 유사이幽齊 (도요토미 히데요시의 참모)를 만나 주인장을 받아서 이루어진 일이다. 형제간 별리의 고통은 겉으로 나타내지 못하지만 마음속 비통함은 극심하다. (……) 안온한 가운데 이러한 뜻을 유념하여 일을 잘 처리하라"라는 것이었다.

집안의 비극을 가족에게 알리는 편지로 해석할 수 있다.

편지의 수신인은 '대자사'인데, 내용으로 보아 시마즈 요시히사가 자신의 영지 내에 있는 다이지지大慈寺에 이렇게 절실한 편지를 보냈다고 볼 수는 없다. 이 시기 다이지지에 그의 가족이 머물지는 않았던 것 같다. 그렇다면 서한에 나온 대자사는 가고시마의 다이지지가 아니라 조선의 대자사일지도 모른다. 이때 대자사에 머물고 있었던 시마즈 요시히로에게 보낸 편지일 가능성이 있다.

그런데 「사쓰마 번 구기잡록」에는 대자사 앞 편지와 똑같은 내용으로 시마즈 요시히사가 다이소지大窓寺에 보낸 편지가 수록되어 있다. 당시 다이소지에서는 시마즈 도시히사의 아내와 딸, 외손 쓰네히사가 도시히사의 처형에 반발하여 농성을 하고 있었다. 따라서 이 두 편지는 도시히사 참수에 관해 시마즈 요시히사가 자신의 심정을 가장 가까운 가족에게 피력했던 것이라고 볼 수 있는데, '대자사 앞' 편지가 조선의 대자사에 머물던 요시히로 앞으로 보낸 것인지는 좀 더 확인할 필요가 있다.[3]

것이 분명했다. 이때 독실한 불교도였던 시마즈 요시히로는 용운화상의 안내로 대자암에 머물며 심신의 휴식을 취했을 가능성을 생각해볼 수 있다.

이때까지 한강 북쪽의 고양, 양주 방면은 대규모 침탈을 당하지 않았던 것으로 보인다. 서울과 경기도를 담당했던 왜군 총대장 우키다 히데이에는 한강 남쪽으로부터 조선군의 공격에 대비하여 서울 방어에 주력했기 때문에 7개월간 경기 북부를 행동반경으로 삼은 시마즈 요시히로가 대자암을 찾아내 절 안팎을 샅샅이 약탈했을 가능성은 클 것으로 보인다.

무사이지만 유학자이고 문인이었던 시마즈 요시히로는 유가 경전과 시문에도 조예가 깊었다 하며, 특히 이공린李公麟(송나라 화가)의 그림에 조자앙이 발문을 쓴 「귀자모신도鬼子母神圖」를 좋아하여 임진왜란 중에도 늘 지니고 다녔다 하니,⁴ 시서화에도 각별한 관심이 있었음이 분명하다. 그는 또한 조선에 주둔했을 때는 강원도와 남원에서 수공예 기술자와 도공을 색출하여 잡아가기도 했던 만큼 조선의 미술품을 보는 감식의 눈이 남달랐을 것이다.

임진왜란이 일어났을 무렵 일본에서는 선불교가 널리 퍼져 다도와 예도가 유행했고, 일본 귀족과 무가 영주들 사회에서는 수묵산수화가 크게 유행했다. 이미 무로마치 막부 시대부터 쇼군은 화가를 양성했고, 정원이나 산장을 꾸며 시회를 열었다. 15세기 초에 이르면 '시가지쿠詩畫軸'라는 이름으로 시서화 일체의 작품을 감상하는 새로운 문화가 퍼졌는데, 이러한 풍조는 전국시대의 전란을 피해 귀향한 화승畫僧들에 의해 지방의 무사 영주들에게도 파급됐다. 시마즈 가문의 무사 출신이었던 승려 슈게쓰秋月는 일본 수묵화의 대성자 셋슈雪舟의 수제자로 활

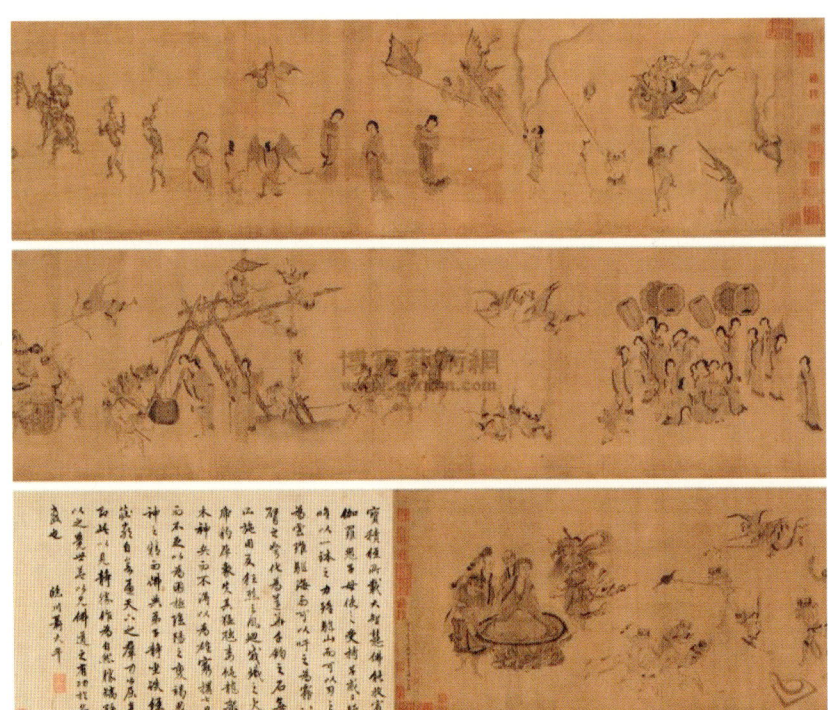

이공린의 「백묘귀자모신수권白描鬼子母神手卷」 복제품. 백묘귀자모는 자녀를 보호하는 귀신을 그린 불화인데, 장수들이 이런 그림을 전쟁터에 나갈 때 가지고 있었다고 한다. 이공린의 「백묘귀자모신수권」 원본은 청나라 말기 중국 궁정에서 사라졌다가 2010년 개인 소장으로 다시 나타났다. 이공린은 이러한 불화를 다수 그렸다 하니 시마즈 요시히로가 지녔던 이공린의 「귀자모신도」는 또 다른 작품이었을 것이다. 견본수묵, 29×418cm.

약하며 큰 명성을 쌓은 후 사쓰마에 귀환하여 시마즈 가문의 비호하에 사쓰마에 수묵산수화를 전파했다. 시마즈 가문은 그의 그림을 다수 소장한 것으로 알려진다.[5] 가문에 전래된 수묵산수화를 접하며 서화에 대한 감식안을 계발했을 시마즈 요시히로는 일본 수묵화에 큰 영향을 미친 조선화의 종주 안견을 이미 알고, 그의 작품을 감상할 수 있었을 것이다. 그는 대대적인 찬문이 붙은 대형 시서화 작품 「몽유도원도」의 가치를 충분히 알고도 남음이 있었을 것이다.

시마즈 요시히로의 손에 들어가다 333

유학자였던 시마즈 요시히로는 또한 도잠을 잘 알고 있었을 것이다. 문예가 흥기했던 무로마치 막부 시대에 도잠은 은둔자이며 구도자로서 숭앙됐고, 「음주가飮酒歌」와 「귀거래사」와 같은 도잠의 시와 「삼소도」, 「귀거래도」, 「상국도賞菊圖」 등 도잠을 그린 그림은 일본의 문학과 미술에 깊이 반영되고 있었다.6 물론 도잠의 「도화원기」가 알려지고 도원을 그린 그림이 나타나는 것은 임진왜란 이후 도쿠가와 막부 때부터이지만, 한문학에 조예가 있었던 시마즈 요시히로가 당송 문학의 단골 주제였던 무릉도원을 모를 리 없었을 것이다. 그는 「몽유도원도」의 찬문에 관해 잘 이해했을 것이다.

여기에 더하여 사쓰마는 조선 개국 이래 꾸준히 조선에 공물을 바치고 사신을 보내왔다. 실록의 기록을 보면, 시마즈가 8대 당주 시마즈 히사토미島津久豊는 1423년(세종 5) 태종 사망 당시 조문 사절과 토산물을 보내왔고, 후대 당주들도 중종 때 삼포왜란이 일어나 교류가 끊어질 때까지 매년 여러 차례 꾸준히 토산물을 헌상하고 조공무역을 했다. 임진왜란 전해인 1591년 7월에도 예조좌랑 황치성黃致誠이 시마즈 요시히사의 공물에 대한 답례로 정포正布와 백저포白紵布를 보냈다 하는 기록이 있다.7 무역국이자 왜구의 본고장인 사쓰마의 영주로서 시마즈 요시히로는 조선의 역사와 사정에 관해 잘 알고 있었음이 분명했고, 150년 전 세종 시대에 관해서도 알고 있었을 가능성이 있다. 따라서 그는 예술품으로서 또한 역사적 유물로서 「몽유도원도」의 가치를 충분히 인식했을 것이다.

이후 「몽유도원도」는 시마즈 요시히로와 함께 강원도, 전라도, 경상도 등 전장을 돌았을 것이며, 1593년 12월부터 그가 사천 왜성에 머물다 1595년 5월 일시 귀국했을 때 사쓰마로 이전됐을 것으로 보인다.

물론 연락병 편에 더 일찍 사쓰마로 건너갔을지도 모르지만, 조선 출병군의 회군을 겁냈던 도요토미 히데요시는 왜장들의 사사로운 수송선을 엄격히 감시했고, 특히 시마즈 군선에 대해서는 반드시 나고야 성에 회송토록 명령했던 점에 비추어[8] 「몽유도원도」는 언제나 시마즈 요시히로의 수중에 머물러 있었을 것으로 보인다. 그가 귀국한 이후 「몽유도원도」는 시마즈 가문의 전래 가보가 되어 깊이 수장됐을 것이다.

「몽유도원도」의
소장자

일본 정부가 1893년 11월 2일 시마즈 히사나가의 소유 「몽유도원도」에 감사증을 발급했음은 앞서 말했다. 그러니까 감사증 발급 당시 「몽유도원도」의 소유자는 시마즈 히사나가인 것이다. 시마즈 히사나가는 시마즈 분가의 하나인 히오키 시마즈日置島津 가문의 13대 당주로서, 1835년부터 30여 년간 시마즈 본가에 봉사하며 가로직에 있었고 1851년부터 1858년까지 시마즈 나리아키라의 수석 가로를 맡았던 사람이다.

그렇다면 임진왜란 때 시마즈 요시히로에게 약탈된 「몽유도원도」는 어느 시점엔가 시마즈 본가에서 분가인 히오키 시마즈가로 이전됐음이 틀림없다. 그러면 언제, 어떻게 「몽유도원도」가 히오키 시마즈가로 이전됐는가?

「몽유도원도」는 시마즈 가문의 대단한 보물이었을 것이다. 약탈 당시 이미 150년 된 조선 최고의 서화였으며, 또한 당주 시마즈 요시히로와 그의 두 아들이 목숨을 걸고 출병한 임진왜란의 획득물이었다. 더구나 조선 주둔 중 맏아들과 사위, 조카사위가 병사하여 가문의 수난 시대에 손에 넣은 보물이었던 만큼 이 서화는 시마즈 가문의 중물重物(세습 보물) 중에서도 귀중한 보물로 비장되어 세습됐을 것이다. 더구나 중물은 당주의 지위를 상징하기 때문에 임의로 처분하는 것이 어려웠다.¹ 따라서 「몽유도원도」가 시마즈 본가에서 히오키 시마즈 분가로 이전됐다면 특별한 상황이라야 가능하다. 다시 말해 이 서화가 히오키 분가로 넘어간 데에는 시마즈 가문에 대한 히오키 분가의 특별한 공로가 있었을 것임을 짐작할 수 있다.

히오키 시마즈가는 시마즈 요시히로의 동생 시마즈 도시히사가 시조다. 도요토미 히데요시의 사쓰마 정벌 전쟁에 반발하여 끝까지 저항하며 조선 출병도 거부했던 도시히사는 임진왜란 초기 우메키타의 반란 사건으로 참수된 인물이다. 그의 죽음은 사쓰마에 반反히데요시 국민 정서를 일으켰고, 또한 가문의 보전을 위해 죽음을 맞은 그는 사쓰마의 대표적 충절 인사로 추앙되어왔다. 맏형 요시히사가 보낸 군사의 손에 참수된 도시히사의 머리는 도요토미 히데요시에게 헌상됐고 교토에서 수일간 효수됐다. 이로써 시마즈 가문의 불충죄는 더 이상 묻지 않게 됐고, 시마즈 가문의 사쓰마 영지는 보존될 수 있었다.

이러한 시마즈 도시히사의 희생에 보답하여 시마즈 본가는 도시히사의 유일한 후손인 외손 시마즈 쓰네히사島津常久에게 히오키 지역의 영지를 하사하여 히오키 시마즈 분가를 세우도록 했고, 대대로 히오키 분가의 영주에게 가로직을 주었다.² 가로는 주군의 최측근으로서 가신을 통할하고 행정을 총괄하는 실세라 할 수 있는데, 보통 가신단의 고참 중신이 맡지만, 혈연관계가 얽힌 분가의 영주가 맡는 경우도 흔했다. 77만 석의 시마즈 본가의 가로 중에는 1만 석 이상의 영지를 가진 대영주도 여럿 있었지만 히오키 분가는 8천 석 수준의 중상급 영주였고, 무엇보다도 시마즈 도시히사의 후예라는 점에서 시마즈 분가 중에서도 위상이 높았다. 도시히사로부터 250년 후 히오키 분가의 13대 당주가 시마즈 히사나가인 것이다.

시마즈 본가와 히오키 분가의 관계를 알기 쉽게 나타내면 다음과 같다.

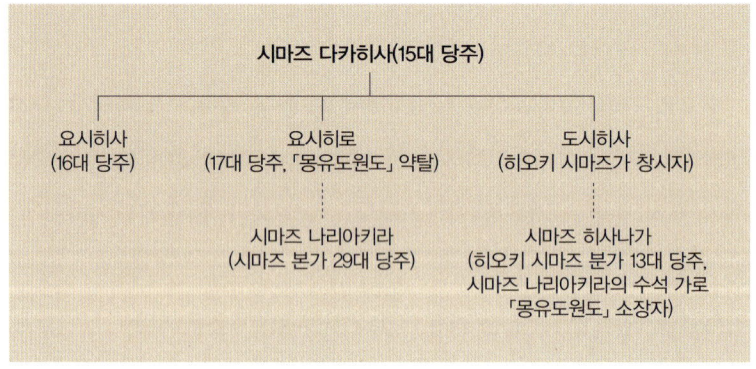

그러면 「몽유도원도」는 언제 시마즈 본가에서 히오키 분가로 이전됐을까? 히오키 분가의 성립은 시마즈 도시히사의 유일한 후사인 외손 시마즈 쓰네히사가 성년이 되는 1600년대 초다. 이때 본가의 중물이 하사됐을 가능성이 있지만, 초기 히오키 가계의 존립은 불확실한 상황이었다. 쓰네히사는 28세에 사망했고, 다시 그의 어린 아들 히사요로久慶가 가계를 이었지만 그는 사후 시마즈 가문에서 탈적됐다. 이후 히오키 본가는 본가 당주 다다쓰네의 12남 시마즈 다다토모島津忠朝가 당주가 되어 가문을 이어왔다.

본가의 12남 다다토오가 히오키 분가를 맡았을 때 「몽유도원도」가 히오키 시마즈가로 넘어갔을 수도 있다. 12남 다다토모를 당주로 세우면서 다다쓰네가 자신이 출정한 임진왜란의 포획물을 하사했을 가능성이 있기 때문이다. 그러나 이를 뒷받침할 어떠한 기록도 찾아볼 수 없다. 이후 시마즈 본가와 히오키 분가 사이에 특별한 일은 일어나지 않았다. 그러다 13대 당주 시마즈 히사나가의 시대에 히오키 분가는 시마즈 본가를 위해 다시 한 번 큰 희생을 치르게 된다.「몽유도원도」가 시마즈 본가에서 히오키 분가로 이전된 시기는 바로 이때일 가능성이 크다.

시마즈 히사나가는 부친 시마즈 히사카제島津久風를 이어 시마즈 본가의 가로가 됐는데, 그의 주군은 일본 근세 역사에서 최고의 다이묘 중 하나로 손꼽히는 시마즈 나리아키라였다. 나리아키라는 시마즈 요시히로의 11대손이며 29대 시마즈 당주이자 10대 사쓰마 번주다.「몽유도원도」의 이전 과정을 추론해보기 위해 소장자 시마즈 히사나가와 그의 주군 시마즈 나리아키라의 긴밀한 관계에 관해 잠시 살펴볼 필요가 있다.

시마즈 나리아키라는 집권 전부터 부국강병을 위한 사쓰마의 대대적인 개혁 정책을 제시하여 가고시마의 젊은 부사들에게 열렬한 지지를 받았지만, 부친과의 불화로 정권을 이어받지 못하고 있었다. 그의 부친 28대 당주 시마즈 나리오키島津齊興는 지나치리만큼 뛰어나고 진보적인 아들을 위험한 인물로 간주하여 당주를 물려주지 않고 측실 오유라お由羅의 소생 시마즈 히사미쓰島津久光를 후사로 세우려는 계획을 진행했다. 이 와중에 나리아키라는 암살 위기를 여러 번 맞았고, 10여 명에 달하는 그의 자녀는 거의 모두 요절했는데, 그것이 오유라의 소행이라는 소문이 끊이지 않았다.

시마즈 나리아키라의 집권을 고대하던 사쓰마의 젊은 무사들은 1849년 오유라 암살을 계획했다. 그러나 계획은 사전에 발각됐다. 이른바 '오유라 사건お由羅騷動'에 관련되어 열세 명이 할복 처분을 받았고, 50여 명이 유배형에 처해졌다. 이때 시마즈 히사나가의 첫째 동생 아카야마 유키에赤山靭負(시마즈 히사히로島津久普)가 할복 처분을 받았고 둘째 동생 가쓰라 히사타케桂久武(시마즈 도시사다島津歲貞)는 유배형에 처해졌다. 사쓰마의 차기 지도자 중 하나로 존경받던 젊은 아카야마 유키에의 처형은 사쓰마 젊은이들의 개혁 운동에 불을 질렀다. 메이지 유신의 주역이며 정한론자로 유명한 사이고 다카모리는 원래 히오키가에 봉사했던 하급 무사였지만, 이때의 처형에 자극을 받아 정치판에 투신하여 거물이 되기에 이른다.

오유라 사건 직후 주군 시마즈 나리아키라와 함께 생사를 넘나드는 도피를 했던 시마즈 히사나가는 1851년 주군이 도쿠가와 막부의 지원을 받아 11대 사쓰마 번주에 오르면서 나리아키라의 가로가 됐고, 1855년에는 수석 가로가 됐다. 1857년에는 사쓰마의 성균관이라 할 수 있는 조사관造士館과 그 부설 무관 학교인 연무관演武館의 총재직을 맡았고, 사쓰마의 국방장관이 되어 시마즈 나리아키라의 최측근으로 활약했다.[3]

사쓰마에서 성공시킨 혁혁한 부국강병책을 기반으로 일본의 정치 개혁과 근대화의 주도 세력으로 활약하던 시마즈 나리아키라는 집권 8년 만에 원인 모를 발병으로 급사했다. 병명은 콜레라라는 소문이 있었지만 그가 집권 후 처형하지 않고 살려준 계모 오유라 또는 이복동생 시마즈 히사미쓰가 독살했을 것이라는 설이 파다했다. 그의 급사는 사쓰마에 커다란 애도의 물결을 일으켰으며, 그는 신격화되어 '데루쿠니 다이묘진照國大明神'이라는 칭호를 받고 데루쿠니 신사에 배정됐다.

시마즈 나리아키라는 임종 시 이복동생 히사미쓰와 함께 수석 가로 시마즈 히사나가에게 유언을 했다.[4] 히사미쓰의 18세 된 아들 시마즈 다다요시島津忠義에게 당주를 물려주면서 자신의 유일한 아들인, 당시 두 살 된 데쓰마루哲丸가 다다요시의 후계자가 되며, 또한 성년이 되면 당주를 돌려받는다는 조건을 붙였고, 추가로 그의 두 딸이 다다요시의 정실이 된다는 조건을 덧붙여 자신의 혈육이 시마즈 가문의 당주를 승계하는 데 만전을 기했다. 그렇지만 나리아키라가 사망한 후 두 달 만에 그의 부인 에이주인榮樹院이 사망했고 6개월 후에는 아들 데쓰마루가 사망했다. 다다요시의 부인이 된 두 딸은 모두 첫 아이를 해산하다 사망했다.

평생을 신변의 위험을 느끼며 살았고, 또한 자식들이 어린 나이에 차례로 죽는 것을 지켜봐야 했던 시마즈 나리아키라가 후사의 안전에 대한 노력을 기울였을 것임은 당연한 일이다. 임종 자리에서 일평생 자신에게 충성을 바쳐온 시마즈 히사나가에게 홀로 남을 어린 아들 데쓰마루의 앞날을 부탁했을 것임은 자명하다. 이때 히사나가에게 가문의 재보를 맡겼을 것으로 추측해볼 수 있다. 나리아키라는 이복동생 히사미쓰에 의한 독살일지도 모르는 죽음을 맞으면서 그의 자식에게 당주 자리를 물려주지만, 자신의 아들 데쓰마루가 성년이 되면 당주를 돌려받는다는 조건을 붙였던 만큼, 그가 소장했던 재보를 모두 넘겨주지는 않았을 것이라고 추측할 수 있기 때문이다. 따라서 나리아키라는 급박한 임종을 앞두고 가문의 보물을 어린 아들이 즉위할 때까지 시마즈 히사나가에게 맡기면서 그 일부를 하사했다고 가정할 수 있다. 더구나 히사나가의 두 형제가 이미 그를 위해 희생했던 만큼 그는 살아

생전 또는 임종 자리에서 어떤 형식으로든지 깊은 감사의 표시를 했을 것이다. 이때 시마즈 가문의 중보 가운데 하나인 「몽유도원도」가 이전 됐을 가능성이 충분하다고 볼 수 있다.

한편 시마즈 히사나가는 나리아키라 사후에 시마즈 히사미쓰로부터 「몽유도원도」를 하사받았을 수도 있다. 나리아키라가 임종 시 가문의 중물을 이복동생 히사미쓰에게 인계했다는 설이 있기 때문이다.[5] 나리아키라가 시마즈 히사나가에게 중물을 맡겼다 해도 데쓰마루가 사망하면서 그 중물은 다시 히사미쓰에게 반환됐을 것이다.

1858년 7월 시마즈 나리아키라가 사망하자 섭정이 된 시마즈 히사미쓰는 나리아키라의 측근을 모두 파면했다. 1859년 1월 시마즈 히사나가도 가로직에서 파면됐고, 그가 맡고 있던 조사관과 연무관의 총재직 그리고 국방장관직에서도 물러났다. 섭정 시마즈 히사미쓰는 히사나가를 파면하면서 그에게 큰 보상을 했다. 막대한 금전적 보상은 물론, 나리아키라의 제복 등 중요한 유품과 함께 다음과 같은 미술품을 하사했다.[6]

> 1859년 1월 31일 시마즈 나리아키라의 유품 화축 2폭(가노 오사노부 狩野養信의 작품)과 부채 그림 1점.
>
> 1859년 2월 7일 시마즈 나리아키라의 부인 유품 그림 2폭(「설산수화」 등 가노 고이狩野興以의 작품).

가노 오사노부와 가노 고이는 일본 최고의 화가들로서 그들의 작품은 오늘날 일본의 중요문화재로 지정되어 있다. 대단한 미술품이 하사됐음을 알 수 있는데, 이들 그림은 단지 기록에 나온 하사품이다. 시마

시마즈 히사나가의 친필 편액 '상봉산上峯山'(『히요시초 향토지日吉町 鄕土誌』, 306쪽). 이 절은 메이지 유신 이후 폐불훼석으로 파괴됐고, 편액은 유실됐다 한다.

즈 나리아키라의 분신과도 같았던 시마즈 히사나가를 가로직에서 파면하는 데 큰 부담이 됐을 시마즈 본가는 기록 외에도 더 많은 하사품을 양도했을 것으로 추정할 수 있다. 이 무렵 나리아키라의 부인과 아들 데쓰마루가 연이어 사망한 일도 시마즈 히사나가에 대한 큰 부담이 됐을 것이다. 이때 히사나가가 시마즈 가문의 중보 중에서「몽유도원도」를 하사받았을 가능성도 배제할 수 없다.

그렇다면「몽유도원도」는 나리아키라의 재임 중 또는 그의 사망 직후인 1848년에서 1860년 사이에 시마즈 히사나가에게 이전되어 히오키 시마즈가의 소장품이 됐을 가능성이 높다. 시마즈 히사나가는 유학 교육 기관인 소사관의 종재로서 유학자였고 대단한 명필이었다 한다. 가고시마의 상봉산上峯山 미륵사彌勒寺 안양원安養院에는 그가 쓴 편액 '상봉산上峯山'이 걸려 있었으니 그는 분명 고서화에 대한 남다른 관심이 있었을 것이다.

시마즈 히사나가는 파면된 다음 해인 1859년 다시 시마즈가의 수석 가로로 복직됐다. 사이고 다카모리를 비롯하여 시마즈 나리아키라의 유업을 이루려는 사쓰마의 젊은 무사들이 그의 복직을 강력히 요구했던 것이다. 이것을 보면 그와 시마즈 나리아키라의 특별한 유대를 알 수 있다. 그는 복직되어 몇 년 동안 다시 시마즈 본가를 위해 활약했다. 1863년 사쓰에이 전쟁에 총대장으로 출전했고, 메이지 유신 직후 막부의 반란 세력을 토벌했던 보신전쟁戊辰戰爭에도 출전했지만, 결국 새로운 주군과 화해할 수 없었던 그는 다시 파직되어 1870년 52세에 사망했다. 그는 히오키 시마즈가의 원찰 다이죠지大乘寺에 묻혔다.[7]

여기서 한 가지 큰 의문이 든다. 시마즈 히사나가는 1870년에 사망했는데, 일본 정부가 시마즈 히사나가가 소장한 「몽유도원도」에 감사증을 발급한 것은 그가 죽고 23년이 지난 1893년의 일이다. 이 같은 시간적 간극을 어떻게 설명할 것인가?

첫째는 「몽유도원도」의 등록이 히사나가가 사망한 직후인 1870년대 초에 이루어졌다고 볼 수 있다. 즉 마치다 히사나리가 1871년 실시한 전국 영주 가문의 보물조사 결과였을 것이다. 이때는 1868년 일본의 왕정복고에 이어 2년간 보신전쟁이 일어나 전국적으로 행정이 거의 마비됐던 시기였으므로 소장자인 시마즈 히사나가의 사망 신고가 이루어지지 않은 상태에서 히사나가의 명의로 1871년 「몽유도원도」의 등록이 이루어졌을 것으로 추론할 수 있다.

둘째는 시마즈 히사나가의 아들인 14대 당주 히사아키에 대한 「몽유도원도」의 상속이 오랫동안 지체됐기 때문일 것이다. 당주가 사망하면 가독상속권家督相續權을 필두로 영지와 재산의 상속이 조속히 이루어지기 마련인데, 히사나가의 사후 20년 이상이나 국보로 등록된 「몽유도원도」가 상속되지 않고 이미 사망한 히사나가의 명의로 남아 있었다면, 이것은 모종의 문제가 있었음을 암시하는 것인지도 모른다. 「몽유도원도」 상속을 둘러싸고 시마즈 본가와 히오키 시마즈가 간의 분쟁 가능성을 추론할 수도 있겠지만, 이것은 어디까지나 추측일 뿐이다.

현재의 시마즈 가문

시마즈 나리아키라를 계승한 시마즈 다다요시와 섭정이었던 다다요시의 아버지 시마즈 히사미쓰는 메이지 유신의 주역인 사이고 다카모리, 오쿠보 도시미치大久保利通, 가쓰라 히사타케(시마즈 히사나가의 동생) 등 시마즈 나리아키라의 충신들과 협조하여 왕정복고에 조력했으며, 메이지 유신 후 다다요시 부자는 공작에 봉작됐다.

이후 시마즈 가문은 시마즈 다다요시의 8녀 지카코倪子의 맏딸 나가코良子가 쇼와 천황의 부인 고준香淳 황후로 책봉되어 황후의 외조부 집안으로 크게 위세를 떨쳤다. 고준 황후는 현 헤이세이平成 천황의 어머니다. 메이지 유신으로 영지를 반환한 구영주 집안이 대부분 몰락한 것과 달리 사쓰마 번은 소멸했지만 시마즈 가문은 지금도 가고시마에 건재하고 있다. 한 지방을 700년간 계속 통치해온 시마즈 가문은 세계에서도 유례가 희귀할 만큼 오래된 명문임에는 틀림없다. 이같이 유구한 세월 동안 굳건히 가문을 보존해온 시마즈가였기에 「몽유도원도」가 300여 년간 무사히 보존될 수 있었을 것이다. 현재 시마즈 가문은 다다요시의 증손 시마즈 노부히사島津修久(관광회사 시마즈 흥업 대표)가 32대 당주를 이어가며 가고시마에서 사쓰마국과 시마즈 가문의 역사를 보존하는 일에 전념하고 있다.

10부

「몽유도원도」,
아직도 유랑 중인가?

작자 미상, 「도잠의 귀거래사」, 메트로폴리탄 박물관 소장.

기이한 자취가 오백 년 동안 숨겨져 있었는데
하루아침에 신령한 세상이 드러났네
순박함과 각박함이 근원을 달리하니
배 돌려 돌아오자 다시 감추어졌네
묻노니, 세상에 머무는 이들이여!
어찌 시끄러운 진세의 밖을 헤아릴 수 있겠소
바라건대, 가벼운 바람 타고서
높이 날아 나와 뜻 맞는 이 찾으리

― 도연명, 「도화원시」

시마즈 가문을
떠나다

「몽유도원도」가 1858년 시마즈 나리아키라의 급사 전후 히오키 분가로 이전됐다고 한다면, 이 서화는 이후 히오키 분가에 70여 년을 머물다 1920년대 후반 히오키 시마즈가를 떠나게 된다.

시마즈 히사나가는 히사아키久明와 도시히로歲寬 두 아들을 남겼다. 큰아들 히사아키는 시마즈 히사나가의 뒤를 이어 히오키 시마즈가의 14대 당주가 됐고, 「몽유도원도」를 상속했다. 후사가 없었던 그는 동생 도시히로의 아들 시마즈 시게마로島津恐麿를 양자로 삼아 히오키 시마즈가의 당주를 잇게 했다. 「몽유도원도」가 시마즈가를 떠난 것은 1920년대 후반, 히오키 시마즈가의 15대 당주 시마즈 시게마로가 이를 처분했기 때문이다. 처분의 배경은 그의 파산이다.

1868년 메이지 유신과 더불어 1869년 지방 영주들이 대대로 세습했던 영지와 통치권을 천황 정부에 반환하게 되는 이른바 판적봉환版籍奉還이 단행되면서 그 대가로 영주는 토지 보상금과 귀족 칭호를 받게

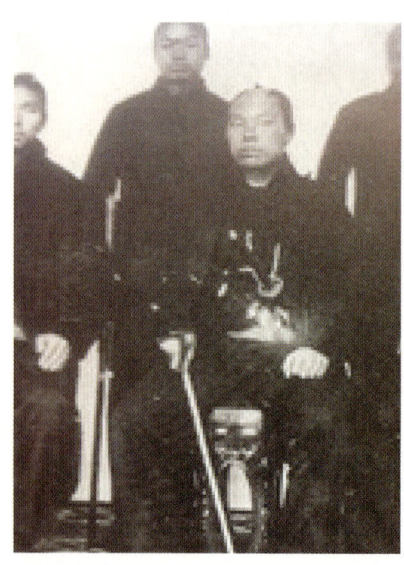

시마즈 히사아키 남작. 보신전쟁戊辰戰爭에서의 귀환을 기념한 사진이라 한다(앞줄 중앙). 그는 부친 히사나가로부터 「몽유도원도」를 상속받았다. 히오키 시마즈가 사진 제공.

됐다. 시마즈 히사나가를 이은 히오키 시마즈가의 14대 당주 시마즈 히사아키는 아버지 시마즈 히사나가가 메이지 유신을 마감하게 된 보신전쟁에 참가한 공로와 시마즈 도시히사의 후예라는 배경으로 1897년 5월 남작 작위와 보상금을 받았다. 등록된 재산은 1만 7,700석이었다.[1]

막대한 보상금을 현금으로 지불할 수 없었던 메이지 정부는 보상금의 대부분을 채권으로 지급했는데, 구영주들은 거의가 보상금으로 받은 채권을 사업에 투자했다. 청일전쟁을 거쳐 러일전쟁과 중국 침략을 준비하던 일본에 전쟁 특수가 대대적으로 일어나던 1887년, 귀족 칭호를 받은 막말 거물 정치가와 지방의 무사 영주로 구성된 귀족들이 도쿄에 주고은행十五銀行을 설립했다. 이 은행의 최대 주주는 시마즈 가문이었는데, 시마즈 히사아키도 보상금을 털어넣고 주고은행의 주주가 됐다.[2] 일본 궁내성도 투자했던 주고은행은 궁내성의 회계를 담당하는 황실 전속 은행으로써 특권을 보유하며 주로 군수 재벌과 철도 사업에 대출을 확장하면서 승승장구했다. 1914년 시마즈 히사아키 남작이 사망했고 후사가 없었던 그의 뒤를 동생 도시히로의 아들인 시게마로가 계승했다. 미국에 유학 중이던 시마즈 시게마로는 귀국해서 남작 지위를 계승했고, 주고은행의 주주가 됐다.[3]

제1차 세계대전이 끝나고 세계 공황의 조짐이 나타나던 1923년, 40

만 명의 희생자를 낸 관동대지진이 일어나자 일본 정부가 마구 발행한 재해 채권을 은행들이 떠맡으면서 부실 은행이 속출했고, 1927년 3월이 되자 은행이 대거 도산하는 사태가 일어났다. 즉 쇼와昭和 금융공황이다. 황실 은행이었던 주고은행도 금융공황을 피해가지 못하고 1927년 4월 도산을 맞았다. 주주들이 막대한 부채를 안고 파산을 맞는 와중에 지방 영주 출신 주주들은 휘하 무사들의 정보 수집으로 사전에 도산을 파악하고 필사적으로 재산 도피를 도모하거나 재산의 현금화를 꾀했다.[4]

시마즈 시게마로 남작. 「몽유도원도」는 시게마로 남작 때 시마즈 가문을 떠나 후지타 데이조에게 넘어갔다. 히오키 시마즈가 사진 제공.

주고은행이 도산에 직면했던 쇼와 초년(1926년 12월 25일에 쇼와 1년 시작), 시마즈 시게마로 남작은 후지타 데이조藤田禎三라는 사람에게 3천 엔을 받고 「몽유도원도」를 담보로 넘겼다.[5] 시게마로 남작이 소유했던 가고시마 중심가의 노른자위인 천문관天文館 일대의 땅 수천 평과 저택은 처분됐고, 히오키 시마즈가는 파산했다. 1928년 11월 히오키 시마즈가의 소장 미술품과 골동품이 상대에 넘어갔다. 도쿄의 고미술상이 참가하여 500여 점의 서화와 골동품이 처분됐는데, 이때 히오키 시마즈가의 모든 소장품이 처분됐다 한다.[6] 물론 이때 처분된 고서화 목록에 「몽유도원도」는 없었다. 이미 후지타 데이조에게 넘겼기 때문이다. 따라서 시마즈 시게마로 남작이 주고은행의 도산을 사전에 알고 재산을 정리했다면 「몽유도원도」는 쇼와 초년, 즉 1926년 12월 말에서 주고은행이 도산한 1927년 4월 사이에 후지타 데이조에게 넘어갔을 것이며, 그렇지 않다면 늦어도 시마즈 시게마로의 소장품 경매가 이루어지

왼쪽 사진은 히오키 시마즈 가문의 원찰 다이죠지大乘寺. 이 사찰에는 히오키 시마즈가 당주들(장남)의 묘지가 있다. 사찰 입구 중앙에 제1대 당주 시마즈 도시히사의 묘가 있고 그 주변에 후손들의 묘가 있다. 오른쪽 사진은 히사나가의 묘 앞에 선 제17대 당주 시마즈 하루히사.

는 1928년 11월 사이에 후지타 데이조에게 넘겨진 것으로 볼 수 있다.

다음은 2008년 『아사히 신문朝日新聞』 가고시마 총국의 기자가 시마즈가의 후손을 취재하면서 시마즈 시게마로의 손자, 즉 현재 히오키 시마즈가의 17대 당주 시마즈 하루히사島津晴久를 방문하여 쓴 글이다.

🌸 히오키 시마즈 가문의 오늘날

말년 시마즈 시게마로 남작은 조부 시마즈 히사나가의 주군이었던 시마즈 나리아키라를 모신 데루쿠니 신사의 구지宮司(신사의 우두머리 신관)로 여생을 보냈다. 시게마로 남작의 사후 아들 시마즈 히사요시島津久欣가 16대 당주가 됐다. 가고시마 현 이즈미 시出水市의 농업개량 보급 센터 소장을 역임한 히사요시는 한때 시마즈 가문의 문장이 찍힌 '16대十六代'라는 상표로 소주 양조 회사를 운영하기도 했으나, 가문의 번영은 되찾지 못했다. 2006년 히사요시의 사후 17대 당주가 된 아들 하루히사는 50대 후반의 평범한 회사원이다. 그는 가문의 역사

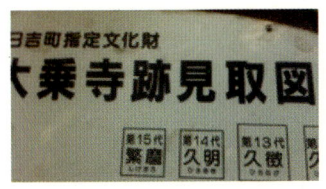 

시마즈 가문의 원찰 다이죠지의 안내판 사진에는 제13대 히사나가久徵, 제14대 히사아키久明, 제15대 시게마로繁麿의 이름이 적혀 있다.

> 선조 대대로 내려오는 유품은 모두 사라졌다 한다. 대신 자택에는 시마즈가의 십자 문장이 찍힌 책자가 한 권 있었는데, 그것은 경매 목록이었다. '쇼와 3년(1928) 11월'이라고 찍힌 그 책자에는 고서화와 골동품 548점의 사진과 경매에 참가한 도쿄 미술상의 이름이 적혀 있었다.
> — 오쿠보 마키大久保眞紀, 「사쓰마의 수령들薩摩の殿」, 『아사히 신문』
> 가고시마 총국편, 2008, 35쪽.

에는 별 관심이 없으며, 그의 집안에 한때 소장됐던 「몽유도원도」에 관해서도 전혀 아는 것이 없었다.

시게마로 남작의 딸은 시마즈 가문의 정치인들과 유대하여 메이지 유신의 격변기를 이끌었던 사이고 다카모리의 손자와 결혼하여 오늘날 양가는 한층 긴밀한 관계를 유지하고 있다. 이들 사이의 아들 즉 사이고 다카모리의 증손이자 시마즈 히사나가의 외증손 사이고 다카후미西郷隆文는 현재 가고시마의 유명한 도예가로서 다이죠지 내에 공방을 가지고 있다.

거쳐간
소장자들

후지타 데이조와 소노다 사이지, 마유야마 준키치

쇼와 초년 시미즈 시게마로 남작으로부터 「몽유도원도」를 담보로 잡은 후지타 데이조는 분명 시게마로 남작의 소장품을 열람한 후 「몽유도원도」를 골라냈을 것이다. 고서화에 대한 감식안이 뛰어나고 3천 엔이라는 거금을 지불할 수 있었으니 후지타 데이조는 상당한 재력가였음에 틀림없다. 담보금 3천 엔은 그 무렵 일본에서 쌀 130석에 해당하는 금액이니, 오늘날 시세로는 2천만 원 정도이지만 경제 규모가 작고 공황이 엄습했던 당시 고서화 한 점의 담보 가격으로는 대단히 큰 액수였다. 그렇지만 그에 관하여는 더 이상 알려진 것이 없다.

히오키 시미즈 분가는 후지타 데이조에게 담보로 잡혀 넘어간 「몽유도원도」를 다시 찾지 못했다. 그 후 이 서화는 가고시마의 부유한 무가武家 출신으로 오사카에서 사업을 하는 소노다 사이지園田才治에게 매각됐기 때문이다. 소노다 사이지가 구입한 금액은 알려지지 않았지만 거액이었을 것이다. 소노다 사이지는 구입 직후부터 이것을 매물로 내놓으려고 오사카와 교토 일대의 고미술상에게 보여주어 일약 유명해졌다 한다.[1] 그러던 중 1929년 나이토 고난 교수가 이를 보고 글을 써서 세상에 알린 것이다. 이후 「몽유도원도」는 제2차 세계대전을 거치며 20년 가까이 소노다 사이지 집안의 소유로 남아 있었다. 이 기간 중 「몽유도원도」는 일본의 국보 지정을 받게 된다.

소노다 사이지가 「몽유도원도」를 구입했을 무렵인 1929년 7월 일본의 국보보존법이 제정됐다. 이것은 쇼와 금융공황으로 경제난이 가중되면서 고사찰이나 옛 영주 가문에 소장된 국보급 건조물이 마구 폐기되고 그 부속물이 일실되거나 해외로 유출되는 것을 막기 위해 정부가 역사적·종교적으로 중요한 공공 또는 사유 건조물과 부속물을 일괄적으로 국보로 지정한 것이었다. 그렇지만 이때의 국보는 거의 모두 공공 사찰과 그 부속 공예품이었고, 개인 소장의 미술품은 포함되지 않았다.

1933년 4월 일본 정부는 개인 소유의 고미술품을 보호하기 위해 '중요미술품 등의 보존에 관한 법률'이라는 강력한 임시법을 제정했다. 이 법은 12세기에 제작된 국보급 회화 「기비 대신 입당 그림 두루마리 吉備大臣入唐繪詞」가 보스턴 박물관에 매각된 사건이 계기가 됐는데, 이 법에 따라 일본 정부는 아직 국보로 지정되지 않은 개인 소유의 국보급 문화재를 '중요미술품'으로 일괄 지정하고, 해외 반출에 엄격한 제한을 가했다. 「몽유도원도」는 이 법에 따라 중요미술품으로 지정받고, 1933년 7월 25일 관보에 등록됐다(문부성 고시 제274호). 관보에 등록된 내용은 "견본저색 絹本著色 「몽유도원도」 1권(안견 필, 이용 등 22명의 발跋 있음)—소장자는 가고시마 현 가고시마 시 시모하라다초 下荒田町 소노다 왼쪽은 「몽유도원도」가 중요미술품으로 등록됐음을 알리는 문부성 고시 제274호. 1933년(쇼와 8) 7월 25일 관보이고, 오른쪽은 「몽유도원도」가 국보로 지정됐음을 알리는 문부성 고시 제337호. 1933년(쇼와 14) 5월 27일 관보.

사이지園田才治"라고 되어 있다.[2]

1936년 이후 일본 정부는 모든 중요미술품을 국보로 재지정하는데, 1939년 5월 27일 「몽유도원도」는 중요미술품에서 국보로 지정됐다(문부성 고시 제337호). 이때 소유자 변경이 이루어져 새로운 소유자는 소노다 사이지의 아들로 보이는 소노다 준園田稔이었다. 국보 지정 시 설명문은 "견본담채 「몽유도원도」 안견 필, 이용의 제발, 신숙주 등 21인의 발 있음. 소장자는 가고시마 현 가고시마 시 시모하라다초 소노다 준"으로 되어 있다. 신숙주의 이름이 더해진 것을 볼 수 있다.

「몽유도원도」를 소노다 사이지에게 매각한 후지타 데이조는 그 후에도 소노다 사이지를 대신하여 「몽유도원도」의 매각을 주선하다 드디어 도쿄의 고미술상 류센도龍泉堂와 연결됐다.

류센도는 1900년대 초 중국에서 수년간 골동품 사업의 실무 경험을 쌓고 귀국한 마유야마 마쓰타로繭山松太郎가 1920년 도쿄에 세운 골동품 회사다. 처음에는 중국 도자기를 전문으로 취급했으나, 전후 회사를 맡은 창업주의 장남 마유야마 준키치繭山順吉는 중국 도자기와 함께 동양의 고서화를 취급하며 사세를 확장했다. 도쿄 미술상협회 이사장을 역임하며 일본 골동품계를 이끌었던 그는 대영박물관, 미국의 메트로폴리탄 박물관, 보스턴 박물관, 록펠러가家 등 명문 수집가에게 동양의 고미술품을 매각하며 재력과 명성을 쌓은 일본의 대표적 골동상이었다. 마유야마 준키치는 또한 1960년대에 『서양에 있는 중국 도자기 歐米蒐藏中國陶磁圖錄(Chinese Art in the West)』와 『서양에 있는 일본 미술 歐米蒐藏日本美術圖錄(Japanese Art in the West)』이라는 도록을 발간하여 유럽과 미국에도 이름이 알려진 실무와 이론을 겸비한 국제 골동계의 거물이었다. 드디어 「몽유도원도」는 저명한 류센도에 매각됐다. 마유야마 준키치는 「몽유도원도」에 관해 철저한 조사를 마친 후 구입을 결정했을 것임은 말할 것도 없다.

마유야마 준키치의 비하인드 스토리

마유야마 준키치는 그가 평생 매매한 물건 중 가장 기억에 남는 53점의 매매 후일담을 간략히 소개한 회고록 『미술상의 기쁨』(1988, 비매품)에서 「몽유도원도」를 구입한 내력을 다음과 같이 밝혔다.[3]

전쟁 전 서울에서 골동품상을 경영하다 일본 패전 후 후쿠오카로

왼쪽 사진은 1919년 도쿄 교바시 구京橋區에 신축된 류센도 건물. 어린아이가 마유야마 준키치로 보인다. 위쪽 사진은 같은 장소에 있는 현재의 류센도.

철수한 후쿠시마 요시미福島良美는 1947년경 오랜 친구였던 마유야마 준키치에게 「몽유도원도」를 소개했다. 가격은 110만 엔이었다. 마유야마는 과거 한국 도자기는 다수 취급했지만 한국 고서화는 처음이었다. 국보이기도 했지만 「몽유도원도」를 조사해보니 여러 번 비중 있는 논문에 발표됐고 또한 중요한 전람회에도 출품되어 호평을 받은 명품이었다. 「몽유도원도」의 명성과 가치가 대단함을 알게 된 그는 이 서화를 보지도 않고 구매하기로 결심했다. 후쿠시마와 마유야마의 중간에서 이 서화의 매각을 부탁한 사람은 후지타 데이조였다. 쇼와 초년 시마즈 시게마로 남작으로부터 이 서화를 3천 엔에 담보로 잡았던 사람이었다.

1947년 8월, 후지타 데이조의 연락을 받은 34세의 마유야마 준키치는 벳푸別府(가고시마 북동쪽의 도시)에서 그를 만나 서화를 인수했다. 대

마유야마 준키치의 회고록과 덴리 대학의 기록 차이

마유야마 준키치는 『미술상의 기쁨』이라는 회고록에 「몽유도원도」의 매매에 관한 귀중한 기록을 남겼지만, 그 기록은 그가 이 서화를 매각한 덴리 대학에 확인해준 이야기와는 약간 차이가 있다. 1977년 8월 19일 그는 덴리 대학의 스즈키 오사무 교수와 전화 통화를 하며 그가 후지타 데이조에게서 「몽유도원도」를 매입하여 덴리 대학에 매각하기까지의 몇 가지 중요한 사실을 알려주었는데, 스즈키 교수는 그 이야기를 그날 곧바로 기록하여 덴리 대학 도서관보 『비부리아 ビブリア』에 게재했다.

그런데 10여 년 후 회고록을 펴낸 마유야마 준키치의 이야기는 후지타 데이조의 이야기와는 약간 다르다. 『비부리아』와 『미술상의 기쁨』을 비교해보면 『비부리아』 쪽이 좀 더 신빙성이 있는 것으로 판단된다. 우선 덴리 대학 도서관보에 기록한 스즈키 교수의 글이 마유야마 준키치의 개인적 회고담에 비해 보다 정확하고 객관적일 것이며, 시간상으로도 10년 일찍 쓰인 글이기 때문이다. 무엇보다도 스즈키 교수는 「몽유도원도」를 매각한 후지타 데이조와 직접 통화하여 확인을 하기도 했다.

따라서 여기서는 마유야마 준키치의 회고록을 토대로 「몽유도원도」가 후지타 데이조→마유야마 준키치→덴리 대학으로 매각된 상황을 정리해보겠지만, 마유야마 준키치와 스즈키 오사무의 기록이 다른 경우에는 스즈키 오사무 교수의 기록을 택할 것이다.

금은 현찰로 지불했다. 그런데 이 자리에 「몽유도원도」의 소유자인 소노다 가족은 모습을 보이지 않았다. 후지타 데이조에게 모든 것을 일임했다고는 하지만, 거금이 현찰로 오가는 자리에 수십 년간의 소장자가 나타나지 않았다는 것은 석연치 않은 점이 있다. 아마도 「몽유도원도」의 명의만 소노다에게 있고 현물은 후지타가 장악하고 있지 않았을까 추측할 뿐이다.

　마유야마 준키치는 회고록에서「몽유도원도」를 구입할 당시의 사정이 전혀 기억나지 않아서 1977년에 후지타 데이조를 만나 이러한 사실을 재차 확인했다고 말한다. 110만 엔이라는 거금을 현찰로 지불하고 34세의 한창 나이였던 그가 희귀한 국보를 매입했던 사실을 기억할 수 없다니! 그의 이야기에는 무언가 감추는 것이 있다는 느낌을 떨쳐버릴 수 없다. 그는 1988년의 회고록에서 그가 1977년에 덴리 대학 스즈키 오사무 교수에게 확인해준 이야기를 상당히 바꾸어놓았다. 한마디로 그의 회고록은 스즈키 교수가『비부리아』에 게재한 기록을 뒤죽박죽으로 만들어놓은 것이었다.

　그가 말을 바꾼 대표적 이야기는「몽유도원도」를 시마즈 남작에게서 담보로 잡은 사람은 후지타 데이조가 아니라 소노다 사이지였다는 것이며, 이 서화를 교토 등지로 가지고 가서 식자들에게 보여준 사람이 후지타 데이조라는 것이다. 후지타와 소노다의 역할을 바꾸어놓은 것이다. 여기에 더하여 그는「몽유도원도」의 구입 시기를 확연히 1947년으로 덴리 대학 측에 확인해주고도, 회고록에서는 그 시기를 1952년이나 1953년 무렵으로 바꾸어놓았다.

　그는 왜 회고록에서 말을 바꾸며「몽유도원도」의 매매 전말을 혼란스럽게 한 것일까? 보물의 이동 경로를 애매하게 만들어놓아 신비감을 돋우려 한 것은 아닐까? 또는 나중에라도 추적을 어렵게 하려는 뜻은 없었을까? 그렇다면 그는 이 서화에 대한 한국인의 따가운 시선을 의식한 것일까? 어쩌면 그는 골동상으로서 자신의 중요한 소스를 보호하려는 의도에서 그랬는지도 모른다. 그가 보호하려 한 소스는 후지타 데이조였던 것 같다. 후지타 데이조는 쇼와 초년 시마즈 가문으로부터

「몽유도원도」를 담보로 잡았다가 소노다 사이지에게 매각했으며, 20년 후에는 이 서화를 마유야마 준키치에게 직접 인도했다. 그는 다시 「몽유도원도」가 덴리 대학에 매각된 30년 후 1977년 8월 5일에는 덴리 대학의 스즈키 오사무 교수와 전화 통화를 하고 처음 이 서화를 자신이 시마즈 시게마로 남작으로부터 담보로 잡았음을 밝히면서 몇 가지 새로운 사실을 직접 확인해주었다. 그런데 거의 50년에 걸쳐 「몽유도원도」의 유전流轉에 관여해온 그에 관해서는 알려진 것이 전혀 없다. 마유야마 준키치는 후지타 데이조를 단지 가고시마의 업자라고 소개했을 뿐이다. 미스터리한 인물이 아닌가?

여러 가지 정황을 종합해보건대, 후지타 데이조는 후지타 재벌의 창립자인 후지타 덴자부로藤田傳三郎 남작의 3남 후지타 히코사부로藤田彦三郎(1982~?)로 추측된다.

현재 도쿄의 도와同和홀딩스의 전신인 후지타그룹은 1870년대에 오사카에서 군수업체인 후지타 상사를 기반으로 광산, 철도, 건설, 언론, 은행업 등으로 사업을 확장하며 1890년대에 재벌을 이루었다. 창시자 후지타 덴자부로는 전시戰時 일본의 산업을 견인한 공로로 민간인으로는 처음으로 남작 작위를 받았다. 후지타 덴자부로 남작은 세 아들과 함께 대단한 고미술 수집가로도 유명하여 골동 재벌이라고까지 불렸다. 후지타은행 평가서에는 "세 아들이 경쟁적으로 골동품 수집을 하여 은행 업무를 방만하게 경영했다"라는 평가가 있을 정도였다.[4] 후지타 가족은 1927년 쇼와 금융공황으로 타격을 받은 후지타 은행이 도산 과정을 밟는 와중에(실제 은행 폐업은 1936년) 방대한 컬렉션 중 1천 점을 세 차례에 걸쳐 매각하여 760만 엔을 모았다고 한다. 1차 매각은 1929년에 있었고, 이어서 2차, 3차 매각이 1934년과 1937년에 있었다고 한다.⁵ 후지타 가족의 나머지 보물들은 국보와 중요문화재 50점을 포함하여 5천 점에 달하는 방대한 컬렉션이었는데, 1951년에 설립된 후지타 미술관藤田美術館의 바탕이 됐다.

이러한 정황으로 볼 때 군수재벌 후지타그룹의 상무이사와 후지타 은행의 이사직에 있었던 후지타 히코사부로는 군수업계가 주 고객인 주고은행의 이사 시마즈 시게마로 남작과 교분이 있었을 것이며, 고서화에 관심이 컸던 후지타는 시마즈 남작의 소장품「몽유도원도」를 열람할 기회가 있었을 것이다. 그렇다면 쇼와 초년, 시마즈 남작으로부터「몽유도원도」를 3천 엔에 인수했다가 1928/29년에 소노다 사이지에게 매각했던 후지타 데이조가 후지타 재벌의 3남 히코사부로와 동일인이라는 추측이 가능할 것이다. 두 이름 모두 셋째 아들을 가리킨다는 점에서 더욱 그러하다. 후지타는「몽유도원도」의 담보 및 매각과 관련하여 실명이 밝혀지는 것을 꺼렸기 때문에 히코사부로 대신 데이조라는 이름을 사용한 것이 아닌가 추정해본다.

재벌 2세인 후지타 히코사부로는 국보급 고미술품과 다구茶具의 유명한 수집가로서 문화계의 저명인사였으며, 1916년에는 자산 500만 엔으로 서부 일본의 부호 순위 42위를 기록하기도 했다.⁶ 그는 다이쇼大正 천황의 부인 데이메이貞明 황후의 사촌인 쓰루도노 사네코鶴殿實子와 결혼하여 황실의 인척으로서도 상당한 사회적 지위를 누렸다.

후지타 히코사부로는 후지타은행이 도산하여 1929년 가족의 컬렉션이 1차 처분될 때 시마즈 시게마로 남작에게서 3천 엔에 담보로 잡은「몽유도원도」를 소노다 사이지에게 매각한 것으로 보이는데, 얼마에 매각했는지는 확인되지 않는다. 20년 후인 1947년에 후지타는 110만 엔을 현찰로 받고「몽유도원도」를 류센도에 넘겼다. 20년 만에「몽유도원도」의 가격이 350배 이상 뛴 것이다. 1947년이라면 일반인도 고미술품의 가치를 꽤나 잘 알고 있었겠지만, 당시는 패전 직후의 극심한 혼란기였고 궁핍한 때였다. 중요한 유물이 헐값에 마구 시중에 나돌고 외국으로 유출되는 형편이었다. 그러나 또한 이런 때일수록 고미술품의 투자 가치는 막대했다. 이후 「몽유도원도」는 1950년 현 소유주인 덴리 대학에 매각될 때까지 3년간 마유야마 준키치의 류센도 소유로 있었다.

「몽유도원도」의 법적 지위와 새로운 장정

「몽유도원도」는 마유야마 준키치가 소장하고 있을 때 그 법적 지위가 '국보(중요미술품)'에서 '중요문화재'로 바뀌었다(1950). 1949년 1월에 나라 현 호류지法隆寺 화재로 금당벽화가 손상된 사건에 자극을 받은 일본 정부가 1950년 5월 새로운 문화재보호법을 제정한 것이다. 이 법은 현대적 의미에서 문화재를 재정비하여 일층 강력한 보호를 부여하기 위한 조치였다. 이 법은 과거에 지정된 모든 국보(중요미술품)를 중요문화재로 지정하고, 그중 소수의 극히 중요한 문화재, 즉 세계 문화의 견지에서 가치가 높고, 동종의 예가 없는 국민의 보물을 '국보(속칭 신국보)'로 지정했다.[7] 이 법이 시행되는 1950년 8월 19일부터 「몽유도원도」의 법적 지위는 중요미술품(구국보)에서 '중요문화재'로 바뀌었으며, 오늘날까지 변동이 없다.

그런데 「몽유도원도」처럼 외국의 미술품을 중요문화재로 지정하는 기준에 관하여 일본문화재보호위원회는 "일본의 문화에서 특히 의의가 있는 것"이라는 의견을 제시했는데,[8] 이는 눈여겨보아야 할 점이다.

「몽유도원도」는 마유야마 준키치가 소장하면서 새롭게 장정됐다.

1947년 마유야마 준키치가 벳푸別府에서 후지타 데이조로부터「몽유도원도」를 넘겨받았을 때 그 형태는 액자에 넣은 그림과 아무렇게나 개켜 있던 두루마리 한 뭉치였다. 마유야마 준키치는 벳푸에서「몽유도원도」를 인수하여 도쿄로 돌아올 때 1미터가 넘는 대형 액자의 그림을 만원 기차 속 선반에 싣고 오는 데 상당한 어려움이 있었다고 토로하기도 했다.[9]

그런데 후지타 데이조는 20여 년 전인 1928~29년 무렵, 그가 시마즈 시게마로 남작으로부터「몽유도원도」를 인수했을 때는 분명히 전체가 하나로 연결되어 있었다고 증언했다.[10]「몽유도원도」는 그림과 찬문이 한 권으로 이루어진 대형 시권이었음에 틀림없다. 후지타로부터「몽유도원도」를 매입한 소노다가 1929년 나이토 고난 교수에게 이 서화를 보여주었을 당시에도 그림과 찬문이 잇대어 연결된 형태였다. 이는 당시 나이토 교수의 논문에 나타난 사진을 보았을 때도 그러하다. 또한 조선총독부가 1915년에서 1935년에 걸쳐 제작한『조선고적도보』에 실린「몽유도원도」사진을 보아도「도원도」와 안평대군의「도원기」가 잇대어 연결된 상태였다. 나이토 교수의 사진과『조선고적도보』의 사진을 종합하면「몽유도원도」앞부분의 순서는 제첨→안평대군 주서→도원도→도원기다. 이때의 순서가 안평대군 당시 이 서화를 장정할 때의 모습인지 또는 시마즈가에서 새로 장정하여 바꾼 순서인지는 모르지만, 안평대군 당시의 순서일 가능성이 크다.

이같이 한 권이었던「몽유도원도」가 1947년 마유야마 준키치가 인수할 당시에는 액자에 넣은 그림과 찬문 두루마리 두 개로 분리됐던 것이다. 1929년에서 1947년 사이에 후지타 또는 소노다가 이 시권을 분해하여 그림과 찬문으로 나눈 것으로 보인다. 아마도 그림을 보호하기 위해 대형 시권에서 그림을 따로 분리하여 액자에 넣고 나머지 시문은 두루마리 그대로 둘둘 말아 보관해온 것으로 추측된다.

마유야마 준키치는 「몽유도원도」를 인수하여 도쿄에 돌아와 이를 새롭게 장정했다. 그의 단골 표구사인 하라 세이고原淸曠가 했는데,[11] 일본 최고 골동상의 하나인 류센도인 만큼 당시로서는 최고 수준의 장정이었을 것이다. 오늘날 볼 수 있는 「몽유도원도」는 이때 만들어진 것이다.

새로운 장정의 결과, 그림은 편액에서 빠져나와 찬문과 함께 상·하두 권의 장정으로 태어났다. 두 권의 장정은 모두 보상화당초문寶相華唐草文(불교를 상징하는 꽃무늬)이 있는 녹색 비단을 배접했다. 상권에는 제첨과 안평대군의 칠언절구, 안견의 「도원도」, 안평대군의 「도원기」에 이어 신숙주의 찬문을 서두로 아홉 개의 찬문이 배치됐고, 하권에는 열두 개의 찬문이 배치됐다. 상권의 크기는 세로 41센티미터, 가로 849.1센티미터, 하권의 크기는 세로 41센티미터, 가로 908.5센티미터다. 류센도에서 새로 장정할 때 원래 그림과 찬문의 크기가 조금씩 잘려 나갔을 것으로 보아 원래의 시권은 이보다 좀 더 컸을 것으로 짐작된다.

류센도에서 한 장정이 원래 시마즈가에 소장됐을 때의 장정과 얼마나 차이가 있는지는 알 수 없다. 시마즈가에 소장됐을 때의 모습이 사진으로 남아 있지 않기 때문이다. 이때의 장정이 안평대군 당시의 장정일 수도 있기 때문에 그 모습을 알 수 없는 것은 참으로 애석한 일이다. 오직 1929년 나이토 교수의 논문에 나오는 사진(제첨, 주서, 그림의 순서)과 1934년 『조선고적도보』에 실린 사진(그림, 기문)만이 남아 있는데, 오늘날 새로 장정된 「몽유도원도」의 상권 앞부분도 같은 순서다.

그렇지만 류센도에서 장정한 결과, 찬문의 순서는 확실히 바뀌었다. 1929년 소노다 사이지가 보여준 원형을 보고 나이토 고난 교수가 소개한 찬문의 순서와 1947년 류센도에서 새로 장정한 후 배열된 찬문의 순서가 다르기 때문이다. 우선 나이토 고난 교수의 논문에는 고득종의 찬시가 제일 앞에 나오는데, 새로 장정한 시권에서는 신숙주의 찬문이 제일 앞에 있다. 이를 상세히 적어보면 옆의 도표와 같은 순서다.

제일 끝에 있는 만우와 최수를 제외하고는, 나이토 고난 교수의 찬문 순서가 연령이나 관직 서열을 보다 잘 반영한 것이다. 안평대군 당시 장정의 모습에 보다 가까운 것으로 보이지만, 확인할 방법은 없다.

오늘날 「몽유도원도」 찬문 중 고득종의 찬시가 가장 훼손이 심하다. 이것은 고득종의 글이 찬문의 제일 앞에 오게 되어 가장 손을 많이 탔기 때문으로 보는 견해도 있다.[12] 그렇지만 안평대군의 주서 역시 훼손이 심한 상태다. 주서는 나이토 고난 교수가 처음 봤을 때는 거의 판독이 가능한 수준이었으나 오늘날은 심하게 마모되어 있다. 그런가 하면 고득종의 찬문 앞에 있는 안평대군의 기문은 훼손이 거의 없다. 그렇다면 고득종의 찬문이 제일 앞에 놓여 있었기 때문에 훼손이 심했을 것이라는 추측도 받아들이기 어려울 것이다. 고득종의 찬문만이 가장 훼손이 심하다는 사실은 「몽유도원도」의 유전에 얽힌 미스터리의 하나일 것이다.

마유야마 준키치가 신숙주의 찬문을 가장 앞에 배치한 이유는 그가 세종 때에 사신으로 일본을 방문했고, 또한 일본 입문서라 할 수 있는 『해동제국기海東諸國記』를 저술하여 일본에 잘 알려진 인물이었기 때문일 것이다. 이미 1939년 「몽유도원도」가 일본 정부에 국보로 등록될 때의

순서	나이토 고난 교수의 논문에 나오는 찬문 순서	순서	류센도의 장정 순서 (상·하권)	지색(紙色)	길이(cm)
1	제첨 주서 그림	1	제첨 주서 그림	흰색 갈색 연황	8.9 41.5 106.3
2	도원기	2	도원기	진황	70.5
3	고득종(칠언절구)	3	신숙주	도색	108.6
4	강석덕(칠언고시)	4	이개	진황	120.2
5	정인지(칠언고시)	5	하연	〃	
6	박연(칠언고시)	6	송처관	흰색	122.6
7	김종서(오언고시)	7	김담	〃	
8	이적(오언고시)	8	고득종	진황	123.3
9	최항(칠언고시)	9	강석덕	흰색	31.8
10	신숙주(칠언절구 20편)	10	정인지	도색	115.4
11	이개(칠언율시)	11	박연	〃	
12	하연(칠언고시)	12	김종서	흰색	114.9
13	송처관(칠언고시)	13	이적	〃	
14	김담(칠언절구 5편)	14	최항	〃	76.5
15	박팽년(서)	15	박팽년	진황	85.7
16	윤자운(오언고시)	16	윤자운	도색	96.8
17	이예(칠언고시)	17	이예	〃	
18	이현로(부)	18	이현로	진황	199.6
19	서거정(칠언율시 10편)	19	서거정	진황	116.5
20	성삼문(기 20)	20	성삼문	〃	104.1
21	김수온(칠언율시 2편)	21	김수온	〃	
22	만우(칠언율시 2편)	22	만우	도색	114.4
23	최수(칠언절구 16편)	23	최수	〃	

* 안휘준, 『안견과 몽유도원도』, 사회평론, 2009, 126쪽 표3. 안견의 「몽유도원도」 실측표와 127쪽의 표 4 「안견의 「몽유도원도」 제찬 실측」 참고.

기록에 "신숙주 외 20인의 찬문이 있음"이라는 설명이 나온다.

「몽유도원도」는 3년 정도 마유야마 준키치의 류센도에 남아 있었다. 그러다 교토 대학교 동양고미술학 교수 미즈노 세이이치水野淸一의 추천을 받고 1950년 덴리교 2대 교주 나카야마 쇼젠中山正善에게 매각됐다.

6·25전쟁 무렵
한국에 나타난 「몽유도원도」

　도쿄의 가장 유명한 골동품상의 하나였던 류센도에서 매물로 내놓은 「몽유도원도」는 여러 사람에게 보였던 것 같다. 이때 한국 정부도 구입할 기회가 있었다고 했다.

　1947년 초대 국립박물관장 김재원金載元 박사가 일본에 갔을 때 일본의 미술사가 구마가이 노부오熊谷宣夫로부터 구입이 가능하다는 말을 들었지만, 당시로서는 엄청난 액수였던 수천 달러를 호가하는 가격이어서 구입을 하지 못했다고 했다.[1] 무로마치 시대 회화의 권위자로서 종종 류센도의 업무를 지원했던 구마가이 노부오는 일제강점기에 총독부 박물관에 기증된 오타니小谷 서역 미술품을 조사했던 경력이 있어 한국과 인연이 있었다. 그렇기 때문에 류센도에서 매물로 내놓은 「몽유도원도」에 관한 정보를 한국 측에 알려줄 수 있었을 것이다.

　국학자인 석전石田 이병주李丙疇 박사의 회고에 따르면, 한국전쟁 당시 일본의 정객 하라原가 이를 구입하라고 이승만 대통령에게 연락을 보냈다 한다. 이때의 가격은 3만 달러(당시 6천만 환)의 거금이었다. 이승만 대통령은 S라는 모 재벌을 보내 흥정을 시켰지만, "비단에 그려진 그림과 잇대어 써진 제찬이 하도 낡아 함부로 보여줄 수 없을 만큼" 서화의 상태가 극히 좋지 않았다. 당시 소문에 따르면 "비단 그림의 바탕이 쩐 듯 시커먼 데다 한 번 훅 불기만 해도 가루처럼 날아갈 듯 삭아서 돈이 아까워 사지 않았다"라고 했다.² "비단에 그려진 그림과 잇대어 써진 제찬"이라는 표현으로 보아 류센도에서 구입하여 새로 장정을 끝낸 후인 듯하다.

골동계의 비화에 따르면, 1949년 「몽유도원도」가 한국에 왔다. 장석구張錫九라는 매국적 골동상이 이 서화를 가지고 부산에 나타나 문화재 애호가, 수집가, 중간 상인, 국립박물관 등에 보여주며 팔려고 했는데, 구입자가 나타나지 않자 도로 일본으로 가져갔다는 것이다. 그때 이 서화를 본 사람들은 육당 최남선, 춘원 이광수, 창랑 장택상 등 많았지만, 워낙 거금이어서 발만 동동 구르다 놓쳤다고 한다.³ 비슷한 이야기로 전前 한국고미술상중앙회(현 한국고미술협회) 회장 신기한申基漢의 회고에 따르면, 1949년 장석구가 「몽유도원도」를 들고 직접 자신을 찾아와 구매자를 물색해달라고 부탁했다. 신기한은 여러 곳의 박물관, 수장가, 중간 상인을 수소문했지만, 300만~400만 원을 호가하는 높은 가격 때문에 구매자를 발견할 수 없었다고 한다.⁴

그런데 장석구가 「몽유도원도」를 들고 한국에 왔다는 이야기는 어딘가 상당히 이상하다. 이때 이 서화는 류센도의 소유였다. 당시 일본이 전후 혼란기였다고는 하지만 류센도와 같은 전문 문화재 취급 회사라면, 국보(1950년 8월 이후는 중요문화재)로 지정된 「몽유도원도」가 함부로 반출되도록 허술히 취급하지는 않았을 것이다. 류센도에서 장정과 함께 어느 정도 보수를 했겠지만, 이병주 박사의 말처럼 이 작품은 대단히 허약한 상태에 있었기 때문에 장석구가 그 귀중한 서화를 들고 한국을 드나들도록 류센도에서 허용했는지는 큰 의문이다. 더구나 장석구의 평판을 모를 리 없는 류센도에서 그에게 서화를 맡길 만큼 그를 신용했는지는 더 큰 의문이다. 무엇보다도 당시 이 서화는 일본의 국보로 지정되어 있어 반출에는 정부의 허가가 필요했다. 허가는 정부위원회의 엄격한 심의를 거쳐 해외 전시와 같은 공공 목적에 한해 문부대신이 결정하는 것인데, 장석구가 들고 온 「몽유도원도」가 이러한 반출 심사 과정을 거쳤는지도 의문이다. 또한 장석구가 부른 300만~400만 원(또는 환, 당시는 圓을 원과 환으로 혼용했다)이란 가격도 이병주 박사가 언급한 6천만 환에 비교할 때 터무니없이 낮은 가격이다. 물론 전쟁 전후라는 상황을 고려해야겠지만, 1년 사이에 가격 차이가 20배 정도 난다는 것은 수긍하기가 어렵다. 장석구가 상당한 담보를 걸고 류센도에게서 이 서화를 빌렸다고 믿어야 할지, 또는 장석구가 들고 온 서화가 가짜였다고 보아야 할지 알 수 없는 일이다.

이제는
덴리 대학에

덴리 대학의 소장

덴리교天理教 본부가 있는 종교 도시 나라 현 덴리 시. 원래 이 도서는 야마베山邊郡라는 이름이었는데 덴리교로 인하여 개명된 것이다. 종교의 이름을 도시명으로 삼은 일본 유일의 도시다. 이 도시에는 1873년 처음으로 그 존재가 알려진 칠지도七支刀를 보관한 이소노카미 신궁과 나란히 1893년 처음으로 그 존재가 알려진「몽유도원도」를 보관하고 있는 덴리 대학이 있다.

1953년, 덴리 시 미시마초三島町의 덴리교 본부에 자리한 덴리교 신 바시라眞柱(교주)의 저택에서 제2대 교주 나카야마 쇼젠中山正善은 류센도 회장 마유야마 준키치의 방문을 받았다. 마유야마 준키치는「몽유도원도」를 지참하고 있었다. 이 자리에는 덴리 대학교 미술사 교수 스즈키 오사무와 마유야마 준키치 그리고 마유야마와 동행한 교토 대학교 고고미술학 교수 미즈노 세이이치가 동석했다(다른 동석자가 더 있었을지도 모른다). 「몽유도원도」를 덴리 대학에 추천했던 미즈노 세이이치 교수가 이 서화의 의의에 대하여 부연 설명을 했다. 특히 찬문 저자 중의 하나인 신숙주가 500년 전 당시 일본에 관한 『해동제국기』를 저술하여 조선과 일본 간의 교류에 다대한 공헌을 했음을 누누이 설명했다.[1]

1950년 5년의 분할 지불 조건으로 「몽유도원도」의 매매가 이루어진 후 3년 만에 현물을 인도하는 자리였다. 「몽유도원도」가 덴리 대학에 소장된 과정을 시기적으로 보면 다음과 같다.[2]

류센도로부터 「몽유도원도」를 구입한 덴리교 2대 교주 나카야마 쇼젠.

- 1950년 덴리 대학에서 구입
- 1953년 덴리 대학에서 현물 인수
- 1953년 덴리 대학의 5년 분할 지불 완료
- 1958년 덴리 도서관으로 이관

매매 금액은 알려지지 않았다. 훗날 마유야마 준키치는 서신을 통해 전쟁 직후 어려운 시기에 기꺼이 「몽유도원도」를 구입해준 덴리 대학의 나카야마 쇼젠 교주에게 깊이 감사했고, 또한 이 작품을 알아본 그의 혜안을 치하했다.[3]

나카야마 쇼젠 교주는 오랜 기간 류센도로부터 중국의 금석문과 도자기를 상당수 구입해왔기 때문에 원래 양측은 업자와 단골고객이라는 긴밀한 관계였다. 여기에 고미술사가 및 한국학 학자들이 중개를

선 것이다. 일본의 패전과 함께 왜색 종교들이 한국에서 축출됐지만, 한국에 대한 관심을 늦추지 않았던 나카야마 교주와 오랫동안 한국 도자기를 비롯하여 다수의 한국 문화재를 취급해온 마유야마 준키치가 자연스레 연결된 것이다.

일본에 건너온 「몽유도원도」의 소장자 변경을 정리하면 다음과 같다.

- 1800년대 시마즈 본가 → 시마즈 히사나가(1893년 감사증 발급) → 시마즈 히사아키 → 시마즈 시게마로
- 1927/28년 시마즈 시게마로 → 후지타 데이조
- 1928/29년 후지타 데이조 → 소노다 사이지 → 소노다 준
- 1947년 소노다 준(후지타 데이조) → 마유야마 준키치(류센도)
- 1950년 마유야마 준키치 → 덴리 대학

「몽유도원도」를 구입한 나카야마 쇼젠은 덴리교 창시자 나카야마 미키中山みき의 증손이며, 초대 교주 나카야마 신노스케中山眞之亮의 아들이다. 그는 도쿄 제국대학교 종교학과를 졸업한 엘리트 학자이며, 종교인이자 또한 유명한 문화재 수집가다. 1920년대부터 군국주의 일본에서 어린 나이로 온갖 어려움을 겪으며 신흥 종단을 이끌어온 그는 전후 종교의 자유가 보장되면서 덴리교의 대약진을 꾀했다. 1949년 10월 그는 덴리교 교전을 간행하여 덴리교 체제를 확립했고, 교세 확장과 해외 포교를 강화했는데, 특히 한국 포교에 주력했다. 당시 패전국 일본에서는 한국에 대한 관심이 급속하게 퇴조했는데, 덴리교는 포교의 가능성이 가장 큰 이웃 나라 한국에 남보다 일찍 주목한 것이다.

이미 1925년에 나카야마 쇼젠은 현지어를 구사하는 해외 포교자를

육성하기 위해 덴리 외국어학교를 설립하고 조선어, 중국어, 말레이어, 러시아어과를 설치했다. 이와 함께 포교를 위해 수집한 자료를 수장할 덴리 도서관과 덴리 참고관을 부설했다. 1949년 나카야마는 덴리 외국어학교를 덴리 대학교로 승격시키고 일본 대학 최초로 한국 관련 전문 과정인 조선문학 어학과를 설치했다. 그는 이 조선문학 어학과에 전쟁 전 경성제국대학 교수들과 조선총독부 조선사편수회 수사관을 대거 영입했다.

다음 해인 1950년 10월 그는 덴리 대학교 부설 조선학회를 설립했다. 이 학회 역시 일본 최초로 설립된 한국 관련 학회인데, 교주 나카야마 쇼젠 자신이 학회 총재가 됐다. 학회의 고문으로는 세 명의 전직 경성제국대학교 총장, 일본 황족 전용의 가쿠슈인學習院 대학교 학장 등 저명한 인물이 영입됐고, 상임 회원도 한국 관련 최상의 권위자들이 포진했다. 세계적으로도 유수한 최고의 한국학 학술기관이 탄생한 것이다. 조선학회는 계속 발전해왔으며, 연례 연구대회와 계간 학회지『조선학보』발간은 오늘날까지도 정기적으로 계속되고 있다.[4]

수집가인 나카야마 쇼젠은 이미 20대부터 일본 명문 학자 집안에 대대로 소장되어온 유학과 불교 관련 장서를 일괄 구입하여 덴리 도서관에 소장하면서 오늘날 덴리 도서관을 세계 유수의 도서관으로 키웠다. 전후 그는 일층 대대적인 문화재 수집에 나섰다. 덴리교의 지적 자산을 확충하고 또한 적극적인 해외 포교를 목적으로 다른 나라의 언어와 문화를 연구할 확고한 기반을 구축하기 위한 것이었다. 이때는 패전으로 인한 일본의 혼란기였다. 몰락한 귀족과 해체된 재벌 가문의 소장품이 대량으로 고미술품 시장에 유출됐고, 특히 미군정하에서 신도神道 세력을 약화시키기 위해 신흥 종교를 우대하는 분위기였기 때문에 미술품

덴리 대학 본관.

구입에도 상당한 세제 혜택을 받을 수 있었던 때였다. 무엇보다도 여기에는 덴리교단이라는 막강한 자금원이 있었기 때문이다.[5]

이러한 배경에서 덴리 대학교는 한국의 역사와 문화에 중차대한 의미를 갖는 「몽유도원도」를 찾아낸 것이다. 덴리 대학에 영입된 과거 총독부 학자들의 조언이 크게 작용했을 것이다. 이것은 어쩌면 일본에서 「몽유도원도」의 예정된 행로였을지 모른다. 이제 「몽유도원도」는 가격을 갱신하며 소유자를 바꿔가는 고가의 수집품 이상의 의미를 가지게 됐다. 그것은 덴리 대학교 한국학 진흥과 향후 한국에서의 덴리교 포교를 위한 귀중한 자산이 된 것이다. 「몽유도원도」로서는 새로운 전기를 맞은 것으로 볼 수도 있다.

덴리교는 막부 해체기인 1838년 야마토 국大和國 야마베 군山邊郡(현재 나라 현 덴리 시)에서 태어나 이곳에서 살았던 가정주부 나카야마 미키中山美伎가 창시했다. 1838년, 40세에 창조주 천리왕명天理王命의 강신降神을 경험한 미키는 이후 병자를 치유하면서 행복한 세계의 실현과 인간 구제를 표방하고 본격적인 종교 활동을 개시했다. 덴리교는 신도神

「몽유도원도」가 수장된 덴리 대학 도서관.

道가 광적으로 신봉되던 메이지 유신기에 접어들어 신흥 종교로서 갖가지 압박을 받았고, 1885년 신도의 한 분파로 편입되어 '신도천리교회'로 공인을 받았다. 1908년에는 신도에서 명목상 독립은 했지만 군국주의 일본 정부에 협력하지 않을 수 없었다. 일본의 패전 후 종단 재구축에 나선 2대 교주 나카야마 쇼젠은 덴리교 원래의 교리 회복과 함께 교세 확장에 매진하여 오늘날 덴리교는 신도 수 200만 명으로 일본의 대표적 신흥 종교의 하나로 자리 잡았다. 덴리교는 군국주의 치하에서 한때 공산당에 협력하는 분위기도 있었지만 오늘날 특정 정당과는 관련이 없다. 현재의 교주는 나카야마 쇼젠의 손자인 4대 나카야마 젠지_{中山善司}다.

 덴리교는 오래전부터 한국에 상당한 기반을 구축하고 있었다. 우연의 일치라 할지, 일본 정부가 「몽유도원도」에 감사증을 발급한 1893년 덴리교의 포교사 사토미 지타로_{里見治太郎}가 밀항선을 타고 부산으로 건너가 포교를 시작했는데, 이것이 덴리교 해외 포교의 효시라고 한다.[6] 일제강점기인 1917년 덴리교는 서울 동자동에 포교소_{布教所}를 열

『동아일보』 1977년 11월 16일 자.

고 활발한 포교 활동을 전개하여 광복 전에 이미 한국 신도 수가 2만 명을 넘었다고 한다. 일제 패망 후 한국에서 왜색 종교가 대부분 소멸한 가운데도 덴리교는 교세를 비교적 잘 유지해왔다. 그 이유는 종교의 성격이 한국인의 전통 무속 신앙과 화합할 여지가 있어 종교의 현지화가 무난히 이루어졌다는 것이다. 오늘날 한국에서 덴리교는 전국 500개의 교회와 700개의 포교소를 중심으로, 신도 수 27만 명을 헤아리는 것으로 집계된다.[7]

덴리 대학에서「몽유도원도」를 소장한 이래 이 서화는 이제 덴리교와 불가분의 관계를 맺지 않을 수 없을 것이다. 덴리교 한국 포교 문제가 이 서화의 반환과 연관되어 종종 보도되는 것을 볼 수 있기 때문이다. 1977년 11월 16~17일 자 국내의 주요 신문은 주일 한국대사관과 덴리 대학교와의 4년에 걸친 교섭 결과「몽유도원도」가 한국에 돌아오게 됐다는 비공식 뉴스를 보도한 일이 있다. 덴리교 4대 교주 나카야마 젠지가 한국의 반환 요청을 받고, "구태여 소유하고 싶지 않고, 때를 보아서 반환하겠으며, 그 시기는 한국 천리교 전도관을 기공할 때인 1978년 7월이나 8월에 기념물로 가져가겠다"라고 밝힘으로써 교섭이 이루어졌다는 것이다. 그렇지만 이 같은 뉴스에 대해 덴리 대학교 도서관 담당자와 일본 문화청 담당관, 주일 한국대사관이 모두 공식적으로 부인했다는 보도가 뒤따르면서, 이 뉴스는 하나의 해프닝으로 끝난 것 같다.[8] 최근에는 한국 천리교 신도들이「몽유도원도」의 환수를 위해 100만 인 서명운동을 벌이고 있다는 보도도 나오는 것을 보면, 한국 천리교 신자들도「몽유도원도」의 존재를 크게 의식하고 있다고 볼 수 있다.[9]

「몽유도원도」, 한일 관계의 가교가 될 것인가

덴리 대학교는 이제까지 세 번「몽유도원도」를 한국에 대여하여 전시하게 했다. 1986년 경복궁 국립중앙박물관 개관 기념으로 15일간 대여한 것과 1996년 호암미술관에서 열린「몽유도원도」와 조선 전기 국보전'에 두 달간 대여한 것, 그리고 마지막으로 2009년 9월 한국 박물관 100주년을 기념하여 국립중앙박물관에 10일간 대여한 것이다.「몽유도원도」는 귀국 때마다 한국인에게 크나큰 파장을 일으키고 떠났다. 덴리 대학은 이 서화가 상징하는 역사적 중요성과 한국인이 이 서화에 느끼는 엄청난 감정을 잘 알고 있을 것이다.

1953년 덴리교 교주에게 이전된「몽유도원도」는 1958년 덴리 대학 도서관에 이관되어 다시 깊이 수장됐다. 이 서화가 덴리교 측에 이전될 때 동석했던 덴리 대학의 스즈키 오사무 교수는 1960년에 이르러 처음 이 서화를 열람했는데, 오직 그림뿐이었고, 1977년에야 찬문 전체를 볼 수 있었다 할 만큼「몽유도원도」는 비장의 서화가 된 것이다.[10]

스즈키 오사무 교수는 1977년 3월과 10월, 2회에 걸쳐 덴리 대학 도서관보 『비부리아』에 「안견의 '몽유도원도'에 관하여」(1), (2)라는 논문을 게재했다. 이 논문에는 안견의 「도원도」에 관한 상세한 해설과 함께 23편의 찬문(안평대군의 시와 기문 포함)이 수록됐고, 찬문 저자들에 대한 간략한 설명과 함께 일본에서의 유전 경위가 소개됐다. 무엇보다도 이 논문은 「몽유도원도」에 실린 찬문 전부를 판독하여 소개한 최초의 간행물이라 할 것이다.[11]

이 논문에서 스즈키 오사무 교수는 다음과 같은 감상을 피력했다.

문물이 찬란했던 조선의 세종 시대는 같은 시기 이탈리아에서 출현한 르네상스에 대비되는 '조선의 르네상스'를 출현시켰다. 이 시기 궁정화가 안견이 세종의 아들 안평대군의 꿈을 그린 해동 제일의 명작 「몽유도원도」는 대군의 송덕과 명화를 찬양하는 당대 명류 21인의 찬문을 첨부하여 시서화 삼절의 장관을 이루며 값을 초월한 보물(무가보無價寶)이 됐다.

게다가 이 서화는 6년 후 계유정난에서 두 파로 갈려 사투의 운명을 나누게 될 것을 모르는 채, 비해당에서 자리를 함께한 찬문 저자들의 모습을 여실히 보여준다는 점에서 아주 희귀한 조선의 역사적 문화유산이라고 해야 할 것이다.

(……)

안견의 그림은 도원의 모습에서 담홍의 복사꽃과 벽록의 잎을 홍록으로 대치시키며 경관을 고조시키는데, 특히 꽃술의 황색과 금채는 중국화에서도 희귀한 것으로, 이는 북방 아시아 내륙에서 발상한 한민족의 특성을 반영하는 것이 아닐는지……

또한 금박을 뿌린 갖가지 색지에 당대의 명류가 수려한 필을 휘두른

이 찬문을 볼 때, 뜻밖에도 일본 왕조 예술과도 통하는 점을 볼 수 있으며, 멀리는 당나라로 거슬러 올라가는 동아시아의 예술적 전통을 오늘에 전하는 값을 초월한 보물이라 할 것이다.[12]

스즈키 오사무 교수의 정확한 평가대로 「몽유도원도」는 그 자체로 시서화 예술의 최고봉이며, 세종 말년 갈림길에 들어선 조선의 정치적·문화적 갈등이 표출되기 직전의 상황을 여실히 보여준다는 점에서 한국의 희귀한 역사적 문서라 할 것이다. 또한 스즈키 교수의 평대로 「몽유도원도」가 시현하는 예술적 특징은 한민족의 기원을 가리키는지도 모르며, 혹은 장구한 동아시아 예술의 전통을 잇는 것인지도 모른다.

그뿐만이 아니다. 「몽유도원도」는 전원과 귀거래를 바탕으로 이상향을 창출하여 동양 유토피아 사상의 새로운 경지를 연 도잠의 사상에 뿌리를 둔다는 점에서 사상사적으로도 중요하다. 그런 점에서 「몽유도원도」는 과거 1천여 년에 걸쳐 도원을 그린 수많은 유명한 그림 중에서 오늘날 현존하는 가장 오래된 그림이라는 사실 하나만으로도 세계적인 보물이다. 더구나 「몽유도원도」는 당대 정치와 문화의 핵심에 위치했던 왕자의 꿈으로 나타난 무릉도원을 다시 그림으로 재현하여 정치적 요소와 꿈의 철학을 함축함으로써 기존의 도원도를 초월한 독자적인 도원도로서의 위상을 가질 수 있게 됐다는 점에서 특히 중요하다.

무엇보다도 이 서화는 오늘날 한국의 역사와 문화를 반석 위에 올려놓은 세종 대의 상징이며 증거라는 점에서 한국 최고의 문화유산에 속한다. 더구나 세종 시대의 상징인 시서화 작품이 하나도 남아 있지 않은 오늘날 「몽유도원도」의 존재는 한국인에게 특별하다. 이 서화는 이제 한국인에게 가장 사랑받는 문화재로서 일종의 국민 예술품으로 자리매김하고 있다. 그런가 하면 조선의 역사상 가장 처참했던 전쟁으로 빼앗긴 「몽유도원도」는 한국인에게 지워지지 않는 상처와 상실감을 일깨우기도 한다. 그런 점에서 이 서화는 한국이 회복해야 할 해외 문화재 가운데 첫 손가락에 꼽히는 문화재로 간주되고 있다. 『안견과 몽유도원도』의 저자이며 국외소재문화재재단 이사장 안휘준 서울대 명예 교수는 「몽유도원도」와 고려 불화는 시간이 걸리더라도 반드시 되찾아야 할 대표적인 문화재로 꼽았다.[13]

현재 「몽유도원도」는 1,987점에 달하는 일본의 회화 부문 중요문화재(159점의 국보 포함)의 하나이며, 국보와 중요문화재를 합해 100여 점에 달하는 덴리 대학 소장품 중 회화 부문의 유일한 중요문화재다. 그렇기 때문에 「몽유도원도」는 일본과 덴리 대학 측으로서도 결코 가벼운 문화재가 아니다. 하지만 「몽유도원도」의 진정한 중요성은 이 서화가 한일관계에 드리우는 그림자에 있을 것이다.

「몽유도원도」는 일본 땅에 건너간 이후부터 어쩔 수 없이 한국과 일본의 역사적 관계에 들어섰으며, 오늘날 한국학의 자산으로서 덴리 대학에 소장된 이 서화는 본격적으로 한일관계에 영향을 미칠 잠재력을 다분히 가지고 있다. 그런 점에서 덴리 대학은 한일관계를 위한 막강한 자산을 가지고 있으며, 이 자산은 향후 한일 관계의 가교로서 양국 간 우호의 진전에 큰 힘을 발휘할 것임에 틀림이 없다.

| 에필로그 |

 1893년 일본에서 처음 그 모습을 드러내면서부터 「몽유도원도」는 최고의 예술품으로서 또한 귀중한 조선의 문화재로서 아낌없는 찬사를 받아왔지만, 일본인 어느 누구도 이 서화를 상실한 한국인의 슬픔에 유의한 적이 없었다는 사실은 또 하나의 슬픔이었다. 그런데 필자는 이 책을 집필하면서 자료를 수집하고 유적을 답사하는 과정에서 또 다른 서러움을 느끼지 않을 수 없었다.
 「몽유도원도」가 여러 천 년 동안 전해지기를 염원하면서 이 중요한 유산을 우리에게 남겨준 안평대군의 자취는 남아 있지 않았다. 그의 생애를 증거하는 비해당과 담담정, 무계정사는 사라졌다. 이들 유적의 원래 모습은 험난한 세월 속에서 어쩔 수 없이 사라졌다 해도, 오늘날 그 옛터 또한 버림받고 사라져야 할 것인가? 세종이 당호를 내렸고 세종의 르네상스가 피어났던 수성동 계곡의 비해당은 오늘날 기린교라는 가공하지 않은 천연 돌다리 하나가 증거로 남아 있을 뿐이다. 안평대

군의 생애를 상징하고 「몽유도원도」의 산실이었던 아름다운 비해당의 증표가 개울가의 돌다리 하나라면 너무 인색한 것은 아닌가?

마포 강가의 담담정은 지금은 아파트 단지가 들어서 있어 희미한 기억마저도 허락하지 않는다. 안평대군이 꿈에 본 무릉도원과 같은 모습이라는 곳에 세웠다는 백악산 뒤쪽의 무계정사 터에는 '무계동'이라고 새겨진 바위 한 덩어리만 남아 있고 그 앞은 잡초 무성한 공터다. 바위 뒤에는 후대에 세워진 퇴락한 가옥 한 채가 흉물로 남아서 이곳이 꿈에 본 아름다운 무릉도원의 터였다는 사실을 무색하게 만든다.

조선 왕실의 원찰이었던 대자암 역시 아무런 흔적도 남아 있지 않고 그 일대는 소박한 가옥들과 밭이 들어서 있다. 그렇지만 대자암 터였던 대자산 깊은 골짜기에는 큰 사찰이 존재했을 것이라는 그윽한 분위기가 아직도 느껴져서 일말의 위안을 받았다. 성녕대군과 태종 부부, 세종 부부와 문종의 명복을 빌던 대자암은 문종 대에 안평대군의 감독으로 중건됐는데, 사찰의 위용도 대단했겠지만, 왕실의 신앙과 의식이 베풀어졌던 이곳은 또한 정신적인 분위기로 충만했을 곳이다. 필자는 계유정난 이후 이곳에 「몽유도원도」가 보존됐을 것이라고 추론했다. 상황의 논리로 추론한 것이지만, 앞으로 좀 더 치밀한 조사를 통해 결정적인 증거를 잡아낼 수 있기를 기대한다. 아울러 대자암 터의 비정이 조속히 이루어지기를 바랄 뿐이다.

대자암 터 부근에 있는 안평대군의 양부 성녕대군의 묘와 사당은 현재 잘 보존되어 있으며, 안평대군에 연루되어 자살로 끝을 맺은 양모 성씨도 지금은 이곳 성녕대군의 곁에 묻혀 있다. 안평대군도 사사되지 않았다면 아마도 여기에 묻혔을 것임을 생각할 때 잘 꾸며진 성녕대군의 묘와 성대한 느낌마저 주는 후손들의 묘는 오히려 슬픔을 안겨준다.

안평대군의 유배지 강화도와 교동도에도 그에 관한 자취는 전혀 없다. 안평대군이 최후를 맞은 교동도에는 연산군 유배지로 추정되는 장소 세 군데가 기록되어 있고, 비석이나 표지물도 세워져 있지만 안평대군의 최후에 관하여는 침묵하고 있다. 안평대군의 마지막 자취를 이곳에서 찾지 못한다면 어디에서 찾을 것인가? 그의 최종 유배지에 대한 치밀한 조사가 이루어지기를 바랄 뿐이다.

우리나라 어느 곳을 다니더라도 야산 양지바른 곳에는 으레 아담한 봉분이 있고 그 앞에는 비석이나 비갈이 세워져 있어 간단하나마 고인의 생애를 전해준다. 그러나 오늘날 안평대군의 무덤은 어디에도 없다. 무덤이 없으니 묘비나 묘갈이 있을 수 없고 그의 자취 역시 찾을 수 없다. 아무도 모르는 곳에 잠들어 있을 안평대군을 생각하면 500여 년이 지난 지금에도 슬픔은 가시지 않는다.

안평대군의 위패는 영월 단종의 능인 장릉 내에 장판옥이라 하는 세 칸 정도의 작은 건물에 모셔져 있다. 안평대군의 위패라기보다는 그와 운명을 함께한 김종서를 비롯하여 사육신 등 충신 32인을 함께 기리는 합동 위패다. 충신 32인의 관작과 이름을 작은 글씨로 빽빽이 적어 넣은 위패는 이들의 공직과 명성, 직위에 비해 부끄러울 정도로 초라하다. 이들의 집안이 멸족되어 돌봐줄 후손이 없기 때문인 것인가?

안평대군의 자취가 남아 있을 것으로 기대했던 세종대왕기념관에서도 사정은 마찬가지였다. 안평대군이 쓴 4,800여 자에 달하는 세종의 신도비는 오늘날 한 글자도 읽을 수 없을 만큼 마모됐고, 거대한 대리석비만이 남아 있다. 물론 비문은 이미 300년 전 숙종 때 마모된 상태였으니 어쩔 수 없다 해도, 실록에 나오는 신도비의 내용이라도 소개하는 성의를 보여줄 수는 있지 않을까? 현재 이 신도비는 좁은 비각

안에 보관되어 자물쇠가 채워져 있는데, 흡사 옥에 가두어둔 모습이다. 이제는 안평대군의 글씨는커녕 세종의 신도비조차도 볼 수 없게 된 것이다. 세종대왕기념관 내에 세종의 공적을 적은 신도비가 이렇게 취급되는 이곳에 와서 안평대군의 이야기는 꺼낼 수도 없었다.

마지막으로 충청남도 서산시 지곡면에 세워진 안견기념관에서도 사정은 다르지 않았다. 안견기념관 정원에는「몽유도원도」를 그린 화가로서 우리 미술사에 큰 업적을 남긴 안견의 기념비가 서 있다. 이 기념비는 불과 23년 전에 세워졌는데, 비문은 판독하기 어려울 정도로 마멸됐다. 세월의 흔적이 아니라 졸속으로 만들어 세워졌고, 그 후에는 방치되고 있다는 인상을 씻기 어렵다. 기념비 상반부에 부조된 조잡한「몽유도원도」그림은 원래 그런 것인지, 시커멓게 변색까지 되어 원본의 아름답고 신비한 이미지를 마음껏 망쳐놓고 있다.

「몽유도원도」가 태어난 이 땅에서 진정으로 안평대군을 추모하고「몽유도원도」를 기릴 수 있는 곳이 한 군데도 없다는 서글픈 사실을 이제야 알게 됐다. 우리가 정말로「몽유도원도」를 사랑하고 자랑스러워하는지 자문해보면서, 음수사원飮水思源(물을 마실 때 그 근원을 잊지 말라)이라는 교훈을 되새겨본다.

2013년 9월 5일
김경임

미주

일러두기

1. 제첨이 안평대군의 글씨인가에 관해서는 이론(異論)이 있지만, 서체로 보아서 또는 상황으로 보아서 안평대군의 글씨로 보아야 할 것이다(제3부 「안평대군의 예술과 풍류」 주 4 참조).
2. 1929년에 이 서화 작품을 일본에서 처음 소개한 나이토 고난 교수는 「몽유도원도」라는 제목하에 안견의 그림과 문인들의 찬문을 소개하면서 그림과 찬문 전체를 화권(畵卷) 또는 본권(本卷)으로 지칭했다. 1977년 덴리 대학의 스즈키 오사무 교수 역시 「몽유도원도」라는 제목하에 작품 전체를 다루면서 안견의 그림은 본도(本圖), 작품 전체는 본권(本卷)이라고 칭했지만, 때로는 '본도'라는 이름으로 작품 전체를 일컫기도 했다. 안견의 그림을 중점적으로 다룬 안휘준 교수는 「몽유도원도」라는 이름으로 안견의 그림을 지칭하고, 작품 전체는 「몽유도원도권」으로 칭했지만, 또한 「몽유도원도」라는 이름으로 작품 전체를 설명하기도 한다(안휘준·이병한, 『안견과 몽유도원도』, 예경, 1991, pp.104~107 참조). 그리고 추사 김정희의 「세한도」 역시 그림과 발문, 찬문으로 이루어졌지만, 통칭 「세한도」라고 불리는데, 이 같은 관례도 참고할 수 있을 것이다.

제1부 「몽유도원도」, 일본 땅에 나타나다

처음으로 그 존재가 알려지다

1. 한 예로 나이토 고난 교수는 일본 외무성 위촉으로 한중 간의 간도 문제 조사차 1906년 7월 10일부터 11월 20일까지 서울, 펑텐(奉天)으로 장기간 여행을 다녀와서 『間島問題調査書』라는 보고서를 제출하기도 했다. 荻野富士夫, 『外務省警察史—在留民保護取締と特高警察機能』, 校倉書房, 2005, pp.396~398.
2. 內藤湖南, 「朝鮮 安堅の夢遊桃源圖」, 『東洋美術』(1929年 9月號), pp.85~89.

우에노 공원에서 공개되다

1. 권행가, 「1930년대 고서화 전람회와 경성의 미술 시장—오봉빈(吳鳳彬)의 조선미술관을 중심으로」, 『한국근현대미술사학』제19호, 조형교육, 2008. 12. 31, pp.172~175.
2. . 松田甲(學鷗漁父), 「蹟筆賢昔の頭卷」, 『朝鮮』1930年 3, 4, 5, 6月號.

제2부 조선의 황금기가 절정을 넘어가다

세종의 치세가 저물다

1. 「세종실록」 세종 30년(1450) 10월 29일, 「의정부 예조에서 중궁 간택을 청했으나 허락하지 아니하다」.
2. 「세종실록」 세종 18년(1436), 「권양원을 세자빈으로 삼다」 ; 「단종실록」 단종 즉위년(1452) 8월 7일, 「귀인 홍씨를 숙빈으로 삼다」.
3. 「세종실록」 세종 18년(1436), 「권양원을 세자빈으로 삼다」.

제3부 무릉도원 꿈의 주인 안평대군

세종의 아들 안평대군

1. 태종은 재임 중 양위하려는 뜻을 여러 번 밝히다가 결국 양위했는데, 성녕대군에게 노후를 의탁하려고 했던 것 같다. 변계량, 「교졸성녕대군모서(敎卒誠寧大君某書)」, 『동문선(東文選)』제24권. "네가 장차 성인이 되어 나의 늘그막을 위로하리라 여겼는데, 아아! 그만이다"라는 구절에서 태종의 마음을 엿볼 수 있다.
2. 「세종실록」 세종 23년(1441) 12월 9일, 「지중추원사 정인지 등이 불교를 숭상하는 것에 대한 우려와 실망을 상소하다」.
3. 「태종실록」 태종 18년(1418) 2월 11일, 「성녕대군의 집을 절로 삼고자 의논하다」.
4. 이완우, 「안평대군 이용의 문예 활동과 서예」, 한국학술재단, 2003, pp.75~76 참조.
5. 「세종실록」 세종 8년(1426) 6월 6일, 「세자를 15세에 가례를 이루겠다고 말하다」.
6. 「문종실록」 문종 2년(1452) 5월 14일, 「유시(酉時)에 임금이 강녕전에서 훙(薨)하다」 기사에서 "문종의 역경과 예기는 모두 세종이 가르쳐주신 것이다"라고 했으며, 「세조실록」 '총서'의 기록(세조가 악기를 연주함에 모두들 감탄하고 세종이 칭찬하다)은 세종

이 자주 아들들을 불러 모아놓고 거문고, 가야금, 비파를 타면서 음악을 익히게 하거나 강무에서 말 타고 활 쏘는 것을 장려했음을 보여준다.
7. 「문종실록」 문종 2년(1452) 4월 27일, 「사간원에서 수양대군으로 관습도감의 도제조로 삼은 것을 고치도록 청하다」.

안평대군의 예술과 풍류
1. 한국의 전통 문화에 관한 백과사전이라 할 수 있는 『증보문헌비고(增補文獻備考)』(1770년 『문헌비고』로 첫 출판된 후 1903년 보충됨) 권247에 안평대군 저작 『비해당집』이라는 기록이 나온다(『증보문헌비고』, 하권, 동국문화사, 1971, p.904).
2. 이완우, 「안평대군 이용의 문예 활동과 서예」, 한국학술재단, 2003, pp.108~110 참조.
3. 『비해당집고첩』은 명나라 왕자로서 글씨와 음악의 대가였던 주유돈(朱有燉)이 1416년에 만든 법첩 『동서당집고법첩』을 기본으로 삼아 제작한 것이다. 주유돈의 법첩은 한에서 원에 이르기까지 명필을 모은 것인데, 안평대군은 여기에 신라의 김생과 고려, 조선의 명필을 더했다. 안평대군의 법첩은 오늘날 일부만 개인 소장으로 전해진다.
4. 제첨이 안평대군의 글씨인가에 관해서는 이론이 있는데, 이완우 교수는 제첨의 글씨가 16세기 이후의 서풍을 강하게 반영하고 있어 그의 글씨에 의문을 표하는 반면(이완우, 「안평대군 이용의 문예 활동과 서예」, 한국학술재단, 2003, p.92), 안휘준 교수는 서체로 보아서 안평대군의 글씨임에 의심의 여지가 없다고 단정한다(안휘준·이병한, 『안견과 몽유도원도』, 예경, 1991, p.108 ; 안휘준, 『안견과 몽유도원도』, 사회평론, 2009, p.121).
「몽유도원도」가 계유정난 이후 사라졌다가 19세기 말 일본에서 출현할 때까지 한 번도 알려지지 않고 비장되어온 상황을 고려할 때, 그사이 누군가(최고의 명필이) 제첨을 새로 써서 부쳤을 가능성은 매우 희박할 것으로 보인다. 따라서 제첨은 안평대군이 쓴 것으로 보아야 할 것이다.
5. 경오자는 사용 기간이 짧았기 때문에 이 활자로 인쇄된 서책은 매우 희귀하다. 『상설고문진보대전전집(詳設古文眞寶大全前集)』, 『역대병요(歷代兵要)』, 『고금역대십팔사략(古今歷代十八史略)』 등이 인쇄됐다고 하는데, 현재 국내에는 『상설고문진보대전전집』 권7, 8(2권 1책)만이 남아 있고(보물 제967호), 『고금역대십팔사략』 완질본(10권 10책)이 일본 최초의 유학 기관인 아시카가(足利) 학교 도서관에 소장되어 있다.
6. 「숙종실록」 숙종 17년(1691) 윤7월 3일, 「대신과 비국(備局)의 재신들을 인견하여, 삼남 지방의 세입 등의 일을 논하다」.

7. 예겸, 「발이용서(跋李瑢書)」, 『예문희집(倪文僖集)』 권24 ; 이완우, 앞의 논문, pp.105~106 참조.
8. 김종직의 글에는 몽산화상(蒙山和尙)을 그린 그림이라 했는데, 거의 같은 내용의 김일손의 글에는 가섭을 그린 그림이라고 했다. 그림에 적힌 안평대군의 시로 미루어보아 가섭의 그림이 맞는 듯하다(김종직, 「두류기행록(頭流記行錄)」, 김일손 「속두류록(續頭流錄)」, 『속동문선』 제21권, 「녹(錄)」 참조).
9. 김안로, 『용천담적기(龍泉談寂記)』.
10. 「문종실록」 문종 즉위년(1450) 11월 10일, 「안평대군이 『역대제왕명현집』 등 서법 판본을 바치다」.
11. 김안로, 앞의 책.
12. 「예종실록」 예종 1년(1469) 10월 6일, 「홍달손, 이서장, 구수영에게 관직을 제수하다」.

너의 당호를 '비해'라고 하라

1. 『시경』 18권, 「대아증민편(大雅蒸民篇)」.
2. 신숙주, 「비해당진찬(匪懈堂眞贊)」, 『보한재집(保閑齋集)』 권16.

수양대군의 길

1. 「세종실록」 세종 25년(1443), 「전제상정소를 설치하다」.
2. 「세종실록」 세종 15년(1433) 7월 1일, 「이유로 진양대군을 삼다. 앞서 함평으로 봉했는데, 함평현과 혼동될까 고친 것이다」.
3. 「세종실록 지리지(世宗實錄地理志)」, '황해도 해주목편'.

제4부 안평대군, 꿈속에서 도원에 노닐다

정묘년 초에 일어난 일들

1. 역사학자들은 이즈음 세종이 궁을 나와 사가로 떠돈 것은 풍수설의 압력 때문이라고 해석한다. 박성래, 한국정신문화연구원 엮음, 「세종 시대의 과학 기술」, 『세종 시대의 문화』, 태학사, 2001, p.437.
2. 이선로의 이름이 실록에 마지막으로 나오는 것은 1446년(세종 28) 9월 30일이고, 이현로로 개명된 이름이 처음 실록에 등장한 것은 1447년(세종 29, 정묘) 2월 15일이다. 따

라서 그의 개명은 1446년 9월 30일에서 1447년 2월 15일 사이에 이루어진 것으로 보인다.
3. 「세종실록」세종 31년(1449) 3월 26일,「삭천 부사 박호문이 사람을 매질해 죽였는지의 여부 조사와 윤배에게 형장을 가할 것인지를 의논하다」.
4. 「세종실록」세종 27년(1445) 1월 1일,「풍수학의 승원로, 안효례 등이 거처 옮기기를 상서했으나 윤허하지 않다」.
5. 「세종실록」세종 15년(1433),「임금이 지신사 안숭선에게 창덕궁을 옮기는 것에 대해 말하다」;「세종실록」세종 24년(1442),「박종우, 이사검, 이정녕 등을 불러 별궁을 후원에 짓는 것을 의논하게 하다」;「세종실록」세종 25년(1443),「후궁 건설을 중지할 것에 대한 사헌부와 사간원의 상소」.
6. 「세종실록」세종 30년(1448),「영웅대군의 집을 영건하는 것에 대해 의논하다」.
7. 「세종실록」세종 27년(1445) 7월 2일,「예조좌랑 이선로를 평안·함길도에 보내 새 땅을 찾게 하고, 그곳에 사는 사람들을 선유하도록 하다」.
8. 「문종실록」문종 즉위년(1450) 6월 30일,「사헌장령 신숙주가 세자 책봉일의 변경은 잘못이라고 아뢰다」.

도잠의 이상향 도화원
1. 도잠의 사후 중국 육조시대 송나라의 문인 안연지(顔延之)가「도징사뢰(陶徵士誄)」를 짓고 정절 선생이라는 시호를 바쳤다.
2. 「태종실록」태종 10년(1410) 7월 4일,「이무가 왕이 되는 꿈을 꾸고, 이를 발설한 정인수와 한용을 죽이다」.
3. 「세종실록」세종 11년(1429) 6월 16일,「조안생의 괴탄한 말에 대해 처벌을 의논하게 하다」.

세종 시대 꿈의 해석
1. 유문영, 하영삼·김창경 옮김,『꿈의 철학―꿈의 미신, 꿈의 탐색』, 동문선, 1989, pp.24~31 ; 이월영,『꿈과 고전문학』, 태학사, 2011, pp.13~15 참조.
2. 유문영, 앞의 책, p.24.
3. 유문영, 앞의 책, pp.31~40 참조.
4. 『주례(周禮)』및『열자(列子)』「주목왕편(周穆王編)」에 나오는 여섯 가지 꿈은 사실과 일치하는 꿈인 정몽(正夢), 놀라는 꿈인 악몽(愕夢), 생각하는 꿈인 사몽(思夢), 현실의

꿈인 오몽(寤夢), 즐거워하는 꿈인 희몽(喜夢), 두려워하는 꿈인 구몽(懼夢)을 이른다 (유문영, 앞의 책, p.105, p.320).

5. 『용비어천가』 제13장 및 권근의 「이태조 신도비명(神道碑銘) 병서(幷序)」(『양촌집(陽村集)—양촌선생문집』 제36권).
6. 유문영, 앞의 책, p.37, pp.220~221 참조.
7. 같은 책, p.48 참조.
8. 주희의 『시집전(詩集傳)』에서 『시경』 「소아·사간(小雅·斯干)」에 나오는 점몽 내용을 주해한 부분(이월영, 앞의 책, pp.105~106 참조).
9. 『묵자(墨子)』 「경상(經上)」(유문영, 앞의 책, p.247).
10. 『장자』 「제물론」(유문영, 앞의 책, p.254).
11. 『열자』 「주목왕」(유문영, 앞의 책, p.259).
12. 『열자』 「주목왕」(이월영, 「도가적(道家的) 꿈 형상의 유형적(類型的) 특성 고찰—장자·열자의 꿈 이야기를 대상으로」, 『국어문학』 27집, 전북국어문학회, 1989년 7월, p.117).
13. 『논형(論衡)』 「정귀편(訂鬼篇)」(유문영, 앞의 책, p.276).
14. 진사원(陳士元), 김재두 옮김, 『몽점일지』, 은행나무, 2008, p.121.
15. 『정몽회고(正夢會稿)』 「동물편」(유문영, 앞의 책, p.256).
16. 중국에서 가장 오래된 의학서인 『내경(內經)』을 비롯하여 거의 모든 의서는 병의 원인으로 꿈에 주목했는데, 특히 오장의 허실(虛實)이 꿈으로 나타난다고 보았다. 『내경』은 사람의 오장을 오행에 적용하여 심장은 화(火), 폐는 금(金), 간은 목(木), 비장은 토(土), 신장은 수(水)에 맞추어 각 오장에 병이 나는 경우 꿈에 불이나 금, 나무, 흙, 물을 보게 된다고 설명한다. 이러한 설명에 미신적 요소가 있다 해도 오랜 기간 동양의학의 기초가 되어왔기 때문에 간단히 배척하기는 사실상 어려운 일이다.
17. 『주자대전』 권57, 「답진안경(答陳安卿)」(유문영, 앞의 책, p.268).
18. 여기서 "낮에 행한 바와 밤에 꿈꾸는 바"의 해석은 "낮에 행한 바를 밤에 꿈으로 꾼다"라는 『태종실록』의 번역을 따른다. 태종 10년(1410) 7월 4일, 「이무가 왕이 되는 꿈을 꾸고 이를 발설한 정인수와 한용을 죽이다」 참조.
19. 『동파전집(東坡全集)』 권97 몽재명(夢齋銘)(유문영, 앞의 책, pp.344~345 참조).
20. 이월영, 앞의 책, p.116 참조.

안평대군의 해몽

1. 「세종실록」 세종 15년(1433) 윤8월 13일, 「귀거래사」를 쓴 족자를 종친과 여러 신하에게 하사하다」.
2. 『태평어람』은 983년 송 태종의 명으로 대학자 이방(李昉)이 977년에 착수하여 983년에 완성한 1천 권의 방대한 백과사전인데, 전대의 서적에서 널리 취한 고사를 수록해놓았다. 1101년 고려 숙종 때 송 휘종이 그의 등극을 축하하러 온 고려 사신을 통해 1질, 1천 권을 고려에 보내주어 고려와 조선에서 학자들의 글쓰기에 이 책이 크게 참고가 됐다.
3. 유문영, 하영삼·김창경 옮김, 『꿈의 철학—꿈의 미신, 꿈의 탐색』, 동문선, 1989, p.501.
4. 「태종실록」 태종 7년(1408) 7월 10일, 「영의정 부사 이화 등이 민무구, 민무질, 신극례의 죄를 청하는 상소문」; 「태종실록」 태조 7년(1408) 7월 12일, 「대간에서 연명으로 민무구 등을 국문할 것을 상언하다」.

제5부 「몽유도원도」 탄생하다

안견이 안평대군의 꿈을 그리다

1. 안휘준, 『안견과 몽유도원도』, 사회평론, 2009, pp.92~94.
2. 「성종실록」 성종 10년(1479) 1월 8일, 「좌부승지 김계창이 사헌부에서 아뢰었던 여주 목사 최숙정의 죄를 아뢰니 조율하게 하다」.
3. 신숙주, 「비해당진찬(匪解堂眞贊)」, 『보한재집』 권16.
4. 세종은 안견을 지극히 중하게 여겼다. 안견은 세종의 어용을 그렸고, 왕세자(문종)의 의전 사항을 총정리한 『대소가의장도(大小駕儀仗圖)』 기록화 책을 제작하는 등 국가적 화사(畵事) 업무의 최고 담당자였다. 「세조실록」 세조 9년(1463) 3월 10일, 「풍저창의 쌀도둑을 참하고, 취중에도 실수하지 않은 어효첨에게 이조 판서를 제수하다」; 「성종실록」 성종 3년(1472) 6월 3일, 「대사헌 김지경이 최경·안귀생에게 당상관을 제수한 것이 옳지 않다고 하다」; 「세종실록」 세종 30년(1448) 3월 5일, 「호군 안견으로 하여금 동궁 의장에 대소가의장도를 그리도록 하다」.
5. 1960년경 이 그림을 관람했던 에벌린 매퀸(Evelyn McCune, *The Arts of Korea*의 저자)과 교토 박물관의 우메즈 지로(梅津次郎)는 「몽유도원도」의 화려한 색채와 금채가 놀랄 만큼 잘 보존되어 있다고 지적했지만, 1977년 스즈키 오사무(鈴木治) 교수는 덴리 대학 도서관보 「비부리아(ビブリア)」에 「몽유도원도」 관련 글을 쓸 무렵에는 금채

가 전혀 남아 있지 않았는데, 이는 여러 차례의 사진 촬영 때문으로 보인다고 설명했다. 鈴木治, 「安堅 夢遊桃源圖について」(1), 『ビブリア』第65號, 天理大學, 1977, p.52.
6. 「몽유도원도」에 관해 1977년 연구 논문을 발표한 덴리 대학교 미술사 교수 스즈키 오사무 교수의 평이다. 鈴木治, 앞의 논문(1), p.53.

22명의 명사가 찬문을 쓰다

1. 안평대군은 발문이라 할 수 있는 이 글에 제목을 붙이지 않았다. 하지만 박팽년이 이 글을 「몽유도원기」라고 불렀다. 찬문을 가장 먼저 쓴 문인들 중 하나인 박팽년이 안평대군의 기문을 「몽유도원기」라고 한 것을 볼 때, '몽유도원'이라는 말은 이 작품의 탄생될 때부터 통용된 말인 것 같다. 박팽년이 안평대군의 기문을 「몽유도원기」라고 칭하면서 자신의 글에는 「몽도원서(夢桃源序)」라는 제목을 붙인 것은 아마도 몽유한 사람이 안평대군이기 때문에 겸양의 뜻에서 자신의 글을 '몽유도원서'라 하지 않고 오직 안평대군의 글만을 「몽유도원기」라고 지칭했을 것으로 짐작된다. 이현로 역시 같은 이유로 자신의 글에 「몽도원도부(夢桃源圖賦)」라는 제목을 붙이고 '몽유'라 하지 않은 것 같다. 그렇지만 실제 몽유를 했던 안평대군의 입장에서는 '몽유도원'이 될 것이다. 따라서 이 서화 작품의 원래 제목은 안평대군이 쓴 제첨, 즉 「몽유도원도」임이 확실할 것이다. 성삼문은 안견의 그림을 「도원도」라고 했고 안평대군의 기문을 「도원기」라고 했으며, 다른 문인들의 경우 안견의 그림을 '도(圖)' 또는 '화(畵)'라고 불렀고, 안평대군의 기문은 '기(記)' 또는 '제기(題記)', '서', '문'이라고 했는데, 줄여서 일컬은 말로 짐작된다.
2. 선승혜, 「일본 문인화에 있어서 도원도(桃源圖)의 수용 양상―구영(仇英)과 다니 분초(谷文晁)의 도원도 연구」, 『미술사학』 16, 2002, pp.25~47.
3. 신정하, 「도원도병시소인(桃源圖屛詩小引)」, 『여암집(旅庵集)』 권10.
4. 「몽유도원도」 원본의 성삼문 글에는 「제비해당몽유도원도기후(題匪懈堂夢遊桃源圖記後)」라는 제목이 없지만, 18세기 영조 때 간행된 『성근보집(成謹甫集)』에 수록된 글에 붙어 있는 제목이다. 이 제목은 원래부터 성삼문이 붙인 것인지, 후대에 『성근보집』 편집자가 붙인 것인지는 확인되지 않는다.
5. 이상헌, 「중국 역대 도원시문(桃源詩文)에 나타난 이상향 연구」, 공주대학교 교육대학원 석사학위 논문, 1999년 11월.

한 편의 연판장이 탄생하다

1. 안휘준·이병한, 『안견과 몽유도원도』, 예경, 1991, p.176. 신숙주 찬시 주석 참조. 그

밖에 두보의 「성으로 들어가는 양양 양소부를 길에서 만나(路逢襄陽楊小府入城)」에도 "용사굴을 뒤집어엎어 복령을 캐내서……"라는 구절이 있고, 송강 정철의 한시 「풍파 적은 곳을 집으로 삼다(小風波處便爲家)」에 나오는 "그대는 어찌하여 대행(大行)할 때를 만나 오히려 적막한 물가에 용사(龍蛇)가 됐는가?"라는 구절에서도 은거지로서의 용사굴의 뜻을 유추할 수 있을 것이다.

2. 高橋公明, 「濟州島出身の官僚高得宗について」, 『名古屋大學文學部研究論集史學』 V.36, 1990, p.19. 이 글은 1979년 제주도 발행 『탐라성주유사(耽羅星主遺事)』에 기록된 고득종의 생몰년을 근거로 하고 있다.
3. 「세종실록」 세종 32년(1450) 윤1월 29일, 「이적·김세민 등과 환관 서성대·최읍 등을 벌하자고 청했으나 윤허하지 않다」.
4. 「단종실록」 단종 3년(1455) 1월 24일, 「분충장의광국보조정책정난공신(奮忠仗義匡國輔祚定策靖難功臣) 수양대군에게 하교하다」.
5. 「세종실록」 세종 30년(1448) 12월 5일, 「불당 경찬회를 베풀다」.
6. 「세종실록」 세종 30년(1448) 12월 5일, 「불당 경찬회를 베풀다」.
7. 「세종실록」 세종 31년(1449) 5월 21일, 「불당의 경찬 때 계 맺을 일을 금지할 것을 사헌부에서 청하다」.

「몽유도원도」의 산실 비해당

1. 「세종실록」 세종 22년(1440) 2월 6일, 「성내에 집 짓는 양녕에 대해 사헌부, 사간원에서 연명으로 상소하다」.
2. 「세종실록」 세종 22년(1440) 7월 27일, 「예조에서 대소 신료의 제택에 관한 제도를 아뢰다」.
3. 조선 중기의 문인 어숙권(魚叔權)의 『패관잡기(稗官雜記)』에 수록되어 있다고 한다. 이종묵, 「안평대군의 문학 활동 연구」, 『진단학보』 제93호, 2002, p.264 참조.
4. 「성종실록」 성종 14년(1483) 12월 7일, 「달성군 서거정이 전교를 받아 지어 올린 비궁당기」.
5. 유영봉 역주, 『다섯 사람의 집현전 학사가 안평대군에게 바친 시(원제 「비해당사십팔영」)』, 도서출판 다운샘, 2004 ; 신상섭·노재현, 「안평대군 비해당 원림의 의미 경관과 조경문화」, 『한국전통조경학회지』, Vol.29, 2011. 3., pp.29~37.

제6부 지상에서 무릉도원을 찾아내다

꿈에 본 무릉도원의 계곡

1. 이규보, 「몽설(夢說)」, 『동국이상국전집(東國李相國全集)』 제21권, 설(說).
2. 성현의 『용재총화』(제4권)에는 꿈에서 가보았던 곳을 현실에서 실제로 보게 됐다는 이야기가 두 편 실려 있다. 하나는 성현이 17~18세 무렵 꿈에 복사꽃 핀 산골짜기의 어느 화려한 절에 간 적이 있었는데, 훗날 모친을 모시고 해주의 신광사(神光寺)에 갔더니 어려서 꿈에 보았던 그 골짜기와 절이었다는 이야기다. 다른 하나는 성현이 『남화경내편(南華經內篇)』을 보다 잠이 들었는데, 꿈속에서 선경에 이르러 장엄한 궁궐과 그 궁궐에 앉아 있던 검은 옷을 입고 수염이 많이 난 사람을 보고 계단 아래에서 절을 올렸다고 했다. 훗날 북경에 가 궁궐에서 천자를 뵈었는데, 바로 꿈속의 모습과 똑같았다는 이야기다.
3. 심괄, 최병규 옮김, 『몽계필담』 하(제20권, 「신기(神奇)」), 범우사, 2002, p.59 ; 傅大爲, 「新通俗故事「夢溪筆談」及其緣起」, 科學史通迅(The History of Science Newsletter) 22卷, 國際科學史與科學哲學聯合會科學史組中華民國委員會, 2001. 6 ; 유문영, 하영삼·김창경 옮김, 『꿈의 철학―꿈의 미신, 꿈의 탐색』, 동문선, 1989, pp.421~422.
4. 유문영, 앞의 책, pp.421~422.
5. 이러한 기시몽은 꿈과 현실의 일치라는 신이체험(神異體驗)에 대한 원시 신앙적 욕망에서 기인한다고도 설명된다. 이월영, 『꿈과 고전문학』, 태학사, 2011, p.28.
6. 「단종실록」 단종 1년(1453) 5월 19일, 「혜빈이 안평대군이 사직을 위태롭게 하는 일을 꾀함을 아뢰다」.

무계에서 꿈을 확인하다

1. 안평대군의 잡영시 5수와 병서, 박팽년의 「무계수창시」는 『육선생유고』 중 「박선생유고」에 실렸고, 성삼문의 시는 『육선생유고』 중 「성선생유고」에 실렸다. 서거정의 시는 『사가집(四佳集, 사가시집)』 제2권, 「시류」에 실렸다.
2. 『증보문헌비고』 권106, 「악고(樂考)」 17.

무계정사의 진실

1. 「단종실록」 단종 즉위년(1452) 5월 18일, 「근정전에서 즉위하고 교서를 발표하다」라는 기사를 보면, 수양대군이 언급한 말이 이렇게 기술되어 있다. "(문종께서는) 세종의 상

사(喪事) 때 졸곡(卒哭) 후에 내가 본래 일을 다스리는 데는 반드시 집에 있는 것을 좋아하지 않을 것이라 하여 항상 와서 시선(侍膳)할 것을 명했고……."
2. 서거정,「의정부 영의정 상당부원군 한공 신도비명」,『사가집(사가시집)』, 제1권.
3. 「세조실록」 '총서',「세조 잠저의 가마솥이 스스로 울다. 세조가 매일 기록한 글을 간추리다」.
4. 「세조실록」 세조 8년(1462) 10월 21일,「『어제무경(御製武經)』서(序)」.
5. 『한국민족문화대백과』(네이버 지식백과),「문종실록」.
6. 『국조보감』제9권 단종조, 즉위년(임신, 1452).
7. 「문종실록」 문종 2년(1452) 5월 14일,「유시에 임금이 강녕전에서 훙하다」.
8. 「단종실록」 단종 즉위년(1452) 6월 2일,「대행왕의 뜻에 따라 계조당·승화당을 헐도록 하다」.
9. 「단종실록」 단종 1년(1453) 10월 25일,「이용이 반역 모의한 정상을 조목대로 열거하여 효유한 내용」.
10. 「단종실록」 단종 즉위년(1452) 7월 15일,「세조가 안평대군과 함께 산릉의 천광을 둘러보다」라는 기사 중에서 수양대군은 이현로가 발설했다는 풍수설을 거론하면서 "내가 명을 받든 바는 도선의 글을 보는 것뿐이었지, 김보명의 글은 아니었다"라고 말하는데, 문종의 명으로 이러한 풍수설을 검토했음을 알 수 있다.
11. 성현,『용재총화』권1 ;『신증동국여지승람』제2권,「비고편」'경도' 등.
12. 「세종실록」 세종 30년(1450) 8월 4일,「목효지가 지리설로 불당 설치 불가를 상소하다」.
13. 「문종실록」 문종 1년(1451) 4월 18일,「경복궁 북쪽 산에 표를 세워 소나무를 심어서 산맥을 비보하게 하다」.
14. 「문종실록」 문종 1년(1451) 7월 5일,「사헌부에서 박효함, 이현로에게 제수한 임무의 부적절함을 아뢰다」.
15. 「단종실록」 단종 1년(1453) 9월 5일,「창덕궁 역부(役夫)로 길에서 굶어죽는 자가 생기다」.
16. 「단종실록」 단종 1년(1453) 10월 25일,「이용이 반역 모의한 정상을 조목대로 열거하여 효유한 내용」.

제7부 계유정난으로 사라지고 흩어지다

교동도에서의 최후
1. 『단종실록』 단종 1년(1453) 2월 21일, 「우부승지 권자공의 졸기」.
2. 성현, 『용재총화』, 권10. 하연의 발인이 계유정난 다음 날 새벽이었다고 기록한다.
3. 우직은 1442년(세종 24) 11월 25일에 의춘군으로 봉작됐다. 광평대군이 7세에 봉작된 이래 세종의 아들이나 손자가 대개 7~8세에 봉작됐던 관례에 비추어볼 때 계유년(1453) 당시 우직의 나이는 18세 내외로 보인다.
4. 김종직, 「두류기행록」, 김일손 「속두류록」, 『속동문선』 제21권, 「녹(錄)」.

남겨진 그들의 운명
1. 『성종실록』 성종 6년(1475) 9월 29일, 「안평대군의 묘산에서 사냥하다」라는 기사에는 성종이 탄동(지금의 성남시 부근) 근처 '안평대군의 묘산'에서 사냥을 했다는 기록이 있는데, 성종 당시 탄동 근처의 산에 안평대군의 묘가 있었는지도 모른다. 누군가가 묘를 조성했을 가능성이 없지는 않았겠지만, 그 밖에 안평대군의 묘에 관한 기록은 없다. 오직 그의 위패가 강원도 영월에 있는 단종의 능인 장릉에 모셔져 있을 뿐이다.
2. 실록의 기록을 조사해보건대, 계유정난 후 무심은 우직의 아내 남오대와 함께 황해도 문화현에 노비로 부처(付處)됐다가 1457년(세조 3) 권남의 사노비가 됐는데, 남오대는 15년 후 권남의 집에서 풀려났지만 무심이 풀려났다는 기록은 없다. 그 후 1478년(성종 9) 세조의 후궁이 낳은 아들 창원군이 여종 고읍지를 무참히 살해한 사건을 일찍 관에 고하지 않은 죄로 창원군의 여종 무심과 성금이 변방의 노비로 부처됐고, 무심과 성금은 2년 후인 1480년에 풀려난다. 창원군의 여종 무심을 안평대군의 딸로 추정하는 이유는 문화현에서 무심이 풀려나 권남의 사노비가 된 같은 날, 단종복위거사사건으로 처형된 성승의 첩의 딸 성금 역시 전라도 옥과(玉果)에서 풀려나 신숙주의 사노비가 됐는데, 후에 권남과 신숙주는 이들 두 여종을 각각 창원군에게 바친 것으로 보이기 때문이다. 창원군의 살인 사건 여파로 변방에 부처된 무심과 성금은 2년 후 같은 날 풀려났다. 『세조실록』 세조 3년(1457) 8월 21일 ; 『성종실록』 성종 9년(1478) 3월 11일, 「의금부에서 창원군 이성(李晟) 사건 관련자들의 처벌을 보고하다」 ; 『성종실록』 성종 11년(1480) 12월 7일, 「전 가족을 변방으로 이주시킨 정귀선, 자을미, 중산, 유공 등을 풀어주다」 참조.
3. 고려가요 「한림별곡」에 나오는 "대어향, 옥기향이 타는 쌍가얏고"라는 노래에서 이같이

추측해볼 수 있다.
4. 『승정원일기』 고종 10년(1873) 2월 8일, 「자경전에서 강관 이승보 등이 입시하여 『시전』을 진강했다」.
5. 『승정원일기』 고종 10년(1873) 2월 8일, 「자경전에서 강관 이승보 등이 입시하여 『시전』을 진강했다」.
6. 전주이씨 대동종약원 홈페이지(http://rfo.co.kr)의 '임영대군, 임영대군파' 글 중에서.

안견은 어떻게 됐는가?
1. 안휘준·이병한, 『안견과 몽유도원도』, 예경, 1991, p.76.
2. 「단종실록」 단종 즉위년(1452) 9월 16일, 「한성부로 하여금 죄를 짓고 달아난 임원준을 뒤쫓아 잡게 하다」 ; 「성종실록」 성종 9년(1478) 4월 30일, 「임원준이 탄핵 내용에 대하여 변명 상소를 하다」 ; 「성종실록」 성종 9년(1478) 5월 1일, 「한명회가 임원준의 약재 도둑질에 대해 애매한 점이 많음을 지적하다」.

「몽유도원도」는 어디에?
1. 「성종실록」 성종 20년(1489) 8월 3일, 「이용이 쓴 글을 보고자 승정원에 명하여 사서 구하다」 ; 「중종실록」 중종 31년(1536) 12월 24일, 「천사에게 줄 그림과 글씨를 의논하다」 ; 「중종실록」 중종 31년(1536) 윤12월 28일, 「천사에게 줄 글씨와 세자의 위차를 정하다」.
2. 간송미술관 연구실장 최완수는 「몽유도원도」 서화를 신숙주가 보존한 것으로 단정 짓는다. 최완수, 『조선왕조 충의열전』, 돌베개, 1998, p.78 참조.
3. 「단종실록」 단종 1년(1453) 12월 10일, 「이용의 마포 집을 권선의 처 최씨에게 주다」, 「세조실록」 세조 5년(1459) 9월 27일, 「마포 담담정에 나아가 중국의 배와 각종 화포 쏘는 것을 구경하다」.
4. 1453년(단종 1) 2월 수양대군이 북경에서 귀국할 무렵 현릉(문종의 능)의 사토(沙土)가 봄비에 무너지는 해괴한 사건이 일어나서 삼정승이 대죄하며 인사에 관여할 수 없었던 틈을 타 수양대군이 자신의 측근을 대폭 요직에 진출시켰다. 「단종실록」 단종 1년(1453) 2월 15일, 「사헌부, 사간원에서 황보인, 김종서 등을 국문할 것을 청하나 듣지 않다」.
5. 이승소, 「고령부원군 신숙주 문충공 묘비명」, 『속동문선』 제20권, 「비명」.
6. 신숙주가 쓴 「화기」에 기록된 안평대군의 소장품 중 안견의 「팔경도」는 원래 안평대군

이 제작한 「소상팔경시권」에 포함된 그림으로 간주된다. 「소상팔경시권」의 이 그림은 일실됐고 19인의 시문만이 전해진다(오늘날 「비해당소상팔경시첩」으로 개장).
7. 제5부 「안평대군의 꿈을 그리다」 주 4 참조.

제8부 기억과 역사 속에 떠오르다

메이지 유신의 와중에 나타나다

1. 세키 히데오(關秀夫), 최석영 옮김, 『일본 근대 국립박물관 탄생의 드라마』, 민속원, 2005, pp.188~195 참조.
2. 枝川明敬, 「我が國における文化財保護の史的展開」, 駿河台大學 文化情報學部紀要 第9卷 第1號(2002年 6月), p.42.
3. 세키 히데오, 앞의 책, pp.187~195 참조.
4. 鈴木治, 「安堅 夢遊桃源圖について」(2), 『ビブリア』 第67號, 天理大學, 1997, p.53 ; 「臨時全國寶物取調局 寶物檢閱現況」, 日本官報 1890年 7月 11日 참조.
5. 宮本忠雄(滋賀縣立琵琶湖文化館 館長), 「文化財保護の歷史」, 2003年 7月 15~19日 琵琶湖文化館 主催 教育講座 原稿.
6. 日本政府 官報. 1888年 9月 28日 및 1897年 9月 10日 ; 鈴木治, 앞의 논문(2), p.51.
7. 文部科學省, 『白書』, 第5章 學術·文化 第4節 文化財保護 項目.
8. 세키 히데오, 앞의 책, p.221 ; 鈴木治, 앞의 논문(2), p.52, p.69 참조.
9. 세키 히데오, 앞의 책, p.67.
10. 鈴木治, 앞의 논문(2), pp.93~95.
11. 시마즈 시게마로 남작으로부터 이 서화를 담보로 잡은 후지타 데이조의 증언. 鈴木治, 앞의 논문(2), p.51.
12. 스즈키 교수는 나이토 고난 교수가 "아마도 문록·경장의 역(임진왜란과 정유재란)의 획물(獲物)이었던 것 같은데, 오랫동안 사쓰마에 전해온 것이며, 지금은 가고시마 현 소노다 씨의 소장이 됐다"라는 말을 근거로 가고시마 출신으로 말년 조선면화회사 사장이 되어 조선에 체류했던 소노다 야스카타(園田安賢) 남작이 조선에서 획득했을 가능성이 없지는 않으므로 속단을 내릴 수는 없다고 '임진왜란 획물설'에 반론을 제기하면서도, 소노다 남작과 소노다 사이지의 관련은 밝히지 못했다. 소노다 남작은 1910년 이후에 경시총감과 귀족원 의원을 지냈기 때문에 그가 조선에 갔다면 그것은

1910년 이후였을 것이며, 이미 「몽유도원도」가 일본에서 출현한 이후다. 따라서 스즈키 교수의 반론은 근거가 별로 없다.

제9부 임진왜란 때 약탈당하다

사쓰마 영주의 조선 출병

1. 시마즈 요시히로가 17대 당주를 승계한 시기에 관해서는 여러 설이 있으나, 여기서는 『일본사인물사전』을 참고하여 시마즈 요시히로가 사쓰마 전쟁에서 도요토미 히데요시에게 항복한 1587년이라는 설을 따른다. 日本史廣辭典編集委員會, 『日本史人物辭典』, 山川出版社, 2000, p.433.
2. 台明寺巖人, 『島津家の謀略』, 南方新社, 2007年 8月, pp.31~34 참조.
3. 부산 상륙 시 시마즈 요시히로의 병력은 2,128명이었다고 한다(台明寺巖人, 앞의 책, p.77 참조). 임선(賃船) 관련은 三木靖, 『島津義弘のすべて』, 新人物往來社, 1986, pp.85~86 참조. 시마즈 요시히로는 그의 아내 앞으로 쓴 1592년 5월 4일 자 편지에서 "제일 늦은 군대로 자타 체면을 잃어 유감천만이오"라고 자신의 처지를 탄식했다(開館20周年記念特別展 圖錄, 『戰國武將島津義弘』, 鹿兒島縣 始良町歷史民俗資料館, 2006年 10月, p.80, 편지 사진과 해설).
4. 「선조실록」 선조 25년(1592) 6월 7일, 「순변사 이일이 대탄의 수비 상황과 평양의 방어대책을 아뢰다」.
5. 『戰國武將島津義弘』, 鹿兒島縣 始良町歷史民俗資料館 開館 20周年 記念 特別展 圖錄, 2006, p.86.
6. 台明寺巖人, 앞의 책, p.77에서는 "시마즈 요시히로 부자가 1592년 8월 영평에 주둔하고 있었다"라고 했다.
7. 北川鐵三, 『島津史料集』, 人物往來社, 1966, pp.569~570 ; 三木靖, 앞의 책, p.86.
8. 三木靖, 앞의 책, pp.87~88.
9. 北川鐵三, 앞의 책, 「征韓錄」, p.298.
10. 三木靖, 앞의 책, p.169.
11. 메이지 유신 이후 일본 정부는 도쿠가와 막부와 그 이전 시대를 구분하기 위해 도쿠가와 막부 시대의 각지 영주들의 영지를 번(藩)으로, 영주를 번주(藩主)로 불렀다.

조선 왕실의 원찰 대자암

1. 시마즈 요시히로의 부산-서울 행군에 관한 자세한 기록은 없지만, 가장 빠른 길을 택해 앞서 간 부대를 부지런히 뒤쫓아 충주, 용인을 거쳤다고 하는 것으로 보아 남대문을 통해 서울에 들어간 것으로 보인다(三木靖,『島津義弘のすべて』, 新人物往來社, 1986, p.85 ; 台明寺嚴人,『島津家の謀略』, 南方新社, 2007年 8月, p.77 참조).
2. 실록에 보면 이 일대는 1593년 6월 이전 이미 분탕질을 당했다.「선조실록」26년(1593) 6월 5일,「왜노에게 침탈당한 도와 침범당하지 않은 도에 대한 상세한 기록」.
3. 당시 벽제관은 현재의 벽제관 터와는 다른 곳이다. 벽제관은 임진왜란 중 벽제관전투(1593년 1월) 때 불탔고, 인조 때 새로 지은 벽제관은 원래의 장소에서 동쪽으로 3킬로미터 들어간 곳에 있었다. 새로 지은 벽제관 역시 6·25 때 불탔고, 그 유적지가 오늘날 벽제관 사적지로 소개되고 있다. 따라서 대자암 터로 추정되는 곳은 현 벽제관 터의 서쪽 1~2킬로미터 지점에 있는 것으로 추정된다.
4.「문종실록」문종 즉위년(1450) 3월 1일,「임금이 진관사 개축이 불가한 이유를 글로 지어 보이다」.
5. 성현,『용재총화』, 권9.
6.「문종실록」문종 2년(1452) 4월 5일,「안평대군 이용에게『화엄경』과『법화경』을 강하게 하다」;「문종실록」문종 2년(1452) 5월 4일,「임금의 몸이 불편하여 안평대군을 대자암에 보내어 기도하게 하다」.

시마즈 요시히로의 손에 들어가다

1. 山畑敏寬,「志布志港のみなと文化」, みなと文化研究事業, 2008, pp.118~119.
2. 가토 기요마사 군대의 일원으로 조선에 출병하여 투항했던 왜병 김충선(金忠善. 본명은 사야가(沙也加)은 반(反)히데요시 감정이 강해 우메키타의 반란(梅北一揆)이 일어났던 지역의 출신이라는 주장이 제기된 바도 있었다(김시덕,『그들이 본 임진왜란』, 학고재, 2012. p.148).
3.『鹿兒島縣史料』「薩摩藩舊記雜錄」後篇 2, 1982年 1月, 鹿兒島縣 發刊, pp. 596~597 참조.
4. 三木靖,『島津義弘のすべて』, 新人物往來社, 1986, pp.165~166.
5. 永田雄次郎,「秋月等觀硏究序說」, 鹿兒島大學敎育學部硏究紀要, 人文·社會科學編, 1979年 3月.
6. 石川忠久,『漢詩をよむ陶淵明詩選』, 日本放送出版協會, 2007, p.325 ;『*Museum*(東

京國立博物館美術誌)』612~617號, 美術出版社, 2008, p.46 ; 古川哲史·石田一良, 『日本思想史講座』3~4, 雄山閣, 1975, p.179 ; 宣承慧, 「東アジア繪畵における陶淵明像—韓國と日本の近世を中心に」, 東京大學文學部 大學院 人文社會系 硏究科 博士學位論文, 2010 참조.

7. 『黎明館特別企劃展』, 黎明館 發刊, 2000年 9月, p.145. 황치성이 답례한 상대는 시마즈 다케히사(島津武久)인데, 당시의 영주 시마즈 요시히사의 6대조다. 오래전의 이름을 관례대로 사용한 것으로 설명하고 있다.
8. 北川鐵三, 「征韓錄」, 『島津史料集』, 人物往來社, 1966. p.155.

「몽유도원도」의 소장자

1. 『西南地域史硏究』2卷, 文獻出版, 1978, pp.10~24.
2. 島津修久, 『島津歲久の自害』, 島津顯彰會, 1983, pp.69~70.
3. 『鹿兒島縣史』第3卷, 鹿兒島縣, 1941年 9月(復刊, 1967年 3月), p.310.
4. 日吉町 鄕土誌編纂委員會, 『日吉町鄕土誌』, 1982年 3月, pp.360~361.
5. Wikipedia, 島津齊彬, 人物·逸話.
6. 日吉町 鄕土誌編纂委員會, 앞의 책, p.309.
7. 島津修久, 앞의 책, p.74.

제10부 「몽유도원도」, 아직도 유랑 중인가?

시마즈 가문을 떠나다

1. Wikipedia, 日本の華族一覽.
2. 寺尾美保, 「島津家の世襲財産」, 『鹿兒島歷史硏究』創刊號, 1996年 4月, pp.65~72 참조.
3. 2013년 7월 필자가 만난 시마즈 하루히사(시마즈 시게마로 남작의 손자) 등 가족의 이야기.
4. 後藤新一, 『銀行破綻史』, 日本金融通信社, 1983, p.213.
5. 鈴木治, 「安堅 夢遊桃源圖について」(1), 『ビブリア』第65號, 1977, p.70.
6. 2010년 11월에 필자가 만난 시마즈 하루히사 등이 들려준 가족의 이야기. 大久保眞紀, 『薩摩の殿』, 朝日新聞鹿兒島總局, 2008, p.35. 1928년 11월 경매에 넘어간 시마즈 시

게마로 남작의 소장품 목록 책자에는 명나라 중기 문인화가 문징명(文徵明)의 「산수화」, 청나라 초기 화가 심남빈(沈南蘋)의 「유하군마(柳下群馬)」, 15세기 초 무로마치 시대의 일본 화가 아와타구치 다카미쓰(粟田口隆光)의 「가마타리 공(鎌足公)」 등 유명 화가들의 작품이 들어 있었다(17대 당주 시마즈 하루히사가 2013년 7월, 필자에게 보여준 경매 목록과 사진에서 인용함).

거쳐간 소장자들

1. 鈴木治, 「安堅 夢遊桃源圖について」(1), 『ビブリア』 第65號, 天理大學, 1977, p.70.
2. 1933年 7月 25日 官報(文部省 告示 274號) ; 1939年 5月 27日 官報(文部省 告示 第337號, 第338號) 참조.
3. 繭山順吉, 『美術商のよろこび』, 龍泉堂, 1988, pp.77~82. 이 책에는 마유야마 준키치가 가장 기억에 남는 매물로 꼽은 53점의 고미술, 골동품 중 한국의 보물이 여덟 점 들어 있다.
4. 伊藤正直, 「藤田銀行の破綻とその整理」, *Discussion Paper* No. 2001-J-19, p.8.
5. 左藤英達, 『藤田組の發展その虛實』, 三惠社, 2008, p.6.
6. 「時事新報社 第3回 調査—全國五拾万円以上資産家」, 『時事新報』, 1916年 3月 29日~10月 6日.
7. 文化財保護法 第116條 1項.
8. 1951年 5月 10日, 文化財保護委員會 告示 第2號.
9. 鈴木治, 앞의 논문(1), p.48.
10. 鈴木治, 「安堅 夢遊桃源圖について」(2), 『ビブリア』 第67號, 天理大學, 1977, p.70.
11. 繭山順吉, 앞의 책, p.77.
12. 안휘준, 『안견과 몽유도원도』, 사회평론, 2009, p.123.

6·25전쟁 무렵 한국에 나타난 「몽유도원도」

1. 안휘준·이병한, 『안견과 몽유도원도』, 예경, 1991, p.106.
2. 이병주, 「맡는 글씨와 읽는 그림—중국 서화전과 몽유도원도 수감(隨感)」, 『동국대학교 신문』, 1977년 11월. 당시 환율로 보면 1950년 11월에 1달러가 2,500환이었고, 1951년 5월에 1달러가 6,500환이었다(네이버 지식백과 한국민족문화대백과 중 환율 참조). 이때 3만 달러(6천만 환)는 전쟁 초기의 환율에 해당한다.
3. 고제희, 『우리 문화재 속 숨은 이야기』, 문예마당, 2007, pp.89~90.

4. 『매일경제』, 1983년 7월 9일. 당시 환율을 보면, 1948년 10월 1일 환율은 1달러가 450환이었는데, 1949년 6월 13일 대통령령 '대외무역거래 및 외국원조 취급규칙'에 따라 복수환율제가 되어 이때부터 1달러의 공정 시세는 450환(또는 원), 일반 시세는 900환이었고, 1950년 4월 1달러의 공정 시세는 1,800환으로 대폭 상향 조정됐다. 따라서 장석구가 부른 300만 원은 1949년 6월 13일 공정 시세로 계산하면 6,700달러에 해당하고, 일반 시세로 계산하면 3,400달러가 된다(네이버 지식백과의 한국민족문화대백과 중 환율 참조). 이병주 박사가 회고담에서 소개한 가격보다 훨씬 저가임을 알 수 있다.

이제는 덴리 대학에

1. 鈴木治, 「安堅 夢遊桃源圖について」(1), 『ビブリア』 第65號, 天理大學, 1977, p.47.
2. 「몽유도원도」가 덴리 대학에 소장된 과정을 시기적으로 보면 다음과 같다.
    - 1950년 구입 : 鈴木治, 「安堅 夢遊桃源圖について」(2), 『ビブリア』 第67號, 天理大學, 1977, p.51, "전후 (「몽유도원도」의) 중요문화재 지정은 쇼와 25년(1950)인데, 덴리 대학에 납입하기 직전이다." 鈴木治, 앞의 논문(2), p.70, "덴리 대학에 지참한 것은 쇼와 25년경으로 생각한다."
    - 1953년 인수 ; 鈴木治, 앞의 논문(1), p.47, "쇼와 28년경 …… 마유야마 씨가 본권을 지참했던 일은 동석했던 본인의 기억에 새롭다."
    - 1955년 5년 분할 지불 완료 : 鈴木治, 앞의 논문(2), p.70, "덴리 대학의 분할 지불이 쇼와 30년에 이르러 완료……."
    - 1958년 덴리 도서관 이관 ; 같은 논문(2), p.51, "쇼와 38년 본관에 이관……."
3. 鈴木治, 앞의 논문(2), p.69.
4. 吉田光男, 「日本における韓國中近世史研究教育基盤―大學・學會・研究工具」, 日韓歷史共同研究, 第1回 報告書, 2005년 6월, pp.278~292 참조.
5. 西田毅, 「昭和初期の古典籍移動史」, 『同志社法學』 第37卷 第6號, ウィキペディア, 天理大學附屬天理圖書館, p.109.
6. 쓰시마 미치히토(對馬路人), 「천리교와 해외 포교―'다국적 종교화'에 관하여」, 『한국종교사연구』 통권 제13호, 2005년 2월, 한국종교사학회, pp.370~374 ; 이원범, 「근대 한일관계와 개항지 부산―신흥종교의 포교활동을 중심으로」, 『아태연구』 제18권 제3호, 2011년 12월, p.54.
7. 「친일·사이비 역풍에도 쑥쑥 큰 일본 종교」, 『시사저널』, 2008년 1월 9일.
8. 「한국 회화의 대표작, 국보 중의 국보, 안견의 '몽유도원도'가 돌아온다. 4년 교섭, 천리

대 내년 반환 결정」, 『동아일보』, 1977년 11월 16일 ; 「환국에 어려움 많은 몽유도원도」, 『동아일보』, 1977년 11월 17일 ; 「고향 찾게 될 안견의 몽유도원도」, 『조선일보』, 1977년 11월 17일 ; 「몽유도원도, 일본서 반환, 내년 8월 돌아와」, 『경향신문』, 1977년 11월 16일 등 참조.
9. 『경남신문』, 2007년 6월 30일 ; 대한천리교닷컴, 2007년 1월 26일 등 참조.
10. 鈴木治, 앞의 논문(1), p.39~40.
11. 鈴木治, 앞의 논문(2), p.50 참조. 고미술사가인 스즈키 오사무 교수는 교토 대학 명예교수이자 서지학자인 후지에타 아키라(藤枝晃)의 도움을 받아 「몽유도원도」의 찬문을 판독했다고 하는데, 고득종의 시는 판독 불가능으로 제외했다. 1930년에 「몽유도원도」를 소개했던 조선편수사회의 마쓰다 고 역시 고득종의 시를 판독 불가능하다고 했다(松田甲(學鷗漁父), 「蹟筆賢昔の頭卷」, 『朝鮮』 1930年 4月號, p.102).
12. 鈴木治, 앞의 논문(2), p.52.
13. 『아시아경제』, 2012년 10월 18일.

참고문헌

고서

문화재청, 『匪懈堂瀟湘八景詩帖』, 영인본 및 해설서, 2008.
민족문화추진회, 『高麗史節要』.
민족문화추진회, 『國朝寶鑑』.
민족문화추진회, 『東文選』.
민족문화추진회, 『續東文選』.
민족문화추진회, 『承政院日記』.
민족문화추진회, 『新增東國輿地勝覽』.
민족문화추진회, 『朝鮮王朝實錄』.
민족문화추진회, 『增補文獻備考』.
민족문화추진회, 권근, 『陽村集』.
민족문화추진회, 김안로, 『龍泉談寂記』.
민족문화추진회, 박팽년 외 지음, 조동영 옮김, 『六先生遺稿』, 1999.
민족문화추진회, 서거정, 『四佳集』.
민족문화추진회, 서거정, 『筆苑雜記』.
민족문화추진회, 성현, 『慵齋叢話』.
민족문화추진회, 신숙주, 『保閑齋集』.
민족문화추진회, 신숙주 지음, 신용호 옮김, 『海東諸國記』, 범우사, 2004.
민족문화추진회, 신정하, 「桃源圖屛詩小引」, 『旅庵集』 卷10.
민족문화추진회, 어숙권, 『稗官雜記』.
민족문화추진회, 윤휴, 『白湖集』.
민족문화추진회, 이규보, 『東國李相國全集』 제21권.
민족문화추진회, 이긍익, 『燃藜室記述』.
민족문화추진회, 이자, 『陰崖日記』.

민족문화추진회, 정조대왕, 『弘齋全書』(22)

민족문화추진회, 최항, 『太虛亭文集』.

민족문화추진회, 허봉, 『海東野言』.

윤순거, 박재연 외 교주, 『魯陵志』, 학고방, 2005.

단행본

강원도사편찬위원회, 『강원도사—역사 편』, 1995.

고제희, 『우리 문화재 속 숨은 이야기』, 문예마당, 2007.

구인환 옮김, 『운영전』, 신원문화사, 2003.

김창환, 『도연명의 사상과 문학』, 을유문화사, 2009.

김홍남, 『중국·한국 미술사』, 학고재, 2009.

사마천, 이성규 편역, 『중국 고대사회의 형성—사마천 사기』, 서울대학교출판부, 2007.

세키 히데오, 최석영 옮김, 『일본 근대 국립박물관 탄생의 드라마』, 민속원, 2005.

심괄, 최병규 옮김, 『몽계필담』(하), 범우사, 2002.

안휘준, 『안견과 몽유도원도』, 사회평론, 2009.

안휘준·이병한, 『안견과 몽유도원도』, 예경, 1991.

유문영, 하영삼·김창경 옮김, 『꿈의 철학—꿈의 미신, 꿈의 탐색』, 동문선, 1993.

유성룡, 이재호 옮김, 『국역 정본 징비록』, 역사의아침, 2007.

유영봉 역주, 『다섯 사람의 집현전 학사가 안평대군에게 바친 시—원제 「비해당사십팔영 (匪懈堂四十八詠)」』, 도서출판 다운샘, 2004.

이광표, 『명품의 탄생』, 산처럼, 2009.

이성무 외, 한국정신문화원 엮음, 『세종 시대의 문화』, 태학사, 2001.

이월영, 『꿈과 고전문학』, 태학사, 2011.

이종묵, 『조선의 문화공간』, 휴머니스트, 2006.

조원래, 『임진왜란사 연구의 새로운 관점』, 아세아문화사, 2011.

진사원, 김재두 옮김, 『몽점일지(夢占逸旨)』, 은행나무, 2008.

최완수, 『조선 왕조 충의열전』, 돌베개, 1998.

황견 엮음, 이장우 외 옮김, 『고문진보』(전집, 후집), 을유문화사, 2001.

황정연, 『조선시대 서화 수장 연구』, 신구문화사, 2012.

フリー百科事典『ウィキペディア(Wikipedia)』.

繭山順吉, 『美術商のよろこび』, 龍泉堂, 1988.

鹿兒島始良町 歷史民俗資料館,『戰國武將 島津義弘』(鹿兒島始良町 歷史民俗資料館 開館 20周年 記念 特別 圖錄), 始良町 歷史民俗資料館, 1987.

鹿兒島日吉町 鄕土誌 編纂委員會,『日吉町 鄕土誌』, 1982.

鹿兒島縣,『鹿兒島縣史』第3卷, 鹿兒島縣, 1941.

_____,『鹿兒島縣史料』「薩摩藩 舊記雜錄」, 鹿兒島縣, 1982.

大久保眞紀,『薩摩の殿』, 朝日新聞 鹿兒島總局編, 2008.

渡邊盛衛,『島津中興記』(復刻版), 靑潮社, 1979.

島津修久,『島津歲久の自害』, 島津顯彰會, 1983.

文部科學省,『白書』, 2007.

北川鐵三 ,『島津史料集』, 人物往來社, 1966.

三木靖,『島津義弘のすべて』, 新人物往來社, 1986.

石川忠久,『漢詩をよむ陶淵明詩選』, 日本放送出版協會, 2007.

黎明館,『黎明館特別企劃展』, 2000. 9.

日本史廣辭典編集委員會,『日本史人物辭典』, 山川出版社, 2000.

日本政府,『官報』.

左藤英達,『藤田組の發展その虛實』, 三惠社, 2008.

村野守治編,『島津齊彬のすべて』, 新人物往來社, 2007.

台明寺巖人,『島津家の謀略』, 南方新社, 2007.

後藤新一,『銀行破綻史』, 日本金融通信社, 1983.

John Carter Covell, 김유경 편역, *Korean Influence in Ancient Japan*, Korea Herald, 1985.

논문

고연희,「몽유도원도 제찬(題讚) 연구」, 이화여자대학교 석사논문, 1990.

권행가,「1930년대 고서화 전람회와 경성의 미술 시장—오봉빈(嗚鳳彬)의 조선미술관을 중심으로」,『한국근현대미술사학』제19호, 조형교육, 2008. 12.

김귀석,「운영전 연구」,『동신대학교 인문논총』제8집, 2001. 12.

김남이,「집현전 학사의 문학연구」, 이화여대 박사학위 논문, 2001.

김은미,「몽유도원도 제찬(題讚)의 도원관(桃源觀) 연구」,『이화어문논집』10, 이화여자대학교 한국어문학연구소, 1989. 3.

서준원,「『열자』에 나타난 꿈과 환상에 대한 존재론적 해석」,『동양철학연구』제40집, 동양

철학연구회, 2004. 12.
선승혜, 「일본 문인화에 있어서 도원도의 수용 양상―구영(仇英)과 다니 분초(谷文晁)의 도원도 연구」, 『미술사학』 16, 2002. 2.
신상섭·노재현, 「안평대군 비해당 원림의 의미 경관과 조경문화」, 한국전통조경학회지, Vol.29, 2011. 3.
유지복, 「명대 법첩(法帖)의 국내 전래와 수용 양상」, 장서각 제20집, 2008.
이병주, 「맡는 글씨와 읽는 그림―중국 서화전과 몽유도원도 수감(隨感)」, 『동국대학교 신문』, 1977. 11.
이상헌, 「중국 역대 도원시문(桃源詩文)에 나타난 이상향 연구」, 공주대학교 교육대학원 석사학위 논문, 1999. 11.
이완우, 「안평대군 이용의 문예 활동과 서예」, 한국학술재단, 2003.
이원범, 「근대 한일관계와 개항지 부산―신흥종교의 포교 활동을 중심으로」, 『아태연구』 제18권 제3호, 2011. 12.
이월영, 「꿈 형상 유별과 서사문학적 수용양태」, 『인문논총』 제17호, 전북대학교 인문학연구소, 1987.
____, 「도가적 꿈 형상의 유형적 특성 고찰―『장자』·『열자』의 꿈 이야기를 대상으로」, 『국어문학』 제27집, 전북국어문학회, 1989.
____, 「불가적 꿈 형상 유형의 서사문학적 전개」, 『한국언어문학』 제27호, 한국언어문학회, 1989.
이종묵, 「안평대군의 문학 활동 연구」, 『진단학보』 제93호, 2002.
이형대, 「15세기 이상향의 풍경과 추체험 방식―'몽유도원도'와 그 제찬을 중심으로」, 한국사연구회보 제119호, 『한국 고전시가와 인물형상의 동아시아적 변전』, 2002.
장경연, 「도원도 연구―중국과 한국의 도원도를 중심으로」, 홍익대학교 석사학위 논문, 2003.
전주이씨 대동종약원 홈페이지(http://rfo.co.kr), 「임영대군, 임영대군파」.
차문성, 「대자암(大慈庵(寺))의 창건 배경과 위치 비정 연구」, 인터넷 소창(小窓)박물관, 2008. 10. 22.
최인숙, 「몽유도원도 권축(卷軸) 관견(管見)―'안평대군의 제발(題跋)을 중심으로」, 동국대학교 석사학위 논문, 1986.
허경진, 「왕족과 중인들이 어울려 살았던 인왕산」, 아름지기 아카데미 4월 강연, 대림미술관, 2010. 4. 15.

高橋公明,「濟州島出身の官僚 高得宗について」,『名古屋大學文學部研究論集史學』V.36, 1990.
宮本忠雄,「文化財保護の歷史」, 滋賀縣立琵琶湖文化館 主催 教育 講座 原稿, 2003. 7.
吉田光男,「日本における韓國中近世史 研究教育基盤―大學・學會・研究工具」, 日韓歷史 共同硏究, 第1會 報告書, 2005. 6.
內藤湖南,「朝鮮 安堅の夢遊桃源圖」,『東洋美術』(1929年 9月號).
東京國立博物館, *Museum* 612~617號, 美術出版社, 2008.
毛利泰之,「日向記に見る文祿・慶長の役」,『宮崎縣地方史研究紀要』第33輯, 平成 18年 (2007).
傅大爲,「新通俗故事'夢溪筆談'及其緣起」,『淸華歷史教學』, 國立淸華大學歷史研究所網, 1999. 1. 18.
寺尾美保,「島津家の世襲財産」,『鹿兒島歷史研究』創刊號, 1996. 4.
山畑敏寬,「志布志港のみなと文化」, みなと文化研究事業, 2008.
宣承慧,「東アジア繪畫における陶淵明像―韓國と日本の近世を中心に」, 東京大學文學部 大學院人文社會系 博士學位論文, 2010.
松田甲(別名 學鷗漁父),「蹟筆賢昔の頭巻」,『朝鮮』1930年 3, 4, 5, 6月號.
鈴木治,「安堅 夢遊桃源圖について」(1)・(2),『ビブリア』(天理大圖書館報) 第65・67號, 天理大學, 1977.
永田雄次郎,「秋月等観研究序説」, 鹿兒島大學教育學部研究紀要, 人文・社會科學編, 1979. 3.
伊藤正直,「藤田銀行の破綻とその整理」, 日本銀行金融研究所, 2001.
張競,「空想のランデスケープ―奈良・平安文學における桃源郷イメージの受容」,『明治大學校 養論集』通卷 第323號, 1999. 9.
朝田純一,「埃まみれの書棚から―古寺, 古佛の本」, 神奈川佛教文化研究所 webpage.
枝川明敬,「我が國における文化財保護の史的展開」, 駿河台大學 文化情報學部紀要 第9 卷 第1號, 2002. 6.

사전류

『두산백과』
『위키백과』
『한국민족문화대백과』(네이버 지식백과)

찾아보기

ㄱ

가고시마(鹿兒島) 13, 17, 18, 293, 294, 303, 305, 309, 310, 313, 319, 331, 339, 343, 345, 351~356, 358, 361

가토 기요마사(加藤淸正) 312, 313, 315, 330

갑인자(甲寅字) 96

강희안(姜希顔) 48, 49, 62, 64

경오자(庚午字) 62

「경작도(耕作圖)」 15

계유정난(癸酉靖難) 9, 16, 17, 31, 41, 62, 63, 68, 75, 80, 81, 111, 113, 192, 195, 236, 238, 239, 243, 245, 247, 249, 250, 254, 259~265, 267~275, 284~287, 290, 321, 323, 325, 326, 380, 384

고개지(顧愷之) 70, 71, 248

『고문진보(古文眞寶)』 92, 172

『고화비고(古畵備考)』 14, 15

관습도감(慣習都監) 96, 235

교동도(喬桐島) 9, 161, 249, 252, 254~258, 261, 385

『고려사절요(高麗史節要)』 74

구양수체(歐陽脩體) 58

굴원(屈原) 124, 185~187

「귀거래사(歸去來辭)」 119, 137, 175, 334

귀자모신도(鬼子母神圖) 332, 333

『근사록(近思錄)』 92

『근역서화징(槿域書畵徵)』 15, 151

기린교(麒麟橋) 201, 203, 383

기일원(氣一元) 90

「긴 그리움(長想思)」 124

김안로(金安老) 153

김종서(金宗瑞) 15, 22, 53, 124, 148, 186, 187, 192~194, 237, 238, 240, 249, 251, 265, 285~287, 367, 385

김종직(金宗直) 67, 255, 285

ㄴ

나이토 고난(內藤湖南) 13~19, 21, 303~305, 355, 364, 366, 367

나카야마 쇼젠(中山正善) 368, 372~377

남종화(南宗畵) 16

내불당(內佛堂) 97, 199, 200, 243

노량해전(露梁海戰) 318, 321

『논어(論語)』 100, 126, 177

『눌재집(訥齋集)』 54

ㄷ

다다이지(大慈寺) 331

다이소지(大窓寺) 331

다이죠지(大乘寺) 344, 352, 353

「단종애사(端宗哀史)」 21

담담정(淡淡亭) 51, 52, 78, 79, 81, 238, 259, 260, 271, 272, 383, 384

「담담정십이영(淡淡亭十二詠)」 52

『당송팔가시선(唐宋八家試選)』 50, 51, 56, 83, 94

『대동서법(大東書法)』 62

대자사(大慈寺) 326, 328, 331

대자암(大慈庵) 10, 38, 39, 60, 232, 308, 320, 321, 324~329, 332, 384

덴리교(天理敎) 368, 372~374, 376~379
덴리 대학(天理大學) 6, 10, 159, 191, 359~361, 363, 372~379, 382
도다이지(東大寺) 296
『도덕경(道德經)』 190, 191
도연명(陶淵明) 117, 119, 137, 173, 348
도요토미 히데요시(豊臣秀吉) 304, 309~315, 317, 319, 330, 331, 335, 337
도잠(陶潛) 9, 116~118, 122, 136~138, 140~142, 144, 155, 156, 158, 160, 161, 165, 166, 171~174, 182, 209, 236, 334, 381
도쿠가와 막부(德川幕府) 292, 305, 334, 340
『도화원기(桃花源記)』 117, 118, 121, 122, 136, 138, 144, 155, 156, 158, 160, 165, 166, 172, 173, 236, 334
『동국명필(東國名筆)』 62
『동국정운(東國正韻)』 115
『동문선(東文選)』 51, 55, 269, 302
『동아일보(東亞日報)』 20, 21, 378
『동양미술(東洋美術)』 14, 16
두보(杜甫) 54, 56, 57, 190

ㄹ

류셰두(龍皐堂) 357, 358, 362, 363, 365~374

ㅁ

마유야마 준키치(繭山順吉) 354, 357~361, 363~366, 368, 372~374
만권당(萬卷堂) 58, 204, 205
『맹자(孟子)』 92, 126, 132
명량해전(鳴梁海戰) 316
몽계(夢溪) 216, 217
『몽계필담(夢溪筆談)』 216, 217
「몽론(夢論)」 130, 132, 139
「몽설(夢說)」 216

「몽재명(夢齋銘)」 131
몽혼(夢魂) 123, 124, 157, 226, 227
『묘법연화경(妙法蓮華經)』 112, 168
「무계수창시(武溪酬唱詩)」 52, 143, 214, 219, 221~223, 233, 242, 243, 246
무계정사(武溪精舍) 9, 51, 78, 113, 218~223, 227, 231~235, 238, 239, 242~246, 259, 260, 270, 271, 383, 384
무로마치(室町) 시대 14, 369
무릉도원(武陵桃源) 8, 9, 34, 35, 37, 51, 113~118, 120, 123, 136~138, 140, 143~145, 149, 155~157, 161, 165, 168, 172~175, 177, 181, 184, 188, 189, 209, 213~215, 218, 219, 222, 223, 246, 257, 334, 381, 384
무오사화(戊午士禍) 81, 285
『무정보감(武定寶鑑)』 285
묵자(墨子) 127, 128
문록·경장의 역(文祿慶長の役) 16, 303
『문종실록(文宗實錄)』 64, 111, 236, 325
『미수기언(眉叟記言)』 61

ㅂ

박연(朴堧) 15, 106, 180, 181, 188, 189, 192, 193, 199, 200, 367
박팽년(朴彭年) 15, 16, 22, 42, 50, 51, 53, 54, 60, 85, 86, 114, 115, 136, 138, 140, 145, 146, 157, 160, 168, 169, 171, 183, 192~195, 220, 222, 223, 225~230, 242, 244, 269, 367
「백이전(伯夷傳)」 100
병자호란(丙子胡亂) 285
병진자(丙辰字) 96, 97
복서(卜筮) 109
북종화(北宗畵) 16, 69, 153
『비부리아』 6, 359, 360, 380

「비해당사십팔영(匪懈堂四十八詠)」 52, 206~209, 267
「비해당시(匪懈堂詩)」 51, 65, 83, 86, 87
「비해당집(匪懈堂集)」 40, 50, 59, 72, 94
『비해당집고첩(匪懈堂集古帖)』 40, 59, 72, 94

ㅅ

『사가집(四佳集)』 55, 308
『사기(史記)』 100, 229, 231, 232, 242, 246, 250
『사기열전(史記列傳)』 100
사량진왜란(蛇梁鎭倭亂) 304
사마천(司馬遷) 100
사쓰마(薩摩) 10, 17, 18, 292, 293, 299~301, 303, 309~312, 316, 319, 329~331, 333~335, 337, 339, 340, 343, 345, 353
사쓰에이 전쟁(薩英戰爭) 301, 344
사육신(死六臣) 17, 22, 23, 192, 209, 262, 263, 285, 286, 288, 385
사육신사건(死六臣事件) 17, 23, 192, 262, 263
사은사(謝恩使) 238, 267, 272
사이고 다카모리(西鄕隆盛) 292, 340, 343, 345, 353
사천왜성전투(泗川倭城戰鬪) 317~319
「산중문답(山中問答)」 172
『삼강행실도(三綱行實圖)』 43, 101
「삼소도(三笑圖)」 138, 140, 141, 334
삼포왜란(三浦倭亂) 304, 334
『서경(書經)』 125, 132
『석보상절(釋譜詳節)』 96, 97, 112, 156
「슬픔의 노래(惜誦)」 124
『선원록(璿源錄)』 259, 283
『성리대전(性理大全)』 92
성삼문(成三問) 15, 22, 42, 51, 53~55, 108, 109, 111, 171, 180, 192, 193, 208, 209, 220, 222, 224, 225, 227, 228, 230, 242, 269, 367
「성종실록(成宗實錄)」 81, 285
『성학십도(聖學十圖)』 91, 92
성현(成俔) 36, 48, 60, 80, 81, 152, 167
「세조실록(世祖實錄)」 48, 98, 287
「세종실록(世宗實錄)」 64, 135, 258
「세종실록 지리지(世宗實錄地理志)」 258
세키가하라 전투(關ヶ原戰鬪) 319
셋슈(雪舟) 16, 17, 333
소노다 사이지(園田才治) 13, 15, 17, 18, 20, 22, 304, 354~357, 360~362, 366, 374
소노다 준(園田稃) 356, 374
소동파(蘇東坡) 47, 56, 70, 71, 77, 131, 136, 172, 174
「소상팔경시권(瀟湘八景詩卷)」 46, 53, 54, 82, 190
소식(蘇軾) 47, 77, 131, 172, 175, 330
『속동문선(續東文選)』 55
『속육전(續六典)』 44
송설체(松雪體) 57~59, 62, 71, 171, 205, 208
수성궁(水聲宮) 10, 201, 206, 209, 260, 279~282
『수성궁 몽유록(壽聖宮夢遊錄)』 281, 282
수양대군(首陽大君) 8, 29~31, 37, 39, 42, 44, 58, 64, 67, 84, 95~99, 102, 103, 112, 144, 156, 177, 189, 195, 198~200, 233~239, 242~245, 249~252, 254, 255, 259, 260, 262, 264~268, 271~273, 275, 284, 326
「숙종실록(肅宗實錄)」 63
『시경(詩經)』 86, 87, 127, 132, 135
시마즈 시게마로(島津惣麿) 349~352, 354, 358, 361, 362, 364, 374
시마즈 요시히로(島津義弘) 10, 303~306,

310~324, 327, 329~337, 339
시마즈 하루히사(島津晴久) 7, 352
시마즈 히사나가(島津久徵) 293, 301, 304, 336, 338~345, 349, 350, 352, 353, 374
시마즈 히사아키(島津久明) 350, 374
『시정기(時政記)』 284
신숙주(申叔舟) 15, 22, 42, 51, 53, 55, 64, 69, 70, 73, 75, 77, 86, 87, 109, 110, 115, 145, 146, 150~152, 160, 169, 180, 183, 184, 193, 194, 208, 236, 260, 269, 271~273, 275, 285, 302, 356, 365~368, 373
심괄(沈括) 216, 217

ㅇ

안견(安堅) 4, 9, 14~17, 20, 22, 52~55, 69, 71~73, 94, 113, 114, 149~157, 160~163, 165, 167, 168, 170, 172, 189, 194, 196, 218, 264~269, 272, 302, 333, 355, 356, 365, 367, 380, 382, 386
안축(安軸) 48
안평대군(安平大君) 4~9, 12, 15~17, 20, 22, 26, 30, 31, 34, 35, 37, 39, 40~44, 46~86, 89, 92~99, 102, 103, 105, 108~118, 121, 123, 136~146, 149~158, 160~163, 165~172, 178~186, 188~192, 194~201, 204~209, 212, 214, 215, 218~239, 242~262, 264~275, 280, 282~284, 286~290, 302, 321~326, 364~366, 380, 383~386
안평대군자(安平大君字) 62
안평체(安平體) 58
『역대제왕명현집(歷代帝王名賢集)』 72
『연려실기술(燃藜室記述)』 64
『열자(列子)』 77, 128, 129, 131, 135, 142, 172, 181, 188

『예기(禮記)』 39, 246
오도자(吳道子) 70, 71, 76, 77, 155
오봉빈(吳鳳彬) 20, 21
오세창(吳世昌) 15, 151
왕유(王維) 46, 47, 70, 137, 172, 173
왕진경(王晉卿) 174, 175
왕희지(王羲之) 58, 60, 61, 72, 82
왜관(倭館) 304
『용재총화(慵齋叢話)』 48, 60, 64, 80, 82, 152, 167
우메키타의 반란(梅北一揆) 330, 337
우키요에(浮世繪) 296
『운영전(雲英傳)』 ⇨ 『수성궁 몽유록』
『월인석보(月印釋譜)』 28
을묘왜변(乙卯倭變) 304, 305
을해자(乙亥字) 62
이공린(李公麟) 140, 332, 333
이광수(李光洙) 21, 370
이규보(李奎報) 176, 216
이백(李白) 56, 124, 172, 173
이소노카미 신궁(石上神宮) 300, 372
이순신(李舜臣) 89, 297, 316, 318
이왕직(李王職) 19, 302
이인로(李仁老) 48, 53, 73
이제현(李齊賢) 48, 176, 204
이현로(李賢老) 42, 78, 108~111, 181, 185, 186, 192, 193, 195, 208, 239~244, 246, 248, 252, 270, 367
이황(李滉) 92
인조반정(仁祖反正) 285
『일본제국미술약사(日本帝國美術略史)』 298
임시전국보물취조국(臨時全國寶物取調局) 294~299, 302
임진왜란(壬辰倭亂) 6, 10, 16, 200, 211, 260, 273, 282, 283, 285, 291, 292, 297, 303~307, 310, 311, 313, 317, 319~323,

찾아보기 415

326, 327, 329, 332, 334, 336, 337, 339

ㅈ

『자치통감훈의(資治通鑑訓義)』 96
『장자(莊子)』 10, 18, 20, 30~32, 36, 74, 90, 102, 128, 131, 133, 172, 187~190, 210, 237, 241, 243~245, 300, 301, 336~339, 344, 354~356, 359, 374
장재(張載) 90, 91, 130, 131
정건(鄭虔) 47
『정난일기(靖難日記)』 284
정유재란(丁酉再亂) 16, 303, 305, 316, 319~322
정이(程頤) 5, 33, 51, 76, 77, 90, 144, 157, 160, 185, 195, 198, 199, 237, 251, 252, 274, 328, 342, 344, 345, 360, 365, 384
정인보(鄭寅普) 21
정인지(鄭麟趾) 15, 22, 53, 63, 98, 177, 193, 254, 271, 273, 275, 367
정한론(征韓論) 292, 340
정호(程顥) 90
「제비해당시(題匪懈堂詩)」 86, 87
조맹부(趙孟頫) 47, 52, 58, 59, 66, 69, 71, 72, 131, 137, 155, 191, 204, 205
『조선고적도보(朝鮮古蹟圖譜)』 22, 364, 365
조선사편수회(朝鮮史編修會) 13, 15, 21, 22, 375
조선총독부(朝鮮總督府) 13, 15, 302, 364, 375
「조의제문(弔義帝文)」 285
조자앙(趙子昂) 65, 72, 140, 332
『주례(周禮)』 124, 132
중종반정(中宗反正) 285
「증민지시(蒸民之詩)」 86, 87, 92

ㅊ

천리교(天理敎) 377~379
최남선(崔南善) 21, 370
『춘추(春秋)』 77, 126, 127, 132, 189
『충신도(忠臣圖)』 43
칠지도(七支刀) 300, 372
칠천량해전(漆川梁海戰) 316

ㅌ

『태종실록(太宗實錄)』 120
『태평어람(太平御覽)』 139

ㅍ

『파한집(破閑集)』 73, 387
「팔준도(八駿圖)」 55, 387
풍수(風水) 108~111, 194, 210, 239~246, 387
풍수참위설(風水讖緯說) 109, 387
『필원잡기(筆苑雜記)』 48, 76, 387

ㅎ

『해동명적(海東名跡)』 61, 387
『해동제국기(海東諸國記)』 366, 373, 387
호류지(法隆寺) 296, 363, 387
『홍재전서(弘齋全書)』 61, 289, 387
후지타 데이조(藤田貞三) 351, 352, 354, 356, 358~362, 364, 374, 387
훈민정음(訓民正音) 28, 42, 44, 96, 109, 115, 156, 192, 387
『훈민정음 해례본(訓民正音解例本)』 28, 387
히오키 시마즈(日置島津) 293, 336~339, 343, 344, 349~352, 354, 387